Käuferverhalten

Basiswissen für Kaufentscheidungen
von Konsumenten und Organisationen

mit Aufgaben und Lösungen

Von

Professor Werner Pepels

2., neu bearbeitete und erweiterte Auflage

ERICH SCHMIDT VERLAG

Bibliografische Information der Deutschen Nationalbibliothek
Die Deutsche Nationalbibliothek verzeichnet diese Publikation in der
Deutschen Nationalbibliografie; detaillierte bibliografische Daten
sind im Internet über http://dnb.d-nb.de abrufbar.

Weitere Informationen zu diesem Titel finden Sie im Internet unter
ESV.info/978 3 503 14415 0

1. Auflage 2005
2. Auflage 2013

ISBN 978 3 503 14415 0

Alle Rechte vorbehalten
© Erich Schmidt Verlag GmbH & Co. KG, Berlin 2013
www.ESV.info

Dieses Papier erfüllt die Frankfurter Forderungen
der Deutschen Nationalbibliothek und der Gesellschaft für das Buch
bezüglich der Alterungsbeständigkeit und entspricht
sowohl den strengen Bestimmungen der US Norm Ansi/Niso
Z 39.48-1992 als auch der ISO-Norm 9706

Druck und Bindung: Danuvia Druckhaus, Neuburg

Vorwort

Die Zusammenhänge rund um Kaufentscheidungen von Konsumenten und Organisationen gehören zu den zentralen Bestimmungsfaktoren jeglichen betriebswirtschaftlichen Erfolgs. Zugleich stellt sich dieser Bereich aber als ausgesprochen komplex dar, so dass seine gezielte Durchdringung sich schwierig gestaltet.

Das vorliegende Lehrbuch enthält daher das Basiswissen über private und organisationale Kaufentscheidungen, aufbereitet in komprimierter und zugleich leicht fassbarer Form.

Besonderer Wert wurde bei der Ausarbeitung des Lehrtextes auf eine übersichtliche Strukturierung der thematischen Inhalte gelegt, dahinter stehen forscherische Erwägungen zurück. Für den vertieften Wissenserwerb werden zahlreiche weiterführende Literaturquellen benannt.

Damit eignet sich das vorliegende Buch sowohl für Studierende mit Schwerpunkt Marketing und Vertrieb an wissenschaftlichen und anwendungsorientierten Hochschulen sowie nicht-akademischen Lehrinstituten als auch für Neu- und Quereinsteiger in den Bereich Marketing/Vertrieb/Absatz in Industrie- und Dienstleistungsunternehmen. Ihnen wird ein ebenso fundierter wie pragmatischer Einstieg in komplexe Zusammenhänge der Kaufentscheidungen von Konsumenten und Organisationen geboten.

An dieser Stelle bedankt sich der Autor ausdrücklich beim Verlagsleiter des Erich Schmidt Verlags, Herrn Dr. Joachim Schmidt, für die Chance zur Veröffentlichung und die in jeder Beziehung vorbildliche Betreuung. Weiterer Dank gilt Frau Claudia Splittgerber und Herrn Christoph Landgraf für ihre Unterstützung.

Den Lesern wünscht der Autor nunmehr viel Erfolg bei der Anwendung des frisch erworbenen Wissens in Studium und Beruf. Verbesserungsvorschläge sind, an den Verlag gerichtet, jederzeit hoch willkommen.

Krefeld, im Januar 2013   Werner Pepels

Inhaltsverzeichnis

Vorwort 5

Abbildungsverzeichnis 11

Abkürzungsverzeichnis 13

1. Grundlagen der Kaufentscheidung 15
   1.1 Arten der Kaufentscheidung 16
   1.2 Entscheidungsregeln beim Kauf 20
       1.2.1 Kompensatorische Heuristiken 20
       1.2.2 Nicht-kompensatorische Heuristiken 22
   1.3 Markenauswahl 24
   1.4 Gütereinteilung 26
       1.4.1 Güterarten 26
       1.4.2 Einteilungskriterien 27
   1.5 Methodologie des Käuferverhaltens 29

2. Konsumentenverhalten 33
   2.1 Erklärungsansätze 33
   2.2 Mechanikmodelle 40
       2.2.1 Zufallsmodelle/Lernmodelle 40
       2.2.2 Klassische Konditionierung 41
       2.2.3 Instrumentelle Konditionierung 42
   2.3 Haushaltstheorie 45
       2.3.1 Mikroökonomik 46
       2.3.2 Lancaster-Modell 47
   2.4 Partialmodelle der Struktur 48
       2.4.1 Psychologische Erklärungsansätze 48
       2.4.1.1 Aktivierende Elemente 50
       2.4.1.1.1 Emotion 50
       2.4.1.1.2 Motivation 52
       2.4.1.1.3 Einstellung 57
       2.4.1.1.4 Reputation 61
       2.4.1.2 Individuelle Elemente 63
       2.4.1.2.1 Involvement 63
       2.4.1.2.2 Risikoempfinden 67
       2.4.1.2.3 Werte 70
       2.4.1.2.4 Typologien 75

2.4.1.3	Kognitive Elemente	85
2.4.1.3.1	Wahrnehmung	85
2.4.1.3.2	Lernen	94
2.4.1.3.3	Gedächtnis	96
2.4.2	Soziologische Erklärungsmodelle	99
2.4.2.1	Kultur	99
2.4.2.1.1	Normen	104
2.4.2.1.2	Subkulturen	105
2.4.2.1.3	Soziale Schichten	106
2.4.2.2	Gruppenstruktur	111
2.4.2.3	Familie	116
2.4.2.3.1	Kaufentscheidungsanteil	116
2.4.2.3.2	Familienlebenszyklus	117
2.4.2.4	Rollenbeziehungen	120
2.4.2.5	Meinungsführerschaft	126
2.5 Spezielle Aspekte		131
2.5.1	Situative Kaufeinflüsse	131
2.5.2	Best agers	133
2.5.3	Modell des Beurteilungsraums	134
2.5.4	Allgemeines Kaufentscheidungsmodell	135
2.5.5	Neuroökonomie	136
2.5.5.1	Messverfahren	136
2.5.5.2	Biostruktur	139
2.5.6	Konsumentenverwirrtheit	147
2.6 Totalmodelle der Struktur		149
2.6.1	Nicosia-Modell	150
2.6.2	Engel, Kollat, Blackwell-Modell	152
2.6.3	Howard, Sheth-Modell	154
2.7 Prozessmodelle		156
2.7.1	Entscheidungsnetz	156
2.7.2	Informationsansatz	157
2.7.3	Adoption	159
2.7.4	Diffusion	163
2.7.5	Zufriedenheit	165
2.8 Simulationsmodelle		168
2.8.1	Detailanalytische Verfahren	168
2.8.2	Globalanalytische Verfahren	171
3. Organisationales Beschaffungsverhalten		175
3.1 Entscheidungsumfeld		177
3.1.1	Begriffsabgrenzung	177

3.1.2		Besonderheiten organisationaler Beschaffung	179
3.1.3		Kennzeichen geschäftlicher Transaktionen	181
3.2 Vertikale Partialmodelle			183
3.2.1		Buying center-Konzept	184
3.2.2		Potenzialkonzept	187
3.2.3		Reagiererkonzept	190
3.2.4		Informationskonzept	191
3.2.5		Schalenkonzept	191
3.3 Horizontale Partialmodelle			192
3.3.1		Selling center-Konzept	192
3.3.2		Bonoma, Zaltman, Johnston-Modell	194
3.4 Totalmodelle			195
3.4.1		Webster, Wind-Modell	195
3.4.2		Sheth-Modell	198
3.4.3		Choffray, Lilien-Modell	200
3.4.4		Johnston, Lewin-Modell	202
3.4.5		Matbuy-Modell	203
3.5 Interaktionsansätze			203
3.5.1		Relationenkonzept	203
3.5.2		Netzwerkkonzept	205
3.6 Geschäftstypen für die organisationale Beschaffung			208
3.6.1		Rohstoffgeschäft	208
3.6.1.1		Urprodukte	208
3.6.1.2		Weitere Rohstoffarten	213
3.6.2		Anlagengeschäft	214
3.6.2.1		Charakteristika	214
3.6.2.2		Phasen	217
3.6.2.2.1		Initiierung und Konzipierung	217
3.6.2.2.2		Sondierung und Anfrage	219
3.6.2.2.3		Angebotseinholung und -bewertung	221
3.6.2.2.4		Anbieterauswahl und Nachverhandlung	222
3.6.3		Systemgeschäft	224
3.6.3.1		Systemrichtung	225
3.6.3.2		Leistungsumfang	226
3.6.3.3		Systemverbreitung	227
3.6.3.4		Integralqualität	228
3.6.3.5		Zeitausdehnung	230
3.6.4		Produktgeschäft	232
3.6.4.1		Produktgeschäftsarten	233
3.6.4.2		Produktmarkierung	234
3.6.5		Zuliefer-Geschäft	236

	3.6.5.1	Programmstruktur	236
	3.6.5.2	Transaktionsperiode	238
	3.6.5.2.1	Initiierung	238
	3.6.5.2.2	Konzipierung	239
	3.6.5.2.3	Sondierung	241
	3.6.5.2.4	Anfrage	243
	3.6.5.2.5	Anbieterauswahl	245
	3.6.5.2.6	Kaufabwicklung	246
	3.6.6	Sonstige Geschäftsarten	246
	3.6.6.1	Energiegeschäft	246
	3.6.6.2	Immobiliengeschäft	248
	3.6.6.3	B-t-b-Dienstleistungen	248
	3.6.6.3.1	Besonderheiten	248
	3.6.6.3.2	Kennzeichen	250
3.7	Synchronisation von Kauf und Verkauf		253
	3.7.1	Buygrid-Modell	253
	3.7.2	Initialphase	257
	3.7.3	Konzeptionsphase	259
	3.7.4	Sondierungsphase	261
	3.7.5	Anfragephase	263
	3.7.6	Angebotseinholungsphase	264
	3.7.7	Angebotsbewertungsphase	266
	3.7.8	Nachverhandlungsphase	267
	3.7.9	Auftragserteilungsphase	269
	3.7.10	Kaufabwicklungsphase	270
	3.7.11	Nachkaufphase	272
4.	Kontrollfragen		275
5.	Lösungshinweise		289
Literaturhinweise			305
Stichwortverzeichnis			309

Abbildungsverzeichnis

Abbildung 1:	Die Entscheidungsarten	16
Abbildung 2:	Der impulsive Kauf	17
Abbildung 3:	Die Personengruppen	19
Abbildung 4:	Die Entscheidungssituationen	20
Abbildung 5:	Die Entscheidungsregeln	21
Abbildung 6:	Die Markenauswahl	25
Abbildung 7:	Die Kaufmodelle	34
Abbildung 8:	Die Präferenzmodelle	35
Abbildung 9:	Das Verhaltensmodell	36
Abbildung 10:	Das S-O-R-Modell	38
Abbildung 11:	Das Konsumentenverhalten	39
Abbildung 12:	Die klassische Konditionierung	41
Abbildung 13:	Das Lernen	43
Abbildung 14:	Die Lerngeneralisierung und -diskriminierung	44
Abbildung 15:	Die Haushaltstheorie	46
Abbildung 16:	Die psychologischen Partialmodelle	47
Abbildung 17:	Die Aktivierungskurve	49
Abbildung 18:	Die Emotion	50
Abbildung 19:	Die Motivation	52
Abbildung 20:	Die Bedürfnishierarchie	55
Abbildung 21:	Die Einstellung	57
Abbildung 22:	Die Reputations-Dimensionen	62
Abbildung 23:	Das Involvement	64
Abbildung 24:	Die Risikoreduktion	70
Abbildung 25:	Die Sinus-Milieus	76
Abbildung 26:	Die Bausteine Consumer styles	78
Abbildung 27:	Die Wahrnehmung	86
Abbildung 28:	Die Wahrnehmungstheorien	90
Abbildung 29:	Die Gedächtniskurve	91
Abbildung 30:	Die kognitiven Lernansätze	95
Abbildung 31:	Das Mehrspeichermodell	96
Abbildung 32:	Die soziologischen Partialmodelle	100
Abbildung 33:	Die Normen	104
Abbildung 34:	Die Subkulturen	105
Abbildung 35:	Der Gruppeneinfluss	112
Abbildung 36:	Die Mitgliedschaftsgruppe	114
Abbildung 37:	Die Bezugsgruppe	115
Abbildung 38:	Die Rolle	121
Abbildung 39:	Die Meinungsführerschaft	126
Abbildung 40:	Die Meinungsführerselektion	129

Abbildungsverzeichnis

Abbildung 41:	Die Situativen Kaufeinflüsse	131
Abbildung 42:	Die Totalmodelle	149
Abbildung 43:	Das Nicosia-Modell	151
Abbildung 44:	Das Engel, Kollat, Blackwell-Modell	153
Abbildung 45:	Das Howard, Sheth-Modell	154
Abbildung 46:	Die Prozessmodelle	157
Abbildung 47:	Die Informations-Display-Matrix „Autokauf"	158
Abbildung 48:	Der Adoptionsprozess	160
Abbildung 49:	Die Übernahmeeinflüsse	161
Abbildung 50:	Die Diffusionskurve	164
Abbildung 51:	Die Analyseansätze	182
Abbildung 52:	Das organisationale Beschaffungsverhalten	184
Abbildung 53:	Die Struktur des Einkaufsgremiums	185
Abbildung 54:	Die Potenzial- und Reagierer-Konzepte	187
Abbildung 55:	Interaktion Kauf-Verkaufs-Seite nach dem Potenzialkonzept	188
Abbildung 56:	Das Bonoma, Zaltman, Johnston-Modell	194
Abbildung 57:	Das Webster, Wind-Modell	196
Abbildung 58:	Das Sheth-Modell	198
Abbildung 59:	Das Choffray, Lilien-Modell	201
Abbildung 60:	Die Geschäftstypen im B-t-b	209
Abbildung 61:	Die Kauf- und Verkaufs-Phasen	254
Abbildung 62:	Das Buygrid-Modell	255
Abbildung 63:	Die dreidimensionale Kauftypologie	256
Abbildung 64:	Die Kauftypen	258
Abbildung 65:	Die Kauftypologie	260

Abkürzungsverzeichnis

AIDA	Attention, Interest, Desire, Action
AIO	Activities, Interests, Opinions
B-t-b	Business to business
B-t-c	Business to consumer
EAN	Europäische Artikel-Nummerierung
ECR	Efficient consumer response
EDI	Electronic data interchange
EEG	Elektroencephalographie
ELM	Elaboration likelihood model
ERG	Existence, Relatedness, Growth
E-V	Einstellung-Verhalten
FuE	Forschung und Entwicklung
J-i-t	Just in time
KKV	Komparativer Konkurrenzvorteil
LoI	Letter of intend
LSP	Leitsätze zur Selbstkostenpreis-Ermittlung
MEG	Magnetencephalographie
OEM	Original equipment manufacturer
POS	Point of sale
S-O-R	Stimulus Organism Response
S-R	Stimulus Response
VALS	Values, Lifestyles
V-E	Verhalten-Einstellung
VPÖA	Verordnung über die Preisermittlung bei öffentlichen Aufträgen

1. Grundlagen der Kaufentscheidung

Die Marketingsichtweise hat in den letzten Jahren einen erheblichen Wandel weg von der rein methodisch-quantitativen Orientierung hin zu einer mehr verhaltenswissenschaftlichen Orientierung genommen. Was auch verständlich ist, sind es doch Menschen, die im Mittelpunkt des forscherischen und praktischen Interesses stehen und die sich funktionalen Erwägungen nicht zugänglich zeigen. Kein anderes Themengebiet ist dadurch so nachhaltig beeinflusst worden wie das Käuferverhalten. Folglich sind psychologische, soziologische und allgemein beziehungstheoretische Zusammenhänge von zentraler Bedeutung für das Fach.

War zu Beginn noch deutlich die traditionelle quantitative Betonung des Marketing (etwa durch Berücksichtigung mikroökonomischer Modelle) erkennbar, so ist seit geraumer Zeit eine merkliche Verlagerung in Richtung qualitativer Aspekte (etwa durch verhaltenswissenschaftliche Ansätze im Konsumentenverhalten) gegeben. Dieser Paradigmawechsel ist nicht unumstritten. So gibt es Experten, die bezweifeln, dass Betriebswirte sich mit anderen als den traditionellen betriebswirtschaftlichen (sprich vorwiegend quantitativen) Erkenntnissen kompetent beschäftigen können. Daraus folgt jedoch eine Verengung der Marketingsichtweise um nicht weniger rationale Aspekte, was besonders bedauerlich ist, steht im Mittelpunkt des Marketing doch der Mensch mit seinem unvermeidbar zu weiten Teilen irrationalen Verhalten. Zugleich haben diese Experten aber nichts gegen den Einbezug anderer betriebswirtschaftsfremder Disziplinen (z.B. Mathematik, Statistik, Operations research) einzuwenden. Daher ist diese Position schon rein argumentativ kaum haltbar. Da es sachlich unerlässlich ist, verhaltenswissenschaftliche Aspekte prominent in das Marketing zu integrieren, ist auch eine Auseinandersetzung mit Erkenntnissen dieser Disziplinen (z.B. Psychologie, Soziologie) unausweichlich. Diese Diskussion (die sich übrigens auch auf die BWL insgesamt bezog) scheint aber insofern entschieden, als heute alle nennenswerten Lehrbücher zum Marketing (und zur BWL) ganz selbstverständlich verhaltenswissenschaftliche Aspekte des Konsumentenverhaltens berücksichtigen.

Marketing ist „People business", d.h. im Mittelpunkt aller Aktivitäten steht der Kunde als Mensch. Das ist einerseits beruhigend, weil damit in einem zunehmend anonymisierten Umfeld ein individueller Fokus geschaffen werden kann, andererseits aber auch irritierend, weil gerade damit der dem Menschen immanente Irrationalismus dominiert, der ein systematisch-planvolles Vorgehen erschwert. So gibt es immer wieder Marketingkonzepte, die analytisch perfekt durchdacht sind, aber an den Unvollkommenheiten der Menschen scheitern,

Käuferverhalten

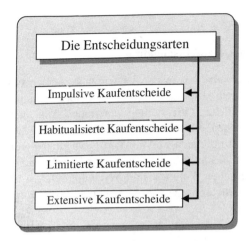

Abbildung 1: Die Entscheidungsarten

und andere, die bei konzeptioneller Betrachtung geradezu abenteuerlich erscheinen, aber hervorragend am Markt funktionieren.

Das Käuferverhalten unterteilt sich in die beiden großen Bereiche des Konsumentenverhaltens und des organisationalen Beschaffungsverhaltens. In beiden, vor allem in Letzterem, sind die Erkenntnisfortschritte und ihre Anwendung im praktischen Marketing erheblich. Insofern ist es für jeden Betriebswirt unerlässlich, sich mit diesen Inhalten auseinander zu setzen.

1.1 Arten der Kaufentscheidung

Es können vier Arten von Kaufentscheidungen unterschieden werden. Kommen geringe Bedeutung und geringe Neuartigkeit des Kaufs zusammen, finden **habitualisierte Käufe** statt. Sie sind typisch für den sich häufig wiederholenden Erwerb von Leistungen des täglichen Bedarfs. Ihnen ist einmal ein echter, komplexer Entscheidungsprozess vorausgegangen, dessen Ergebnis nunmehr unverändert beibehalten wird. Das Ausmaß der damit verbundenen Informationsbeschaffung und -verarbeitung ist sehr gering. Auf die Einbeziehung neuer Alternativen wird verzichtet, die kognitive Steuerung ist wenig ausgeprägt. Häufig wird Markentreue eingehalten, es können aber auch wechselnde Angebote, die sich im Evoked set qualifiziert haben, gewählt werden. Ursachen dafür sind positive Erfahrungen mit Angeboten, die Vermeidung von Kaufrisiken oder die initiative Übernahme von Verhaltensmustern anderer.

Kommen geringe Bedeutung und hohe Neuartigkeit des Kaufs zusammen, finden **impulsive Käufe** statt. Sie sind durch ein sehr geringes Ausmaß kognitiver

1. Grundlagen der Kaufentscheidung

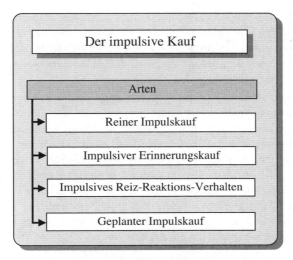

Abbildung 2: Der impulsive Kauf

Steuerung bei gleichzeitig großem Einfluss von Emotionen als spontanen Eindrücken gekennzeichnet. Impulskäufe sind ungeplant und laufen ohne bewusste Informationssuche sehr schnell ab. Sie betreffen eine unmittelbare und situationsbedingte, quasi automatisch ablaufende Reaktion. Sie werden durch die Ausweitung der Kaufkraft der Nachfrager begünstigt. Ausschlaggebend sind Reize vom Produkt selbst oder am Einkaufsort (POS). Meist handelt es sich um Produkte, die nicht unbedingt benötigt werden, aber die Lebensqualität steigern. Man unterscheidet:

- reine Impulskäufe, die produktseitig ausschließlich reizgesteuert und damit ungeplant sind,
- impulsive Erinnerungskäufe, die auf spontaner Aktualisierung latenten Bedarfs beruhen,
- suggestive Impulskäufe, die aus der Kaufsituation heraus gleich beim ersten Kontakt zum Kaufakt führen,
- „geplante" Impulskäufe, die nur nach der Warengruppe geplant sind und für die ein Rahmenbudget bereitsteht, die Produktwahl erfolgt dann aus dem Moment heraus.

Kommen hohe Bedeutung und geringe Neuartigkeit des Kaufs zusammen, finden **limitierte Käufe** statt. Sie zeichnen sich durch bewährte Problemlösungsmuster und Erfahrungen aus früheren ähnlichen Käufen aus, aus denen erprobte Entscheidungskriterien resultieren, so dass nur wenige Alternativen beurteilt

17

werden. In der konkreten Kaufsituation muss daher gemäß dieser Kriterien nur noch die Auswahl unter den real verfügbaren Alternativen getroffen werden. Da ein gespeichertes Auswahlprogramm vorliegt, findet die Prozedur zwar statt, kann jedoch verkürzt und bei Vorliegen eines den Ansprüchen gerecht werdenden Angebots abgebrochen werden.

Kommen hohe Bedeutung und hohe Neuartigkeit des Kaufs zusammen, finden **extensive** (bzw. intensive) **Käufe** statt. Sie zeichnen sich durch umfassende, zum großen Teil bewusst ablaufende Problemlösungsprozesse mit hoher kognitiver Beteiligung und großem Informationsbedarf aus. Beides führt zu langer Entscheidungsdauer. Die kognitive Beteiligung ist deshalb so stark ausgeprägt, weil sich die generelle Kaufabsicht erst während des Entscheidungsprozesses herausbildet. Dies ist typisch für Käufe, die erstmals getätigt werden, für Bedürfnisse, die neuartig erlebt werden, bei großer persönlicher Bedeutung, bei veränderter Beschaffungssituation, bei unbekanntem Anspruchsniveau etc. Dennoch kommen sie insgesamt eher selten vor.

Als Beispiel eines extensiven Kaufentscheids kann die Anschaffung eines neuen Pkw gelten. Er dauert im Durchschnitt an die zwei Jahre. An dessen Anfang steht die unstrukturierte, passive Informationsaufnahme, erste Anregungen durch Freunde, Bekannte, Familie, Medienberichte und Werbung erfolgen. Darauf folgt die strukturierte Informationssuche, das Kaufinteresse entwickelt sich, es kommt zur bewussten (aktiven) Informationsbeschaffung und -aufnahme, woraus sich Marken- und Modellpräferenzen bilden. Dann konkretisiert sich die Kaufabsicht, das Angebot wird differenziert nach Nutzenerwartung, Preis, Servicenetz etc. betrachtet, erste Händlerkontakte erfolgen, zunächst mit Verkaufsliteraturbeschaffung, dann mit Gesprächen mit Meinungsführern bzw. professionellen Experten. Bei der Entscheidungsfindung erfolgen konkrete Händlerkontakte, Gespräche mit Kfz-Fachleuten, Preisverhandlungen etc. mit der Folge einer Informationsverdichtung. Erst dann kommt es zum Kaufabschluss. Damit setzt die Suche nach Informationen aus personalen und medialen Quellen zur Kaufbestätigung ein. Das erste Produkterlebnis entsteht, Erkenntnisse werden im Familien- und Bekanntenkreis weitergegeben, auch erste Händler-Servicekontakte entstehen. Im Verlaufe der weiteren Nutzung werden Erfahrungen über die Alltagstauglichkeit und den Kundendienst gesammelt, es erfolgt eine unbewusste Stärken-Schwächen-Analyse, hinzu kommen bestätigende oder irritierende Gespräche im Freundes- und Bekanntenkreis, bis ein neuer Zyklus für den Kaufentscheid entsteht (nach durchschnittlich vier bis fünf Jahren).

Hinsichtlich der **Personengruppe** im Käuferverhalten ist zwischen Käuferschaft und Verwenderschaft zu unterscheiden. Ein Käufer ist zugleich Verwender, etwa bei Einkauf für den Eigenbedarf. Ein Nichtkäufer ist Verwender etwa bei Beschaffungen im gewerblichen Bereich. Ein Käufer ist Nichtverwender

1. Grundlagen der Kaufentscheidung

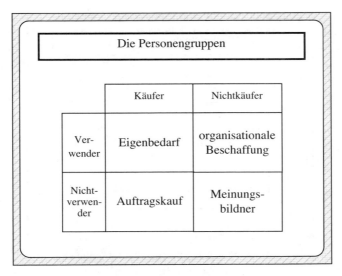

Abbildung 3: Die Personengruppen

etwa bei Auftragskäufen. Und ein Nichtkäufer ist zugleich Nichtverwender etwa bei Meinungsbildnern oder externen Beratern.

Hinsichtlich der **Entscheidungssituation** im Käuferverhalten ist zwischen Person und Sphäre zu unterscheiden. Ein Individualentscheid in der Privatsphäre findet etwa bei der haushaltsführenden Person statt. Ein Kollektiventscheid in der Privatsphäre findet etwa beim Familienentscheid statt. Ein Individualentscheid in der Organisationssphäre liegt bei der gewerblichen Beschaffung durch eine Einzelperson vor. Ein Kollektiventscheid in der Organisationssphäre liegt bei der gewerblichen Beschaffung durch Einkaufsgremien vor.

Die Informationsbeschaffung von Käufern dient dem Erwerb von zum Kauf als notwendig erachtetem Wissen. Dabei kann es sich um eine aktive oder passive Informationsaufnahme handeln sowie um eine endogene oder exogene Informationssuche. Die stärkste Ausprägung repräsentiert die aktive, exogene Informationsbeschaffung. Sie ist durch Art und Menge der betrachteten Alternativen, Produkteigenschaften, Informationsquellen, Einzelinformationen und deren Reihenfolge charakterisiert. In Bezug auf diesen letzten Aspekt werden Entscheidungsregeln zu Grunde gelegt.

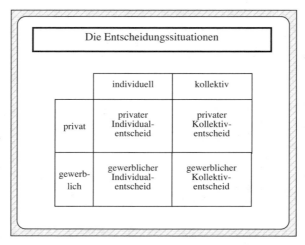

Abbildung 4: Die Entscheidungssituationen

1.2 Entscheidungsregeln beim Kauf

Entscheidungsregeln beim Kauf (Kaufheuristiken) sind vereinfachte Vorgehensweisen von Käufern angesichts begrenzter menschlicher Informationsverarbeitungskapazitäten. Der Kaufentscheid kann nach den Merkmalen Art der Bewertung von Alternativen, angelegte Wahlkriterien und Reihenfolge der Informationsverarbeitung charakterisiert werden.

1.2.1 Kompensatorische Heuristiken

Von kompensatorischen Heuristiken spricht man, wenn die Nachteile einer zur Auswahl stehenden Alternative hinsichtlich einzelner relevanter Eigenschaften durch die Vorteile bei anderen Eigenschaften ausgeglichen werden können.

Das **Beurteilungsmodell** führt durch exakte (metrische) Bewertung und Eigenschaftsgewichtung zur Wahl der absolut besten Alternative. Dabei werden alle zur Auswahl stehenden Alternativen einzeln hinsichtlich aller relevanten Eigenschaften bewertet. Diese Einzelbewertungen werden dann **linearadditiv** verknüpft. Die Alternative mit dem höchsten Wert wird präferiert. Stattdessen kann auch eine subjektive Gewichtung jedes Merkmals (**nicht-linear**) vorgenommen werden.

1. Grundlagen der Kaufentscheidung

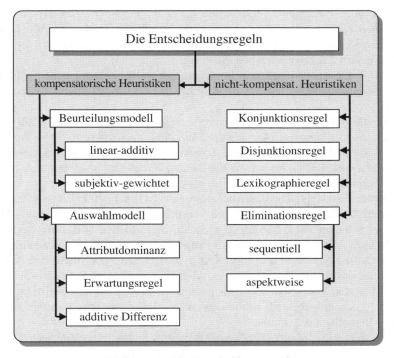

Abbildung 5: Die Entscheidungsregeln

Zum Beispiel werden für den Kaufentscheid beim Pkw alle relevanten Kriterien wie kW-Zahl, Kofferraumvolumen, Sicherheitselemente, Verbrauch im Drittelmix etc. festgelegt. Über diese Kriterien werden eine Reihe definierter Pkw-Modelle einzeln punktbewertet. Die jeweiligen Punkte werden je Modell addiert. Gekauft wird das Modell mit der über alle Kriterien höchsten Punktzahl.

Das **Auswahlmodell** legt eine (ordinale) Rangfolge der Alternativen zu Grunde. Dabei gibt es drei Ausprägungen.

Wird keine Eigenschaftsgewichtung vorgenommen, kommt es zunächst zur Wahl der relativ besten Alternative (**Attributdominanzregel**). Dabei sind einzelne, im Vorhinein als besonders bedeutsam festgelegte Kriterien für den Kauf ausschlaggebend. Diese werden durch Paarvergleiche von je zwei Alternativen verglichen. Es wird also betrachtet, ob die eine oder andere Alternative in Bezug auf die untersuchten Eigenschaften überlegen ist oder nicht. Die Präferenz ergibt sich durch Addition der Überlegenheitsurteile und Wahl der Alternative mit der Mehrheit der Vorzüge.

Zum Beispiel werden Pkw-Modelle nur hinsichtlich der Kriterien kW-Zahl und Sicherheitselemente beurteilt und punktbewertet. Die Punkte für die beiden Kriterien werden je Modell addiert. Gekauft wird das Modell mit der für diese ausgewählten Kriterien höchsten Punktzahl.

Sind, bei ansonsten gleichem Vorgehen, die als bedeutsam erachteten Eigenschaften gewichtet, so handelt es sich um die Anwendung der **Erwartungsregel**.

Zum Beispiel wird bei den beiden ausgewählten Kriterien die kW-Zahl (aktive Sicherheit) höher gewichtet als die Sicherheitselemente (passive Sicherheit). Die Punkte je Modell werden entsprechend bei diesem mit einem Aufwertungsfaktor multipliziert. Gekauft wird das Modell mit der so gewichteten höchsten Punktzahl der ausgewählten Kriterien.

Werden Paarvergleiche von Alternativen derart durchgeführt, dass jedes Paar hinsichtlich relevanter Eigenschaften verglichen und dessen Bewertungsdifferenz festgehalten wird, handelt es sich um die **additive Differenzregel**. Die Differenzen werden dann analog der subjektiven Bedeutung der verschiedenen Eigenschaften gewichtet und addiert. In Abhängigkeit vom Vorzeichen des Ergebnisses wird die jeweils überlegene Alternative präferiert. Sie kann sukzessiv in der nächsten Stufe einer weiteren, noch nicht bewerteten Alternative im Paarvergleich gegenübergestellt werden. Dieser K.O.-Prozess setzt sich fort, bis die beste Alternative übrig bleibt.

Zum Beispiel wird das Pkw-Modell gekauft, das hinsichtlich der gewichteten Punktzahl für ausgewählte Kriterien die höchste positive Differenz aufweist.

1.2.2 Nicht-kompensatorische Heuristiken

Bei nicht-kompensatorischen Heuristiken können die Nachteile einer zur Auswahl stehenden Alternative hinsichtlich einzelner Eigenschaften bereits zum Ausschluss von der Kaufentscheidung führen. Ein schlechter Eindruck eines Details verdirbt also den Gesamteindruck. Man unterscheidet folgende nichtkompensatorischen Heuristiken.

Bei der Wahl einer befriedigenden Alternative wird für jede relevante Eigenschaft ein gerade noch akzeptables Minimal-Niveau bestimmt (**Konjunktionsregel**). Alternativen, die bereits eine dieser Mindestanforderungen nicht erfüllen, werden von der Kaufentscheidung ausgeschlossen. Es kann passieren, dass am Ende keine oder mehr als eine Alternative übrig bleiben. Erfüllen mehrere Optionen die gestellten Standards, wird deren Niveau schrittweise solange sukzessiv **erhöht**, bis nur noch eine übrig bleibt, die dann realisiert wird.

Zum Beispiel wird für den Kauf eines Pkw-Modells eine bestimmte Mindest-kW-Zahl bestimmt, die nicht unterschritten werden darf. Damit entfallen alle Alternativen mit weniger als der so bestimmten Mindestleistung.

Die **Disjunktionsregel** legt weitergehend fest, dass nur solche Alternativen betrachtet werden, die mindestens einem festgelegten Ausschlusskriterium genügen. Dieses ist recht hoch angesetzt. Alternativen, die keines der definierten Akzeptanzniveaus erfüllen, scheiden bei der Kaufentscheidung aus. Es kann wiederum passieren, dass am Ende keine oder mehr als eine Alternative übrig bleiben. Erfüllt keine der Optionen die gestellten Standards, wird deren Niveau schrittweise solange sukzessiv **gesenkt,** bis sich eine ergibt, die realisiert werden kann.

Zum Beispiel wird für den Kauf eines Pkw-Modells bestimmt, dass es über vier serienmäßige Fullsize-Airbags verfügen soll. Gekauft wird daher nur eine Alternative, die dieser hohen Anforderung auch entspricht.

Bei der **Lexikographieregel** werden alle relevanten Eigenschaften nach ihrer Bedeutung gerangreiht. Nur das wichtigste von ihnen wird bezüglich aller Alternativen bewertet. Diejenige Alternative wird ausgewählt, die, unabhängig von den Ausprägungen der anderen, weniger wichtigen Eigenschaften, dabei am Besten abschneidet. Gibt es mehrere Angebote, welche die Anforderung gleich gut erfüllen, wird die Beurteilung auf das nächstwichtigste Attribut ausgedehnt. Somit wird die relativ beste Alternative ausgewählt.

Zum Beispiel werden für den Kauf eines Pkw-Modells kW-Zahl, Kofferraumvolumen, Sicherheitselemente und Verbrauch im Drittelmix in absteigender Folge für bedeutsam erachtet. Dann erfolgt die Beurteilung für eine Reihe definierter Pkw-Modelle nur nach dem Kriterium kW-Zahl. Gekauft wird dasjenige Modell, das für dieses Kriterium die höchste Punktzahl aufweist.

Nach der **Eliminationsregel** kommt es zur Wahl einer befriedigenden Alternative. Sie besagt, dass bestimmende Eigenschaften als Ausschlusskriterien (Mindestniveau) definiert werden. Dabei wird **sequenziell** derart vorgegangen, dass nacheinander alle relevanten Eigenschaften betrachtet und jeweils die Alternativen ausgeschieden werden, die nicht leistungsfähig genug sind. Wird zusätzlich nach der Bedeutung der Eigenschaften vorgegangen, handelt es sich um eine **aspektweise** Elimination.

Bei der sequenziellen Eliminationsregel werden für den Kauf eines Pkw-Modells hinsichtlich der Kriterien kW-Zahl, Kofferraumvolumen, Sicherheitselemente und Verbrauch im Drittelmix jeweils Minimalstandards bestimmt. Eine Reihe definierter Pkw-Modelle wird dann sukzessive hinsichtlich jedes dieser Kriterien beurteilt, wobei diese gleichgewichtig sind. In jeder Stufe entfallen Alternativen, welche die Minimalstandards nicht erfüllen. Die verbleibenden werden dann nach einem anderen Kriterium beurteilt usw.

Bei der aspektweisen Eliminationsregel werden diese Kriterien z.B. in absteigender Folge für wichtig erachtet. Dann erfolgt die Beurteilung zunächst nach dem Kriterium kW-Zahl. Alternativen, welche den Minimalstandard dort nicht erfüllen, scheiden im Folgenden aus. Die danach verbleibenden Alternati-

ven werden nach dem Kriterium Kofferraumvolumen beurteilt. Alternativen, die den Minimalstandard dort nicht erfüllen, scheiden im Folgenden aus usw. Dadurch verringert sich die Zahl der Wahlalternativen rascher.

Analog zur Kaufkraft im privaten Bereich ist das **Budget** im Rahmen der organisationalen Beschaffung zu sehen. Es umfasst alle Geldbeträge, die einem Unternehmen für den Zukauf von Ressourcen zur Verfügung stehen. Zieht man davon die bereits durch Entscheidungen anderweitig festgelegten Beträge ab, so verbleibt das disponierbare Budget, in dessen Grenzen Einkaufsentscheidungen greifen. Merkmale des Budgets sind seine Zukunftsbezogenheit, die Periodenbezogenheit, die Wertbestimmtheit, die Bereichsorientierung, die Zielausrichtung und der Vorgabecharakter. Sie werden durch hierarchische (Top down/Bottom up/Gegenstromprinzip), sachliche (retrograd/progressiv) oder zeitliche Abstimmung ermittelt. Sie können nach ihrer Fristigkeit (strategisch/operativ), nach ihrem Umfang (einzeln/gesamt), nach ihrer Anpassungsfähigkeit (starr/flexibel), nach ihrer Zeiteinteilung (jährlich/unterjährig), nach den Wertgrößen (Umsatz/Kosten/Absatz) oder nach dem Funktionsbereich eingeteilt werden. Die Ermittlung kann dabei problemorientiert (entlang der Aufgabe) oder verfahrensorientiert (rollierend, fortschreibend, Zere base etc.) vorgenommen werden. Probleme entstehen aus einer unzureichenden Adaptivität, der einseitigen Binnenorientierung, kontraproduktiven Anreizen und hohem Entstehungsaufwand.

1.3 Markenauswahl

Von zentraler Bedeutung im Käuferverhalten ist bei der Wichtigkeit von Marken das Markenbewusstsein. Der selektiven Markenauswahl liegt der **Evoked set of brands** zu Grunde:

– Ausgangspunkt ist der **Total set** aller in einem gegebenen Zeitpunkt an einem gegebenen Ort innerhalb einer gegebenen Ausgangsbasis vorhandenen Marken. Dieser teilt sich auf in den **Available set** aller verfügbaren Marken. Der Rest der nicht verfügbaren Marken macht den Unavailable set aus und entfällt im Folgenden.
– Der Available set teilt sich in einen Unawareness set auf, zu dem alle Marken gehören, die dem Käufer unbekannt sind. Diese fallen für den Kaufentscheid schon einmal aus. Und einen **Awareness set**, zu dem alle diejenigen Marken gehören, die dem Käufer bekannt sind.
– Der Awareness set wiederum unterteilt sich in solche Marken, die dem Käufer nicht näher vertraut und damit für ihn irrelevant sind, den Foggy set, und solche, die dem Käufer vertraut und wichtig sind, den **Processed set** (auch Competing set). Nur diese Marken kommen im Weiteren für einen Kaufentscheid in Betracht.

1. Grundlagen der Kaufentscheidung

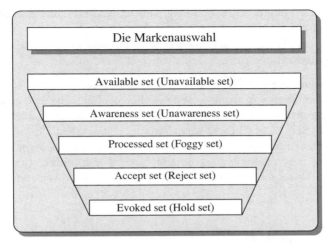

Abbildung 6: Die Markenauswahl

- Der Processed set seinerseits unterteilt sich in individuell abgelehnte Marken, die den Reject set (Inept set) ausmachen, und akzeptierte Marken, die den **Potential set** (auch Consideration set) darstellen. Aber nicht alle Angebote darin sind gleichermaßen für einen möglichen Kauf akzeptiert.
- Denn der Potential set schließlich besteht aus vorläufig zurückgestellten Marken, die den Hold set (auch Inert set) ausmachen, und präferierten Marken, die den **Relevant set** ausmachen. Nur unter diesen wenigen Marken fällt die tatsächliche Kaufentscheidung.

Das Problem besteht nun darin, dass Käufer auf Grund ihrer begrenzten Datenaufnahme, -verarbeitungs- und -speicherungskapazitäten erfahrungsgemäß allenfalls einige wenige Marken im Relevant set präsent haben. Da aber nur unter diesen letztlich der Kaufentscheid fällt, ist es für Anbieter überlebenswichtig, zu diesen wenigen Marken bei einer möglichst großen Anzahl von potenziellen Käufern zu jedem Zeitpunkt und an jedem Ort der Verbreitung zu gehören. Dazu bedarf es intensiver Marketinganstrengungen:

- Schaffung von Verfügbarkeit (im Available set) durch geeignete Distributionsmaßnahmen,
- Verbesserung des Bekanntheitsgrads (im Awareness set) durch Wahl geeigneter Medien,
- Erhöhung des Vertrautheitsgrads (im Processed set) durch Wahl geeigneter inhaltlicher Botschaften,
- Steigerung der Akzeptanz/Kompetenz (im Accept set) durch nachhaltige, oft persönliche Kommunikation,

Käuferverhalten

- Aufbau der Präferenz/Respektierung (im Evoked set) durch Angebot konkreter, attraktiver Nutzen,
- Bindung der Nachfrager auf emotionaler, technischer oder rechtlicher Ebene (im Loyalty set).

Vor allem neue Angebote haben nur dann eine Chance, in den Evoked set/Loyalty set aufgenommen zu werden, wenn es ihnen gelingt, zugleich eine dort bereits präsente Marke zu verdrängen, oder aber einen neuen Markt, und damit einen neuen Set, zu etablieren, was allerdings außerordentlich selten gelingt. Dagegen wiederum setzen sich die bestehenden Anbieter zur Wehr. Die größte Absicherung gegen Verdrängung besteht für den Marktführer (jeder erinnert sich, wer als Erster die Mondoberfläche betrat, aber keiner weiß, wer der Dritte war, dem dies gelang).

1.4 Gütereinteilung

1.4.1 Güterarten

Das Kaufverhalten ist vor allem geprägt durch die Güterart. Gemeinhin wird dab ei unterteilt in:

- Investitionsgüter. Dies sind Güter, die von Unternehmen zum Zweck der längerfristigen Nutzung nachgefragt und für die Produktion anderer Güter eingesetzt werden. Sie sind überwiegend durch folgende Merkmale charakterisiert:
  - überschaubare Anzahl von Anbietern und beschränkte Zahl von Nachfragern im nicht-anonymen Markt, stark formalisierter Willensbildungsprozess mit organisiertem, meist kollektivem Kaufentscheid im Buying center, lange und harte Verhandlungsprozesse mit rationaler Entscheidungsfindung, hoher Umsatzwert je Verkaufsakt infolge langer Kaufintervalle und hohen Warenwerts, bedeutsamer Projektwert im Budget des Nachfragers, kurzer Absatzweg meist im Direktvertrieb, starke Konjunkturempfindlichkeit durch Primärmarkt, Nachfrage als abgeleitete Größe aus konsumnäherem Markt, umfangreiche Informationssuche, kundenindividuelle oft einmalige Leistungserstellung, komplexe Hardware-Software-Kombinationen, endgültige Ausgestaltung unter Abnehmereinfluss, Anbieterkoalitionen mit Generalunternehmer und Subkontraktor sowie Drittparteieneinfluss, Stabilität der Marktpartnerbeziehungen, hohe Bedeutung von Referenzen als Vorqualifikation, zumeist Ausschreibung mit Ausschlussfrist etc.

- Dienstleistungen. Dies sind allgemein Verrichtungen gegen Entgelt. Der Anteil der Dienstleistungen an der gesamtwirtschaftlichen Wertschöpfung

steigt mit wachsendem Wohlstandsniveau der Volkswirtschaft stetig an. Insofern gewinnen sie als Gegenstand der Ökonomie weiter an Stellenwert. Von besonderer Bedeutung sind folgende Merkmale:
- abstraktes und immaterielles Angebot, personengebundener für und mit dem Kunden erbrachter Service, entscheidende Qualifikation und Motivation der Mitarbeiter, nicht lager- und nur ausnahmsweise transportfähig, einmalig bzw. schwer standardisierbar, konstante Produktqualität schwierig zu gewährleisten, kaufbestimmende Imagekomponenten, weil objektive Leistung oft nicht nachprüfbar ist, fremdbestimmter Arbeitsanfall als Haupt- oder Nebenleistung etc.
- Organisationsleistungen. Darunter fallen materielle oder immaterielle Güter von öffentlichen Institutionen und gemeinnützigen Trägern unter Non profit-Gesichtspunkten. Sofern Güter und Dienste angeboten werden, verfolgen diese nur bedarfsdeckende oder ideelle Ziele, was u.a. erheblichen Einfluss auf deren Preissetzung hat, die nicht auf Gewinnerzielung abstellt.
- Konsumgüter. Dies sind Produkte, die zum Gebrauch und/oder Verbrauch durch private Endabnehmer bestimmt sind. Sie sind vor allem durch die folgenden Merkmale gekennzeichnet:
- intensive Werbeaufwendungen zur Durchsetzung von Bekanntheit und Vertrautheit im Markt, mehrstufiger Vertrieb über zwischengeschaltete, selbstständige Absatzmittler, handelsgerichtete Aktivitäten zum Rein- und Rausverkauf, aktive Preissetzung, mehr oder minder austauschbare objektive Produktleistungen, differenzierter und konsequenter Einsatz von Marketingmethoden etc.

1.4.2 Einteilungskriterien

Darüber hinaus sind zahlreiche weitere Gütertypen von Bedeutung. Deren Charakterisierung ist in folgenden Begriffen zu sehen:

- Nach den Gesichtspunkten des empfundenen Kaufrisikos und Budgetanteils beim Nachfrager kann in Speciality, Shopping und Convenience goods unterschieden werden. **Speciality good**s (großer Budgetanteil/großes Kaufrisiko) sind komplexe Güter, die in großen Abständen selbst gekauft werden, wobei der Abnehmer beachtliche Kaufanstrengungen (z.B. Luxusgüter) unternimmt. **Shopping goods** (mittlerer Budgetanteil/mittleres Kaufrisiko) sind relativ selten gekaufte Güter, bei denen der Konsument Preis- und Leistungsvergleiche durchführt (z.B. Möbel, Haushaltsgroßgeräte). **Convenience goods** (niedriger Budgetanteil/niedriges Kaufrisiko) werden von Abnehmern häufig und mit einem Minimum an Aufwand gekauft (z.B.

Produkte des täglichen Bedarfs) und basieren großenteils auf programmierten Kaufentscheidungen.
- Nach dem Gesichtspunkt der subjektiven Attraktivität wird in High tech goods und High touch goods unterschieden. **High tech goods** sind solche Produktgruppen, die ein hohes technisches Niveau repräsentieren. Zu denken ist etwa an Produkte der Audio- und Videotechnik, Automobile, Fotogeräte, Personal computer etc. Von ihnen geht als Symbol technischen Fortschritts eine nennenswerte Faszination aus, die von unterhaltend bis zu spielerisch oder gar infantil reicht.

  Als **High touch goods** werden solche angesehen, die mit dem Körper in Berührung kommen, also etwa Accessoires wie Bekleidung, Schmuck, Uhren, aber auch Lebensmittel wie Feinkost, Spirituosen etc. Diesen kommt angesichts der zunehmenden Anonymisierung im sozialen Umfeld und dem Erfordernis zur Setzung zutreffender Signale durch Produkte, vor allem Marken, erhebliche soziale Bedeutung zu.

  Beide Produktgruppen scheinen von daher aus Sicht der Nachfrager hoch attraktiv. Zugleich will ihr Kaufentscheid gründlich überlegt sein, verpasst man doch sonst die Chance zur Nutzung des technischen Fortschritts oder zur sozialen Profilierung zum eigenen Vorteil.

- Eng damit zusammen hängen die Begriffe der High interest und Low interest goods. Während die vorgenannten eindeutig dem **High interest**-Bereich zuzuordnen sind, für die gern ein großer Zeitaufwand in der Kauf-, und vor allem Vorkaufphase getrieben wird, gibt es andere Produktgruppen, die nur in weitaus geringerem Maß das Nachfragerinteresse zu fesseln vermögen (**Low interest**-Bereich). Zu denken ist etwa an Produkte des täglichen, routinemäßigen Bedarfs, die wenig „Produkterotik" implizieren, so Papiertaschentücher, Filtertüten, Grundnahrungsmittel, Streichhölzer, Toilettenreiniger etc. Mit dem Kauf derartiger Produkte beschäftigt man sich nur ungern und oberflächlich, sie werden bei steigendem Einkommen verhältnismäßig oder auch absolut weniger nachgefragt.

- Letztere Produktgruppen werden volkswirtschaftlich oft auch als **inferior** bezeichnet. Das heißt, gemessen an der durchschnittlichen Aufmerksamkeit, die ein Nachfrager dem Kauf widmet, sind diese Produkte nur von untergeordneter Bedeutung. Dementsprechend stellt sich die Preisakzeptanz hier als großes Problem dar. So ist die Preisbereitschaft für Tafelschokolade seit Jahrzehnten begrenzt, wohingegen bei den beliebten Schokoriegeln ein deutlich höherer Preis durchsetzbar ist. Denn diese gehören aufgrund ihrer Eigenschaft zur Demonstration von Lifestyle der Gruppe der **superioren** Güter an, für deren Nutzen man eher bereit ist, Preisopfer zu erbringen.

- Eine weitere Unterteilung ist die in erklärungsbedürftige und problemlose Produkte. **Erklärungsbedürftige** Produkte sind komplizierte und komplexe

Angebote, wobei sich die Erklärung auf Zusammensetzung (Wirkung, Komposition, Effekt), Prozess (Verfahren, Technologie, Know-how) und Inhalt (Material, Rohstoff, Güte) bezieht. Die dazu erforderliche Erklärung kann durch unpersönliche Medien, z.B. Anzeige, Prospekt, Produktaufsteller, oder im Persönlichen Verkauf gegeben werden.
Problemlose Produkte hingegen bedürfen zu ihrer Marktfähigkeit keiner besonderen Erläuterung, weil ihre Leistung bekannt, vielleicht sogar standardisiert, zumindest aber unproblematisch ist. So signalisiert die Bezeichnung Type 405 bei Mehl ein Produkt einer definierten Zusammensetzung, Weiße und Körnigkeit, die bei allen Angeboten, die diese Typenbezeichnung tragen, gleichermaßen gegeben sein müssen.

- Schließlich kann man in Abhängigkeit von der Zeit nach langlebigen und kurzlebigen Gütern unterscheiden. Bei **langlebigen** Produkten ist die Kaufentscheidung diffiziler, weil man mit den gekauften Produkten für eine längere Zeit auskommen muss. Das beim Kauf empfundene Risiko ist deshalb größer. Bei **kurzlebigen** Produkten stellt sich der Kaufentscheid leichter dar, das Risiko ist geringer, weil Fehlentscheidungen schneller korrigierbar sind. Zur Verringerung des empfundenen Kaufrisikos bei langlebigen Gütern werden daher oft kaufabsichernde Elemente wie Garantie, Warentestergebnis, Anzahlung etc. vorgesehen.

1.5 Methodologie des Käuferverhaltens

Bei der Theorienbildung im Kaufverhalten geht es um die Gewinnung wissenschaftlicher Aussagen aus der Problementdeckung und -formulierung, um Hypothesen über Lösungswege und die exemplarische Überprüfung dieser Hypothesen. Dazu dienen zwei Verfahren, die induktive Methode geht von einem Einzelfall aus und versucht daraus eine Verallgemeinerung abzuleiten. Die deduktive Methode geht von allgemeinen Zusammenhängen aus und versucht daraus, Aussagen über den Einzelfall abzuleiten.

Die Theorieüberprüfung erfolgt in Bezug auf deren logische Konsistenz und in Bezug auf die Konfrontation mit der Realität durch empirische Untersuchungen. Dazu gibt es zwei Methoden: die Verifikation versucht, möglichst viele reale Fälle zu finden, die den behaupteten Zusammenhang bestätigen, eine endgültige Verifikation ist jedoch nicht möglich, da nicht ausgeschlossen werden kann, dass es nicht untersuchte Fälle gibt, die dem Zusammenhang widersprechen.

Bei der Falsifikation sucht man hingegen Fälle, die der Theorie widersprechen, eine Theorie muss daher so formuliert sein, dass sie leicht falsifizierbar ist (etwa durch eine sehr spezifische Auslegung), dann muss klar sein, welche Theorie an die Stelle der falsifizierten tritt (Alternativhypothese). Aussagen, die

so formuliert sind, dass sie nicht widerlegt werden können, sind dann unzulässig (Tautologie).
Theorien müssen daher operational sein, d. h. einen mittleren Abstraktionsgrad haben, wiederholbar (reliabel), dies ist Voraussetzung für eine Überprüfung, und falsifizierbar sein, da sie ansonsten ohne Inhalt ist. Theorien, die mehreren Falsifikationsversuchen widerstanden haben, gelten als vorläufig bestätigt. und entwickeln sich zu Paradigmata.

Theorien braucht man, um das Kaufverhalten der Realität zu erklären, um Vorhersagen über Ereignisse machen zu können, und um daraus Maßnahmen zur Zielerreichung ableiten zu können. Fraglich ist hingegen, ob Wissenschaft überhaupt Empfehlungen abgeben soll, einerseits bedeutet dies eine Wertung, andererseits ist ansonsten ihre Berechtigung fraglich.

Theorien basieren im Allgemeinen auf Modellen als vereinfachte Abbilder der Realität, sie schaffen somit eine Komplexitätsreduktion. Implizite Modelle sind rein gedankliche Konstrukte, explizite Modelle abstrahieren von der Realität und reduzieren Zusammenhänge auf jeweils für wichtig erachtete Teilaspekte (Reduktivmodelle wie Partialmodelle des Konsumentenverhaltens) oder konstruieren erst solche Zusammenhänge (Konstruktivmodelle).

Es gibt mindestens vier Arten von Modellen:

- Beschreibungsmodelle zeigen alle relevanten Facetten der Realität auf, auf eine Erklärung der Kausalitäten wird jedoch verzichtet,
- Erklärungsmodelle stellen Hypothesen über Gesetzmäßigkeiten auf, z. B. abhängige und unabhängige Variable,
- Prognosemodelle treffen Vorhersagen über Konsequenzen, z. B. im Rahmen von Simulationsmodellen des Kaufverhaltens,
- Entscheidungsmodelle haben einen Zielkomponente (Zielfunktion), sie streben eine Problemlösung an.

Problematisch sind dabei zugrunde liegende Werturteile, diese sind nur akzeptabel, wenn sie von den Sachverhalten getrennt ausgewiesen werden. Denn Werturteile entziehen sich einer Überprüfung auf ihren Wahrheitsgehalt, sind aber nicht immer sofort erkennbar. Es gibt Werturteile im Basisbereich, im Objektbereich und im Aussagenbereich:

- Werturteile im Basisbereich betreffen die grundlegende Ausrichtung, etwa welcher Blickwinkel für ein Problem eingenommen wird (in Abhängigkeit vom Wissenschaftsprogramm),
- Werturteile im Objektbereich übernehmen Einstellungen, Motive etc. von handelnden Personen, diese sind, da empirisch, insofern einer Überprüfung zugänglich,

– Werturteile im Aussagenbereich stellen die Meinung des Forschers dar, sie sind immanent angreifbar, jedoch unschädlich, sofern sie klar erkennbar ausgewiesen werden.

Aus dieser Forschung folgen Definitionen, d.h. Zuordnungen von Wörtern und Vorstellungsinhalten, die auf sprachlichen Konventionen beruhen (Nominaldefinition). Der Begriff, der zu definieren ist, ist das Definiendum, der Inhalt der Definition ist das Definiens. Definitionen sind nicht richtig oder falsch, sondern nur zweckmäßig oder unzweckmäßig. Insofern verwundert es nicht, dass es zu ein und demselben Begriff unterschiedliche Inhalte gibt, die alle „richtig" oder „falsch" sein können. Die Forscher haben ihren Arbeiten lediglich abweichende Perspektiven zugrunde gelegt, die alle in Ordnung sind, sofern sie sinnvoll scheinen.

Definitionen dürfen keinen Zirkelschluss enthalten, d.h. die Definition darf den zu definierenden Begriff nicht enthalten, und sie können nicht aus Aufzählungen bestehen, weil diese nicht vollständig, redundanzfrei, objektiv, aktuell, relevant etc. sein kann.

Weit verbreitet ist dabei die Kontroverse über „Rigour" und „Relevance", Ersteres stellt den wissenschaftlichen Erkenntnisgewinn in den Vordergrund, ohne Rücksicht darauf, ob und was mit diesen Erkenntnissen in der Wirtschaftspraxis gemacht werden kann (Rieger). Letzteres stellt darauf ab, dass BWL eine dienende Wissenschaft ist, also Themen mit dem Ziel der Ableitung von Aussagen für praktisches Wirtschaftshandeln behandeln muss (Schmalenbach), dieser Standpunkt hat sich in der modernen Wissenschaft, wenngleich diskussionswürdig, durchgesetzt.

2. Konsumentenverhalten

2.1 Erklärungsansätze

Käuferverhalten ist das Verhalten von privaten und gewerblichen Haushalten und Personen/Gruppen in Zusammenhang mit dem Kauf und Ge- bzw. Verbrauch. Das Käuferverhalten setzt sich aus dem privaten Käuferverhalten, auch Konsumentenverhalten genannt, sowie dem gewerblichen Käuferverhalten, auch organisatorisches Beschaffungsverhalten, zusammen.

Ziel der Erforschung des Käuferverhaltens ist die Erklärung, Prognose und Beeinflussung von Kaufentscheidungen. Diese sind explikativ, d.h. die Wirkung erklärend, empirisch, d.h. an der Realität orientiert, und interdisziplinär, d.h. weitere Erkenntnisquellen außer der Ökonomie nutzend, insb. verhaltenswissenschaftliche. Jeder Kauf ist streng genommen nur eine Episode in einem permanenten Prozess des Kaufens und Ge- bzw. Verbrauchens. Er ist das Ergebnis einer vorgelagerten Phase der Informationssuche und führt zu einer mehr oder minder ausgeprägten Phase des Nachkaufverhaltens. Das Käuferverhalten ist also dynamisch angelegt, allein schon deshalb, weil es sich im Zuge des Wandels des Umfelds verändert. Dabei kann es sich um externe oder interne Einflüsse handeln. Es ist außerdem zweckorientiert, indem es auf die Befriedigung von Bedürfnissen zielt. Dabei sind Episoden der Auswahl, des Erwerbs, der Lagerung, der Verwendung und der Entsorgung gegeben und hat somit Prozesscharakter. Es ist in verschiedenen Situationen unterschiedlich und damit schwer berechenbar.

Wesentlicher Bestimmungsgrund des Kaufverhaltens ist die **Kaufkraft** bzw. das Haushaltsbudget. Darunter ist der Geldbetrag je Einwohner oder Haushalt zu verstehen, der für komsumptive Zwecke in einem bestimmten Zeitraum zur Verfügung steht. Diese Kaufkraft setzt sich zusammen aus Bruttoeinkommen, Vermögensverzehr, Kreditaufnahme, die um Steuern, Sparbeträge und Schuldentilgung zu bereinigen sind. Daraus ergibt sich die verfügbare, disponible Kaufkraft. Diese steht jedoch noch nicht für freie Kaufentscheidungen zur Verfügung. Vielmehr ist sie zu bereinigen um die Kaufkraft, die für elementare Bedarfe wie Miete, Energieverbrauch, Entsorgung, Risikovorsorge, Telekommunikation etc. einzusetzen ist. Nur der danach verbleibende Betrag ist als frei verfügbare, diskretionäre Kaufkraft Rahmen für Kaufentscheide. Kaufkraftkennziffern weisen die Kaufkraft je Region aus, wobei in Deutschland ein Süd-Nord- und ein West-Ost-Gefälle festzustellen ist. Kaufkraftströme betreffen den Fluss von Kaufkraft zwischen diesen Regionen, wobei ein Stadt-Land-Gefälle festzustellen ist.

Käuferverhalten

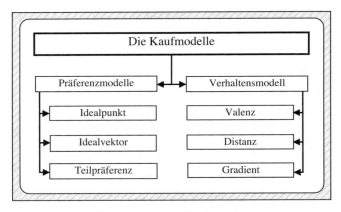

Abbildung 7: Die Kaufmodelle

Die Umsetzung der Kaufkraft in Käufe hängt von den Präferenzen der Nachfrager hinsichtlich bestimmter Angebote und ihrem tatsächlichen Kaufverhalten ab. Alle Erklärungsansätze zum Konsumentenverhalten basieren daher auf zwei Modellannahmen: Präferenzen und Verhalten. Das Präferenzmodell erklärt die Bildung von Präferenzen aus nutzenstiftenden, auch gewichteten Eigenschaften von Produkten. Es werden drei **Präferenzmodelle** unterschieden.

Das **Idealpunktmodell** entspricht der Annahme, dass es eine ideale Eigenschaftsausprägung gibt und mit zunehmender Abweichung der realen Eigenschaftsausprägungen davon deren Präferenzwert sinkt.

Zum Beispiel wird angenommen, dass es für das Kofferraumvolumen eines Pkw eine gewünschte Idealgröße gibt (die interindividuell durchaus sehr verschieden sein kann). Je weiter das Kofferraumvolumen definierter Pkw-Modelle von diesem Wert entfernt ist, desto geringer ist deren Kaufwahrscheinlichkeit. Ein größerer Kofferraum wird als zu sperrig angesehen, ein kleinerer als unzulänglich. Die höchste Kaufwahrscheinlichkeit hat damit dasjenige Pkw-Modell, das der Idealausprägung mit seiner Eigenschaft am nächsten kommt.

Das **Idealvektormodell** entspricht der Annahme, dass eine Zunahme der Ausprägung einer Eigenschaft auch zu einer kontinuierlichen, nicht unbedingt dazu proportionalen Zunahme der Präferenz führt.

Zum Beispiel kann für ein Pkw-Modell bei gegebener PS-Zahl mit einer gegebenen Präferenz gerechnet werden. Ein Pkw-Modell mit höherer PS-Zahl hat dann automatisch demgegenüber eine höhere Präferenz, ein Pkw-Modell mit geringerer PS-Zahl eine niedrigere Präferenz. Demnach kommt es darauf an, möglichst hoch ausgeprägte Eigenschaften in Produkten zu bieten, da diese dann auch die höchste Kaufbereitschaft bedeuten (Je mehr, desto ...).

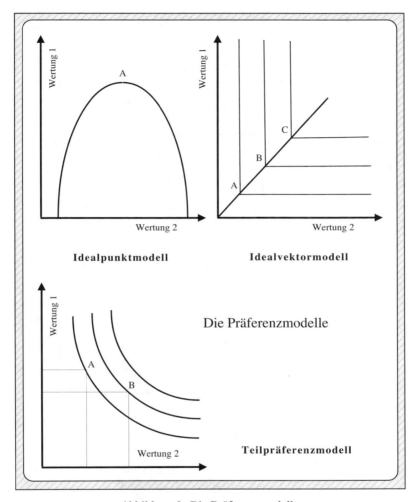

Abbildung 8: Die Präferenzmodelle

Das **Teilpräferenzmodell** entspricht der Annahme, dass beliebigen Eigenschaftsausprägungen beliebige Nutzen zukommen können, die präferenzbildend wirken, so dass es zu Kompensationen zwischen den Eigenschaften kommen kann.

Zum Beispiel können definierte Pkw-Modelle nach den gegenläufigen Kriterien PS-Zahl und Verbrauchswert als, gewichtete oder ungewichtete Kriterien beurteilt werden. Beide Kriterien werden beurteilt, präferiert wird dasjenige Pkw-Modell, das in der Summe seiner Eigenschaften das überlegene ist.

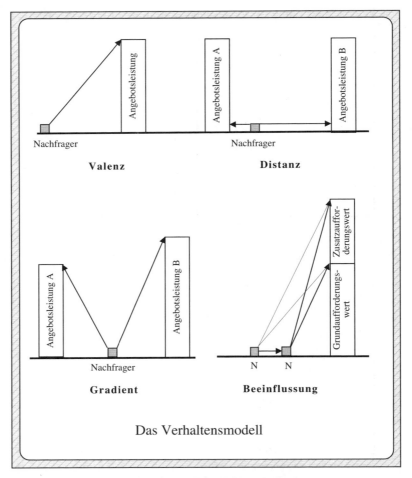

Abbildung 9: Das Verhaltensmodell

Das **Verhaltensmodell** erklärt, mit welcher Wahrscheinlichkeit eines von mehreren Objekten von einem Käufer ausgewählt wird. Dabei wird auf die Distanzen der einzelnen Objekte zu einem Idealpunkt zurückgegriffen. Es wird jeweils mit Sicherheit dasjenige Produkt gekauft, das einen minimalen Abstand davon aufweist und dasjenige nicht, das den größten Abstand aufweist. Die Kaufwahrscheinlichkeit sinkt mit zunehmender Distanz. Dies entspricht auch der feldtheoretischen Erkenntnissen, wobei dafür drei Größen als ursächlich angesehen werden, die Valenz als Leistungswahrnehmung, die Distanz als Entfernung im sozialen Raum und der Gradient als Aufforderungsgrad.

Die **Valenz** kann durch bessere Angebotsleistung erhöht werden. Sie zielt auf die objektive Produktbeschaffenheit im Grundnutzen- und/oder im Zusatznutzenbereich ab. Eine Erhöhung der Valenz bedeutet zugleich immer auch eine Erhöhung der produktindividuellen Leistungsfähigkeit.

Als **Distanz** wird die empfundene Entfernung der Zielpersonen von einem Objekt verstanden. Um diese Distanz zu verringern, ist immer eine Verhaltensänderung erforderlich, wobei es sich um eine der am schwierigsten zu erreichenden Wirkungen handelt.

Der **Gradient** betrifft den Aufforderungsgrad zum Kauf. Je höher der Steigerungswinkel des Gradienten, desto wahrscheinlicher der Kauf. Der Gradient kann gesteigert werden, indem die Valenz steigt und/oder die Distanz sinkt, d. h. die Produktleistung wird von einer Zielperson als besser wahrgenommen oder die Leistung entspricht mehr ihrem Ideal.

Zur Erklärung des Konsumentenverhaltens werden verschiedenste Ansätze herangezogen. Im Wesentlichen handelt es sich dabei im Bereich des Konsumentenverhaltens um Mechanikmodelle, Strukturansätze und Simulationsansätze.

Bei **Mechanikmodellen** werden zwei Gruppen von Modellen unterschieden: **Zufallsmodelle** und **Lernmodelle**. Bei beiden handelt es sich um behavioristische Ansätze. Der **Behaviorismus** beruht auf einem Paradigmawechsel, weg von Bewusstseinsprozessen und hin zum Verhalten. Er lehnt Aussagen ab, die auf subjektiven Erfahrungen und Erlebnissen beruhen und akzeptiert nur objektive, beobachtbare Reize, also feststellbare und messbare Aktivitäten des Menschen als Reaktion auf innere oder äußere Reize. Mechanikansätze sind die ältesten Versuche zur Erklärung des Käuferverhaltens. Strukturen im Käuferverhalten sind danach nicht erkennbar und daher auch nicht eindeutig untersuchbar. Das Verhalten wird vielmehr durch Stimuli (z. B. Werbung) und Reaktionen darauf (z. B. Kauf) bestimmt (S-R-Verknüpfung). Die Prozesse, die dazu führen, dass aus der bloßen Wahrnehmung der Werbung dann auch wirklich ein Kaufakt wird, finden in der **Black box** der Psyche des Menschen statt und verschließen sich somit einer Analyse. Sie werden entweder als unbekannt akzeptiert oder aber als irrelevant angesehen und durch Abhängigkeits- oder Stochastikprozesse ersetzt. Ergebnis ist immer eine Aussage dahingehend, mit welcher Wahrscheinlichkeit ein Individuum in einer bestimmten Art und Weise auf Reize reagieren wird. Der Ansatz ist also eigentlich theorielos.

Bei **Strukturansätzen** hingegen handelt es sich um neo-behavioristische Modelle. Diese sind neuere Versuche zur Erklärung des Käuferverhaltens. Sie stellen neben den direkt beobachtbaren und daher messbaren Variablen auf intervenierende Variable ab, die allenfalls indirekt über Indikatoren gemessen werden können. Dadurch wird versucht, die Black box des Organismus zu erhellen. Zwischen Stimuli (z. B. Werbung) und Reaktionen darauf (z. B. Kauf)

Käuferverhalten

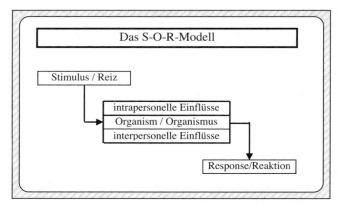

Abbildung 10: Das S-O-R-Modell

werden hypothetische Konstrukte als Verbindung gesehen (z.B. Einstellung zum Absender), die den Zusammenhang zwischen Stimuli und Reaktionen erklären (S-O-R-Verknüpfung/O = Organism). Diese sollen über Erhebungen (z.B. Befragung) erfasst werden. Da hypothetische Konstrukte zunächst keinen nachweisbaren Wirklichkeitsbezug haben, müssen Korrespondenzregeln für eine operationale Beziehung zugeordnet werden. Dies erfolgt meist über verschiedene Skalierungsverfahren.

Innerhalb der Strukturansätze gibt es Systemmodelle, Haushaltsmodelle und Prozessmodelle. **Systemmodelle** untersuchen die im Individuum ablaufenden Vorgänge auf der aktivierenden, kognitiven und individuellen Ebene. Von diesen wird dann deduktiv auf das Verhalten der Person geschlossen. Die Systemmodelle wiederum lassen sich in Total- und Partialmodelle unterteilen. **Totalmodelle** des Käuferverhaltens weisen eine umfassende, Partialmodelle nur eine einseitige verhaltenswissenschaftliche Fundierung auf. Diese empirische Fundierung ist bei allen Totalmodellen nur unzureichend gegeben. Die **Partialmodelle** hingegen sind uneingeschränkt empirisch fundiert. Die Aggregierbarkeit des einzelnen Verhaltens ist unterschiedlich ausgeprägt, die Berücksichtigung eigener und konkurrierender Marketingmaßnahmen ist nur gering. Total- und Partialmodelle beziehen sich auf Privat- und Geschäftskunden. Partialmodelle können im Privatkundenbereich vor allem psychologisch oder soziologisch fundiert sein sowie im Geschäftskundenbereich vertikal oder horizontal strukturiert.

Außerdem gibt es noch die klassischen **Haushaltstheorie**, die eine mikroökonomische Grundlage zur Beurteilung des Käuferverhaltens liefert. Sie sind jedoch durch zahlreiche unrealistische Prämissen belastet. **Prozessmodelle**

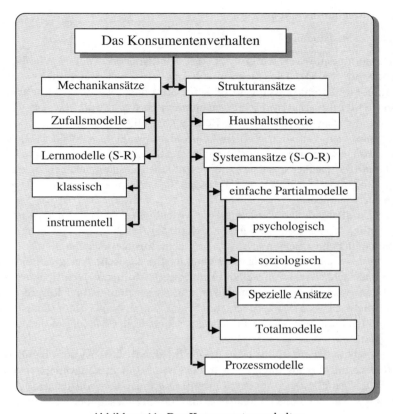

Abbildung 11: Das Konsumentenverhalten

befassen sich mit dem Zustandekommen von Kaufentscheidungen und ihren Voraussetzungen. Sie haben erheblich an Bedeutung gewonnen, vor allem in Form der Konstrukte Kundenzufriedenheit bzw. Kundenunzufriedenheit.

Unter **Simulationsansätzen** sind Techniken zur nummerischen Auswertung quantitativer Modelle zu verstehen. Anwendung finden Simulationen, wenn der Komplexitätsgrad eine analytische Auswertung behindert, das Modellverhalten bei unterschiedlichen Marketingaktivitäten untersucht oder im Zeitablauf in Zeit sparender Weise analysiert werden soll („Zeitraffer"). Insofern werden auf experimentelle Weise alternative Systemzustände erzeugt, indem Input-Daten systematisch variiert werden. Die praktische Relevanz dieser Ansätze ist zwar deutlich eingeschränkt, wird jedoch durch Computerstützung zunehmend höher.

2.2 Mechanikmodelle

2.2.1 Zufallsmodelle/Lernmodelle

Mechanikmodelle verzichten auf die Modellierung der Variablen im Organismus (= O). Die Zusammenhänge zwischen Reizinput (= S für Stimulus) und Reaktionsoutput (= R für Response) werden vielmehr nicht untersucht und ersatzweise als mechanistisch verknüpft dargestellt. Bei den Stimuli kann es sich um vom Betrieb kontrollierte Variable (z.b. Werbekampagne) oder vom Betrieb nicht-kontrollierte Variable handeln (z.B. Kaufkraft). Hinzu kommen situative Variable (z.B. Zeitdruck). Es entspricht der Ökonomie des Denkens, sich auf die wesentlichen Zusammenhänge zu konzentrieren und konkrete Größen anstelle psychologischer und soziologischer Konstrukte anzunehmen.

Bei **Zufallsmodellen** werden nur die wesentlichen Zusammenhänge im Modell explizit abgebildet, alle anderen werden vernachlässigt und ersatzweise durch Zufallskomponenten erfasst. Nach dem Ausmaß des Zufalls handelt es sich um quasi-deterministische oder objektiv-stochastische Ansätze. Bei quasi-deterministischen Ansätzen stellen **Funktionsgleichungen** einen sicheren (man sagt ökonometrischen) Zusammenhang zwischen Stimulus und Response her, wobei nicht erfasste Wirkgrößen durch eine Zufallsgröße (Störglied) erfasst werden. Insofern wird ein im Prinzip deterministisches Modell an die Realität angepasst.

Bei objektiv-stochastischen Ansätzen wird eine Reaktionswahrscheinlichkeit der Käufer auf Veränderungen im Umfeld (also bei nicht-kontrollierten Variablen) mittels Zufallssteuerung der Kaufprozesse (man sagt vollstochastisch) bestimmt. Es wird also die Kaufentscheidung in ihrer Gesamtheit als **Zufallsmechanismus** interpretiert. Beiden ist gemein, dass sie aus den Ergebnissen erst im Nachhinein auf Wirkungen schließen.

Bei **Lernmodellen** handelt es sich um subjektiv-stochastische Ansätze. Hier wird eine Beziehung zwischen Reizinput und Reaktionsoutput auf Grund von **Erfahrung** hergestellt. Dabei wird von der Art des Inputs (Stimulus) auf die Art des Outputs (Reaktion) geschlossen. Es sind also in gewisser Weise Prognosen möglich. Lernen beinhaltet die systematische Änderung des Verhaltens auf Grund erworbener Erfahrungen. Lernen kann zur Generalisierung oder zur Diskriminierung genutzt werden. Beide können sich auf Reize (Stimuli) oder Reaktionen (Response) beziehen. Lerntheorien, die dem S-R-Ansatz folgen, sind die klassische und die instrumentelle Konditionierung.

2.2.2 Klassische Konditionierung

Die klassische Konditionierung entspricht dem Lernen durch zeitliches Zusammensein verschiedener Erlebnisinhalte. Wird ein Reiz, der für das Individuum zunächst keine Bedeutung hat und auch keine Reaktion auslöst (= neutraler Reiz), wiederholt kurz vor und während der Darbietung eines Reizes, der auf Grund angeborener Reiz-Reaktions-Verknüpfung eine reflexive Reaktion auslöst (= unbedingter Reiz), dargeboten, so löst schließlich auch der ursprünglich neutrale Reiz diese Reaktion aus. Das Individuum hat gelernt, auf den ursprünglich neutralen Reiz zu reagieren, der Reiz wurde konditioniert. Grundlage dieses Lernprozesses ist die räumliche und zeitliche Nähe (= Kontiguität) der beiden Reize. So findet nach häufiger Wiederholung eine Kopplung zwischen einen originären, unbedingten und einem derivativen, bedingten Reiz zur Reaktion durch Lernen derart statt, dass das gewünschte Resultat nicht mehr nur beim ursprünglichen, sondern ebenso bereits allein beim derivativen Reiz eintritt. Im Experiment von **Pawlow** wurde dazu einem Hund zusammen mit seinem Futter immer auch ein Glockenzeichen gegeben (Stimulus). Der Hund zeigte Speichelfluss aus Vorfreude auf das Futter (Response). Nachdem der Zusammenhang zwischen beiden ursprünglich unverbundenen Signalen gelernt war, reagierte der Hund mit Speichelfluss bereits nur beim Glockenzeichen, also schon ohne Futter. Sein Reflex war darauf konditioniert. Der Akzent der klassischen Konditionierung liegt also auf der **Stimulus-Seite** (zwei Reize). Der unkonditionierte Stimulus wird unabhängig vom Verhalten des Organismus vorgegeben und bestimmt dessen Verhalten. Der Zeitintervall zwischen konditionierter Reaktion und unkonditioniertem Stimulus ist fest, Reaktionen laufen

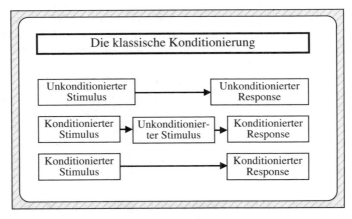

Abbildung 12: Die klassische Konditionierung

reflexartig ab. Alte Reaktionen werden mit neuen Reizen verknüpft. Von einer Konditionierung zweiter oder höherer Ordnung spricht man hingegen, wenn zwei oder mehr Reize verknüpft werden. Den Effekt kann jeder nachvollziehen, der ein Haustier hält. So empfangen schlaue Hunde ihren Halter in freudiger Erwartung bereits an der Kühlschranktür, weil sie im Laufe der Zeit gelernt haben, dass dessen Erscheinen in Kühlschranknähe (derivativer Reiz) meist dazu führt, dass es etwas Leckeres zu fressen gibt (originärer Reiz). Die Freude darüber stellt sich also nicht erst angesichts des Futters selbst ein, sondern bereits bei Annäherung an den Kühlschrank. Geradeso funktioniert das auch beim Menschen. So wurde Bacardi-Rum von Anfang an kommunikativ an exotische Musik, Sonne, Strand, fröhliche junge Leute, Palmen etc. angebunden und in den Medien intensiv penetriert. Im Laufe der Zeit wurden die Zielpersonen dahingehend konditioniert, allein schon beim Anblick des Flaschenetiketts im Ladenregal, beim Ertönen der typischen Musik oder bei Nennung des Markennamens an die entspannte Layed back-Atmosphäre der Bacardi-Welt zu denken. Aus dieser angenehmen Stimmung folgt dann der Wunsch nach Kauf oder Konsum gerade dieses Getränks.

2.2.3 Instrumentelle Konditionierung

Bei der instrumentellen Konditionierung liegt der Akzent auf der **Response-Seite** (zwei Reaktionen). Die instrumentelle Konditionierung (auch operante Konditionierung genannt) entspricht dem Lernen nach dem Verstärkerprinzip als Wiederholung erfolgreichen Versuchs- und Irrtumshandeln. Im Experiment von Skinner wurden Ratten als Versuchstiere mit einem Hebelmechanismus konfrontiert, dessen richtige Betätigung dann Futter freigab. Nach Ausprobieren (Trial & error) fanden sie so auch bald den richtigen Dreh heraus, an ihr Futter zu kommen. Diese Belohnung führte zum Lernen des Zusammenhangs und damit bei Wiederholung des Vorgangs gleich zum richtigen, erfolgreichen Handeln. Nicht erfolgreiche Lösungen werden also revidiert, erfolgreiche hingegen perpetuiert. Die Wahrscheinlichkeit dafür, dass ein bestimmtes Verhalten als Reaktion auf Reize auftritt, ist um so größer, je ähnlicher ein bestimmter Reizkomplex dem Reizkomplex ist, bei dem in der Vergangenheit dasselbe oder ein ähnliches Verhalten belohnt worden ist, je häufiger dieses in einem bestimmten Zeitabschnitt Belohnungen einbringt, die höher als die Aufwendungen sind und je höher der Wert der daraufhin erhaltenen globalen Belohnung ist. Der Wert einer solchen Belohnung ist um so geringer, je häufiger man sie zuvor bereits erhalten hat. Widerstreben Belohnungen dem Grundsatz der gerechten Verteilung, kommt es zu feindseliger Reaktion. Treten Verhalten und Belohnung wiederholt in kürzeren Zeitabständen nicht mehr gemeinsam auf, so kommt es zur Extinktion der gelernten Reaktion.

2. Konsumentenverhalten

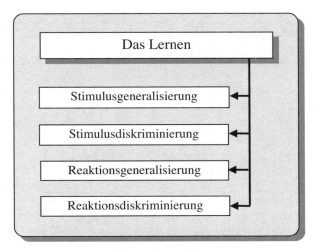

Abbildung 13: Das Lernen

So weiß jeder Elternteil mit Kleinkind, dass, wenn Kinder erst einmal gelernt haben, dass Weinen ihnen erhöhte Aufmerksamkeit und die Erfüllung ihrer Wünsche einbringt, sie Weinen bewusst einsetzen, um ihre Ziele durchzusetzen. Die Tränen werden also von ihnen instrumentalisiert. Dies wiederum führt zum gehäuften Auftreten dieses Verhaltens, bis es irgendwann durch Inflationierung nicht mehr den gewünschten Erfolg zeitigt, etwa weil man als Mutter oder Vater die Mechanik durchschaut hat. Dann wird das Kleinkind dieses Verhalten aufgeben (Extinction), um im Versuchs- und Irrtumshandeln solange weiterprobieren, bis es ein anderes Verhalten gefunden hat, das neuerlich Erfolg einbringt und dieses dann perpetuieren oder, wenn dies nicht gelingt, sich daran gewöhnen, dass man nicht alle Wünsche durchsetzen kann, so schmerzlich das auch ist.

Bei beiden Lernprinzipien ergeben sich Generalisierungs- und Diskriminierungstendenzen sowohl hinsichtlich Reiz als auch Reaktion.

Von **Stimulusgeneralisierung** spricht man, wenn ein Käufer lernt, auf ähnliche Reize gleich zu reagieren. Durch Generalisierung kann der Imitator so an der Verwechslungsfähigkeit seines Angebots mit dem des Imitierten partizipieren (z.B. Milka- und Alpia-Schokolade). Umgekehrt muss bei der Individualisierung erst die Grenze der Generalisierung durchbrochen werden, bevor eine Eigenständigkeit erreicht werden kann, auf die Nachfrager anders als in generalisierter Weise reagieren. Dazu werden oft eher unwichtige Spezifika unverhältnismäßig dramatisiert oder auch erst nachträglich in Produkte „eingebaut" (Marketing ingredient).

Käuferverhalten

	S ≈ S'	S ≠ S'
R ≈ R'	Stimulus-generalisierung	Stimulus-diskriminierung
R ≠ R'	Response-generalisierung	Response-diskriminierung

Abbildung 14: Die Lerngeneralisierung und -diskriminierung

Von **Stimulusdiskriminierung** spricht man, wenn ein Käufer lernt, auf ähnliche Reize unterschiedlich zu reagieren. So werden Produkte, die den gleichen Grundnutzen, aber verschiedenartige Zusatznutzen bieten (z.B. Golf Basis und Golf GTI) trotz weit überwiegend gleicher Wahrnehmung erheblich unterschiedlich beurteilt. Dieses Phänomen wird bei der Angebotsdifferenzierung genutzt. Dazu muss allerdings in der Kommunikation ein erhebliches Maß an Lerneinheiten transportiert werden, um subtile Signalunterschiede zuverlässig erkennbar zu machen (Beispiele: Chantré: groß sind die Unterschiede zwischen Weinbränden nicht, aber fein oder Nutella: nur wo Nutella draufsteht, ist auch Nutella drin).

Von **Responsegeneralisierung** spricht man, wenn ein Käufer lernt, auf unterschiedliche Reize ähnlich zu reagieren. Dies wird etwa beim Markentransfer genutzt, wo die Bekanntheit und Vertrautheit einer Marke genutzt wird, um sie in einem anderen Umfeld, möglichst mit hinreichend engem Zusammenhang, mit Erfolg einzusetzen (z.B. Joop Parfüm, Davidoff-Zigaretten, Mars Eiscreme). Die Lerninhalte werden dazu von einem Marktbereich in einen anderen mittels Markenerweiterung übertragen. Der dort wahrgenommene Reiz wird nicht als eigenständig neu aufgefasst und dementsprechend unvoreingenommen beurteilt, sondern als subjektiv bekannt und vertraut.

Von **Responsediskrimierung** spricht man, wenn ein Käufer lernt, auf unterschiedliche Reize auch unterschiedlich zu reagieren. Dies entspricht der verbreitetsten Art des Lernens. Darauf beruht die Marktsegmentierung, nach der sich Käufergruppen deutlich voneinander abtrennen. So sprechen bestimmte Argumente (z.B. Prestige) immer nur bestimmte Zielgruppen an (z.B. Statusorientierte) und lassen andere völlig kalt. Das erlaubt nicht nur die Durchsetzung von Aufpreisen (z.B. Business class vs. Economy class), sondern auch die effektive Abgrenzung von Zielgruppen durch Marktsegmentation.

Zusammenfassend kann das Lernen als Konstrukt wie folgt charakterisiert werden: Wird ein Verhalten belohnt, steigt die Wahrscheinlichkeit, dass dieses in Zukunft wieder auftritt, sofern das Individuum depriviert ist. Wird ein Verhalten weder belohnt noch bestraft, wird es gelöscht. Wird ein Verhalten bestraft, sinkt die Wahrscheinlichkeit seines Auftretens. Bei hoher Bedürfnisstärke wird der Strafreiz zu umgehen versucht. Gelingt dies, steigt die Wahrscheinlichkeit, dass das betreffende Verhalten wieder auftritt. Je häufiger ein Reiz zusammen mit einem Verstärker auftritt, desto höher ist die Wahrscheinlichkeit, dass dieser Reiz eine Verstärkungswirkung erhält. In subjektiv ähnlichen Situationen versucht das Individuum, bewährtes Verhalten zu zeigen, in subjektiv gleichen Situationen versucht es, sein Verhalten noch erfolgreicher zu gestalten. Wirkt das Verhalten nur in bestimmten Situationen belohnend, wird es nur dann verstärkt, wenn der betreffende diskriminierende Stimulus tatsächlich vorliegt. Werden nur bestimmte Aspekte des Verhaltens belohnt, so geht das Individuum entsprechend selektiv vor. Sind Verhaltensweisen erst einmal nachhaltig eingeübt oder verinnerlicht, werden sie beibehalten auch wenn keine Belohnung oder Bestrafungsvermeidung mehr daraus resultiert. Verhaltensweisen werden um so besser gelernt, je stärker der Zusammenhang zwischen diskriminierten oder generalisierten bzw. gespeicherten Reizen und dem daraus resultierenden Verhalten ist. Die Wahrscheinlichkeit des Auftretens eines Verhaltens ist abhängig von der Belohnungshöhe sowie der subjektiven Wahrscheinlichkeit, dass die Belohnung aus dem Verhalten folgt bzw. das Verhalten erfolgversprechend ausgeführt werden kann. Der Wert der Belohnung unterliegt dem Vergleich mit vorausgegangenen Situationen, anderen Personen und alternativen Verhaltensweisen. Jeweils wird Konsistenz angestrebt.

2.3 Haushaltstheorie

Als leistungsfähiger als diese Mechanikansätze zur Erklärung sind jedoch **Strukturansätze** anzusehen. Diese sind als Total- oder Partialmodelle ausgeprägt.

2.3.1 Mikroökonomik

Vorläufer der Strukturansätze ist jedoch die klassische Haushaltstheorie der Mikroökonomik. Dabei wird auf Basis ökonomisch streng rationaler Entscheidungsfindung (Homo oeconomicus) theoretisch untersucht, für welche Mengen welcher Güter sich ein Haushalt entscheiden soll, wenn er bei gegebenem Budget und gegebenen Güterpreisen seinen Nutzen maximieren bzw. ein als sinnvoll erachtetes Nutzenniveau mit geringstmöglichem Budget (also zu niedrigsten Güterpreisen) realisieren will. Die traditionelle mikroökonomische Theorie geht dabei von der Fiktion der nutzenmaximalen Gütermenge aus. Nutzen ist der Grad der Befriedigung von Bedürfnissen, den ein Wirtschaftsgut beim Verbraucher/Verwender erbringt.

Für den Nutzen sind sowohl die individuelle Nützlichkeit (subjektive Bedürfnisse) als auch die objektive Knappheit (marktliche Seltenheit) relevant. Freie Güter sind zwar nützlich, aber nicht marktfähig. Der Nutzen wird in Abhängigkeit von Gütermengen in Nutzenfunktionen dargestellt, die Grenznutzenfunktion hat einen fallenden Trend. Die Nutzenmaximierung ist bei der höchsten Grenzrate der Substitution gegeben, der Nutzenausgleich bei gleicher Grenzrate der Substitution (Gossen'sche Gesetze). Im Marketing wird meist zwischen Grundnutzen (inferiore Güter) und Zusatznutzen (superiore Güter) unterschieden (Vershofen) oder aber nach Präferenzen.

Die Kritik ist jedoch vielfältig. So wird von einem völlig rational handelnden Individuum ausgegangen, das bewusste ökonomische Wahlakte durchführt, denn daraus leiten sich erst die Bedingungen der optimalen Beschaffungsmengen ab. Zudem wird eine vollständige Information der Nachfrager über alle Einflussfaktoren ihres Kaufverhaltens unterstellt. Das Einkommen, sämtliche relevanten Beschaffungsgüter und deren Preise werden als mit Sicherheit bekannt vorausgesetzt. Es wird eine konsistente, transitive, stationäre und komparative

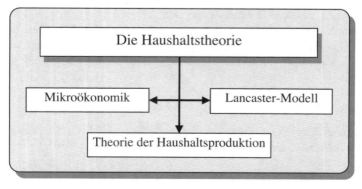

Abbildung 15: Die Haushaltstheorie

Präferenzstruktur angenommen, die durch Aggregation zur Preisabsatzfunktion für einen Gesamtmarkt führt. In gleichem Maße, wie diese Annahmen des Realitätsbezugs entbehren, gilt dies auch für die Ergebnisse, die unter diesem rigiden Prämissen zustande kommen.

Ein weiterer Ansatz betrifft die **Theorie der Haushaltsproduktion**, welche die Erstellung elementarer Güter untersucht. Allerdings liegen dabei gleichermaßen realitätsferne Bedingungen zugrunde.

2.3.2 Lancaster-Modell

Eine Modifizierung erfolgt im Lancaster-Modell. Dieses geht davon aus, dass die Haushalte am Markt verschiedene Produkte kaufen, um sie zur Herstellung von Gütern zu verwenden. Die vom Haushalt erstellten Güter lassen sich nach

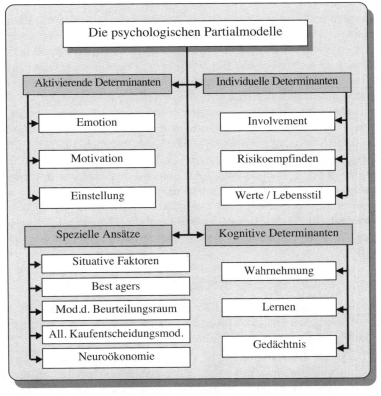

Abbildung 16: Die psychologischen Partialmodelle

Eigenschaftsarten (wie Kalorienzahl, Eiweißgehalt, Geschmack etc.) beschreiben. Im Gegensatz zur Haushaltstheorie werden dabei nicht die Produktmengen, sondern die Eigenschaftsmengen bewertet, denen Nutzenwerte zugeordnet werden. Eine gewisse Aussagekraft erhält das Modell durch die Ermittlung individueller und aggregierter Nachfragefunktionen, der zugehörigen Absatzmengen und der Auswirkung marketingpolitischer Maßnahmen. Allerdings liegt gleichermaßen die Homo oeconomicus-Fiktion zugrunde. Die Verbindung zwischen der über Produkteigenschaften definierten Nutzenfunktion und der über Gütermengen definierten Budgetrestriktion stellt die sog. Konsumtechnologie her. Dies ist eine Matrix, die angibt, wie viel eine Mengeneinheit eines Produkts an Eigenschaften enthält. Multipliziert mit der Bedeutung des Produkts im Warenkorb, ergibt sich daraus die Eigenschaftsmenge.

2.4 Partialmodelle der Struktur

Partialmodelle bilden jeweils nur einen Ausschnitt der Variablen des Käuferverhaltens ab, d.h., sie untersuchen einen Einflussfaktor vertieft und vernachlässigen zugleich die weiteren. Es wird also jeweils nur ein Konstrukt zentral behandelt, weil für dieses ein überragender Erklärungsbeitrag angenommen wird. Das heißt, keine Reaktion ist möglich, ohne dass dieses Hauptkonstrukt nicht einen dominierenden Einfluss darauf gehabt hätte. Zwar sind ihre Aussagen nur bedingt gültig, weil immer mehrere Faktoren auf eine Reaktion einwirken dürften, also neben dem Haupt- auch weitere Nebenkonstrukte, dafür bieten sie aber zahlreiche Ansätze für die Umsetzung in konkrete Marketingmaßnahmen. Bei den Partialmodellen sind wiederum je nach der Art der besonders berücksichtigten Variablen psychologisch orientierte und soziologisch orientierte Ansätze zu unterscheiden. **Psychologische** Ansätze betreffen vor allem Emotion, Motivation, Einstellung, Involvement, Risikoempfinden, Lebensstil, Wahrnehmung, Lernen und Gedächtnis. **Soziologische** Ansätze betreffen vor allem Kultur, Gruppenstruktur, Familie, Rollenbeziehungen und Meinungsführerschaft als wichtigste Einflussgrößen.

2.4.1 Psychologische Erklärungsansätze

Die psychologischen Ansätze im Käuferverhalten versuchen, sich den normalerweise verborgenen Ursachen für den Kaufentscheid (Covert behavior) zu nähern. Dafür gibt es vielfältige Kriterien.

Aktivierende Determinanten beschreiben innere Erregungszustände, die den Organismus in einen Zustand der Aufmerksamkeitsbereitschaft und Leistungsfähigkeit versetzen. Man unterscheidet das allgemeine Aktivierungsniveau (tonische Aktivierung) und interimsmäßige Aktivierungsschwankungen (phasische Aktivierung). Das Aktivierungsniveau bestimmt die allgemeine Leistungsfähigkeit, die Aktivierungsschwankungen steuern die Aufmerksamkeitsbereitschaft für Reize. Die zunehmende Sensibilisierung für einen Reiz ist zugleich mit der Herabsetzung der Verarbeitung anderer Reize verbunden. Auslöser für Reize sind innere Vorgänge (z.B. Suchtstoffe) oder äußere Vorgänge (z.B. Wahrnehmungen). Aktivierende Determinanten bestehen aus **Emotion, Motivation** und **Einstellung**.

Individuelle Determinanten bestimmen als relativ stabile Denk- und Verhaltensmuster die Persönlichkeit. Als Einflussgröße darauf ergeben sich **Involvement, Risikoempfinden** und **Lebensstil**.

Kognitive Determinanten unterstellen, dass kein An- und Ausschalten einer festgelegten Verbindung von Reiz und Reaktion erfolgt. Vielmehr ändert sich die durch einen Reiz geprägte Situation bereits während des Ablaufs der sie beantwortenden Handlung und führt mit jeder Situationsänderung zur Aufnahme neuer Reize. Aus der Verbindung der Reize formt sich ein Orientierungsplan, ausschlaggebend sind also kognitive Strukturen. Danach werden dann keine Handlungen verarbeitet, sondern Sachverhalte. Zum Beispiel kommt es zum verstandesmäßigen Lernen anstelle des Lernens durch Repetition. Dabei wird insbesondere auf Gedächtnisinhalte zurückgegriffen. Man spricht auch von S-I-R-Modellen (I für Information). Dazu gehören **Wahrnehmung**, **Lernen** (durch Einsicht oder am Modell) und **Gedächtnis**.

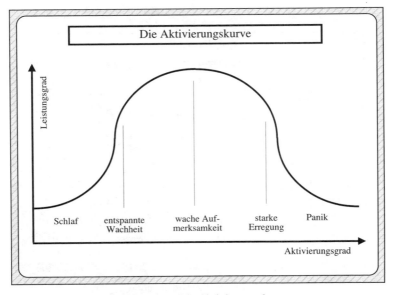

Abbildung 17: Die Aktivierungskurve

2.4.1.1 Aktivierende Elemente

2.4.1.1.1 Emotion

Emotion ist psychische Erregung, die subjektiv wahrgenommen wird. Sie äußert sich durch Interesse, Freude, Überraschung, Kummer, Zorn, Ehre, Geringschätzung, Furcht, Scham, Schuldgefühl etc. Sie versorgt das Verhalten mit Energie und treibt es an, führt also zu einer physiologischen Aktivierung.

Emotion wird ausgelöst durch:

- **affektive Schlüsselreize** (z.B. Kindchenschema, Erotik), diese sind biologisch programmiert und wirken daher automatisch und weitgehend unbewusst, auch deren Nachbildung durch Attrappen (z.B. Bilder) wirkt verstärkend,
- **kognitive Schlüsselreize**, welche die Informationsverarbeitung stimulieren (z.B. Widerspruch, Überraschung, Konflikt, Ambiguität),
- **physische Schlüsselreize**, im Marketing vor allem Duft, Farbe, Gestaltung, Design etc., die gemeinhin die stärksten Reize auslösen.

Die Messung von Emotion erfolgt auf drei Ebenen:

- **motorisch** durch Beobachtung körperlicher Veränderungen wie Gesichtsmuskulatur, Extremitätenhaltung, Körperbewegung, Hautveränderungen etc.,

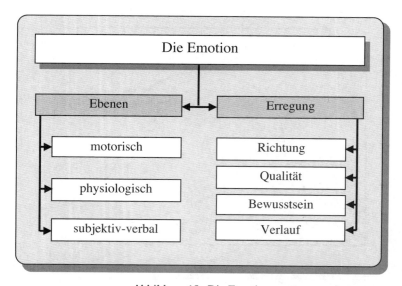

Abbildung 18: Die Emotion

- **physiologisch** durch Indikatoren für die Stärke der inneren Erregung, die durch entsprechende Messeinrichtungen erfassbar gemacht werden müssen,
- **subjektiv-verbal** durch sprachliche Äußerungen zu inneren Vorgängen, die allerdings bereits kognitiv durchdrungen sind.

Die Leistung ist bei mittlerer Erregung (Arousal level) am höchsten. Geringe Erregung führt zur Lethargie (Schlaf, Entspannung), hohe Erregung zur Hektik (Panik, Chaos). Beides ist der Leistung nicht förderlich. Marketing muss daher diesen mittleren Erregungsgrad bei Maßnahmen anpeilen, weder darf eine zu geringe Aktivierung entstehen (z.b. bloße Unterhaltung durch Werbung), da es dann an Verhaltensreaktion fehlt, noch darf eine zu hohe Aktivierung entstehen (z.b. Angstappelle in der Werbung), da es dann zu Überreaktionen mit der Folge von Widerständen (**Reaktanzen**) kommt. Reaktanz ist ein motivationaler Spannungszustand, der darauf gerichtet ist, bedrohte Freiheit wieder herzustellen. Nimmt ein Individuum wahr, dass seine Verhaltens- oder Meinungsfreiheit eingeschränkt wird, entsteht Reaktanz. Denn Individuen haben die Freiheit, bestimmte Verhaltensweisen auszuführen oder nicht. Die Stärke der Reaktanz wird durch drei Faktoren bestimmt. Den Umfang des subjektiven Freiheitsverlustes. Er wird bestimmt über die absolute Größe und die relative Verringerung des Freiheitsspielraums. Die Stärke der Einengung. Je größer die Bedrohung einer Freiheit ist, desto mehr Reaktanz wird mobilisiert. Und die Wichtigkeit der eingeengten Freiheit. Reaktanz wird reduziert durch ein Verhalten, das die Situation ändert oder durch kognitive Umstrukturierung.

Dieser Zusammenhang wird als Lambda-Kurve bezeichnet. Die Reaktanzbildung ist abhängig von der Unmittelbarkeit der Botschaft, den Reaktionsmöglichkeiten des Empfängers, der Themenrelevanz für den Empfänger, dem Selbstvertrauen des Empfängers, dem Ausgangsniveau an Angstempfindlichkeit und der Glaubwürdigkeit des Senders. Sowohl im euphorischen Zustand als auch im Panikzustand ist das Individuum in seiner Leistungsfähigkeit reduziert.

Die Erregung bestimmt sich nach den Dimensionen:

- **Richtung** der Aktivierung, bei angenehmer, positiver Art entsteht Appetenz, d.h. ein auf Annäherung an dieses Ziel gerichtetes Verhalten, bei unangenehmer, negativer Art entsteht Aversion, d.h. ein auf Vermeidung dieses Ziels gerichtetes Verhalten.
- **Intensität** der Aktivierung, dabei unterscheidet man nach der Abhängigkeit vom auslösenden Aktivierungsgrad starke Emotionen, die einen hohen Grad an Aktivierung auslösen, und schwache Emotionen, die einen niedrigen Grad an Aktivierung auslösen.
- **Bewusstsein** der Aktivierung, die bewusst wahrnehmbar und erkennbar oder bewusst wahrnehmbar, aber nicht erkennbar („Schleichwerbung") oder weder bewusst wahrnehmbar noch erkennbar sein kann (unterschwellig).

- **Verlauf** der Aktivierung, der stabil oder schwankend sein kann. Meist ist ein An- und Abwachsen mit Hochplateau der Erregung zu verzeichnen.

Emotionen begünstigen den Erwerb mancher Informationen und tragen zur Bildung bestimmter Beziehungen bei. Sie beschleunigen oder hemmen bestimmte Prozesse und wirken selektiv, indem sie das Auftreten von Assoziationen fördern. Sie sind für die Anregung von Entscheidungs- und Problemlösungsprozessen bedeutsam.

2.4.1.1.2 Motivation

Motivation ist mit Antrieb versehener und auf Behebung gerichteter Bedarf. Je dringlicher dieser Bedarf ist, desto eher soll er befriedigt werden. Mit der Befriedigung eines Bedürfnisses erhält automatisch das nächstfolgende Priorität. Als Grundmotive des Menschen werden gemeinhin angesehen:

- Streben nach Macht, Erfolg und Leistung, Führung, Freiheit, Autarkie, Wissen und Wahrheit, soziale Akzeptanz, Zugehörigkeit, positiver Selbstwert, Konsistenz, Rationalität, Ökonomik, Sammeln, Loyalität, charakterliche Integrität, soziale Gerechtigkeit, Fairness, Freundschaft, Kameradschaft, Humor, Familie, Wettkampf, Risiko, Rache, Furcht, Lust, Erregung, Neugier,

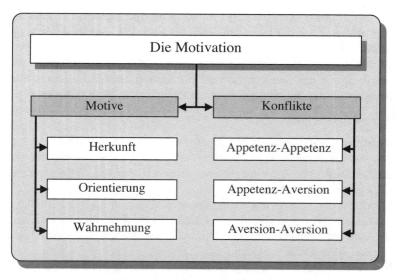

Abbildung 19: Die Motivation

Sexualität, Schönheit, Erotik, Essen und Trinken, Fitness und Bewegung, Entspannung und emotionale Sicherheit, Reichtum und Status.

Unter Motivation werden somit aktuelle Beweggründe des Verhaltens erfasst, sie ist die Summe der Motive. Motivation ist also Emotion plus Handlungsorientierung. Als Motiv wird hingegen die Bereitschaft eines Individuums zu einem bestimmten Verhalten bezeichnet. Motive sind Kräfte, die den menschlichen Organismus in eine bestimmte Richtung (Wissenskomponente) zu bestimmten Zwecken (Gefühlskomponente) drängen, um einen Spannungszustand zu beseitigen. Man unterscheidet ihrer Art nach:

- der Herkunft **primäre** Motive, die angeboren sind, wie z.B. Versorgung, Arterhaltung, Nachteilsvermeidung, und mit dem Überleben des Menschen in Verbindung stehen, sowie **sekundäre** Motive, die erworben sind, wie z.B. Prestige, Macht, Lebensqualität, die erst aus den primären Motiven abgeleitet sind.
- der Orientierung **intrinsische** Motive, die eine Selbstbelohnung bzw. Vermeidung von Bestrafung zum Inhalt haben, sowie **extrinsische** Motive, die außengeleitet sind, also der Gesellschaft entspringen, wobei der Kauf ein und desselben Produkts für manche Käufer intrinsisch und für andere extrinsisch wirkt.
- der Wahrnehmung **unbewusste** Motive, die unterhalb der persönlichen Wahrnehmungsschwelle angesiedelt sind, und deshalb nicht spezifiziert werden können, sowie **bewusste** Motive, die sich oberhalb der Wahrnehmungsschwelle befinden, also spezifizierbar sind.

Die für das Marketing relevanten Motive sind zumeist anerzogen, d.h. entsprechen keinem originären Bedürfnis, sondern entstehen erst im Rahmen der Erziehung. Die meisten dieser Motive sind wiederum nicht auf die eigene Person gerichtet, sondern auf das Umfeld. Dies belegt die Tatsache, dass Menschen sich häufig über ihre soziale Integration definieren. Die meisten dieser Motive wiederum sind unbewusst gesteuert, so dass bewusste Motive auf unbewusste zurückgeführt werden können.

Jeder Mensch verfügt über eine bestimmte Anzahl von Motiven. Diese werden nur unter bestimmten inneren und äußeren Bedingungen wirksam. Es bestehen interindividuelle Unterschiede in der Motivstärke. Nicht alle Motive sind komplementär, manche in dieser Beziehung zumindest ambivalent. Sind Motivantriebe widersprüchlich, entstehen Motivkonflikte (Intrapersonen-Konflikte). Dabei handelt es sich um folgende:

Ein **Appetenz-Appetenz-Konflikt** liegt vor, wenn ein Käufer zwei oder mehr Motive positiv wahrnimmt, sich dann aber für eines von ihnen entscheiden muss („Qual der Wahl"). Dies ist etwa der Fall, wenn zwei verschiedene Produkte ähnlich positiv eingeschätzt werden, aber nur für eines von ihnen

Kaufkraft verfügbar ist. So kann ein gegebener Geldbetrag für Wohnungsrenovierung oder für Urlaubsreise ausgegeben werden. Beides ist erstrebenswert, aber nur eines auch finanzierbar. Die höhere Appetenz entscheidet, feldtheoretisch gesehen die geringere Distanz und der größere Vektor des Objekts zum Subjekt.

Ein **Appetenz-Aversions-Konflikt** liegt vor, wenn ein identisches Ziel sowohl positive als auch negative Erregungen auslöst, die gegeneinander abzuwägen sind („Hin- und hergerissen"). So kann der Kauf eines Werkzeugsets sowohl positive Valenzen haben (z.b. Besitzwunsch, Produkterotik) als auch negative (z.b. Kostenaufwand, Nutzlosigkeit). Ein positiver Saldo führt zum Kauf, ein negativer Saldo zum Nichtkauf.

Ein **Aversions-Aversions-Konflikt** liegt vor, wenn ein Käufer sich zwischen zwei oder mehr, von ihm sämtlichst als negativ empfundenen Alternativen entscheiden soll („Das geringere Übel"). Dies spielt im Rahmen der Kundenzufriedenheit bzw. -unzufriedenheit eine Rolle. So kann beim Kauf eines mangelhaften Produkts einerseits auf eine Reklamation verzichtet werden, was zwar einfacher ist, aber eben eine Fehlinvestition zur Konsequenz hat, oder andererseits reklamiert werden, was zwar mit einigem Aufwand an Zeit und Geld verbunden ist, dafür aber zur Durchsetzung der Gewährleistungsrechte führt. Die geringere Aversion entscheidet, feldtheoretisch gesehen die größere Distanz und der kleinere Vektor des Objekts zum Subjekt.

Allerdings bestehen auch Lösungsmöglichkeiten bei diesen Konflikten. So etwa durch die Extensivierung des Lösungsraums, d.h. die Findung neuer, bisher nicht bekannter oder in Betracht gezogener Lösungen, durch Kompromissbildung, d.h. Wahl der innerhalb bestehender Restriktionen bestmöglichen Lösung, durch Beeinflussung, d.h. Einwirkung auf die Alternativen, oder Koalitionsbildung, d.h. Herbeiführung von Gruppenentscheidungen.

Obgleich die Bedürfnisse zwischenmenschlich verschieden sind, gibt es den Versuch einer generalisierenden Klasseneinteilung in der **Maslow'schen Bedürfnishierarchie**. Sie unterscheidet Bedarfe der:

- **Existenz**, also Grundbedarfe wie Nahrung, Kleidung, Wohnung, Schlaf, Fortpflanzung etc.,
- **Sicherheit**, also Konsolidierungsbedarfe wie Beschäftigung, Einkommen, Kranken- und Altersvorsorge etc.,
- **Zugehörigkeit**, also Sozialbedarfe wie Liebe, Freundschaft, Gruppenkontakt, Teamgeist etc.,
- **Geltung**, also Egobedarfe wie Selbstvertrauen, gesellschaftliches Ansehen, Anerkennung etc.,
- **Selbstverwirklichung**, also Kreativbedarfe wie Selbsterfüllung, Hobbies, schöpferische Tätigkeit etc.

2. Konsumentenverhalten

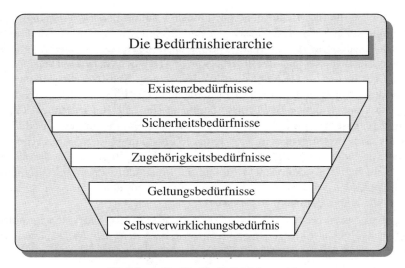

Abbildung 20: Die Bedürfnishierarchie

Maslow behauptet nun, dass diese Bedürfnisse streng hierarchisch aufgebaut sind, d.h., die jeweils nächste Stufe wird erst relevant, wenn alle vorherigen Stufen zufrieden stellend abgedeckt sind. So ist eine Ansprache als um so motivierender anzusehen, je höher sie innerhalb der Motivhierarchie angesiedelt ist. Die Basisbedürfnisse der Physiologie und Sicherheit gelten in entwickelten Gesellschaften, als von Ausnahmen einmal abgesehen, durchgängig abgedeckt. Eine Ansprache im Markt ist daher meist erst auf den Folgestufen sinnvoll. So werden Personen angesprochen, deren Bedürfnis nach Zugehörigkeit nicht gedeckt ist (z.B. bei Mundgeruch, der durch den Gebrauch einer bestimmten Zahncreme vermieden werden kann), oder deren Geltungsbedürfnis nicht gedeckt ist (z.B. durch einen Küchenreiniger, der nicht nur Schmutz entfernt, sondern auch die Anerkennung der Hausfrau in der Familie verbessert). In letzter Konsequenz geht es um die Selbstverwirklichung, z.B. bei hedonistischen Produkten wie Automobil, Kreditkarte, HiFi, Edelchronographen.

Damit bieten sich gute Ansatzpunkte für die Umsetzung im Marketing, obgleich das Modell hoch umstritten ist, weil es u.a. auf einem streng humanistischen Konzept basiert, unter mangelnder Operationalität leidet und durch Gegenbeispiele (so treiben Künstler oft unter Verzicht auf Grundbedarfsdeckung Selbstverwirklichung) zur Genüge widerlegt wird. Denn die individuelle Komplexität und Instabilität menschlichen Verhaltens wird von nicht fest verankerten Motiven gesteuert, ist formbar und entwicklungsfähig. Auch gibt es keine natürliche Rangordnung einzelner Motive zu einem bestimmten Zeitpunkt.

Alfelder hat die fünf Bedürfnisse nach Maslow auf drei Klassen (ERG-Ansatz) zusammengefasst. Existence needs (E) sind physiologische Bedürfnisse und der physisch-materielle Teil der Sicherheitsbedürfnisse. Relatedness needs (R) sind soziale Bedürfnisse und der interpersonelle Teil der Sicherheitsbedürfnisse. Und Growth needs (G) beinhalten Wertschätzung, Selbstverwirklichung und Wachstum. Daraus leiten sich vier Prinzipien ab. Die Frustrationshypothese besagt, dass unbefriedigte Bedürfnisse dominant sind, die Befriedigungs-Regressionshypothese besagt, dass mit der Befriedigung eines niedrigeren Bedürfnisses das nächstwichtigere dominant wird, die Frustrations-Regressionshypothese besagt, dass mit der Nichtbefriedigung eines höheren Bedürfnisses das nächstgeringere Bedürfnis dominant wird, und die Frustrations-Progressionshypothese besagt, dass die Nichtbefriedigung eines niedrigeren Bedürfnisses das nächstwichtigere dominant werden lässt.

Neben diesen polythematischen Ansätzen gibt es durchaus auch **monothematische**, etwa in Form des Instinktkonzepts, nach dem dem Menschen ein angeborenes, invariates Verhalten für fest programmierbare Reaktionen durch Erbanlage zueigen ist.

Dies spielt im Marketing etwa bei der Verwendung von Schlüsselreizen eine große Rolle, die zu einer reflexartig sich einstellenden Zuwendung auf bestimmte Umweltreize führen. Dazu gehören sexuelle Reize, wie sie in der Werbung häufig eingesetzt werden (Sex sells). Sie sprechen vor allem Männer an, da ihnen der Drang zur Weitergabe ihrer für überlegen gehaltenen Gene vorprogrammiert ist. Sowie für den Beschützerdrang, wie er durch kleine Lebewesen mit im Verhältnis zum Rumpf überproportional großem Kopf, niedlicher Stupsnase und runden Knopfaugen unwillkürlich ausgelöst wird. Dieser spricht vor allem Frauen an (Menschen- und Tierbabys). Allerdings ist vor der unkritischen Übernahme dieser Schlüsselreize zu bedenken, ob diese nicht Ablenkungen (Vampire-Effekt) hervorrufen, indem die Aufmerksamkeit des Betrachters von der beabsichtigten Botschaft weg und zu den Schlüsselreizen hingezogen wird, die dann ein Eigenleben führen (Beispiele: Singende Affen in der ehemaligen Toyota-Werbung).

Ein **dualthematischer** Ansatz ist etwa die Trieblehre, wonach der Mensch durch zwei Triebe gesteuert wird, Liebe (Sexualität) und Tod (Aggression), die sich in einer dynamischen Balance befinden. Danach stammt die unbewusste Triebhaftigkeit aus dem „Es" (ähnlich Kindheits-Ich), die intelligente Realitätsbewältigung aus dem „Ich" (ähnlich Erwachsenen-Ich) und die eher lustfeindliche Befolgung von Pflichten und Verboten aus dem „Über-Ich" (ähnlich Eltern-Ich). Dies wird im Marketing etwa in der Verkaufsgesprächsführung nach dem transaktionsanalytischen Konzept genutzt. **Athematische** Ansätze basieren auf pragmatischen Dimensionen wie Gewinn, Zeitersparnis, Bequemlichkeit, Sicherheit, Nachahmung, Ökologie etc.

Ein interessanter Managementansatz beruht auf den Säulen Kompetenz, Respekt und Akzeptanz. Solange Kompetenz vorhanden ist, sind auch Respekt und Akzeptanz gegeben. Wird eine Person/Gruppe für kompetent gehalten, aber man zeugt ihr keinen Respekt, ist Missachtung die soziale Folge. Verdient eine Person/Gruppe Respekt, hat sie automatisch auch die besten Chancen auf Akzeptanz. Will man die Akzeptanz eines Anderen (z.B. Konkurrenten) erschüttern, muss man zuerst dessen Kompetenz angreifen, denn dann leidet auch der Respekt, und ohne Respekt gibt es keinen Grund mehr für Akzeptanz. Angriffe auf den Respekt ohne vorherige Kompetenzuntergrabung sind hingegen als unschicklich anzusehen. Und ohne Respektsminderung ist die Akzeptanz nicht zu knacken. Oder umgekehrt, will man die Akzeptanz verbessern, muss man zuerst die Kompetenz stützen, damit Respekt entsteht, der dann zur Akzeptanz führt. Das alleinige Verlangen nach Respekt ohne vorherige Kompetenzstützung wird nicht honoriert, dann ist aber auch die Akzeptanz nicht hoch zu fahren.

2.4.1.1.3 Einstellung

Einstellungen sind relativ stabile, organisierte und erlernte innere Bereitschaften (Prädispositionen) eines Käufers, auf bestimmte Stimuli (= Einstellungsobjekte) konsistent positiv oder negativ zu reagieren. Als Synonym wird oft der Begriff „Image" verwendet, der eigentlich nur mehrdimensionale Einstellungen benennt. Einstellungen wohnt eine Verhaltenstendenz inne, sie gehen also über den rein gedanklichen Bereich hinaus. Konsistenz bezieht sich sowohl darauf, dass im Zeitablauf in mehreren gleichartigen Situatio-

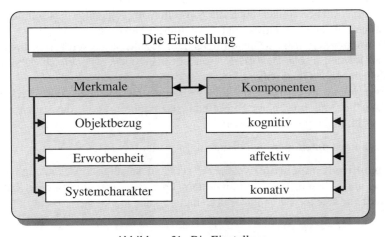

Abbildung 21: Die Einstellung

nen auch gleich reagiert wird oder dass unterschiedliche Reaktionen miteinander verträglich sind. Einstellungen basieren auf Erfahrungen. Sie reduzieren die unendlich möglichen Verhaltensweisen eines Individuums auf wenige, erprobte Tendenzen.

Einstellungen führen zu organisierten Überzeugungen, Vorurteilen, Meinungen etc. Positive Einstellungen erhöhen die Kaufchance, negative vermindern sie. Einstellungen haben damit eine hohe Bedeutung als Orientierungsfunktion bei der Wahrnehmung und Interpretation der Umwelt. Es wird unterstellt, dass der Mensch sich in einer ansonsten chaotischen Umwelt nur zurechtfinden kann, wenn es Vorstellungen gibt, die eine selektive Funktion bei der Bewertung von Objekten und beim Handeln ausüben (z.B. Vorurteile). Einstellung ist also Motivation plus Objektbeurteilung.

Die Relevanz von Einstellungen für das Marketing resultiert daraus, dass eine Prognose des Konsumentenverhaltens möglich wird, wenn es einen Zusammenhang zwischen Einstellung und Verhalten gibt. Theoretische Grundlagen zur Erklärung von Einstellungen sind einerseits Kommunikationstheorien zur Akzeptanz- und Reaktionsbildung, andererseits Gleichgewichtstheorien zur Dissonanz und Konsistenz.

Zwischen der objektiven Realität und dem „Bild", das sich eine Person von einem Meinungsgegenstand macht, können erhebliche Abweichungen bestehen. Im Marketing ist wichtig zu beachten, dass nicht die objektive Realität die Realität im Markt ist, sondern die Vorstellungen des Publikums über diese Realität (Metaebene).

Einstellungen haben mehrere Dimensionen, so:

- **Objektbezug**, d.h., sie sind auf ein Bezugsobjekt (Sache, Person, Thema) gerichtet, dabei können auch die Einstellungen gegenüber bestimmten Verhaltensweisen ihrerseits wieder Einstellungsobjekt sein,
- **Erworbenheit**, d.h., sie entspringen dem Sozialisierungsprozess, Einstellungen werden also nicht vererbt, sondern anerzogen, wenngleich dabei enge Zusammenhänge zu sehen sind,
- **Systemcharakter**, d.h., sie sind vielfältig untereinander derart verknüpft, dass die Änderung einer Einstellung dazu führen kann, dass auch andere Einstellungen geändert werden.

Einstellungen unterteilen sich hierarchisch in eine:

- **kognitive Komponente**, welche die verstandesmäßige Einschätzung betrifft, also das Wissen, das ein Individuum über ein Einstellungsobjekt hat, sie führt zur kategorisierenden Wahrnehmung von Objekten,

- **affektive Komponente**, welche die gefühlsmäßige Einschätzung betrifft, also das Mögen, und primär ist, sie führt zur emotionalen Zu- oder Abneigung,
- **konative Komponente**, welche die Bereitschaft zu einer Umsetzung in handlungsmäßige Konsequenzen betrifft, sie führt demnach zur Verhaltensabsicht. Aus diesen Einstellungskomponenten folgt erst das Verhalten.

Ziel im Marketing ist es, die Veränderung negativer Einstellungen und die Verstärkung positiver Einstellungen zu erreichen, um die Kaufchancen zu verbessern. Uneinigkeit herrscht darüber, ob eine Einstellungsänderung Voraussetzung für ein neues Verhalten ist oder nicht. Ein Ansatz (**Involvementtheorie**) geht davon aus, dass es ohne Einstellungsänderung zu keiner Verhaltensänderung kommen kann. Er geht von einer Hierarchie der dargestellten Effekte aus, beginnend bei Affektion, über Kognition endend in Konation (EVHypothese). Ein anderer Ansatz (**Dissonanztheorie**) geht hingegen davon aus, dass es ohne neues Verhalten zu keiner Einstellungsänderung kommen kann. Die Hierarchie wird also genau entgegengesetzt gesehen (V-E-Hypothese), dann ist etwa eine Schnuppervorlesung an der Sprachenschule sinnvoll.

Der Zusammenhang zwischen Einstellung und Verhalten ist aus mindestens vier Gründen eingeschränkt. So können positive Einstellungen zu mehreren Produkten einer Gattung bestehen, von diesen wird aber nur ein Produkt gewählt, die Übrigen werden trotz positiver Einstellung verworfen. Situative Einflüsse können Einstellungen überlagern. So kann z. B. trotz hoher positiver Einstellung und geringer empfundener Distanz zum Idealprodukt ein Kauf im Handel dennoch nicht vollzogen werden, wenn Bestandslücken beim Produkt gegeben sind. Fehlende Kaufkraft verhindert, dass sich positive Einstellung zu Premiumprodukten in Käufen niederschlägt. Soziale Einflüsse wirken korrigierend auf Kaufakte, die positive Sozialwirkungen trotz negativer Einstellung zu zeitigen versprechen. Positive Einstellungen können sich erst mit großem zeitlichen Abstand in Kaufentscheiden umsetzen, z.B. erst bei Ersatzbedarf.

Imagebildende Einstellungen sind also nicht einmal hinreichende Gründe für Verhalten, sie lassen sich lediglich als entscheidungskanalisierende Gründe ansehen. Ob es zu einem Verhalten in Richtung der Einstellung kommt, hängt weiterhin noch von Normen, Gewohnheiten und Verstärkungserwartungen ab. Dennoch kommt dem Image als ganzheitlichem, objektbezogenem Konzept ein großer Stellenwert zu. Es dient dazu, Markterfolge, die nicht auf objektiven Faktoren beruhen können, zu erklären. Dabei werden sowohl produktbezogene (denotative) als auch nicht produktbezogene (konnotative) Erklärungskomponenten berücksichtigt. Dazu gehören, aus gestaltpsychologischer Sicht, vor allem die:

- Prägnanz, d.h. die Bemerkbarkeit, Richtigkeit, Vorteilhaftigkeit und eindeutige Zurechenbarkeit von Eigenschaften zu einem Absender,

- Konstanz, d.h. die gleich bleibende, wiederholte Darbietung von Lernanstößen bei Zielpersonen zwischen Wahrnehmungsschwelle und Reaktanzgrenze,
- Distanz, d.h. die Abhebung eines Absenders von anderen, vergleichbaren, denn auf Grund der Generalisierung führt die Ähnlichkeit von Erscheinungsbildern meist zur Verwechslung mit Wettbewerbern,
- Originalität, d.h. die Abhebung vom Normalen, Üblichen, Alltäglichen, wobei man nicht zu avantgardistisch werden darf (Most advanced yet available).

Ein Problem liegt in der Messung von Einstellungen. Denn als hypothetisches Konstrukt können sie nur über beobachtbare Indikatoren erschlossen werden. Dabei gelten die Prämissen der Multiplikativität, Additivität, Linearität und Kompensation von Eigenschaften.

Einstellungsmessung

Die Messung von Einstellungen ist problematisch, denn es gilt, ein hypothetisches Konstrukt zu operationalisieren. Dafür sind Skalierungsverfahren notwendig, die theoretische Größen in Messwerte überführen. Dazu gibt es eindiemensionale, mehrdimensionale und skalierungsähnliche Verfahren. Zu Letzteren gehören drei Gruppierungen:

- Verbale Indikatoren (z.B. Itembatterie) als Größen auf nominalem Messniveau. Diese lassen nur eine qualitative Bewertung der Ergebnisse zu.
- Ratings auf ordinalem (Intervall- oder verhältnisskaliertem) Messniveau zur Positionierung der Einstellungen mittels Selbsteinstufung der Testpersonen anhand der Skala.
- Paarvergleiche (z.B. Diskriminanz) oder Rangordnungen (z.B. Präferenz) zur Positionierung der Einstellungen der Testperson mittels Fremdeinstufung nach subjektivem Empfinden des Forschers auf mindestens ordinalem Messniveau.

Eindimensionale Verfahren betreffen Skalierungen mit mindestens ordinalem Messniveau zur Positionierung der Einstellungen einer Testperson mittels Fremdeinstufung nach objektivierten Kriterien anhand von Wahrscheinlichkeit jeweils nach

- Thurstone. Dabei wird einer Testperson eine Itembatterie vorgelegt, bei der sie jedes Item nur pauschal bejahen oder verneinen kann. Diese Reaktion wird verdeckt mit einem nummerischen Wert verknüpft (= Verfahren der gleich erscheinenden Intervalle bzw. der nachträglich bestimmten Abstände).

- Likert. Etwa gleich viele günstige und ungünstige Einstellungs-Statements werden gesammelt und Personen zu ihrer Ablehnung oder Zustimmung darüber anhand bipolarer Skalen befragt. Zur Auswertung werden die Skalenwerte addiert (= Verfahren der summierten Schätzungen).

Oder Verfahren anhand von Gewissheit jeweils nach

- Guttman. Mehrere Einstellungs-Items werden dabei bei Personen nach Zustimmung oder Ablehnung dichotom abgefragt. Die Ergebnisse werden in einem Skalogramm aufgeführt und dann gerangreiht (= Skalogramm-Analyse).
- Coombs. Es wird unterstellt, dass jedes abgefragte Item eine feste Position als Idealitem auf einem Kontinuum einnimmt. Die Neigung, ein Item einem anderen vorzuziehen, ist Ausdruck dessen Distanz zum Idealpunkt (= Unfolding-Technik der transferierten Rangordnung).

Mehrdimensionale Verfahren betreffen Skalierungen nach

- Semantischem Differential (Osgood). Dieses enthält metaphorische, objektfremde, standardisierte Polbegriffe zur quantitativen Analyse der subjektiven Bedeutung von Begriffen oder Vorstellungen, wobei Assoziation und Rating kombiniert werden.
- Polaritätenprofil (Hofstätter). Dieses enthält konkrete, objektbezogene Polbegriffe. Der Name leitet sich aus der Verbindung der Mittelwerte der von allen Testpersonen angegebenen Werte je Skala zu einer durchgehenden Linie, dem Profil, ab.
- Multidimensionaler Skalierung. Diese wird gewählt, wenn anzunehmen ist, dass subjektiv zwei und mehr Urteilskontinuen zugrunde liegen, für welche die Zahl der Dimensionen, ihre Beziehung und Gewichtung zu bestimmen sind.
- Multiattributivskala (Fishbein). Sie dient zur getrennten Erfassung der affektiven und der kognitiven Einstellungskomponenten. Basis ist die Einbeziehung nur einiger Eigenschaften und deren subjektiver Wahrnehmung bzw. Bewertung.
- Trommsdorff-Modell. Dabei wird nur die kognitive Beurteilungskomponente direkt erhoben, die affektive ergibt sich als Differenz zwischen Ideal- und Realeinschätzung eines Produkts.

2.4.1.1.4 Reputation

Reputation ist gleichbedeutend mit dem Ruf eines Menschen, einer Gruppe, einer Organisation oder eines Unternehmens nach außen, sie ist grundsätzlich wertneutral, eine hohe Reputation bedeutet einen guten Ruf. Er ist Teil des im-

Käuferverhalten

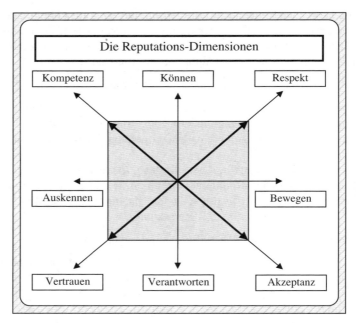

Abbildung 22: Die Reputations-Dimensionen

materiellen Vermögens, das gegenüber dem materiellen meist bedeutender ist, und damit des Unternehmenswerts. Damit einher geht eine hohe Glaubwürdigkeit von außen, die als **Vertrauen** bezeichnet wird. Sie ist eine soziale Ressource und schafft Berechenbarkeit im gesellschaftlichen Rollenspiel. Dadurch gilt sie als bedeutende Einflussgröße des Konsumentenverhaltens, gerade angesichts zunehmender objektiver Austauschbarkeit von Marktangeboten. Hierbei steht also nicht das Produkt, sondern der Hersteller im Mittelpunkt des Interesses.

Unter Reputation versteht man die Gesamtheit der Wahrnehmungen eines Absenders durch seine Interessentengruppen in Bezug auf vergangenes und zukünftiges Verhalten. Spiegelbildlich erwirbt er Vertrauen durch individuelle Erfahrungen und Einstellungen bei Zielpersonen in Zuge eines langfristigen vertrauensbildenden Prozesses.

Der Reputationsansatz beruht im Einzelnen auf den Säulen Kompetenz, Respekt, Vertrauen und Akzeptanz. Solange Kompetenz vorhanden ist, sind auch Respekt und Akzeptanz gegeben. Wird eine Person/Organisation für kompetent gehalten und man zeugt ihr keinen Respekt, ist Missachtung die Folge, diese wird zumeist sanktioniert. Verdient eine Person/Organisation Respekt, hat sie automatisch auch die besten Chancen auf Akzeptanz. Will man nun die Akzeptanz, z.B. eines Konkurrenten, erschüttern, muss man zuerst seine Kompetenz angreifen, denn dann leidet auch der Respekt, und ohne Respekt gibt es keinen Grund mehr für Akzeptanz. Denn Angriffe auf den Respekt ohne vorherige Kompetenzuntergrabung werden als unschicklich angesehen. Und ohne Respektminderung kann die Akzeptanz nicht unterminiert werden und sind naiv. Oder umgekehrt, will man die Akzeptanz verbessern, muss man zuerst die Kompetenz stützen, damit Respekt entsteht, der dann zur Akzeptanz führt. Das alleinige Verlangen nach Respekt ohne vorherige Kompetenzstützung wird nicht honoriert, dann ist aber auch die Akzeptanz nicht hochzufahren.

Images (mehrdimensionale Einstellungen) sind Anmutungsqualitäten von Meinungsobjekten. Sie können Markterfolge erklären, die nicht durch objektive Faktoren bestimmbar sind. Denn sie helfen bei der Orientierung in der komplexen Wirklichkeit.

Bemerkenswert ist die **Remanenz** von Images, also die Tatsache, dass es zwar einer erheblich langen Zeitspanne bedarf, um ein Image aufzubauen, wenn dieses aber erst einmal geschaffen ist, es beinahe ebenso langer Zeit bedarf, es zu verändern. Dies gilt sowohl in positiver wie in negativer Hinsicht, d.h., ist ein Imageträger positiv besetzt, so bleibt sein Image trotz Irritationen lange Zeit unbeschadet, erst wenn ein hoher Schwellenwert überschritten wird, kippt diese Einschätzung. Umgekehrt bedarf es bei negativer Besetzung enormer Anstrengungen, trotz positiver aktueller Signale die aufgelaufene Imagehypothek abzuschütteln.

2.4.1.2 *Individuelle Elemente*

2.4.1.2.1 Involvement

Involvement ist der Grad wahrgenommener persönlicher Wichtigkeit und/ oder persönlichen Interesses, der durch einen oder mehrere Stimuli in einer bestimmten Situation hervorgerufen wird. Es handelt sich also um einen inneren Zustand der Aktivierung, welche die Informationsaufnahme, speicherung und verarbeitung beeinflusst. **High involvement-Käufe** sind durch ein höheres Aktivierungsniveau und eine intensivere Informationssuche gekennzeichnet als Low involvement-Käufe. Es sind solche, die für den Käufer wichtig ein finanzielles, soziales oder psychologisches Risiko bergen.

Daher erfolgen eine sorgfältige Abwägung, der Vergleich vieler Alternativen und die Verwendung umfangreicher Informationen. Diese Informationen werden dazu gezielt gesucht, und die beste Produktalternative ist gerade gut genug. Man spricht hier auch von High touch- oder sozial auffälligen Produkten (Conspicuous consumption) wie Bekleidung, Schmuck, Wohnungseinrichtung, Zigaretten, Spirituosen, etc. sowie High tech- oder Spielzeug-Produkten wie Automobil, Unterhaltungselektronik, Laptop, Chronometer etc.

Käuferverhalten

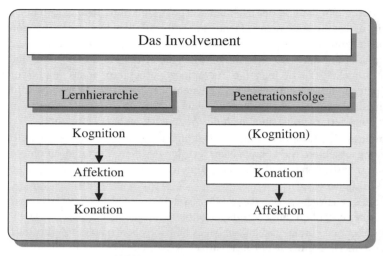

Abbildung 23: Das Involvement

Low involvement-Käufe sind hingegen weniger wichtig und risikoreich, so dass es nicht sinnvoll ist, sich intensiv mit ihnen auseinander zu setzen. Es erfolgt nur eine oberflächliche Informationsverarbeitung mit Verwendung weniger Informationen, die eher zufällig aufgenommen werden. Die Entscheidung erfolgt zu Gunsten einer akzeptablen Produktalternative.

Ausgangspunkt dieser Unterscheidung war der Widerspruch bei der Messung des Einflusses von Fernsehwerbung, die meist nur schwache Einstellungswirkungen zeigt, während aggregierte Marktdaten eine deutliche Abhängigkeit von der Werbeintensität zeigen. Dies dürfte nicht so sein, wenn die Hypothese stimmt, das Werbebotschaften Lernprozesse auslösen, die ihrerseits zu Emotions- und dann zu Verhaltensänderungen führen. Diese Lernhierarchie setzt allerdings eine aktive, bewusste Auseinandersetzung voraus, also High involvement. Tatsächlich gibt es aber zahlreiche Werbebotschaften, die Konsumenten momentan nicht interessieren, weil sie sich nicht betroffen fühlen, also Low involvement haben. Diesen Botschaften wird wenig Abwehr entgegengesetzt. Sie vermögen daher, bei häufiger Wiederholung kognitive Veränderungen zu bewirken.

Daraus ergeben sich zwei Pole:

- Nach der **Lernhierarchie** des High involvement (Kognition, Affektion, Konation) muss nach kognitiven Reaktionen zuerst eine Einstellungsbildung vorgenommen werden, bevor entsprechendes Verhalten erfolgen kann. Dies betrifft alle Angebote, die ohnehin hoch involviert sind sowie gering involvierte Angebote, die durch entsprechende werbliche Auslobung durch inhaltsreiche Botschaften zu hoch involvierten werden. Die Lernhierarchie gilt, wenn Personen involviert und Alternativen klar unterscheidbar sind.

– Nach der **Penetrationsfolge** des Low involvement (Kognition, Konation, Affektion) folgt auf kognitive Reaktionen zuerst das entsprechende Verhalten und dann erst eine Einstellungsänderung. Einstellungen sind demnach also nicht verhaltensbestimmend, sondern ergeben sich erst durch Erfahrungen mit dem gekauften Produkt. Demnach ist es sinnvoll, darauf zu verzichten, gering involvierte Angebote zu dramatisieren und stattdessen Widerstände zu unterlaufen. Die Low involvement-Hierarchie gilt, wenn Personen wenig involviert und Alternativen kaum unterscheidbar sind.

Nach der Lernhierarchie sind also zuerst der Reihenfolge nach Kognition, Affektion und Konation zu durchlaufen, bevor es zu einer Verhaltensreaktion kommen kann. Das heißt, es kommt nach der Aufnahme von Informationen über deren Verständnis zu einer Änderung der Meinungen mit daraus folgender Verhaltensänderung. Dies entspricht dem zentralen Weg. Nach der Penetrationsfolge ist hingegen zuerst ein entsprechendes Verhalten erforderlich, aus dem dann eine Einstellungsänderung wird. Dies entspricht einem peripheren Weg.

Folgt man in der Praxis der Lernhierarchie, so ist es bedeutsam, Low involvement-Produkte zunächst in High involvement-Produkte zu überführen, bevor sie verhaltenswirksam behandelt werden können. Denn die Marktrealität ist weniger durch stark involvierende Produkte gekennzeichnet als eher durch gering involvierende. Diese führen aber, ohne Verhalten, zu keiner Einstellungsänderung, wobei diese als Voraussetzung für Verhalten gilt. Folgt man der Penetrationsfolge, ist im Gegenteil eine Überführung zu High involvement-Produkten wenig sinnvoll, da damit Blockaden aufgetürmt werden, die durch einfaches, aber stetes Wiederholen unterlaufen werden können.

Daneben gibt es das **Dissonanz-Attributions-Modell** zur Erklärung. Es gilt, wenn Personen involviert und Alternativen kaum unterscheidbar sind. Es geht von der Hierarchie Konation (Verhaltensänderung), Affektion (Einstellungsänderung), Kognition (Lernen) aus. Außerdem gibt es das **modifizierte Low involvement-Modell**, das, ausgehend von einer Einstellungsänderung, nur Konation und Kognition kennt. Es gilt, wenn Personen wenig involviert und Alternativen klar unterscheidbar sind.

Das Involvement ist simultan von verschiedenen Faktoren abhängig:

– Die **Objektabhängigkeit** gilt für das Involvement bei Produktart (z.B. Bedeutung) und Marke (z.B. Loyalität). Das Interesse am Produkt bestimmt somit das Involvement.
– Die **Personenabhängigkeit** gilt für die Persönlichkeitsmerkmale und Wertestrukturen, die inneres Engagement (Ego-Involvement) bewirken (z.B. im Hobbybereich) und damit ein besonderes Informationsinteresse zur Folge

haben. Verschiedene Personen sind somit unter ansonsten gleichen Umständen verschieden involviert.
- Die **Situationsabhängigkeit** gilt für die Umfeldfaktoren, die einwirken (z.B. Zeitdruck, Kaufaufgabe). Dies kann etwa der notwendige Kauf zum Ersatzzeitpunkt sein. Unter gleich akzeptierten Angeboten entscheidet dann die bessere Verfügbarkeit als das situative Involvement.
- Die **Reizabhängigkeit** gilt für die Wahrnehmungen und Prädispositionen bei Zielpersonen (z.b. in Bezug auf die Werbeaussage). Eine Botschaft kann damit individuell mehr oder minder involvierend sein.
- Die **Medienabhängigkeit** gilt in Bezug auf den für die jeweilige Aktivierung vorgesehenen Medieneinsatz, also für Werbemittel (z.B. Anzeige) und Werbeträger (z.B. Zeitschrift).

Es gab Zeiten, als die Entscheidung für den Kauf einer Zahnbürste eher wenig Betroffenheit auslöste. Die Auswahl erfolgte nach Preisgünstigkeit, weil Zahnbürsten als unwichtig und in ihrer Leistung austauschbar angesehen wurden. Bis intelligente Hersteller auf die Idee kamen, Zahnbürsten zu differenzieren, indem sie sie mit Zusatznutzen ausstatteten (z.B. einem Griff, der geknickt, auch die hinteren Zahnreihen erreicht, einer Feder, die zu starken Druck auf das Zahnfleisch ausgleicht, unterschiedlich langen Borsten, denen auch Zahnzwischenräume nicht entgehen, farbige Markierungen, die den Verschleißgrad der Borsten anzeigen). Durch entsprechende werbliche Auslobung wurde Nachfragern vermittelt, dass es nun nicht mehr gleichgültig war, welche Zahnbürste man wählt, sondern dass jede von ihnen spezifische Problemlösungen bot. Damit erfolgte eine intensivere Auseinandersetzung und eine erhöhte Wertanmutung. Diese wiederum machte höhere Preise am Markt durchsetzbar und beugte der Austauschbarkeit vor. Aus dem Low involvement-Produkt Zahnbürste ist somit eine High involvement-Marke geworden, mit allen Konsequenzen.

Allerdings gelingt dies nicht immer. So weiß man aus dem Filtertütenmarkt, dass Verbraucher diese Produkte mehrheitlich nach absoluter Preisgünstigkeit kaufen. Das kann einem Markenartikler wie Melitta nicht recht sein, der daraufhin versuchte, Zielpersonen von den Vorteilen der Aromaporen in Melitta Kaffeefiltertüten zu überzeugen, freilich ohne durchschlagenden Erfolg. Krups als Hersteller von Kaffeemaschinen wollte aus den gleichen Gründen potenzielle Käufer vom Kauf irgendwelcher No name-Geräte mit dem Argument des Tiefbrühverfahrens abhalten. Auch dies gelang nicht, weil das Kaffeearoma weder Filtertüten noch Kaffeemaschinen zugeschrieben (attributiert) wird, sondern nur dem Kaffeepulver.

Andererseits gelingt die Strategie sehr wohl bei Damenhygiene (Dry weave-Oberfläche, extra dünn, Seitenführung etc.), bei Toilettenpapier (dreilagig, extra weich etc.) oder Papiertaschentüchern (reißfest, Einhandfaltung etc.).

2.4.1.2.2 Risikoempfinden

Risikoempfinden ist ein kognitives Konstrukt, das die Ungewissheit hinsichtlich des Eintretens bestimmter nachteiliger Konsequenzen einer Entscheidung und den Umfang dieser Konsequenzen betrifft. Das empfundene Risiko ist eine Funktion dieser beiden Komponenten.

Das Konzept des empfundenen Risikos betrachtet den Konsumenten als ein Subjekt, das sich bei seinen Kaufentscheidungen mit dem Problem konfrontiert sieht, die Konsequenzen einer Wahlhandlung nicht genau antizipieren zu können. Die dadurch verursachten Risiken sollen durch Reduktion abgebaut werden. Der Grad des empfundenen Risikos ist von der individuellen Risikobereitschaft und vom Selbstvertrauen abhängig. Das Risiko teilt sich dabei auf in einen:

- **finanziellen** Aspekt, der die Angemessenheit des Preises und die Tragbarkeit der finanziellen Belastungen betrifft, denn mit jedem Wahlakt verringert sich die Zahl der Freiheitsgrade beim Konsum, da die Kaufkraft absolut begrenzt ist,
- **funktionalen** Aspekt, der die Funktionstüchtigkeit des zu kaufenden Produkts für den intendierten Einsatz betrifft,
- **sozialen** Aspekt, der die gesellschaftliche Akzeptanz des zum Kauf beabsichtigten Produkts betrifft,
- **psychologischen** Aspekt, der die persönliche Identifikation mit dem Produkt betrifft,
- **physischen** Aspekt, der eine mögliche Gefährdung durch das Produkt betrifft.

Diese Unsicherheiten können bereits nach Aufnahme von Informationen, vor dem Kauf (**Vorkaufdissonanzen**) oder nach dem Kauf (**Nachkaufdissonanzen**) und erst in der Anwendungsphase auftreten. Dissonanz bedeutet ein empfundenes Ungleichgewicht, das bei Entscheidungen aus den nachteilig empfundenen Folgen eines Kaufs bzw. Nichtkaufs, die nicht vorhersehbar sind, auftritt und das zu reduzieren gesucht wird. Dabei gelten drei Grundannahmen:

Menschen streben nach konsistenten, kognitiven Systemen, eine Inkonsistenz kognitiver Elemente wird als unangenehm empfunden, es wird versucht, das innere Gleichgewicht wieder herzustellen (Konsonanz).

Ein typisches Beispiel für zeitlich vorlaufende Dissonanzen ist die Torschlusspanik vor wichtigen Entscheidungen. Die weit reichenden Konsequenzen des anstehenden Entscheids führen häufig zum Wunsch um dessen Aufschub. Daher sind konsonanzerzeugende Einreden hier unerlässlich.

Kognitionen sind elementare Einheiten wie Meinungen, Ansichten, Erwartungen einer Person über sich selbst oder ihre Umwelt auf Basis der subjektiv wahrgenommenen, nicht unbedingt der objektiv gegebenen Realität.

Am Bekanntesten sind **kognitive Dissonanzen**, also solche, die sich aus der Verarbeitung widersprüchlicher Informationen (Kognitionen) ergeben. Zweifel an der Richtigkeit einer zu treffenden/getroffenen Kaufentscheidung entstehen dennoch und sollen, weil dem Menschen das Streben nach Gleichgewicht (= Konsonanz) innewohnt, reduziert werden.

Dissonante Kognitionen sind durch nachträgliches Bedauern begründet, wenn die negativen Aspekte einer gewählten Alternative mit den positiven verworfener Alternativen verglichen werden, und durch neue Informationen, die negativ für das gewählte Produkt sind, aber positiv für verworfene Produkte, durch fehlende soziale Würdigung, durch Zugang zu besseren Informationsquellen oder zu überlegenen Entscheidungsregeln. Je mehr Elemente dem Individuum widersprüchlich erscheinen und je größere Bedeutung diesen Elementen zugemessen wird, desto stärker sind die Spannungsempfindungen und die Antriebskräfte zu deren Abbau. Verhaltenswirksam werden sie dann, wenn ihre Stärke über eine individuell unterschiedliche Toleranzschwelle hinausgeht.

Dissonanzen entstehen im Einzelnen durch Qualitätsenttäuschung bei Verwendungserfahrung, durch zusätzliche Information über Konkurrenzprodukte, durch Ausbleiben sozialer Zustimmung und durch Entdeckung besserer Entscheidungsprinzipien. Das Ausmaß der Dissonanzen ist um so stärker, je:

- größer die Anzahl der abgelehnten Kaufalternativen ist,
- höher die Attraktivität der zurückgewiesenen Alternative ist bzw. je geringer die Überlegenheit der gewählten Alternative ist,
- länger/höher die Bindung nach Dauer und Wert ist, d.h. je wichtiger die Entscheidung ist und je mehr sie den Entscheidungsträger festlegt,
- geringer die Abweichung der Alternativen untereinander ist, je ähnlicher sich also Angebote sind,
- höher die soziale Bedeutung des Kaufs ist,
- freiwilliger die zu Grunde gelegte Entscheidung ist,
- leichter die Entscheidungskonsequenzen hätten vorhergesehen werden können,
- weniger dringlich die Entscheidung zu treffen war.

Die gewünschte Reduktion kognitiver Dissonanzen erfolgt durch:

- **Änderung im Umfang der Kognitionen**, also Hinzufügung neuer Kognitionen durch Informationsaufnahme oder Ausschaltung dissonanter Kognitionen.
- **Änderung von Inhalten der Kognitionen**, also selektive Wahrnehmung nur bestätigender Informationen, nachträgliche Aufwertung der gewählten Alternative oder nachträgliche Abwertung der verworfenen Alternativen, Unterstellung der Gleichartigkeit der gewählten zu der/den verworfenen Alternative(n) oder Rückgängigmachung des Entscheids als Ultima ratio.

Menschen fällt es schwer, mit diesen Dissonanzen zu leben und wir sind bemüht, sie zu reduzieren. Dazu stehen uns eine Reihe von „Selbstbetrugsmechanismen" zur Verfügung, die durch Anbieter hilfreich offeriert werden können. Da ist zunächst die Änderung im Umfang der Kognitionen, indem harmonische Kognitionen neu hinzugefügt oder dissonante Kognitionen ausgeschaltet werden. Dazu ein Beispiel. Raucher können sich im ersten Fall etwa Personen vergegenwärtigen, die, obwohl, oder vielleicht sogar weil sie stark rauchen, ein hohes Lebensalter erreicht haben, oder im zweiten Fall die Aussagefähigkeit von einschlägigen Untersuchungen hinsichtlich der Ursächlichkeit von Rauchen für Krebs etc. anfechten. Dann können Änderungen im Inhalt der Kognitionen vorgenommen werden, was wiederum durch verschiedene Mechanismen erfolgt. So können über selektive Wahrnehmung ausschließlich bestätigende Informationen aufgenommen werden. Wieder im Beispiel ignorieren Raucher prinzipiell den Warnhinweis des Bundesgesundheitsministers auf Werbemitteln und nehmen nur die dargebotenen Werbebotschaften wahr. Weshalb die Tabakindustrie den gesetzlichen Warnhinweis auch nur halbherzig bekämpft hat. Dann kann die gewählte Alternative nachträglich aufgewertet werden. Im Beispiel reden Raucher, die bereits an einschlägigen Krankheitszeichen leiden, sich ein, dass sie zwar möglicherweise kürzer, dafür aber genussreicher leben als andere. Ebenso können verworfene Alternativen nachträglich abgewertet werden. Raucher reden sich dazu ein, dass die anderweitige Anlage von in Zigaretten investierten Geldbeträgen wenig sinnvoll gewesen wäre. Schließlich kann die gewählte mit der oder den verworfenen Alternative(n) als gleichartig unterstellt werden. Raucher führen also an, dass Passivrauchen genauso gefährlich ist wie Aktivrauchen, es insofern also keinen Unterschied macht, ob man nun eine leichte Zigarette raucht oder, wohl unvermeidlich, passiv mitraucht.

Käufer präferieren demzufolge Leistungen, von denen sie auf Grund ihrer Erwartungen oder auf Grund vorliegender Erfahrungen keine spürbaren Dissonanzen folgern. Eine weitere **Risikoreduzierung** entsteht durch

– Kaufzurückhaltung, Kauf von Kleinmengen oder Probierkauf,
– Aushandeln von Rückgaberecht und Garantieerklärung,
– Kauf nur bei bekannten Lieferanten, Händlern,
– Kauf nur bekannter Produkte (Markentreue, Anbietertreue, Geschäftsstättentreue),
– Kauf entsprechend gütebezeichneter Produkte (z.B. Handelsklasse, Testergebnis),
– Kauf der teuersten Alternative oder der billigsten.

Ausnahmsweise kann auch die bewusste Erzeugung von Dissonanzen sinnvoll sein, etwa wenn es um die Veranlassung zum Umstieg auf ein verbessertes

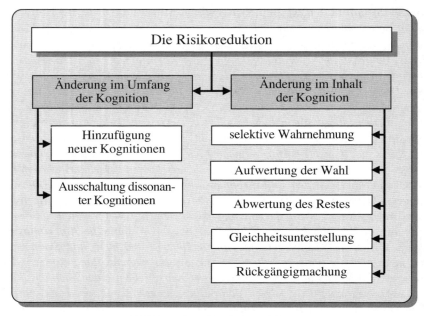

Abbildung 24: Die Risikoreduktion

Nachfolgeprodukt, den Wechsel von leistungsunterlegenen eigenen Produkten oder den Einstieg von Nichtkonsumenten geht.

Anstelle des Strebens nach Konsonanz stellt die **Attributionstheorie** das Streben nach (veridikaler) Einsicht in Ursache-Wirkungs-Zusammenhänge als maßgebliches Prinzip dar. Dabei wird unterstellt, es gebe ein Motiv nach Rückführung beobachteter Ereignisse auf ihnen zu Grunde liegende Sachverhalte (Attributionen). Dieses entspringt dem Bedürfnis nach Vorhersagbarkeit und Kontrollierbarkeit der Umwelt und bestimmt die Reaktion auf Reize. Ausgangspunkt ist dabei die Beobachtung eigenen oder fremden Verhaltens bzw. bestimmter Ereignisse, die neuartig oder ungewöhnlich sind. Durch Suche nach Einsicht und Wahrheit wird die Intention der handelnden Personen zu beurteilen versucht. Diese Attributierung führt zur Änderung der Kognition und damit dann zur Beeinflussung künftigen Handelns.

2.4.1.2.3 Werte

Werte sind allgemein Auffassungen von Wünschenswertem, die explizit oder implizit für ein Individuum oder für eine Gruppe kennzeichnend sind

und die Auswahl der zugänglichen Weisen, Mittel und Ziele des Handelns beeinflussen. Man unterscheidet:

- **Globalwerte** als überdauernde Überzeugungen, die sich auf gewünschte Existenzialzustände bzw. Verhaltensweisen beziehen. Dabei handelt es sich um wenige Basiswerte und Grundorientierungen (z.B. Beachtung der Ökologie beim Kauf).
- **Bereichswerte** als kaufbezogene Aspekte, die Auskunft über Lebens- und Gesellschaftsbereiche geben. Dies sind immerhin einige Wertorientierungen.
- **Angebotswerte** als produktliche Attribute und deren bewertende Überzeugungen. Dies sind viele Wertorientierungen.

Wertestrukturen unterliegen dem kontinuierlichen bis sprunghaften Wandel und kommen in Lebensstilen zum Ausdruck. Dabei gibt es zwei wesentliche Ansätze, den AIO-Ansatz und den VALS-Ansatz.

Der **AIO-Ansatz** untersucht:

- beobachtbare Aktivitäten (Activities), wie Arbeit, Hobbys, soziale Ereignisse, Urlaub, Unterhaltung, Vereinsmitgliedschaft, Gemeinschaften, Einkaufen, Sport,
- emotionale Interessen (Interests), wie Familie, Zuhause, Beruf, Gemeinschaften, Erholung, Mode, Essen, Medien, Leistungserreichung,
- kognitive Meinungen (Opinions), wie Einstellungen zu sich selbst, soziale Belange, Politik, Geschäftswelt, Wirtschaft, Erziehung/Bildung, Produkte, Zukunft, Kultur.

Zusätzlich werden demographische Merkmale erfasst.

Jeweils nach Activities, Interests und Opinions eingeteilt, ergeben sich etwa folgende Typen:

- *Active „family values" people (15,5 %):*
  - *wenig Fernseh- und Hörfunkkonsum*
  - *Hauptinteressen Familie und Kinder*
  - *haben traditionelle soziale, moralische und religiöse Prinzipien, Kirchen/ Gemeinde stehen im Mittelpunkt, optimistische Grundhaltung.*
- *Conservative quiet lifers (13,5 %):*
  - *passive, häusliche Aktivitäten wie Gartenarbeit, Fernsehen etc., kaum soziale Aktivitäten wie Kino, Museum etc.*
  - *kein Interesse an Geselligkeit, wenig geneigt, enge Freundschaften zu schließen*
  - *Arbeiten am liebsten allein, Glauben an Einfachheit, Kirche ist wichtig, konservative Grundhaltung.*

- *Educated liberals (9,7 %):*
  - *Reisen, Abenteuerlust, exotisches Essen, kulturelle Interessen wie Bücherei, Theater, Museum, Vielleser (Bücher, Zeitschriften), wenig Fernseh- und Hörfunkkonsum*
  - *umfangreiche Interessen, in sozialen Aufgaben engagiert, suchen Abwechslung, möchten intellektuell stimuliert werden*
  - *zuversichtliche und optimistische Grundhaltung, progressiv und egalitär.*
- *Accepting mid-lifers (17,1 %):*
  - *Bevorzugen Aktivitäten, bei denen sie allein sein, beobachten lieber statt teilzunehmen*
  - *haben kein Interesse an Geselligkeiten*
  - *akzeptieren ihr Leben und die Gesellschaft, Status quo wird als besser angesehen als eine Veränderung, ausgeprägte politische Meinungen.*
- *Sucess-driven extroverts (16,4 %):*
  - *Sport und Unterhaltung wie Kino, Theater sind wichtig, wenig Fernseh- und Hörfunkkonsum, jedoch überdurchschnittlicher Konsum von Sportsendungen und Comedys*
  - *Selbstverwirklichung als Ziel, Erfolg, Unabhängigkeit, Auftreten und Image sind wichtig, haben Führungsanspruch*
  - *glauben, die Kontrolle über ihr Leben und ihre Zukunft zu haben.*
- *Pragmatic strugglers (14,7 %):*
  - *Hören Radio, sehen gern Spielfilme (Drama, Action) und Serien im TV*
  - *interessieren sich für praktische Dinge rund um Haus und Garten, sind auf die Familie fokussiert*
  - *glauben an Natürlichkeit und Einfachheit, konservative politische Grundhaltung.*
- *Social strivers (13 %):*
  - *Konsumieren Hörfunk und Fernsehen, lesen gern Zeitschriften*
  - *die Meinungen und Bestätigungen Anderer sind ihnen wichtig, Familie ist zentral*
  - *Motto „Leben ist ein Kampf", sind konformistisch, haben eine pessimistische, vorsichtige, konservative Grundhaltung, Kirche und Gemeinde sind wichtig.*

Der **VALS-Ansatz** hebt zusätzlich zu den Aktivitäten, Interessen und Meinungen (Lifestyle) noch auf die Werte (Values) ab, die durch Fragenkataloge erfasst werden, und beide gemeinsam bilden mit der Soziodemographie dann Lebensstiltypen.

2. Konsumentenverhalten

So ergibt sich etwa auf Basis erwachsener Amerikaner folgende Typologie und mit ihren Charakterisierungen:

- *Outer directed persons sind außengeleitete Konformisten, die leicht zu beeinflussen sind. Sie sind weniger agierende als vielmehr reagierende Menschen und stets empfänglich für Signale von außen. Sie zeigen sich bemüht, den Erwartungen ihrer Umgebung gerecht zu werden.*
  - *Achievers (Gutsituierte). Dies sind jüngere, im Berufsleben auf dem Höhepunkt ihrer Karriere stehende Leute mit hohem Einkommen, sie gehören sozioökonomisch zum Mittelstand.*
  - *Emulators (Nacheiferer). Dies sind junge, verheiratete Personen, die vorwiegend in innerstädtischen Gebieten wohnen, sie gehören sozioökonomisch zum Mittelstand.*
  - *Belongers (Eingegliederte). Dies sind Personen in kleineren Städten, die enge Familienbande pflegen und sich in Vereinen oder gesellschaftlichen Organisationen engagieren.*
- *Need driven persons sind Menschen, deren Verhalten vorwiegend von der Not diktiert wird. Ihnen stehen nur beschränkte Geldmittel zur Verfügung, so dass ihr Leben eher Bedarfszwängen unterworfen ist und sie nur wenig Spielraum haben, um zwischen Handlungsoptionen zu wählen.*
  - *Sustainers (Durchhalter). Dies sind Personen mit niedrigem Einkommen und vielköpfiger Familie. Entsprechend besteht ihr Leben zu großen Teilen aus „Überlebenskampf".*
  - *Survivors (Überlebende), Dies sind Personen im Ruhestand mit festem Einkommen. Ihre Bedarfe sind überschaubar und selbst ein geringes Einkommen sichert ihnen einen angemessenen Lebensstandard.*
- *Inner-directed persons sind Menschen, die sich und ihr Leben selbst bestimmen und weitgehend eigeninitiativ tätig sind. Sie führen ein Leben in Übereinstimmung mit ihren Wertvorstellungen und eigener Moral und haben ganz persönliche Bedürfnisse und Wünsche.*
  - *Socially conscious (Gesellschaftskritiker). Dies sind Personen, die fest im gesellschaftlichen Leben stehen und politisch stark interessiert sind, sie haben ein hohes Einkommen, sind vielfach jedoch nicht ausgeprägt konsumorientiert.*
  - *Experimentals (Erfahrungssucher). Dies sind Konsumenten ohne feste Präferenzen, sie sind stets auf der Suche nach neuen Erfahrungen, damit empfänglich für neue Produkte und Produktkategorien.*
  - *I am me's (Exzentriker). Dies sind meist jüngere Leute, häufig Studierende, deren Lebens sich im Wesentlichen um sich selbst dreht. Sie tragen noch wenig Verantwortung und können ihre Phantasien zumindest ansatzweise ausleben.*

- *Integrated persons sind ausgeglichene Menschen mit festen Bindungen. Sie zeigen ein ausgereiftes, psychisches Profil und einen dementsprechend ausgewogenen Charakter.*
- *Integrated lifestyle (Integrierte): Diese kleine Gruppe ist ein Schmelztiegel aller Charakterisierungen. Es handelt sich um multioptionale Personen mit hoher Sensibilität und Kraft.*

Ein weiterer Ansatz hebt auf die ursprünglichen, unverfälschten Werte ab, die jeder Mensch in sich trägt und die seine Einstellung und sein Verhalten bestimmen, indem zu deren Messung ausgewählte Wörter assoziiert werden (**Semiometrie**). Dabei werden potenzielle Personen nicht nach Alter, Geschlecht oder Einkommen eingegrenzt, vielmehr wird davon ausgegangen, dass Wörter bestimmte angenehme oder unangenehme Gefühle vermitteln und wecken. Personen mit gleichen Einstellungen, Meinungen und Motiven werden daher auch die einzelnen Wörter ähnlich bewerten.

Dem liegt die Hypothese zugrunde, dass sich Werte in der Sprache widerspiegeln und unterschiedliche Werthaltungen durch die Interpretation von Wörtern zum Ausdruck kommen. Emnid verwendet dazu 210, durch Vorstudien reduzierte, ausgewählte Wörter (Substantive, Verben, Adjektive), die im Zeitablauf konstant bleiben. Jedes Wort wird von Probanden auf repräsentativer Basis auf einer siebenstufigen Skala von „sehr angenehm" bis „sehr unangenehm" bewertet. Aus den kumulierten Bewertungen ergibt sich durch multivariate Analyse die Position jedes Wortes in einem mehrdimensionalen Raum, zweidimensional reduziert kann es sich z. B. um die Dimensionen „Sozialität" vs. „Individualität" und „Lebensfreude" vs. „Pflicht" handeln.

Für die Gesamtbevölkerung liegt diese Anordnung der Wörter im Raum repräsentativ vor, durch regelmäßige Erhebung wird der Wertewandel berücksichtigt. Probanden, stellvertretend für dahinter stehende Zielgruppen, bilden eine vom Durchschnitt abweichende Anordnung dieser Wörter im Raum ab. So finden sich Wörter, die von Probanden übereinstimmend abweichend zum Durchschnitt über- oder unterbewertet werden. Diese Personen stellen dann im System ein gemeinsames Segment dar. Selektiert man bei den so gefundenen Segmenten Gemeinsamkeiten der Personen, ergibt sich daraus ein wertebezogenes Zielgruppenprofil.

Eine wesentliche Gemeinsamkeit kann z.B. in der Verwendung einer Marke liegen, sodass sich Zielgruppenprofile verschiedener Marken vergleichen lassen. Mit Hilfe dieses Ansatzes kristallisieren sich somit „psychokulturelle Wertmuster" von Produktverwendern, Fernsehzuschauern oder auch Zeitschriftenlesern heraus. Jeder dieser Typen kann als eigenes Marktsegment verstanden und durch Aktivitäten angesprochen werden.

2.4.1.2.4 Typologien

Lebensstiltypologien haben zum Ziel, herauszufinden, „how people spend their time at work and leisure (activities), what is important to them in their immediate surrounding (interests) and how they feel about themselves and the larger world (opinions)." (M. C. & Leo Burnett). Die Typologien werden durch multivariate, statistische Reduktionsverfahren gebildet. Zusätzlich werden jeweils soziodemographische Merkmale erhoben und ausgewertet. Im Wesentlichen handelt es sich um die Lifestyle-Typologie, die Typologie Sozialer Milieus, die Consuner Styles, die Sigma-Milieus, die RISC-Typologie und die Milieus nach Schulze.

Die **Lifestyle-Typologie** von M. C. L. B. erfasste 27 Lebensstilbereiche für 91 Produktfelder und 74 Medien. Zusätzlich wurden kunden/produktspezifische Items aufgenommen. Befragt wurden 2.000 Personen ab 14 Jahre mündlich, anhand von Selbstbeschreibung und Soziodemographie, sowie schriftlich, anhand von Haushaltsbuch und Mediennutzung über 250 AIO-Items, 25 demographische Items und 50 Konsum-Items nach Produktkategorien getrennt. Bereits vor über 30 Jahren hatte Leo Burnett mit der Universität Chicago den Lebensstilforschungs-Ansatz begründet. Damit wollte er die Schwächen der rein demographischen Zielgruppenbeschreibung überwinden.

Abgefragt wurden dabei u. a. folgende Statements:

– Freizeit und soziales Leben: Freizeitaktivitäten, Freizeitmotive, Ausübung verschiedener Sportarten, bevorzugte Urlaubs/Reiseart, soziales Netzwerk,
– Interessen: Musikinteressen, Themeninteressen, Gruppenmitgliedschaften,
– Stilpräferenzen: bevorzugter Wohnstil (bildgestützt), bevorzugter Kleidungsstil (verbal und optisch präsentiert),
– Konsum: Öko-Einstellungen, Einstellung zu Essen und Trinken, Einstellung zu Geld und Konsum,
– Outfit: Einstellung zur Kleidung, Body-Image,
– Grundorientierung: Lebensphilosophie und Moral, Zukunftsoptimismus,
– Arbeit: Arbeitszufriedenheit, Arbeitseinstellungen, Berufserwartungen,
– Familie: Einstellungen zu Familie, Partnerschaft und Emanzipation, Rollenbilder, Wohnsituation,
– Politik: Politisches Interesse und Parteiinteresse, Politikwahrnehmung.

Als Output der Analyse ergaben sich Personentypen, die jeweils mit Namen und Foto versehen sind, um ihre Prägnanz zu erhöhen. Männliche Namen zeigten an, dass dieser Typ überwiegend, wenngleich nicht ausschließlich, bei Männern vertreten ist, weibliche Namen analog, Pärchen zeigten an, dass die Ausprägung ungefähr gleichermaßen männlich wie weiblich besetzt ist. Die letzte Erhebung stammt immerhin schon aus 1990 und unterscheidet folgende Typen:

- traditionelle Lebensstile (37% der Bevölkerung): Erika, Erwin, Wilhelmine,
- gehobene Lebensstile (20%): Frank/Franziska, Claus/Claudia, Stefan/Stefanie,
- moderne Lebensstile (42%): Michael/Michaela, Tim/Tina, Martin/Martina, Monika, Eddi, Ingo/Inge.

Der **Typologie Sozialer Milieus** (Sinus Sociovison) liegt die Hypothese zu Grunde, dass der Mensch in seinem Wesen nicht genetisch codiert, sondern ein Produkt seiner Sozialisation ist. Dies unterstellt, kann der Umkehrschluss gewagt werden, nämlich aus der Umgebung auf den Menschen, der sich darin wohlfühlt, zu schließen. Damit sollen Veränderungen in Einstellungen und Verhaltensweisen als Abbild des gesellschaftlichen Wertewandels beschrieben und prognostiziert werden. Dabei werden alle wichtigen Erlebnisbereiche erfasst, die Einstellungen, Werthaltungen und Verhaltensmuster von Personen täglich prägen, vor allem Arbeit, Familie, Freizeit und Konsum in Bezug auf Wertorientierungen, Lebensziele, Ängste, Zukunftserwartungen, Alltagsästhetik und Stilpräferenzen. Die empirisch ermittelten Wertprioritäten und Lebensstile werden zu einer Basistypologie verdichtet. Die Anteile der einzelnen Milieus an der Bevölkerung werden jährlich aktualisiert. Gleichzeitig wird versucht, dem Wertewandel auf der Spur zu bleiben. Bei Bedarf werden neue Milieus aufge-

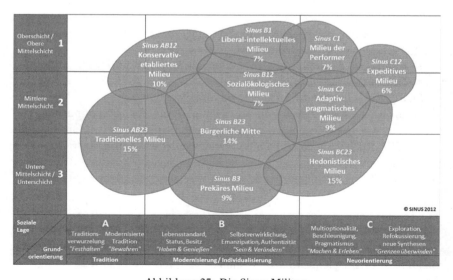

Abbildung 25: Die Sinus-Milieus

nommen. Durch die hohen Fallzahlen werden auch kleinere Milieugruppen valide erhoben.

Soziale Milieus stellen in gewisser Weise eine Weiterentwicklung der Lebensstilforschung dar. Demzufolge sind Lebensstile nur sinnvoll im Kontext von Milieus zu interpretieren. Die milieuspezifische Wertorientierung steuert Lebens- und Konsumstile, die wiederum das ästhetische Erleben und Verhalten sowie den Geschmack prägen. Die Typologie Sozialer Milieus erfasst in 50.000 mündlichen und schriftlichen Interviews, repräsentativ für die Wohnbevölkerung Deutschlands ab 14 Jahren, die verschiedenen, nach Vorstudien als relevant erachteten Bausteine der Lebenswelten mit den folgenden Inhalten:

- Lebensziel, d.h. Werte/Normen, Lebensgüter, -strategie, -philosophie, -motto,
- Soziale Lage, d.h. Anteil an der Grundgesamtheit, soziodemographische Struktur der Milieus,
- Arbeit/Leistung, d.h. Arbeitsethos, Arbeitszufriedenheit, gesellschaftlicher Aufstieg, Prestige, materielle Sicherheit,
- Gesellschaftsbild, d.h. politisches Interesse, Engagement, Systemzufriedenheit, Wahrnehmung und Verarbeitung gesellschaftlicher Probleme,
- Familie/Partnerschaft, d.h. Einstellung zu Partnerschaft, Familie, Kindern, Geborgenheit, emotionale Sicherheit, Vorstellung vom privaten Glück,
- Freizeit, d.h. Freizeitgestaltung, Freizeitmotive, Kommunikation und soziales Leben,
- Wunsch-/Leitbilder, d.h. Wünsche, Tagträume, Fantasien, Sehnsüchte, Leitbilder, Vorbilder, Identifikationsobjekte,
- Lebensstil, d.h. ästhetische Grundbedürfnisse (Alltagsästhetik), milieuspezifische Stil- und Wohnwelten.

Die Sozialen Milieus sind für 18 Länder jeweils national erhoben und werden dann nach Ähnlichkeit international zusammengefasst. Sie teilen die Gesellschaft in jeweils „Gleichgesinnte" ein, und zwar nach den Dimensionen „Grundorientierung" und „Soziale Lage". Es werden folgende Milieus unterschieden:

- Das adaptiv-pragmatische Milieu. Die mobile, zielstrebige junge Mitte der Gesellschaft mit ausgeprägtem Lebenspragmatismus und Nutzenkalkül, erfolgsorientiert und kompromissbereit, hedonistisch und konventionell, mit starkem Bedürfnis nach Flexibilität und Sicherheit.
- Das expeditive Milieu. Die stark individualistisch geprägte, digital-affine Avantgarde, unkonventionell, kreativ, mental und geografisch mobil und immer auf der Suche nach Grenzen und nach deren Veränderung oder Überwindung.
- Die bürgerliche Mitte (Modern mainstream). Der leistungs- und anpassungsbereite bürgerliche Mainstream mit genereller Bejahung der gegebenen ge-

Mein Berufsleben:
- Meine Stelle
- Meine Firma
- Meine ideale Firma / Mein Vorgesetzter
- Meine Arbeit / Meine Karriere

Mein Privatleben:
- Meine Philosophie und Ziele
- Meine Werte / Meine Familie
- Meine Freizeit / Meine Zeit
- Mein Heim

Mein Leben als Verbraucher:
- Mein Haushalt / Mein Trinken & Rauchen
- Mein Automobil
- Mein Geld / Mein Aussehen
- Mein Verbrauch

Mein Geschäftsleben:
- Kleine Einkäufe
- Meine Werbung
- Meine Produkte / Mein Einkaufen

Mein kulturelles Leben:
- Meine Welt / Mein Europa
- Mein Medienideal
- Meine Medien / Meine Nachrichten & Informationen
- Meine Kunst

Mein politisches Leben:
- Meine Sicht der Wirtschaft / Mein politisches Programm
- Meine Überzeugungen
- Meine Wahlen & Führer / Meine Diagonse
- Meine Prognose

Mein gesellschaftliches Leben:
- Meine gesellschaftlichen Aussichten / Meine Umwelt
- Meine Helden
- Meine Wurzeln und Bande / Meine gesellschaftliche Wahl

Die Bausteine Consumer styles (Mental map)

Abbildung 26: Die Bausteine Consumer styles

sellschaftlichen Ordnung, dem Streben nach beruflicher und sozialer Etablierung sowie nach gesicherten und harmonischen Lebensverhältnissen. Suchen Harmonie, Komfort und Spaß, zielen auf soziale Integration und materielle Sicherheit ab.

— Das hedonistische Milieu (Sensation oriented). Die spaßorientierte moderne Unterschicht bzw. untere Mittelschicht, sie leben im Hier und Jetzt, verweigern Konventionen und gängige Verhaltenserwartungen der Leistungsgesell-

schaft. Unkonventionell und aufmüpfig, neigen dazu, vor der Realität zu fliehen.
- Das konservativ etablierte Milieu (Established). Das klassische Establishment mit Verantwortungs- und Erfolgsethik, Exklusivitäts- und Führungsansprüche stehen in Konkurrenz zur Tendenz zu gesellschaftlichem Rückzug und Abgrenzung. Statusbewusst, elitärer Geschmack, Genießer.
- Das liberal-intellektuelle Milieu (Intellectuals). Die aufgeklärte Bildungselite mit liberaler Grundhaltung, postmateriellen Wurzeln und dem Wunsch nach einem selbstbestimmten Leben mit vielfältigen intellektuellen Interessen. Suche nach Selbstverwirklichung und persönlicher Entwicklung, kulturelle Interessen.
- Das Performer-Milieu (Modern performer). Die multioptionale, effizienzorientierte Leistungselite mit global-ökonomischem Denken und stilistischem Avantgarde-Anspruch. Jung, flexibel, sozial mobil, suchen nach intensivem Leben mit Spaß und Erfolg, hohe Ausbildung und Leistungsbereitschaft, Multimedia-Faszination.
- Das prekäre Milieu (Consumer materialists). Die nach Teilhabe und Orientierung suchende Unterschicht mit starken Zukunftsängsten und Ressentiments, sie ist bemüht, Anschluss an die Konsumstandards der breiten Mitte zu halten, um soziale Benachteiligungen zu kompensieren, sie verfügt über geringe Aufstiegsperspektiven und eine reaktive Grundhaltung mit Rückzug in das eigene soziale Umfeld.
- Das sozial-ökologische Milieu. Ein idealistisches, zugleich marktkritisches und konsumbewusstes Milieu mit ausgeprägtem ökologischen und sozialen Gewissen, Globalisierungsskeptiker und Vorreiter für Diversität und politische Vertrauenswürdigkeit.
- Das traditionelle Milieu (Traditionals). Die Sicherheit und Ordnung liebende Kriegs- bzw. Nachkriegsgeneration, in der alten kleinbürgerlichen Welt bzw. in der traditionellen Arbeiterkultur verhaftet (Opfer, Pflicht, Ordnung etc.).

Eine weitere bekannte Lebensstiltypologie sind die GfK Roper **Consumer styles**. Sie entstammen der europäischen Lebensstilforschung. Dabei werden bei über 40.000 Personen in mehr als 40 Ländern charakteristische Lebensstile in Bezug auf das tägliche Leben erhoben. Unterschiede zwischen den einzelnen Ländern spiegeln sich in unterschiedlichen Größen der jeweiligen Lebensstiltypen wider. Jeder Lebensstil ist einheitlich für ganz Europa definiert. Unterschiede resultieren dann in abweichenden prozentualen Anteilen. Dadurch wird eine standardisierte Marktbearbeitung möglich. Allerdings können regionale Unterschiede in einem Land nicht erfasst werden, ebenso ist die Verteilung der Lebensstiltypen auf Produktgruppen divergent.

Grafisch erfolgt die Einordnung in eine Matrix mit vier Polen: einerseits „Frieden, Sicherheit und Puritanismus" vs. „Leidenschaft, Hedonismus und Vergnügen", sowie andererseits „Haben-Materialismus und Preisorientierung" vs. „Sein-Postmaterialismus und Qualität". Daraus entstehen aktuell folgende Lebensstiltypen:

- Die Bodenständigen (Settled/19 %). Dies sind traditionsorientierte Senioren mit mittlerem Lebensstandard, die ihren Ruhestand voll und ganz ausschöpfen. Sie pflegen einen bewusst einfachen Konsumstil, der auf Familie, Sicherheit und Gesundheit ausgerichtet ist.
- Die Häuslichen (Homebodies/11 %). Dies sind angepasste Familien aus einfachen Verhältnissen, die von einem bequemeren Leben träumen. Sie sind auf der Suche nach Produkten, die ihnen Sicherheit und soziale Akzeptanz bieten.
- Die Träumer (Dreamers/8 %). Dies sind intuitive, junge und materialistische Leute, die von der Welt der Stars träumen und einem Platz an der Sonne hinterher jagen. Sie wollen Marken mit starkem Image und sind stets auf der Suche nach Schnäppchen.
- Die Abenteurer (Adventurers/13 %). Dies sind junge, dynamische Leute auf der Suche nach Erfolg und materieller Unabhängigkeit. Sie pflegen einen demonstrativen, auf Freizeit und Innovation ausgerichteten Konsum und sind Trendsetter.
- Die Kritischen (Organics/15 %). Dies sind engagierte Familien mit klarem Bekenntnis zu Umwelt und Gesellschaft, ohne dabei die angenehmen Seiten des Lebens zu vernachlässigen. Sie haben einen rationalen, an hoher Qualität und Zukunftsträchtigkeit ausgerichteten Konsumstil.
- Die Realisten (Rational-Realists/9 %). Dies sind kritische, engagierte und intellektuelle Paare, die eine lebenswerte Zukunft anstreben. Sie verbringen viel Zeit damit, nach Marken zu suchen, die ihren hohen Ansprüchen gerecht werden.
- Die Anspruchsvollen (Demanding/14 %). Dies sind kultivierte, pflichtbewusste Bürger mit traditionellem Halt und disziplinierter Persönlichkeit. Sie pflegen einen anspruchsvollen Konsumstil. Sie legen Wert auf Qualität und kaufen in der Regel vernunftbetont.
- Die Weltoffenen (Open-minded/11 %). Dies sind hedonistische, tolerante Intellektuelle auf der Suche nach Individualität und persönlicher Harmonie. Ihr gehobener Konsumstil ist auf Lifestyle und Ambiente ausgerichtet.

Eine weitere verbreitete Lebensstiltypologie sind die **Sigma-Milieus** (Sigma Institut Mannheim). Sie bauen ebenfalls auf Lebenswelten auf und untersuchen Alltagsgewohnheiten, Umgebungsbedingungen, Motive und Bedürfnisse, Werte, Lebensziele, Einstellungen und ästhetische Orientierungen von Konsumenten, die ihr individuelles Verhalten prägen und schaffen somit Cluster hoher interner Homogenität bei gleichzeitiger externer Heterogenität.

2. Konsumentenverhalten

Im Ergebnis werden dabei folgende Typen unterschieden:

- ETB: Etabliertes Milieu (6,1 %): Konservatives Elitenmilieu mit traditoneller Lebensführung, Selbstverständnis als Führungsschicht und Leistungsträger-Bewusstsein.
- TRB: Traditionelles bürgerliches Milieu (12,2 %): Milieu, das an traditionellen Werten, Moralvorstellungen, sozialen Regeln und Konventionen festhält.
- TRA: Traditionelles Arbeitermilieu (5,8 %): Industriegesellschaftlich geprägtes Arbeitermilieu, teilweise noch mit starker gewerkschaftlicher Bindung, häufig sozial und politisch autoritär eingestellt (Verteidigung des Erreichten).
- KMT: Konsum-materialistisches Milieu (10,5 %): Milieu der wirtschaftlich und sozial Randständigen mit geringen Chancen am Arbeitsmarkt nachindustrieller Gesellschaften, Alte wie auch neue Armut.
- AUF: Aufstiegsorientiertes Milieu (17,1 %): „New money": Erreichen des Lebensstandards gehobener Schichten als Maßstab für den Erfolg, das Erreichte stellt man gern zur Schau (auch über den eigenen „Geldbeutel" hinaus).
- MBL: Modernes bürgerliches Milieu (11,5 %): Harmonieorientiertes Milieu, man strebt ein ausgeglichenes, angenehmes und behütetes Leben an, ohne Risiken und Extreme, hoher Stellenwert von sozialen Beziehungen.
- INT: Liberal-intellektuelles Milieu (8,2 %): Liberales Bildungsbürgertum und moderne Funktionseliten mit postmaterialistischer Orientierung, hoher Stellenwert von Selbstverwirklichung und Ich-Identität in Beruf und Freizeit, Ablehnung von Äußerlichkeitswerten (man schätzt das Echte, Edle, Auserlesene).
- MAR: Modernes Arbeitnehmermilieu (11,8 %): Vielfach jüngere Blue-, White- und No collars in neuen Berufen (IT, moderne Dienstleistungen), Aufgeschlossen für Neues (Erfahrungen, Erlebnisse, Lebensweisen, Konsum).
- HED: Hedonistisches Milieu (8,7 %): Jugendkulturelles, ausgesprochen konsum-hedonistisch eingestelltes Milieu mit unkonventionellen Lebensformen, Eskapismus und Stilprotest als Wege zur Identität, Nährboden neuer Moden und Geschmackskulturen.
- POM: Postmodernes Milieu (6,2 %): Junges, formal zumeist hoch gebildetes Avantgarde-Milieu mit Schwerpunkt in den Metropolen, Lebensstil-Trendsetter mit radikal subjektivistischer Lebensphilosophie, der Einzelne als „Ingenieur" seines persönlichen Universums.

Das Pariser Research institute on social change (**RISC**) untersucht seit 15 Jahren gesellschaftliche Trends in ganz Europa, um daraus Typologien zu entwickeln. Der Fragebogen umfasst 100 soziokulturelle Fragen und Statements, wie „Unsere Kultur und viele Werte unseres Landes sind heute in Gefahr. „Jeder Befragte wird daraufhin auf Basis seiner Antworten dreidimensional positioniert. Eine Dimension bewegt sich zwischen Aufbruch und Stabilität (dabei wird die Offenheit für neue Ideen erhoben). Die soziale Dimension stellt die Antipole „höhere Werte" und „profaner Lustgewinn" gegenüber (Beispiel: Lehrer, die an einer Waldorfschule unterrichten als Gegenpol zu ausgemachten Techno-Freaks). Die dritte Dimension erfasst die globale vs. lokale Orientierung. Entweder fühlen sich die Interviewten als Teil einer „Weltgemeinschaft Gleichgesinnter" oder sind eher ihrer direkten Umgebung verbunden (Beispiel: Globetrotter vs. Kegelclub-Ausflug an die Mosel). Die Position des Befragten wird nicht in Koordinaten umgesetzt, sondern in „Euroscan", eine dreidimensionale Abbildung der zehn RISC-Typen. Für jedes dieser Segmente werden spezielle Merkmale abgefragt. Die Antworten für jeden einzelnen Typ werden sodann an der Gesamtbevölkerung indiziert. Werte über 100 sprechen für eine starke Ausprägung. Mit der speziellen Software MicroRISC können die Umfragen ausgewertet und imÜEuroscan dargestellt werden.

Im Rahmen des Modells der **Sozialen Milieus nach Schulze** werden Altersgruppen und Bildungsgrad zusammengefasst. Das Harmoniemilieu umfasst dabei alle niedrigen Bildungsgrade bis zum Hauptschulabschluss incl. Abschluss einer berufsbildenden Schule. Das Integrationsmilieu enthält verschiedene Abstufungen der mittleren Reife ohne Zusatzausbildung, mit Lehre, mit Abschluss an einer berufsbildenden Schule. Das Niveaumilieu umfasst alle Bildungsgrade vom Fachabitur aufwärts bis zur abgeschlossenen Universitätsausbildung.

Das Unterhaltungsmilieu ist der Ausschnitt des Integrationsmilieus, das untere Mittelklasse-Bildung in jüngeren Jahren (20–40) umfasst sowie das gesamte Harmoniemilieu, sofern es 20–40 Jahre Alter repräsentiert. Das Selbstverwirklichungsmilieu ist der Ausschnitt des Integrationsmilieus, das obere Mittelklasse-Bildung in jüngeren Jahren (20–40) umfasst sowie das gesamte Niveaumilieu, sofern es 20–40 Jahre Alter repräsentiert. Insofern ergeben sich per Saldo fünf Soziale Milieus. Daneben gibt es zahlreiche weitere Typologie-Ansätze.

Typologien haben eine Reihe allgemeiner Vor- und Nachteile. Als **Vorteile** sind vor allem die Folgenden zu nennen. Es besteht eine hohe Marketingrelevanz, da beobachtbares Verhalten oder zumindest mehrfach abgesicherte Indikatoren für dieses Verhalten die Grundlage der Ergebnisse bilden. Typologien erleichtern den Beteiligten durch ihre Anschaulichkeit die Arbeit, denn ansonsten abstrakt und wenig greifbar erscheinende Zielgruppenbeschreibungen werden dadurch prägnant und transparent. Die Plastizität der Ergebnisse erleichtert die Ableitung zielgerichteter Aktivitäten, um die identifizierten und anzusteuernden Segmente bearbeiten zu können. Produkte bzw. Dienste können hinreichend an das Profil der Lebensstile angepasst werden und erreichen damit eine höhere Akzeptanz am Markt. Die Aussagen der Typologien erleichtern die Übersetzung in werbliche Botschaften, die zur Auslobung geeignet sind. Typologien sind recht differenziert, sodass Segmente sehr zielgenau abgegrenzt und angesteuert werden können. Es handelt sich um Ableitungen aus realen Gegebenheiten, nicht um leicht angreifbare Hypothesen oder theoretische Modelle. Typologien sind, sachgerecht erhoben und ausgewertet, ein exaktes Spiegelbild der tatsächlichen Nachfrageverhältnisse am Markt.

Diesen Vorteilen stehen jedoch erhebliche **Nachteile** gegenüber. Typologien spiegeln womöglich eine Scheinexaktheit vor, die so nicht gegeben ist und auch nicht erreichbar scheint. Dies ist vor allem bei einem unreflektierten Umgang mit den Ergebnissen problematisch. Die Praktikabilität des Erhebungsumfangs verhindert die Berücksichtigung spezieller Inhalte, allerdings gibt es zwischenzeitlich eine inflationierende Vielzahl spezialisierter Typologien. Die Merkmale, die der Typologie zugrunde liegen, sind nicht allgemein klassifizierbar, weil sie als qualitative Daten wenig trennscharf und exakt bleiben. Da Typologien jeweils individuelle Forschungsdesigns zugrunde liegen, sind ihre Ergebnisse untereinander nicht vergleichbar. Dadurch ist ihre Anwendung begrenzt. Die Forschungsdesigns sind gelegentlich wohl so angelegt, dass sie die Ergebnisse zu liefern vermögen, die ihre Auftraggeber von ihnen erwarten. Für die entstehenden Typen ergeben sich Identifikationsschwierigkeiten, da die Ursprungsdaten mathematisch-statistisch reduziert werden und dadurch ihre Rückbeziehbarkeit auf die Ausgangseinheiten unmöglich wird. Zudem entstehen in Typologien regelmäßig Kunsttypen, die so in der Wirtschaftswirklichkeit überhaupt nicht vorhanden, sondern bloße Artefakte quantitativer Verfahren sind.

Häufig werden Typologien in der Mediaplanung eingesetzt. Bekannte Typologien sind folgende:

- Die „Typologie der Wünsche" wird vom BAC/Burda Advertising Center erstellt. Sie ist eine Markt-Media-Analyse als Befragung zu 400 Produktbereichen und 1.650 Marken sowie zur Mediennutzung. Sie basiert auf 20.200 Fällen, repräsentativ für die Wohnbevölkerung Deutschlands ab 14 Jahren. Sie erfolgt als voll strukturierte mündliche und schriftliche Befragung (Ausfüllen eines Haushaltsbuchs) und unterlegt eine Segmentierung nach Psychographie wie Persönlichkeitseinstellungen, Freizeitbeschäftigungen, Interessen, Motiven, Familienlebenswelten, Soziodemographie (keine Segmentierung).
Daraus folgt das Angebot mehreren Typen (fünf Zielgruppen) unterstützt durch einen kostenlosen Beratungs- und Zählservice mit ständiger Aktualisierung der Daten und Abfrage vieler Marken und Medien, so dass eine hohe Aussagekraft für das Marketing entsteht. Allerdings entstehen Probleme bei der Durchführung stark spezialisierter Individualauswertungen.

- Die „Pkw-Käufer-Typologie" wird von Bauer-Media erstellt. Sie zielt auf die Bildung von Pkw-Käufer-Typen auf Basis des Kaufentscheidungsprozesses beim Automobilkauf ab und basiert auf 9.600 Fällen, die repräsentativ für 20 Mio. Personen der deutschen Bevölkerung ab 14 Jahren sind. Sie erfolgt als mündliche und schriftliche Befragung mit einer Segmentierung nach Kaufmotiven (Sparen, Umwelt, Sicherheit, Komfort, Familie, Qualität, Prestige, Spaß, Freiheit) und Kaufzwängen (Alter, Einkommen, Beruf, Familienstand). Darauf folgen zehn Pkw-Käufer-Typen.

  Es ist eine ausreichende Substanziierung gegeben, durch Verknüpfung mit der Verbraucher-Analyse (VA) können gute Aussagen zu Markenpräferenzen, Positionierung, werblicher Ansprache, Mediaplanung für die Automobilbranche getroffen werden. Die Variablenliste und Teile der Auswertung stehen kostenlos zur Verfügung. Eine branchenspezifische Clusterbildung ist möglich. Allerdings ist die Analyse zeitlich instabil und vernachlässigt weitere Kriterien wie Einstellung, Lebensstile etc.

- Die „Outfit-Typologie" wird vom Spiegel-Verlag erstellt. Sie zielt auf die Bildung von Typen auf Basis von Einstellungen zu Bekleidung, Schuhen, Accessoires und Duftwässern ab und baut auf 10.000 Fälle, repräsentativ für die deutsche Wohnbevölkerung von 14–64 Jahren. Die Durchführung erfolgt als mündliche und schriftliche Befragung über 60 Einstellungs-Items zu Kleidung, Mode und Marken. Im Ergebnis entstehen so sieben Kleidungs-Typen.

  Die Analyse weist eine hohe Substanziierung auf. Es ist eine ausführliche Typenbeschreibung anhand vieler Merkmale gegeben. Auch ist eine Verortung der einzelnen Typen in den Sinus-Milieus darstellbar, verbunden mit der Möglichkeit von Zusatzauswertungen Eine branchenspezifische Clusterbildung ist möglich. Ohne diese Sonderauswertungen besteht allerdings nur eine geringe Aussagekraft für das Marketing. Sonderauswertung sind darüber hinaus kostenpflichtig.

Die **mikrogeographische Segmentierung** (Geomarketing) beruht auf der Analyse räumlicher Strukturen, wobei unterstellt wird, dass abweichende geographische Gebiete auch abweichende Verhaltensmuster implizieren. Mit Hilfe moderner Informationssysteme können raumbezogene Daten erfasst, ausgewertet und ausgewiesen (z.B. in Stadtplänen) werden. Die Aufteilung geht von Postleitzahlgebieten über Stadtteile bis hin zu Straßenzügen und einzelnen Gebäuden bzw. Wohnungen. Wenn man die Verteilung soziodemographischer oder anderer Merkmale in einem Gebiet kennt, kann man daraus auf das Zutreffen dieser Merkmale bei Personen, die in diesem Gebiet wohnen, schließen. Außerdem kann von offenliegenden Merkmalen auf verborgen bleibende Merkmale geschlossen werden, sodass auch sozio-psychographische Verteilungen ableitbar sind. Dabei wird unterstellt, dass mikrogeographische Gebiete relativ homogen besetzt sind. Entsprechende Daten werden von Dienstleistern zur Verfügung gestellt.

Eine solche Typologie kommt etwa zu folgenden Ergebnissen:

- Upper class: überwiegend Haus- bzw. Eigentumswohnbesitz, sehr häufig mit Garten, überdurchschnittliche Neigung zu hochwertigen und hochpreisigen Produkten, überwiegend Singles oder kinderlose Paare, überdurchschnittlich gute Ausstattung mit Freizeitequipment, sehr reisefreudig, besonders Fernreisen, sehr aktiv in Politik und Gesellschaft,
- Konservative: Eigenheime oder Wohnungen in Zwei- bis Vierfamilienhäusern, deutliche Tendenz zu hochpreisigen Produkten und Familienartikeln, überwiegend Ehepaare mit Kindern, Kulturkonsumenten, überdurchschnittlich viele Vereinsmitgliedschaften,
- Gehobene Mitte: Eigentums- oder gehobene Mietwohnungen in attraktiver Lage, prestigeorientiert, ausgeprägtes Markeninteresse, kaufen aber auch beim Discounter, überwiegend Singles oder kinderlose Paare, urlaubsfreudig, kulturell interessiert,
- Klassische Bürger: Einfamilienhäuser in gewachsenen Wohnvierteln, qualitätsorientiert, aber preisbewusst, überwiegend Ehepaare mit Kindern, überdurchschnittlicher Haustierbesitz, deutliches Interesse an Heimwerken und Vereinsaktivitäten,
- Kleinbürger: ältere Reihenhäuser bzw. Mietwohnungen in größeren Häusern, sehr preisbewusst agierend, überwiegend Ehepaare mit Kindern, reisefreudig, aber vorwiegend in Deutschland unterwegs,
- Traditionelle Arbeiter: Mietwohnungen in Wohnblocks, Neigung zu preiswerten Handelsmarken, Ehepaare mit höchstens zwei Kindern, überdurchschnittlich viele Schrebergartenbesitzer,
- Randgruppen: Mietwohnungen in Wohnblocks, deutliche Neigung zu billigen Produkten, überwiegend Singles oder kinderlose Paare, Tendenz zu Kneipenbesuch und Sportaktivitäten.

2.4.1.3 Kognitive Elemente

2.4.1.3.1 Wahrnehmung

Wahrnehmung umfasst den Prozess der Aufnahme und Selektion von Informationen sowie deren Organisation und Interpretation durch den Käufer. Dabei sind vier Dimensionen zu berücksichtigen:

- **Aktivität** meint in diesem Zusammenhang, dass Wahrnehmung ein vom Käufer initiativ ausgehender Prozess ist und von Reizen bestimmt wird.

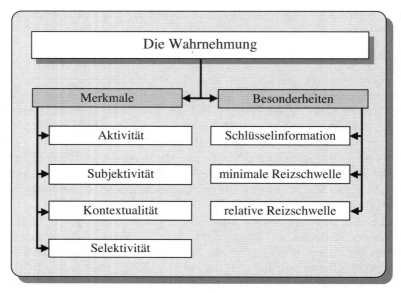

Abbildung 27: Die Wahrnehmung

- **Subjektivität** meint, dass gleiche Objekte individuell abweichend wahrgenommen werden können, so gibt es generalisierend wirkende Schlüsselreize (z. B. Kindchenschema, Erotik), aber auch nur spezifisch wirksame (z. B. den individuellen Hobbybereich betreffende).
- **Kontextualität** meist, dass gleiche Objekte in Abhängigkeit von ihrem objektiven Darstellungszusammenhang durchaus abweichend wahrgenommen werden. Es kommt zu gegenseitigen Beeinflussungen.
- **Selektivität** meint, dass infolge der Wahrnehmungsbeschränkung einzelne Informationen herausgefiltert werden, so dass nur ein kleiner Ausschnitt aller Umweltinformationen durch die Rezeptoren der Sinnesorgane aufgenommen wird (wovon wiederum nur ein kleiner Ausschnitt verarbeitet wird, wovon wiederum nur ein kleiner Ausschnitt behalten wird, wovon wiederum nur ein kleiner Ausschnitt abgerufen wird, und nur darauf kommt es an).

Wahrnehmung bezieht sich auf alles, was dem Subjekt „entgegen steht". Das Ergebnis sind Empfindungen und Vorstellungen über die Umwelt und die eigene Person. Bei der Transformation der objektiven Stimuli in subjektive Wahrnehmung treten Verzerrungen auf, die durch meist unbewusste Ergänzungen, Modifikationen oder Weglassungen entstehen. So werden gebrochene Preise knapp unterhalb von Preisschwellen eher der niedrigeren Preisklasse zugeordnet, obwohl sie davon rein rechnerisch viel weiter entfernt sind als von der

Preisschwelle selbst. Wahrnehmung setzt Aufnahmeorgane (Rezeptoren) voraus, ebenso Transportleitungen (Nerven) und Speicherkapazitäten (Gehirn). Bei der Formwahrnehmung geht es nicht um einzelne Stimuli, sondern um Reizmengen. Bei der Farbwahrnehmung geht es um visuelle Stimuli für Hinweis oder Ordnung, aber auch um emotionale Beeinflussung.

Es herrscht ein immenser Informationsüberfluss (**Information overload**). Dabei handelt es sich um die Hypothese, dass möglichst viel Produktinformation, wie sie etwa im Rahmen der Verbraucherpolitik gefordert wird, nicht unbedingt eine Verbesserung der Entscheidungsqualität herbeiführt, sondern im Gegenteil zu einer Verringerung durch Überlast führen kann. Der erforderliche Informationsumfang ist abhängig von Art und Menge der bereits im Gedächtnis abgespeicherten Daten, vom wahrgenommenen Kaufrisiko, von der Komplexität der Entscheidung und dem Aufwand zur Informationsbeschaffung.

Die Orientierungsreaktion als Wahrnehmung ist angeboren. Sie löst bei neuartigen Stimuli außerhalb des Bewusstseins einen Mechanismus aus, der die Aufmerksamkeit reflexiv auf diese Reize in Abhängigkeit von Intensität, Größe, Farbigkeit oder Bewegung richtet (z.B. durch Kopfwenden). Dabei sind nicht die absoluten Werte ausschlaggebend, sondern deren Kontrast zum Umfeld.

Auf Grund der Unvollkommenheit der menschlichen Sinnesorgane und der begrenzten Informationsverarbeitungskapazität kommt es zu **Information chunks**. Dies ist die Zusammenfassung einzelner Informationen zu Blöcken. Diese Schlüsselinformationen sorgen für den Transfer des gebündelten Eindrucks auf einzelne Objektmerkmale, von denen keine aussagefähigen Informationen vorliegen. Typische Information chunks sind Markennamen, Testergebnisse, Produktpreise, Herkunftskennzeichnungen etc. An die Stelle einer umfassenden Verarbeitung aller relevanten Informationen tritt damit die Orientierung an wenigen, als zentral vermuteten Kriterien. Dazu wird eine verlässliche Beziehung zwischen diesen Schlüsselinformationen und der ganzheitlichen Objektbewertung unterstellt.

Wahrnehmung ist nur oberhalb einer **minimalen** Reizschwelle möglich. Reize darunter können nur noch unterschwellig wahrgenommen werden (man sagt subliminal) und führen zur unkontrollierten Steuerung des Individuums. Daher besteht über deren absichtliche Herbeiführung ein starkes moralisches Unwerturteil. Eine **relative** Reizschwelle ist der Unterschied zwischen zwei Reizen, der gerade noch als Abstand wahrgenommen werden kann.

Häufig wird eine Pink noise ratio unterstellt. Dazu kann man sich alle Botschaften an einem Markt als „Grundrauschen" vorstellen. Der physikalische Verdeckungseffekt bewirkt dabei, dass von mehreren, zeitgleich dargebotenen Botschaften die lauteste alle anderen akustisch verdeckt. Dies kann man nachvollziehen, wenn man verfolgt, wie ein Martinshorn beim Näherkommen alle anderen Geräusche überdeckt und man nicht etwa das Martinshorn lauter als alle anderen Geräusche hört, sondern in dem Moment, wo es das lauteste ist, nur dieses und alle anderen untergehen. Ebenso verhält es sich mit der Wahrnehmung von Botschaften am Markt, die „lauteste", penetranteste, marktschreierischste, überdeckt alle anderen. Das bedeutet aber, dass alle leiseren Botschaften, etwa in der Werbung, nicht weniger intensiv wahrgenommen werden als diese, sondern überhaupt nicht, die damit verbundenen Finanzmittel also wirkungslos verpuffen. Dies hat zu einem Wettrennen der Anbieter um die lauteste Botschaft geführt, freilich mit der Konsequenz, dass der gesamte Geräuschpegel am Markt, das Grundrauschen, angestiegen ist. Botschaften, die vordem noch ausreichten, zumindest temporär wahrgenommen zu werden, gehen nunmehr komplett unter. Dabei ist auch die Hoffnung auf die Durchsetzungsfähigkeit besonders „intelligenter" Botschaften vergebens, diese dringen schon rein physikalisch nicht durch. Das weiß auch intuitiv jeder Fan, der nach seinem Idol ruft. Er legt es nicht darauf an, etwas besonders Originelles auszurufen, sondern im Regelfall den Namen, dafür aber so laut wie eben möglich, in der Hoffnung, gehört zu werden.

Bildwahrnehmung

Besonders ist die überlegene Wahrnehmung von Bildinformationen beachtenswert (**Imagery-These**). Informationen werden in der Reihenfolge zuerst Bild, dann Text erworben. Daher spielen Bilder die Rolle von Interpretationshilfen für die nachfolgende Textinformation. Der bildliche Informationserwerb ist wesentlich schneller, 0,1 Sek. reichen bereits aus, um sich eine inhaltliche Vorstellung eines Bildes mit hoher Informationsdichte zu verschaffen, nach 2 Sek. ist ein sicheres Wiedererkennen möglich. Bildlicher Informationserwerb läuft bei nur schwacher kognitiver Kontrolle ab. Die Glaubwürdigkeit bildlicher Inhalte ist daher größer als die gleicher textlicher Inhalte, zumal die bildliche Argumentation überwiegend nicht bewusst wird. Die Merkmalserfassung geschieht direkt, ohne begriffliche Codierung, die in der anderen Gehirnhälfte abläuft.

Bilder können also Informationen schneller, wirksamer und mit weniger kognitiver Kontrolle als Sprache vermitteln und fiktive Wirklichkeiten und Emotionen besser als Sprache erzeugen. Bilder kommunizieren besser als Texte. Bilder werden im Gedächtnis in der rechten Hirnhälfte gleichzeitig und wenig bewusst verarbeitet, das bedeutet, dass Bildinformationen die kognitive Relevanzprüfung unterlaufen können. Sie werden nach einer räumlichen Grammatik verarbeitet und besser gespeichert als sprachliche Informationen.

Innere Gedächtnisbilder können durch äußere Reize unterschiedlicher Modalitäten wie Melodien, Situationen, Geräusche, Gerüche etc. sowie durch innere Suchvorgänge aktiviert und gefunden werden. Die schnelle Aufnahme und Verarbeitung von Bildinformationen wird durch einen schematischen Wahrnehmungsvorgang ermöglicht, der automatisch abläuft. Beim Betrachten eines Bildes greift man unbewusst auf gespeicherte und verfestigte typische Merkmale des relevanten Sachverhalts zurück (Schemata) und vergleicht diese mit dem aktuellen Bild.

Der Blick wird von den Bildelementen angezogen, die durch das Bildmotiv ein inhaltliches oder durch ihre Gestaltung ein visuelles Ereignis schaffen. Konkrete Bilder mit mehr Details und emotionaler Tönung sind einprägsamer (Gedächtniswirkung) als einfache Zeichnungen. Bildmotive, die persönliche Betroffenheit auslösen und assoziationsreich sind, verstärken die Einprägsamkeit, ebenso stark wirken interaktive und dynamische Abbildungen. Bilder haben besondere Manipulationswirkungen, sie werden meist als wahr beurteilt, da Bilder real vor Augen sind und ihr Zustandekommen nicht oder wenig kognitiv kontrolliert wird.

Anforderungen an Bilder sind daher folgende. Sie sollen:

- aktivieren, um sich gegen die Informationsüberlastung durchzusetzen, unterhalten, also eine Geschichte erzählen, Schlüsselbotschaften enthalten, die für das Verständnis zentral sind, Assoziationen hervorrufen, um die Wahrnehmungs- und Gedächtniswirkung zu steigern, Analogien erzeugen, um typische Botschaftseigenschaften zu vermitteln, in vorhandene Wahrnehmungsschemata passen, um leicht interpretierbar zu bleiben, sachliche Informationen in ein emotionales Umfeld verpacken, um zielgruppenspezifisch zu wirken, und impactstark und ganzheitlich sein, um nicht austauschbar oder mehrdeutig zu werden.

Andererseits gibt es auch genügend Beispiele für die Unvollkommenheit unserer Sinnesorgane bzw. Verzerrungen, die durch subjektive Erfahrungshintergründe, vor denen das jeweils Wahrgenommene bewertet wird, oder durch situative Umstände, die den Wahrnehmungsprozess steuern, zustande kommen. Wohl jeder kennt die Kippbilder, die mal eine alte Frau und mal ein junges Mädchen zeigen, oder den Vergleich zweier gleich langer Striche, einmal mit zulaufenden, ein andermal mit weglaufenden Pfeilen an den Enden. Dies beweist, dass das, was wir als Realität wahrnehmen, oftmals gar nicht die Realität ist, sondern auf schlichter Wahrnehmungsverzerrung durch Einschränkungen unserer Sinnesorgane beruht. Daraus folgt die Manipulierbarkeit des Menschen aufgrund von (vor allem Bild-)Wahrnehmungen, die sich z.B. neuerdings auch die Politik in Wahlkämpfen zunutze macht.

Wahrnehmungstheorien

Hinsichtlich der Gesetzmäßigkeiten der Wahrnehmung bestehen zahlreiche Theorien. Hier drei wichtige.

Nach der **Elementenpsychologie** setzt sich die Wahrnehmung aus einzelnen Elementen zusammen. Die einzigen Einflussfaktoren auf die Wahrnehmung sind daher die Reize der äußeren, physikalischen Umwelt. Jedes Element wird getrennt wahrgenommen. Die Wahrnehmung bildet sich aus der Summe aller Empfindungen, die sich aus kleinsten wahrnehmbaren Elementen gleich einem Mosaik zusammensetzt und maximal gleich der Summe ihrer Teile ist. Die Empfindungsstärke wächst dabei berechenbar unterproportional mit der Reizstärke. Zum Beispiel verdoppelt sich danach die Wahrnehmung einer Anzeige mit der Vervierfachung ihres Formats. Die einzelnen Elemente sind getrennt optimierbar. Folglich sollen Anzeigen groß, bunt, laut, also reklamig, sein. Tatsächlich aber hängt die Wahrnehmungswirkung nicht nur von den Elementen selbst, sondern auch von deren innerer und äußerer Qualität ab (z.B. Anzeigenlayout, Insertionsumfeld). Ableitungen sind das Weber-Fechner'sche Gesetz und die AIDA-Formel, die Prüfung erfolgt durch Experiment.

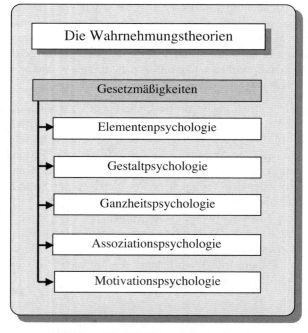

Abbildung 28: Die Wahrnehmungstheorien

2. Konsumentenverhalten

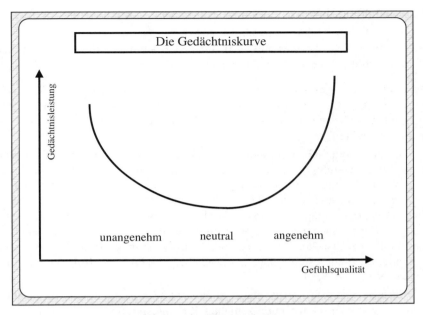

Abbildung 29: Die Gedächtniskurve

Nach der **Gestaltpsychologie** (Berliner Schule) ist das Ganze hingegen mehr als Summe seiner Teile. Ihm kommen Eigenschaften zu, die seinen Teilen abgehen (der Beweis dafür wird oft durch optische Täuschungen angetreten). Man kann also nicht einfach Einzelwahrnehmungen zu einer Gesamtwahrnehmung aufaddieren. Vielmehr handelt es sich bei Wahrnehmungen um eigenständig strukturierte Gestalten. Alle Teile wirken dabei als Einheit. Gestalten sind Wahrnehmungsobjekte, die sich erkennbar unterscheiden. Die Wahrnehmung wird verbessert, wenn die Gestalten bestimmten Gesetzmäßigkeiten folgen. Dazu gehört u. a. die:

- Figur-Grund-Differenzierung, d.h., der Vordergrund eines Motivs sollte sich deutlich vom Hintergrund abheben,
- Prägnanz, d.h., Elemente werden meist als einfache Muster oder stabile Strukturen wahrgenommen,
- Kontinuität, d.h., Elemente eines „gemeinsamen Schicksals" werden als zusammengehörig angenommen,
- Geschlossenheit, d.h., fehlende Elemente werden nach Wahrnehmungserfahrung vom Betrachter ergänzt,

- Nähe, d.h. räumlich eng beieinander liegende Elemente werden als zusammengehörig erkannt,
- Richtung, d.h., Formen mit fortlaufenden Konturen wirken harmonischer und werden als zueinander gehörig angenommen.

Je kontrastierter, geschlossener, regelmäßiger etc. eine Gestalt ist, desto besser wird sie als „gute" Gestalt wahrgenommen. Schlechte Gestalten werden langsamer gelernt und schneller vergessen als diese. Die Prüfung erfolgt durch Deformationsverfahren.

Nach der **Ganzheitspsychologie** (Leipziger Schule) sprechen Signale immer zunächst die Gefühlsebene an. Gefühle wirken auf alle psychischen Vorgänge. Die Wahrnehmung entsteht aus ersten, gefühlsmäßig gefärbten Anmutungen erst allmählich aus „Vorgestalten". Man nennt diesen Prozess Aktualgenese. Für die Wahrnehmung sind nun der Kontext aus spontaner Anmutung und subjektiven Gegebenheiten ausschlaggebend. Spontane Anziehung oder Ablehnung hat darin ihre Ursachen. Der spontane Eindruck ist prägend und durch später einwirkende Eindrücke nur begrenzt reversibel. Die Prüfung erfolgt durch aktualgenetische Verfahren.

Nach der **Assoziationspsychologie** entsteht Wahrnehmung aus Assoziationen, die wiederum durch raum-zeitliches Zusammentreffen von Reizen entstehen. Die Wahrnehmung ist umso wahrscheinlicher, je häufiger und intensiver diese Reize stattfinden. Die Darstellung erfolgt dann im Rahmen semantischer Netzwerke. Dabei wird, ausgehend von einem Begriff, der jeweils assoziativ nächstliegende Begriff ausgewählt undsofort. Ebenso werden die Begriffe zueinander in Beziehung gesetzt.

Nach der **Motivationspsychologie** besteht eine Abhängigkeit zwischen dem Empfinden bei der Wahrnehmung und dem Grad des Behaltens derart, dass besonders positiv und besonders negativ Empfundenes besser behalten wird als Indifferentes. Dies drückt sich in der Schwerin-Kurve aus. Danach ist es wichtig zu polarisieren, also Botschaften auszusenden, die als entweder besonders positiv oder besonders negativ empfunden werden, jedenfalls aber nicht gleichgültig lassen.

Wahrnehmung spielt vor allem in der Kommunikation eine bedeutende Rolle. So erfolgt die Wahrnehmung dort selektiv über verschiedene Stufen des Gedächtnisses und nur Informationen, die alle Hürden überstehen, haben einigermaßen Bestand. Es sind solche Reize zu bevorzugen, die von sich aus Aufmerksamkeit bringen, weil sie assoziativ wirken. Es können nur schwer gleichzeitig unterschiedliche Informationen erfasst werden. Die Wirkung ist größer, wenn auf verschiedenen Sinnesorganen identische Informationen eingehen. Je leichter Elemente verarbeitbar sind, desto eher werden sie wahrgenommen. Assoziationen erleichtern die Verarbeitung von Informationen.

Es gibt zahlreiche Modelle zur Informationsverarbeitung. Am Bekanntesten ist wohl das Modell von Petty-Cacioppo. Dieses **Elaboration likelihood model** (ELM) geht von zwei Routen der Wahrnehmung aus, einer zentralen Informationsverarbeitung bei hohem Involvement und einer peripheren Informationsverarbeitung bei niedrigem Involvement. Bei zentraler Informationsverarbeitung erfolgt eine intensive kognitive Verarbeitung relevanter Informationen, die Einstellungen sind relativ dauerhaft und mit hoher Verhaltensrelevanz versehen. Bei peripherer Informationsverarbeitung (Mere exposure) erfolgt eine Verarbeitung mit niedrigem kognitiven Aufwand, Einstellungen sind eher temporär und von geringer Verhaltensrelevanz.

Wahrnehmungseffekte

Bei der Wahrnehmung treten allerdings vielfältig verzerrende Wahrnehmungseffekte auf:

– Beim Halo-Effekt kommt es zu einem Transfer des gesamten Objekteindrucks auf die Beurteilung unbekannter, einzelner Eigenschaften dieses Objekts (deduktiv). Zum Beispiel wird einem hochwertigen Markenprodukt zugeschrieben, dass es auch eine gute Verarbeitungsqualität hat.
– Bei der Irradiation kommt es zu einem Transfer von einem Merkmal eines Objekts, das man kennt und beurteilen zu können glaubt, auf andere, unbekannte Merkmale. Zum Beispiel wird einem Produkt, das eine gute Verarbeitungsqualität hat, auch eine hohe Leistungsfähigkeit zugeschrieben.
– Bei der Attribuierung kommt es zu einem Transfer der Beurteilung einer bekannten Eigenschaft auf das gesamte, ansonsten unbekannte Objekt (induktiv). Zum Beispiel wird einem Computer, der einen leistungsstarken Prozessor besitzt, auch eine allgemein hohe technische Fortschrittlichkeit zugeschrieben.
– Die Empfängereinstellung hat Einfluss auf die Wahrnehmung (Audience-Effekt). So sorgt eine moderat aktivierende Disposition für eine bessere Botschaftsaufnahme.
– Das Image des Botschaftsabsenders hat Einfluss auf die Wahrnehmung (Source-Effekt). Zum Beispiel wird eine Botschaft als umso glaubwürdiger angesehen, je seriöser deren Absender ist.
– Die Art der Botschaft hat Einfluss auf deren Wahrnehmuzng (Message-Effekt). Willkommene Botschaften werden intensiver wahrgenommen als irritierende.
– Die Präsentation der Botschaft hat Einfluss auf deren Wahrnehmung (Communicator-Effekt). So gelten Fernsehnachrichten wegen der Bewegtbild-Ton-Kombination als glaubwürdiger als Print-Nachrichten.

- Das Medienumfeld der Botschaft hat Einfluss auf die Wahrnehmung (Rub off-Effekt). Ein seriöses Medienumfeld überträgt sich auf die Seriosität der Botschaft.
- Eine Botschaft steht unter der Beeinflussung anderer, zeitlich vorher oder nachher stattfindender Wahrnehmungen (Carry over-/-in-Effekt), die überstrahlen.
- Eine Botschaft steht unter der Beeinflussung anderer, sachlich vergleichbarer Botschaften (Spill over-/-in-Effekt), die überstrahlen.
- Eine Botschaft steht unter der Beeinflussung anderer, räumlich naheliegender Wahrnehmungen (Lap over-/-in-Effekt), die überstrahlen.
- Nach dem Primacy-Effekt wirkt die erste Botschafts-„Dosis" am Stärksten. Dies bietet sich daher für kurze Botschaften an, um Aufmerksamkeit zu schaffen.
- Nach dem Recency-Effekt wirkt die letzte Botschafts-„Dosis" am Stärksten. Dies bietet sich daher für lange Botschaften an, um die Aktivierungswirkung zu erreichen.
- Die Informationsquelle einer Botschaft tritt im Zeitablauf in den Hintergrund (Sleeper-Effekt), die Botschaft selbst aber bleibt erhalten.
- Die Wirkung einer Botschaft unterliegt zeitlichen Abnutzungserscheinungen (Wear out-Effekt).
- Prädispositionen führen dazu, dass verstärkt und gezielt solche Botschaften gesucht werden, die diese Prädispositionen bestätigen (Bolstering-Effekt).
- Botschaften, welche die eigene Prädisposition unterstützen, werden als glaubwürdiger wahrgenommen als andere (Inertia-Effekt).
- Botschaften, welche die eigene Prädisposition widerlegen, werden als weniger glaubwürdig wahrgenommen als andere (Reaktanz-Effekt).
- Der Information overload-Effekt beschreibt die Grenze der Aufnahmefähigkeit der Sinnesorgane für Kommunikationsbotschaften.

2.4.1.3.2 Lernen

Kognitive Determinanten unterstellen allgemein, dass zwischen Stimulus und Response im Organismus intervenierende Variable aktiv werden. Es erfolgt also kein An- und Ausschalten einer festgelegten Verbindung von Reiz und Reaktion. Vielmehr ändert sich die durch einen Reiz geprägte Situation bereits während des Ablaufs der sie beantwortenden Handlung und führt mit jeder Situationsänderung zur Aufnahme neuer Reize. Aus der Verbindung der Reize formt sich ein Orientierungsplan. Demnach werden keine Handlungen verarbeitet, sondern Sachverhalte, insbesondere als verstandesmäßiges Lernen durch Einsicht oder am Modell.

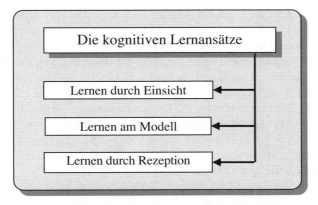

Abbildung 30: Die kognitiven Lernansätze

Lernen betrifft allgemein den Erwerb von Informationen für als relevant erachtete Lebensbereiche. Kognitives Lernen erfolgt durch Einsicht oder am Modell. **Das Lernen durch Einsicht**, auch Lernen durch Verstehen genannt, geht von der Annahme aus, dass das Verhalten der Menschen durch die geistige Bewältigung vorhandener Situationen, vor allem durch das Erkennen deren jeweiliger Zusammenhänge, also der Ziel-Mittel-Beziehungen, gelenkt wird. Ist diese Einsicht vorhanden, können auch Situationen, die neuartig oder ungewohnt sind, rasch und erfolgreich bewältigt werden. Gewonnene Einsichten sind erfahrungsbedingt und werden im Gedächtnis abgespeichert, so dass sie für ähnliche Situationen abrufbar bleiben (z.B. Produktdemonstration). Ist ein Organismus in der Lage, die in einer bestimmten Situation relevanten Kaufalternativen mit seinen Zielvorstellungen zu verknüpfen, kann er also die Konsequenzen seiner Entscheidung antizipieren und so seine Lage bewältigen. Maßstab ist ihm dabei seine Nutzenmaximierung. Es entsteht eine strukturierte Umweltwahrnehmung und Identifikation, die es erlauben, Lösungskonzepte nicht nur auf gleiche, sondern auch auf ähnliche Situationen anzuwenden. Es wird also keine Reiz-Reaktions-Verknüpfung angenommen. Dabei wird vornehmlich auf die aktuelle Problemstruktur abgestellt, gewohnheitsmäßiges Verhalten ist dadurch jedoch kaum erklärbar.

Das **Lernen am Modell**, auch Lernen durch Leitbild genannt, ist eher imitativ fundiert. Dabei geht es um die Nachahmung vorbildlicher Leitfiguren, die aus verschiedensten Bereichen des sozialen Umfelds stammen können, nicht nur Prominente. Vor allem Personen mit geringer Selbstwerteinschätzung und solche, die zwischen dem Vorbild und sich selbst eine Ähnlichkeit zu erkennen glauben, zeigen hohe Nachahmungsbereitschaft. Hier wird ein Lernen durch Beobachtung angenommen. Insofern kommt es zu einer Verknüpfung mit soziologischen Aspekten. Art und Ausmaß des Erlernten sind vom Beobachter, von der beobachteten Situation und von der beobachteten Person abhängig. Der Beobachter steuert die Situation durch den Grad seiner Bereitschaft zur Aufnahme von Informationen. Die beobachtete Situation hat umso mehr Einfluss, je ähnlicher sie solchen ist, die auch für den Beobachter gelten oder gelten können. Von der beobachteten Person kann umso eher Verhalten übernommen werden, je besser dieses beobachtbar ist. Lernen stellt somit einen aktiv gesteuerten Prozess erlebter Erfahrung dar. Dies beginnt in frühester Kindheit, wenn Eltern/ Lehrer als Modelle beobachtet und nachgeahmt oder konterkariert werden. Dieser Prozess kann zweckrational (auf Erfolg gerichtet), wertrational (auf Normen gerichtet) oder traditional (gewohnheitsmäßig) angelegt sein.

Lernen durch Rezeption erfolgt durch bewusste Informationsaufnahme, verarbeitung und Verhaltensänderung (z.B. Schulung). Dies ist jedoch im Marketing, wo einfache Informationen dominieren, nur selten zu finden.

2.4.1.3.3 Gedächtnis

Das Gedächtnis hat die Fähigkeit, Ereignisse zu behalten und mehr oder weniger originalgetreu zu reproduzieren. Von Datenspeichern, die in diesem Sinne auch ein Gedächtnis haben, unterscheidet sich das menschliche Gedächtnis dadurch, dass Ereignisse nicht nur passiv abgespeichert, sondern auch aktiv bearbeitet werden. Denken besteht in Beurteilen, Ordnen, Abstrahieren und Weiterentwickeln. Es bedarf zum Erinnern, Umstrukturieren, Schlussfolgern

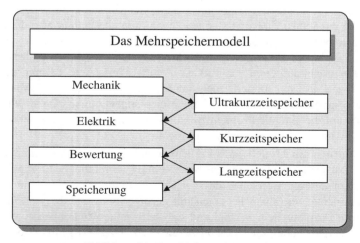

Abbildung 31: Das Mehrspeichermodell

jedoch nicht des Rückgriffs auf aktuelle Wahrnehmungen, sondern wird aus Gedächtnisinhalten gespeist. Dem Behalten steht allerdings das Vergessen entgegen.

Nach der **Theorie des autonomen Verfalls** löschen sich die zeitlich am weitesten zurückliegenden Informationen aus. Das heißt, die Erinnerung eines Stimulus ist abhängig vom Zeitabstand zwischen Wahrnehmung und Abruf der Information. Demnach ist es bedeutsam, eine hohe Penetration von Botschaften (z.B. durch hohe Kontaktintensität der Werbung) zu erreichen, wobei die Impactstärke dann sekundär ist. Vergessen ist also ein rein passiver Vorgang, die gestalterische Qualität einer Botschaft hat keinen Einfluss auf das Behalten. Vielmehr kommt es auf einen möglichst geringen zeitlichen Abstand zwischen Botschaft und Kaufentscheid an. Dagegen spricht, dass man aktuelle Werbebotschaften kaum erinnert, man aber sehr genau Kindheitserlebnisse vor Augen hat.

Nach der **Interferenztheorie** geht im Gedächtnis zwar nicht die Information selbst, wohl aber der Zugriff auf deren Speicherplatz durch Überlagerung anderer Signale verloren. Das heißt, die Erinnerung eines Stimulus ist abhängig von der Impactstärke anderer in unmittelbarer zeitlicher Umgebung befindlicher Stimuli. Dabei kann es zu einer proaktiven Hemmung durch Informationen vorher oder zu einer retroaktiven Hemmung durch Informationen nachher kommen. Demnach ist es bedeutsam, impactstarke Umsetzungen im Marketing zu nutzen, um die Beeindruckungswirkung konkurrierender Reize zu übertreffen (z.B. durch hohe zielgerichtete Kreativität). Vergessen ist hierbei ein aktiver Vorgang in Abhängigkeit von der konkurrierenden Umgebung.

Doch zurück zum Behalten. Ausgangspunkt ist eine unübersehbare Flut von Informationen optischer, akustischer, haptischer, olfaktorischer und degustativer Art. Das **Mehrspeichermodell**, das nicht physiologische Gegebenheiten darstellt, gliedert das Gedächtnis, allerdings nicht ganz überschneidungsfrei, in Langzeit-, Kurzzeit- und Ultrakurzzeitgedächtnis (entsprechend den Funktionen Umwandlung, Verdichtung und Speicherung).

Im **Ultrakurzzeitspeicher** (sensorischer Informationsspeicher) werden Eindrücke nur kurzzeitig zwischengespeichert und zu Reizkonstellationen kombiniert (z.B. optische und akustische Signale). Dies erfolgt durch Umwandlung der Reize in bioelektrische Signale und deren Weiterverarbeitung. Dazu bedarf es noch keiner gerichteten Aufmerksamkeit, d.h., es werden beliebige Signale aufgenommen. Die Speicherkapazität ist dort sehr groß und die Zugriffsgeschwindigkeit sehr hoch. Die Speicherzeit liegt unter einer Sekunde, erste kognitive Weiterverarbeitungsprozesse bei als relevant erachteten Reizen werden eingeleitet.

Dann erfolgt die Weiterleitung an das **Kurzzeitspeicher**. Dort werden die Reize in Abhängigkeit vom Aktivierungspotenzial ausgewählt und zu gedanklich verarbeiteten Informationen verdichtet. Je nach Bedeutung, die im Wesentlichen im Rückgriff auf Erfahrung beruht, werden mehr oder weniger Informationen gespeichert und miteinander verknüpft. Irrelevante Reize werden hier bereits gelöscht, denn die Kapazität dieses Speichers ist eng begrenzt. Durch Memorieren kann die Verweilzeit von normalerweise einigen Sekunden bewusst verlängert werden, um Reize zu entschlüsseln, mit weiteren Informationen in Beziehung zu setzen und zu größeren Informationseinheiten zu organisieren. Die Verarbeitung umfasst also die Verdichtung der Informationseinheiten, ihre Verknüpfung mit bereits vorhandenen Informationen, den Zugriff auf vorher abgespeicherte Informationen und die Steuerung des beobachtbaren Verhaltens. Dabei erfolgen das Kodieren von Informationen sowie das Verknüpfen mit und der Zugriff auf im Gedächtnis bereits anderweitig vorhandene Informationen

Im **Langzeitspeicher** werden die verarbeiteten Informationen langfristig gespeichert. Es kommt jedoch zu Absinken (in Abhängigkeit von der Zeit) oder zur Überlagerung (in Abhängigkeit von der Eindrucksstärke) der Daten, so dass diese im Entscheidungszeitpunkt nicht mehr verfügbar sein können, obwohl sie rein biologisch noch vorhanden sind. Der Langzeitspeicher ist als aktives Netzwerk zu verstehen, das aus Knoten und gerichteten Verbindungslinien besteht. Die Knoten stehen für Objekte und Objekteigenschaften bzw. Ursachen und Ereignisse, die Verbindungslinien geben die Beziehungen zwischen diesen Knoten nach Art, Richtung und Intensität an.

Marketing kann nun zwei Wege einschlagen. Es kann wegen der aufeinander aufbauenden Schichten möglichst ungewöhnliche, kreative Botschaften bieten, die eher kognitiv wahrgenommen werden als andere, im Kurzzeitgedächtnis als neuartig und relevant qualifiziert und im Langzeitgedächtnis verankert werden. Dieser Weg wird oft von Marktherausforderern eingeschlagen, die nicht über genügend Budgetmittel verfügen, den Marktführer qua Penetration zu überholen, aber ihre, wenngleich geringe, Chance darin sehen, durch die spektakulärere Umsetzung mangelnde Masse mehr als wieder auszugleichen.

Es kann aber auch auf möglichst häufige Wiederholung setzen, die unvermeidlich irgendwann kognitiv wahrgenommen wird, im Kurzzeitgedächtnis als ähnlich zu bereits unbewusst wahrgenommenen Informationen und relevant qualifiziert und im Langzeitgedächtnis verankert wird. Dieser Weg wird oft von Marktführern eingeschlagen, die über genügend Budgetmittel zur Penetration verfügen und ein höheres Sicherheitsbedürfnis haben, das mit spektakulären Umsetzungen kaum vereinbar ist.

Die **Theorie der Verarbeitungsebenen** geht wegen der nahe liegenden Überschneidungen der einzelnen Speicher nicht von diesen, sondern von Verarbeitungsprozessen aus, die verschiedene Tiefen haben können. Tiefe Verarbeitung liegt z. B. vor, wenn ein Objekt intensiv interpretiert und kategorisiert wird

(High involvement) flache Verarbeitung, wenn es nur oberflächlich wahrgenommen wird (Low involvement).

Ein weiterer Ansatz ist die **Hemisphärentheorie**, wonach die beiden Hirnhälften ganz verschiedenartig angelegt sind und die rechte Hirnhälfte eher holistische (ganzheitliche) Informationen verarbeitet, die linke Hirnhälfte dann für rationale (analytische) Denkoperationen zuständig ist (diese Angaben gelten für Rechtshänder).

2.4.2 Soziologische Erklärungsmodelle

In Zeiten zunehmender Anonymisierung des sozialen Umfelds kommt der Anpassung an bzw. der Absetzung innerhalb des gesellschaftlichen Status quo eine wachsende Bedeutung zu. Deshalb ist es angebracht, Kaufverhalten verstärkt unter soziologischen Aspekten zu betrachten. Dies wird auch der Tatsache gerecht, dass der Mensch ein Gemeinschaftswesen ist. Konsumenten treffen daher ihre Einkaufsentscheidungen nur selten aus einer isolierten Position heraus. Sie sind nicht nur passives Produkt ihres sozialen Umfelds, sondern gestalten dieses aktiv. Auch wird der Mensch durch seine soziale Umwelt geprägt, die ihn erst lebensfähig macht.

2.4.2.1 Kultur

Unter Kultur wird ein kollektives Wertesystem verstanden, das durch Normen Toleranzgrenzen für konformes Verhalten innerhalb der Gesellschaft festlegt. Es verkörpert ein System von Leitvorstellungen, das sich im Rahmen des menschlichen Zusammenlebens entwickelt hat und Vielen gemeinsam ist. Es umfasst neben Vorstellungen und Verhaltensweisen auch materielle Güter und Geräte (z.B. Einrichtungsgegenstände). Kultur ist tradiert, wandlungsfähig, vielschichtig, erfahrbar und überindividuell.

Die Kultur spiegelt sich manifest auch im Unternehmen wider. Dabei gibt es verschiedene Modelebenen, die nur zu einem geringen Teil an objektiv messbaren und eindeutig identifizierbaren Größen festgemacht werden können:

- *Basisannahmen und Weltbild (Philosophie). Dies ist die am höchsten aggregierte Ebene und regelt fundamentale Anliegen wie die Aufnahme Außenstehender in die Kultur, das Zusammenleben der Organisationsmitglieder und die Emotionalität ihrer Beziehung. Dabei liegen Werte als verhaltensbestimmende Präferenzen und Orientierungsmaßstäbe für Ziele und Zustände zugrunde. Sie beeinflussen die Beurteilung verfügbarer Handlungsalternativen, haben Beharrungsvermögen, unterliegen aber dennoch dem Wandel.*

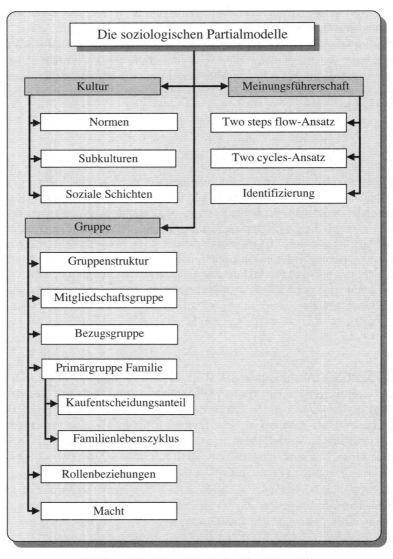

Abbildung 32: Die soziologischen Partialmodelle

Ihre Vermittlung erfolgt über Sozialisationsprozesse. Der große Teil der Basisannahmen bleibt allerdings gänzlich unsichtbar.
- *Normen und Standards.* Normen sind Regeln und Verhaltensvorschriften, die angeben, welche Aktivitäten und Interaktionen auszuführen sind, welches Verhalten gegenüber Kunden/ Mitarbeitern erwünscht und verpflichtend ist, meist in Form anonym impliziter Vorschriften und Handlungsmuster, außerdem moralische Prinzipien, Ideal- und Spielregeln. Standards sind sichtbare Handlungen und symbolische Artefakte. Sie dienen zur Entwicklung und Weitergabe von Kulturinhalten, etwa in Form von Geschichten, Erzählungen und Mythen über unternehmensspezifisches Erfahrungswissen. Dazu gehört auch die Ausgestaltung von Zeremonien. Der Teil der Normen und Standards bleibt zumindest halb verborgen.
- *Symbole und Konventionen.* Diese Ebene ist vollständig zugänglich. Symbole sind Objekte mit bestimmter Bedeutung, die nur von denjenigen als solche erkannt werden, die der gleichen Kultur angehören. Konventionen sind Zweckmäßigkeitsvereinbarungen zur Vereinfachung des Umgangs miteinander. Dazu gehören Worte, Gesten, Tabus, Kleidung, Haartracht, Einrichtung und Lage von Büros, Art der Firmenwagen, Parkplatzanordnung etc. Häufig anzutreffen sind auch das Prinzip der „offenen Tür" oder des „runden Tisches". Als pragmatische Indikatoren dienen folgende:
- *Helden* sind Personen, tot oder lebendig, echt oder fiktiv, die Eigenschaften besitzen, die in einer Kultur hoch angesehen werden. Um sie ranken sich Geschichten, Legenden, Witze. Sie dienen als Verhaltensvorbilder (auch im äußeren Erscheinungsbild). Zu denken ist etwa an die Auszeichnung des Mitarbeiters des Monats.
- *Rituale* sind kollektive Tätigkeiten, die für die Zielerreichung eigentlich überflüssig sind, innerhalb der Kultur aber um ihrer selbst willen als sozial motivierend gelten (z.B. Grüßen, Zeremonien, Traditionen, Sitten). Dazu gehören die Kader- und Nachwuchsführungskräfteselektion, die Art des Besucherempfangs, die Begrüßung von Gästen etc.

Kulturaspekte spielen gerade auch im internationalen Bereich eine hervorgehobene Rolle. Nach Hofstede sind, allerdings nicht unumstritten, für das kulturelle Gefüge folgende internationalen Dimensionen relevant:

- *Machtdistanz (Power distance),* d.h. das Maß an Akzeptanz, bis zu dem schwächere Mitglieder in Organisationen und Institutionen die ungleiche Verteilung von Macht hinnehmen bzw. sogar erwarten.
- *Individualismus (Individualism vs. Collectivism),* d.h. Gesellschaften, in denen die Bindungen zwischen den Individuen locker sind, indem man z.B. erwartet, dass sich jeder selbst um sich und seine Angehörigen kümmert. Kollektivismus beschreibt als Gegenstück Gesellschaften, in denen der Mensch

von Geburt an in starke, geschlossene Wir-Gruppen integriert ist, die ihn sein Leben lang schützen und dafür weit reichende Loyalität verlangen.
- *Maskulinität und Feminität (Masculinity vs. Femininity), d.h. die Dominanz von Bestimmtheit oder Bescheidenheit/Fürsorglichkeit im menschlichen Verhalten. Maskuline Gesellschaften sind insgesamt konkurrenzbetonter als feminine, der Unterschied zwischen männlichen und weiblichen Wertvorstellungen ist anders als in feministischen Gesellschaften sehr groß.*
- *Unsicherheitsvermeidung (Uncertainty avoidance), d.h. der Grad, in dem sich die Mitglieder der Gesellschaft durch ungewisse oder unbekannte Situationen bedroht fühlen und strukturierte Zustände anstreben.*
- *Zeitvorstellung (Long term vs. Short term orientation), d.h. bei langfristiger Orientierung dominieren Wertvorstellungen wie Ausdauer, Ordnung der Beziehungen nach dem Status oder Sparsamkeit, bei kurzfristiger Orientierung stehen Werte wie persönliche Standhaftigkeit, Festigkeit, Wahrung des „Gesichts" oder Respekt vor Tradition im Vordergrund.*

Die Globe-Studie baut auf der Hofstede-Arbeit auf und beruht auf Interviews mit rund 17.000 Managern aus 961 Unternehmen aus den Branchen Telekommunikation, Nahrungsmittel und Finanzdienstleistung in 62 Ländern. Sie ergab folgende Dimensionen für den interkulturellen Vergleich auf Basis von Istzustand (Practises) und Sollzustand (Values):

- *Machtdistanz (Power distance): Ausmaß, zu dem die Mitglieder einer Gesellschaft erwarten und akzeptieren, dass die Macht ungleich verteilt ist.*
- *Unsicherheitsvermeidung (Uncertainty avoidance): Ausmaß, in dem Mitglieder einer Organisaiton bzw. Gesellschaft versuchen, durch Rückgriff auf soziale Normen oder Rituale Unsicherheit zu vermeiden.*
- *Familiäre Kollektivismus (In group collectivism): Ausmaß, zu dem Individuen ihren Stolz, ihre Loyalität und ihren Zusammenhalt in ihrer Organisation bzw. Familie ausdrücken.*
- *Institutioneller Kollektivismus (Institutional collectivism): Ausmaß, in dem durch organisationale und institutionelle Praktiken gemeinschaftliches Handeln gefördert und belohnt wird.*
- *Geschlechtergleichheit (Gender egalitarism): Ausmaß, zu dem in einer Organisation oder Gesellschaft ein Unterschied zwischen den Geschlechtern gelebt wird.*
- *Durchsetzungsvermögen (Assertiveness): Ausmaß, zu dem Mitglieder einer Organisation oder Gesellschaft bereit sind, mit anderen Konfrontationen einzugehen.*
- *Zukunftsorientierung (Future orientation): Ausmaß, zu dem Mitglieder einer Organisation oder Gesellschaft sich mit der Zukunft auseinandersetzen.*

2. Konsumentenverhalten

- *Menschenorientierung (Human orientation): Ausmaß, zu dem Mitglieder einer Organisation oder Gesellschaft ermutigt werden, andere Mitglieder freundlich und fair zu behandeln.*
- *Leistungsorientierung (Performance orientation): Ausmaß, zu dem Mitglieder einer Organisation oder Gesellschaft für Leistungsverbesserungen gefördert und belohnt werden sollen.*

Eine andere Einteilung zur Unterscheidung von Kulturen stammt von Hall/Hall und hebt auf vier Faktoren ab:

- *Das Raumverständnis (Proximität) beschreibt die Distanz, die zwischen Menschen einer Kultur üblicherweise eingehalten wird. Dabei können mehrere Distanzzonen unterschieden werden, die intime, die persönliche, die soziale und die öffentliche Distanz. Die Distanzen ändern sich mit der Vertrautheit der Personen. Die Verletzung der üblichen Distanz führt zu Ablehnung. Die Distanzzonen sind je nach Kultur unterschiedlich weit und können auch durch Gegenstände verletzt werden.*
- *Der Kontext (Kontextualität) beschreibt die Direktheit der Kommunikation. In High context cultures ergeben sich Interpretationen von Botschaften aus einer ganzen Reihe von Zeichen wie Körpersprache, Metaphern, Symbolen etc. in Low context cultures werden Informationen für gewöhnlich präzisiert, die Aufgabenorientierung steht dabei vor der Personenorientierung.*
- *Das Zeitverständnis kann linear oder zyklisch sein, Ersteres bedeutet, durch strenge Aneinanderreihung von Tagen, Wochen, Monaten und Jahren entsteht ein Ordnungssystem des täglichen Lebens. Aufgaben werden der Priorität folgend nacheinander erledigt (monochron). Jedoch kann die Zeitauffassung auch zyklisch sein, d.h. Zeit, die heute ungenutzt vergeht, kommt morgen wieder. Wartezeiten und Zeiteinbußen sind so leichter verschmerzbar. Aufgaben werden leicht chaotisch nebeneinander erledigt (multichron).*
- *Die Informationsgeschwindigkeit ist ebenso bedeutsam. In Kulturen mit hoher Informationsgeschwindigkeit dominieren schnell verarbeitbare, aber meist weniger aussagekräftige Nachrichten, ansonsten dominieren zwar langsamer verarbeitbare, dafür aber aussagekräftigere Nachrichten. Ersteres bedeutet eine eher zufällige, spontane Diffusion, Letzteres eine gezielte, kanalisierte Diffusion. Zum Beispiel haben Meetings eine abweichende Bedeutung, sie können entweder primär der sachlichen Klärung dienen oder eher der gegenseitigen emotionalen Einstimmung.*

Weitere Faktoren, die angeführt werden sind:

- *Kognitive Prozesse, d.h. die Art zu denken, zu urteilen und Schlussfolgerungen zu ziehen sowie die Wahrnehmung der Realität und Kausalität. Westliche Kulturen sind eher analytisch, deduktiv, rational/systematisch, subordi-*

nierend und hierarchisch angelegt, östliche eher synthetisch, induktiv, intuitiv/analogisierend, koordinierend und ganzheitlich.
- *Religiöse Vorstellungen spielen vor allem historisch bedingt immer noch eine große Rolle für die wirtschaftliche Entwicklung.*

2.4.2.1.1 Normen

Normen sind kulturelle Auffassungen darüber, wie das Verhalten der einzelnen Gesellschaftsmitglieder in einzelnen Situationen sein sollte. Damit sind Rechte und Pflichten verbunden. Bei diesen Normen handelt es sich im Einzelnen um Muss-, Soll- oder Kann-Normen:

- **Muss-Normen** sind durch Ge- und Verbote gestützt (z.B. Kfz-Haftpflichtversicherung für Autohalter). Hier greifen Gesetze.
- **Soll-Normen** betreffen ein gesellschaftlich erwünschtes Verhalten, stellen also Konformität her, z.B. eine bestimmte Business-Ausstattung wie Laptop, Füller, Aktenkoffer.
- **Kann-Normen** weiten den individuellen Gestaltungsspielraum durch Alternativen aus, d.h., es gibt mehrere tolerierte Verhaltensweisen.

Normen werden von der Gesellschaft „gemacht", damit unterscheiden sie sich von Werten, die durch den eigenen Willen determiniert sind. Zu unterscheiden sind sie von Tabus, die Verhaltensweisen darstellen, die von der Gesellschaft als inakzeptabel erachtet werden, von Bräuchen, die traditionell gewachsenes Ge-

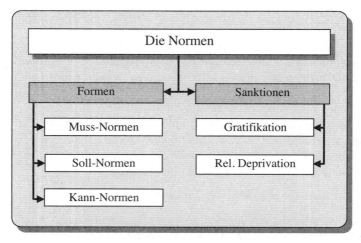

Abbildung 33: Die Normen

wohnheitsverhalten darstellen und allgemeiner Übung entsprechen, von Sitten, welche die Gesellschaft so hoch einstuft, dass ihre Einhaltung als wichtig empfunden und ihre Nichtbeachtung sozial sanktioniert wird, sowie von Rechten, die legalisiert und mit hoheitlichen Strafen bewehrt sind, deren Verstoß aber nicht unbedingt zur Ächtung führt (z. B. Kavaliersdelikt).

Zur Konfliktvermeidung werden Nachahmung und Konformität betrieben. Profilierung ist allenfalls als normierte Abweichung toleriert. Normen unterliegen dem gesellschaftlichen Wandel. Ihre Einhaltung wird durch Sanktionen gewährleistet. Sanktionen schaffen damit eine in weiten Maßen berechenbare Umwelt. Dabei handelt es sich um Sanktionen durch:

– Bestrafung bzw. Entzug von Belohnung bei Normenverstoß,
– Belohnung bzw. Vermeidung von Bestrafung bei Normeneinhaltung.

Sanktionierung bedeutet die Vergabe oder Vorenthaltung von Gratifikationen sowie den Vollzug oder Vorenthalt von Deprivationen.

2.4.2.1.2 Subkulturen

Allerdings ist die Kultur kein homogenes Gebilde. Vielmehr bilden sich Subkulturen als in sich relativ geschlossene Gruppen der Gesellschaft, die sich z. B. nach ethnischen Gesichtspunkten, wie Rasse, Religion, Nationalität etc., nach altersmäßigen Gesichtspunkten, wie Kinder, Jugendliche, Senioren etc., oder nach räumlichen Gesichtspunkten, wie Stadt-, Vorort-, Landbevölkerung etc., bilden. Sie gliedern die Gesellschaft **horizontal** und werden von spezifischen,

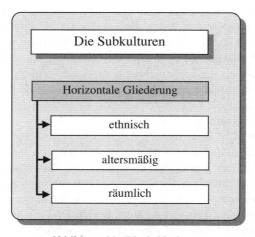

Abbildung 34: Die Subkulturen

von der allgemeinen Wertestruktur teilweise abweichenden Normen geeint. So wie Kultur allgemein ein intergesellschaftlicher Begriff ist, so ist Subkultur ein intragesellschaftlicher. Er ist geprägt durch die Identität der Mitglieder, die Gleichartigkeit ihrer Interessen und die Andersartigkeit von den Interessen anderer. Die Stärke des Einflusses hängt ab von der Besonderheit der Subkultur (z.B. ihrer jeweiligen Kultur), ihrer Homogenität (z.B. der Gleichartigkeit der Situation der Mitglieder) und ihrer Abgeschlossenheit (z.b. ihrer Trennung von anderen Gruppen der Gesellschaft). Kultur und Subkultur interagieren im Zeitablauf, d.h., es kommt zu einer Assimilation subkulturellen Verhaltens in die (allgemeine) Kultur (z.B. Haschischkonsum) und zur Neuentstehung von Subkulturen (z.B. Designerdrogen). Diese Änderungen dürfen allerdings weder zu schnell erfolgen, dann kommt es zur Anarchie, noch zu langsam, dann kommt es zur Erstarrung in der Gesellschaft. Subkulturen sind durch eine mentale Programmierung gekennzeichnet, die spezifische Normen als das ethisch Richtige und von der Mehrheit der Subkultur Gewünschte umfasst.

2.4.2.1.3 Soziale Schichten

Demgegenüber führt die Sozialschicht zu einer **vertikalen** Gliederung der Gesellschaft, z.B. in

– Oberschicht (Großfinanziers, Adel), obere Mittelschicht (Manager, Wissenschaftler Freiberufler), mittlere Mittelschicht (Angestellte, Meister, Facharbeiter, Händler) und untere Mittelschicht (Beamte, Bauern), obere Unterschicht (Handwerker, Kleingewerbetreibende, Arbeiter) und untere Unterschicht (Hilfsarbeiter), Sozialverachtete (Asoziale).

Eine Sozialschicht ist eine große Zahl von Individuen oder Haushalten, die den gleichen Status aufweist und durch die Gleichartigkeit ihrer Lebensumstände charakterisiert ist. Die soziale Schicht ist zu unterscheiden von einer sozialen Kategorie als Personenmehrheit, die nur Gemeinsamkeiten aufweist, von einem sozialen Aggregat als Personenmehrheit, die raum-zeitlich zusammengehört, und von einer sozialen Gruppe als Personenmehrheit, die Beziehungen zueinander hat. Verwandt ist der Begriff der sozialen Klasse, die durch Indikatoren innerhalb der Sozialpyramide bestimmt wird.

Die soziale Schicht zeichnet sich durch Gleichförmigkeiten in vielfältigen, konsumrelevanten Kriterien aus. Verbreitete Einteilungsmerkmale sind demographische, wie Ausbildung, Beruf, Einkommen, Vermögen, Abstammung, Macht, Interaktion, die durch Punktbewertung operationalisiert und auf einem Kontinuum abgetragen werden können. Dort hinein können dann Schichtenschnitte gelegt werden. Davon zu unterscheiden sind eindimensionale Einteilungen wie Kasten, die nur von der Familienzugehörigkeit abhängen, strikte Aufstiegsbeschränkungen haben und das Gebot der Endogamie tragen, Stände, die nur von der Berufstätigkeit abhängen und privilegiert sind sowie Klassen, die nur vom materiellen Besitz abhängen. Soziale Schichten sind demgegenüber mehrdimensional und werden von Menschen gebildet, die sich durch umfangreiche Gleichförmigkeiten in Bezug auf Kenntnisse und Fähigkeiten, Einstellungen und Werte, Sprache und Mediennutzung, Kauf- und Verbrauchsverhalten sowie Lebens- und Konsumstil auszeichnen.

Die soziale Schicht ist also homogen hinsichtlich vielfältiger, konsumrelevanter Kriterien. Dabei handelt es sich vorwiegend um eigen erworbene soziale Attribute, im Gegensatz zu ererbten. Die Anzahl der sozialen Schichten ist von der Gesellschaftsstruktur abhängig. Beispiele sind die Zwei-Klassen-Gesellschaft im Schichtenmodell von Marx, wobei das Eigentum an den Produktionsmitteln das einzige Einteilungsmerkmal ist, oder die Ständegesellschaft des Mittelalters mit Adel, Geistlichkeit, Bürgertum und Bauern.

Konsumenten innerhalb einer bestimmten Sozialschicht orientieren sich häufig am Konsum der in der Sozialpyramide über ihnen stehenden Gruppe. Die Konsumenten jeder Sozialschicht werden von soziologisch benachbarten Gruppen beeinflusst, deren Impulse Konsumreaktionen auslösen. Auf Konsumveränderungen Anderer wird nur bei Überschreiten einer gewissen Reizschwelle reagiert. Dies führt zu einer sozialen Rangordnung mit Zugehörigkeit ihrer Mitglieder. Die soziale Mobilität einer Gesellschaft gibt an, inwieweit diese Grenzen übersprungen werden können. In nivellierten Mittelstandsgesellschaften ist der Diagnose- und Prognosewert der Schichtenzugehörigkeit eher gering. Eine denkbare Aussage ist, dass Angehörige unterer Sozialschichten eher in Fachgeschäften einkaufen, wo die persönliche Beratung das Manko fehlender Markttransparenz durch fehlenden Zugang zu Informationsquellen ausgleicht, allerdings mit einem höheren Preis bewehrt (Poor pay more-These).

Andererseits vollzieht sich ein Wandel von der Schichten- zu einer Lebensstil-Gesellschaft. Zielpersonengruppen eint damit nicht mehr eine ähnliche Demographie, sondern ein gleicher Lebensstil bei heterogener Demographie (z.B. Besucher eines Fitness-Center). Damit aber wird diese Form der Abgrenzung stumpf. Sie ist sehr indirekt und zeigt lediglich Ausprägungen, nicht aber Beweggründe.

Eine typische Schichteneinteilung der Gesellschaft sieht wie folgt aus:

– *Obere Oberschicht (unter 1 % der Bevölkerung), gebildet aus Großunternehmern, Hochadel, Spitzenfinanziers und gekennzeichnet durch Machtgefühl, elitäres Selbstbewusstsein, Individualismus und Konservatismus. Diese soziale Elite verfügt häufig über ererbten Wohlstand und berühmte Familiennamen. Diese Personen spenden große Summen für wohltätige Zwecke, veranstalten Debütantinnenbälle, haben mehr als einen Wohnsitz und schicken ihre Kinder auf die besten Schulen. Sie kaufen Schmuck, Antiquitäten, Im-*

mobilien und Ferienreisen. Auftreten und Kleidung dieser Personen sind oft zurückhaltend, weil sie nicht an protziger Zurschaustellung interessiert sind. Trotz der begrenzten Gruppengröße fungiert diese Schicht als Bezugsgruppe für darunter liegende Schichten. Ihre Kaufentscheidungen „sickern nach unten durch" und werden imitiert. Überwiegend ist gro•er Haus- bzw. Eigentumswohnungsbesitz gegeben, sehr häufig mit Garten. Es besteht eine überdurchschnittliche Neigung zu hochpreisigen Produkten. Überwiegend handelt es sich um kinderlose Paare, die sehr reisefreudig sind, besonders Fernreisen, und sich sehr aktiv in Politik und Gesellschaft engagieren. Überdurchschnittlich gute Ausstattung mit Freizeit-Equipment ist vorhanden.

- *Untere Oberschicht (ca. 2 % der Bevölkerung), gebildet aus leitenden Angestellten, Ärzten, Professoren und gekennzeichnet durch starke Berufs- und Fachorientierung, Erfolgsstreben, Optimismus, Weltverbesserungsziel und Dynamik. Zu dieser Schicht zählen Personen, die durch ihre außerordentlichen Leistungen in Beruf und Wirtschaft zu hohem Einkommen und Wohlstand gekommen und meist aus der Mittelschicht aufgestiegen sind. Sie neigen zu ausgeprägtem gesellschaftlichen und staatsbürgerlichen Engagement und streben nach Statussymbolen für sich und ihre Sprösslinge, z.B. teure Häuser, Yachten, Swimming-Pools, Luxuswagen, bestmögliche Ausbildung. Dazu gehören auch die Neureichen, die mit ihrem auffälligen Konsumverhalten sozial niedriger Stehende zu beeindrucken suchen. Diese Personen streben danach, in die obere Oberschicht aufgenommen zu werden, doch diesen Status erreichen meist erst ihre Kinder. Eigenheim und Wohnung in (eigenen) Zwei- bis Vierfamilienhäusern sind vorhanden. Es besteht eine deutliche Tendenz zu hochpreisigen Produkten, auch zu Familienartikeln. Überwiegend handelt es sich um Ehepaare mit Kindern, die als Kulturkonsumenten gelten und überdurchschnittlich viele Vereinsmitgliedschaften aufweisen.*

- *Obere Mittelschicht (ca. 12 % der Bevölkerung), gebildet aus höheren Angestellten, Ingenieuren, mittelständischen Geschäftsinhabern und gekennzeichnet durch bürgerliche Einstellung, Bindung an Institution und Ordnung, Betonung von Strebsamkeit, Pünktlichkeit und Zuverlässigkeit. Diese Personen besitzen weder statusträchtige Familiennamen noch außergewöhnlichen Reichtum. Ihr Hauptanliegen ist es, Karriere zu machen, und sie sind als Selbstständige, Unternehmer oder Manager in hohe Positionen vorgerückt. Sie legen großen Wert auf gute Ausbildung und wollen, dass ihre Kinder auf eine erfolgreiche berufliche Karriere vorbereitet werden, damit sie nicht in eine tieferliegende soziale Schicht abrutschen. Sie beschäftigen sich viel mit neuen Ideen und Kultur und sie sind bereit, bei vielen Dingen mitzumachen und sich staatsbürgerlich zu engagieren. Sie zählen zur Klientel für hochwertige Wohnungen, Bekleidung, Möbel und technische Gebrauchsgüter. Ihr*

Ehrgeiz ist ein kultiviertes Zuhause, in dem sie persönliche und geschäftliche Freunde entsprechend bewirten können. Dazu werden Eigentums- oder gehobene Mietwohnungen in attraktiver Lage genutzt. Die Einstellung ist prestigeorientiert (ausgeprägtes Markeninteresse, aber auch Einkauf bei Discounters). Es handelt sich überwiegend um kinderlose Paare oder Singles, die urlaubsfreudig und kulturell interessiert sind.

- *Untere Mittelschicht (ca. 31 % der Bevölkerung), gebildet aus mittleren Angestellten, Meistern, kleinständischen Händlern und gekennzeichnet durch Mittelstandsbewusstsein, Abgrenzung gegenüber der Arbeiterschaft, Gefühl der Schwäche und Bedrohung, Identifikation mit Betrieb und Technik. Diese Personen verfügen über ein durchschnittliches Einkommen und bemühen sich, „immer alles richtig zu machen". Sie kaufen oft Dinge, die gerade populär sind, um „mit der Zeit zu gehen". Viele fahren ausländische Automarken, die Mehrzahl interessiert sich für modische Kleidungstrends, wobei prestigeträchtige Marken bevorzugt werden. Unter besseren Lebensumständen versteht diese Gruppe ein hübsches Zuhause in netter Umgebung in einem besseren Stadtviertel, wo es „gute" Schulen gibt. Mit Überzeugung wird in lohnenswerte Erfahrungen für die Kinder investiert, die einmal die Hochschule besuchen sollen. Sie wohnen in Einfamilienhäusern in gewachsenen Wohnvierteln. Der Konsum erfolgt qualitätsorientiert, aber preisbewusst. Es handelt sich überwiegend um Ehepaare mit Kindern, u.a. sind ein überdurchschnittlicher Haustierbesitz, ein starkes Interesse an Heimwerken und rege Vereinstätigkeit gegeben.*

- *Obere Unterschicht (ca. 38 % der Bevölkerung), gebildet aus unteren Angestellten, Gesellen, Facharbeitern und gekennzeichnet durch ein unklares Gesellschaftsbild, Bindung an Objekte des Berufs, Selbstbild des einfachen Menschen, Identifikation mit der Industrie und den Glauben an die Zukunft. Diese Personen sind stark auf wirtschaftliche und emotionale Unterstützung angewiesen. Der Urlaub wird nicht selten Zuhause verbracht und unter „wegfahren" verstehen sie einen Abstecher an einen Erholungsort, der nicht weiter als zwei Fahrstunden entfernt liegt. Zwischen den Geschlechtern besteht eine klare Rollentrennung mit stereotypen Rollenbildern. Beim Autokauf werden normale bis gro• e Modelle bevorzugt, Kleinwagen inländischer und ausländischer Produktion hingegen eher abgelehnt. Bewohnt werden ältere Reihenhäuser bzw. Mietwohnungen in größeren Häusern. Der Konsum erfolgt sehr preisbewusst. Es handelt sich überwiegend um Ehepaare mit Kindern, die reisefreudig, vorwiegend innerhalb Europas, sind.*

- *Untere Unterschicht (ca. 9 % der Bevölkerung), gebildet aus Hilfsarbeitern, Tagelöhnern, Gelegenheitsarbeitern und gekennzeichnet durch rauhe Männlichkeit, Bindung an Kameradschaft, Ansehung der Arbeiterschaft als das Fundament des Staates. Der Lebensstandard dieser Personen liegt nur knapp über der Armutsgrenze. Sie verrichten schlecht bezahlte Tätigkeiten, versuchen aber, auf der sozialen Leiter nach oben zu klettern. Ihre Schulbildung ist häufig unzureichend. Zwar leben diese Personen finanziell betrachtet in einer sehr angespannten Situation, doch gelingt es ihnen immer noch, Selbstdisziplin und Sauberkeit auszustrahlen. Sie wohnen in Mietwohnungen innerhalb von Wohnblocks. Es besteht eine Neigung zum Konsum preiswerter Handelsmarken. Meist sind Ehepaare mit höchstens zwei Kindern gegeben, die Freizeitbeschäftigung ist eher anspruchslos, z. B. als Schrebergärtner.*

– *Bodensatz (ca. 7% der Bevölkerung), gebildet aus Langzeitarbeitslosen, Nichtsesshaften und gekennzeichnet durch das Selbstbild des armen Schluckers, soziale Isolation und Aggressivität. Diese Personen sind überwiegend auf Sozialhilfe angewiesen und leben auch äu•erlich erkennbar in Armut. Sie sind selten nachhaltig daran interessiert, Arbeit zu finden und permanent abhängig von finanziellen Hilfen des Staates und von Wohlfahrtsorganisationen. Ihre Wohnungen, Kleidungsstücke und Habseligkeiten sind schmutzig, zerlumpt und kaputt. Sie bewohnen Mietwohnungen innerhalb von Wohnblocks. Es besteht eine deutliche Konsumneigung zu billigen Gattungswaren. Es handelt sich überwiegend um Singles oder kinderlose Paare ohne Perspektive. In der Freizeit sind Kneipenbesuche und Sport wichtig.*

Stereotype der sozialen Oberschicht und oberen Mittelschicht (Tendenz):

– *Umgang mit Menschen, Zeichen, Symbolen, personenbezogene Arbeitsgestaltung, weitreichende Selbstkontrolle (Vertrauen), (relative) Selbstständigkeit, breite, informelle Kommunikation, intellektuelle („saubere") Tätigkeit (wertvoll), Aufstiegsbewusstsein, Karrieredenken, hohe Berufsidentifikation (Selbstverwicklung), hierarchisches Gesellschaftsbild (transparent), Einkommensplanung/-sicherung, Vorsorge, differenziertes Erleben wechselnder Arbeitserfahrungen, zukunftsbezogener Horizont, urbane Orientierung, sensibel, gefühlvoll, rational handelnd, mobil, risikofreudig (aufgeschlossen), egalitär („Jedem seine Chance"), aktiv, engagiert, abstraktes Denken, informiert (durch zahlreiche Interessen und Kontakte), Liebesentzug als Sanktion, Hochsprache, Gebrauch von Fremdwörtern, großer Wortschatz, komplexer Satzaufbau, Gebrauch von Analogien, Vergleichen, Beispielen, Wortneuschöpfungen, gestenarm (wenige, gezielte Gesten).*

Stereotype der sozialen Unterschicht und unteren Mittelschicht (Tendenz):

– *Umgang mit Dingen, Gegenständen, entpersönlichte Arbeit, Austauschbarkeit, Ersetzbarkeit, hohes Maß formalisierter Fremdkontrolle (Misstrauen), (vollkommene) Fremdbestimmung, geringe, informelle Kommunikation, physische („schmutzige") Tätigkeit (nötig), Fatalismus, Resignation, instrumentelles Verhältnis zur Arbeit (Mittel zum Zweck), dichotomes Gesellschafts-*

bild ("Ihr da oben, wir hier unten"), kurzfristige Lohnperspektive, monotones, repetitives Arbeitserlebnis, gegenwartsbezogener Horizont, ländliche Orientierung, grobschlächtig, rauh, impulsiv handelnd, immobil, risikofeindlich (keine Neuerungen), autoritär (erkennt die herrschende Ordnung wegen ihrer Berechenbarkeit an), passiv, uninteressiert, konkretes Denken, uninformiert (z. B. geringer Preiswiderstand, Kauf in Fachgeschäft um die Ecke), körperliche Züchtigung als Sanktion, Dialekt, kaum Fremdwörter eingesetzt, kleiner Wortschatz, einfacher Satzaufbau, pragmatischer Ausdruck, ohne Umschweife zur Sache kommend, restriktiver Sprachgebrauch, gestenreich (Gesten ersetzen fehlenden sprachlichen Ausdruck).

2.4.2.2 Gruppenstruktur

Eine Gruppe ist eine Mehrzahl von Personen, die in wiederholten und nicht nur zufälligen wechselseitigen Beziehungen zueinander stehen. Das heißt, die bloße Ansammlung von Menschen ist noch keine Gruppe, sondern lediglich ein soziales Aggregat. Menschen mit ähnlichen Merkmalen sind eine soziale Kategorie, eine soziale Gruppe werden sie erst durch Interaktionen untereinander. Gruppen sind als soziale Einheiten anzusehen, die durch ähnliche Werte und Ziele geformt werden. Sie sind durch eine Struktur innerhalb der Elemente, weisend oder freiwillig, gekennzeichnet und zeigen eine soziale Ordnung auf, die Mitgliedern Positionen zuweist. Sie teilen eine eigene Identität, Verhaltensnormen und Werte. Gruppen weisen eine soziale Ordnung auf, die Mitgliedern Positionen zuweist. Eine Gruppe einen gemeinsame Ziele, Motive, Interessen, ein „Wir"-Bewusstsein nach innen und außen, ein Werte- und Normengefüge und eine Rollenstruktur und Statusdifferenzierung. Man unterscheidet detailliert Kleingruppen (Mikroebene), Organisationen (Mesoebene), Gesellschaften (Makroebene) und Ideologien (Metaebene).

Man unterscheidet verschiedene Gruppenorganisationen:

- entfremdete Zwangsorganisationen, z.B. im Gefängnis,
- berechnende Zwangsorganisationen, z.B. eine Schiffsbesatzung auf hoher See,
- moralische Zwangsorganisationen, z.B. die Streitkräfte im Kriegseinsatz,
- utilitaristisch berechnende Organisationen, z.B. Unternehmen,
- utilitaristisch moralische Organisationen, z.B. Gewerkschaften,
- normativ moralische Organisationen, z.B. politische Parteien oder Kirchen.

Überforderte Einzelne orientieren sich zur Vereinfachung an der Gruppe. Gruppen sind um stabiler, je größer der Nutzen ist, den die einzelnen Mitglieder aus der Gruppe ziehen, je höher die Abhängigkeit voneinander durch Arbeitsteilung ist und je weniger Alternativen die Mitglieder einer Gruppe nach außen haben.

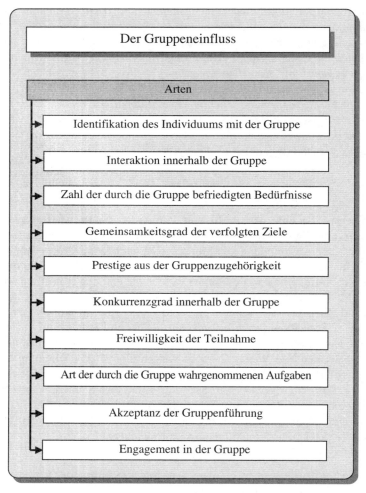

Abbildung 35: Der Gruppeneinfluss

Gruppen üben einen starken Druck auf ihre Mitglieder aus, sich konform zu den Gruppennormen zu verhalten. Am konformsten sind die loyalen Mitglieder dicht unterhalb der Gruppenführung, am wenigsten konform die Gruppenführer selbst (Alpha-Typen) und die Gruppenaußenseiter (Omega-Typen).

Gruppen haben eine Tendenz zur Befangenheit in Bezug auf die Illusion ihrer Unverwundbarkeit, zu kollektiver Rationalisierung, zum Glauben an überlegene Moral, zur Stereotypisierung anderer Gruppen, zum Druck auf Abweichler, zur Selbstzensur, zu vermeintlicher Einmütigkeit und zur Informationsfilterung. Dies führt zu Entscheidungsdefekten (Groupthink-Phänomen, z. B. Invasion in der Schweine-Bucht/Kuba-Affäre, Sturz des damaligen SDP-Vorsitzenden Scharping durch Lafontaine auf Parteitag). Merkmale von Gruppendefekten sind eine unvollständige Prüfung der Alternativen, ein einseitiger Überblick über Ziele, ein mangelhaftes Abwägen der Risiken der bevorzugten Entscheidung, eine unzureichende Informationssuche, eine selektive Auswertung vorhandener Informationen und eine fehlende Ausarbeitung von Ausweichplänen.

Vor allem ist beobachtet worden, dass Gruppen zu risikoreicheren Entscheidungen neigen als Einzelpersonen (Risiko-Schub-Phänomen), was daraus resultiert, dass die Konsequenzen einer Fehlentscheidung nicht allein zu tragen sind. Außerdem gilt Wagemut in der Gruppe womöglich als profilierend. Tatsächlich wird aber auch das genaue Gegenteil beobachtet, dass Gruppen über (meist faule) Kompromisse zu eher risikoscheuen Entscheiden des kleinsten gemeinsamen Nenners neigen und sich niemand unnötig exponieren will. Die Gruppenleistung hängt ab vom Zusammengehörigkeitsgefühl, von der Aufgabenart, von der Führung, der Disziplin, der Moral sowie von situativen Umständen (Raum, Zeit, Teilnehmerart etc.).

Man unterscheidet nach der:

- Zahl der Mitglieder in Kleingruppen (**Face to face**-Gruppen), deren Mitglieder untereinander personenbekannt sind und eher **anonyme** Großgruppen,
- Dauerhaftigkeit der Beziehungen in **temporäre** und **dauerhafte** Gruppen (Sippe),
- Verpflichtung in **formelle** Gruppen, deren Mitglieder in einem rechtlich begründeten, meist eher distanzierten Verhältnis zueinander stehen, und **informelle** Gruppen, die sich durch ein ausgeprägtes „Wir"-Gefühl und meist enge Interaktion auszeichnen,
- Intensität der Beziehungen in **Primärgruppe** (mit sehr enger Beziehung, z.B. die Familie) und **Sekundärgruppen** (als Zweckzusammenschluss aus eigener Entscheidung).

Das Ausmaß des Gruppeneinflusses auf Kaufentscheidungen hängt mit der Identifikation des Individuums mit der Gruppe zusammen. Der Einfluss ist um so stärker, je häufiger es zu Gruppeninteraktionen kommt, je größer die Zahl der durch die Gruppe befriedigten Bedürfnisse ist, je höher der Gemeinsamkeitsgrad der verfolgten Ziele ist, je höher das Prestige der Gruppenzugehörigkeit ist und je geringer die Konkurrenzsituation innerhalb der Gruppe ist. Weiterhin ist der Einfluss um so stärker, je freiwilliger die Teilnahme an der Gruppe für das Mitglied ist, je höher die Akzeptanz der Gruppenführung und je höher das Engagement in den Gruppenaktivitäten. Schließlich ist der Einfluss auch von der Art der durch die Gruppe wahrgenommenen Aufgaben abhängig.

Käuferverhalten

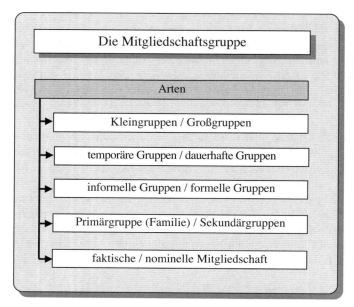

Abbildung 36: Die Mitgliedschaftsgruppe

Bei den bisher dargestellten Gruppenstrukturen handelt es sich um **Mitgliedschaftsgruppen**. Diese Mitgliedschaft kann faktisch, also durch bloße Teilnahme am Gruppenleben, oder nominell, also durch Aufnahme und Eingliederung, begründet sein. Im Unterschied dazu können **Bezugsgruppen** Gruppen sein, in denen (noch) keine Mitgliedschaft besteht, mit denen eine Person sich aber in starkem Maße identifiziert. Sie setzen Normen, die das Verhalten lenken und liefern Informationen für wirkungsvolle Urteile in Situationen, in denen einem Individuum eigene Sachkenntnis fehlt oder ihm objektive Vergleichsmaßstäbe nicht zugänglich sind. Das heißt, sie haben eine normative Funktion durch Weisungscharakter über Sanktionen.

Anhaltspunkt für das Verhalten sind die Wertungen der komparativen Bezugsgruppe (Peer group). Diese liegt für gewöhnlich eine halbe Stufe über der eigenen sozialen Klasse. Der Abstand hat jedoch eine Toleranzgrenze. Produkte, die diese Peer group nutzt oder empfiehlt, haben daher eine besondere Attraktivität, weil sie helfen, konsumptiv Mitglied einer sozial höheren Schicht zu werden (= demonstrativer Konsum). Ebenso kann die Ausrichtung zur Anti-Konformität führen. Diese Referenzgruppen werden häufig zum Vergleich mit der eigenen Lebenssituation herangezogen, wobei der Abstand möglichst gering zu halten ist. Ansonsten kommt es zur Frustration (= **relative Deprivation**). Relative Deprivation entsteht, wenn jemand Anderes etwas hat, was man

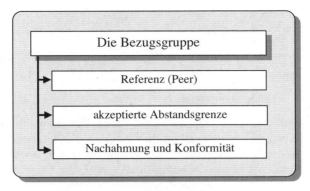

Abbildung 37: Die Bezugsgruppe

sich selbst wünscht und auf das man ein Anrecht zu haben glaubt, das man für erreichbar hält oder dessen Nichterreichen man nicht selbst zu vertreten hat. Sie ergibt sich, wenn die objektiven Lebensbedingungen schlecht sind und auch das subjektive Wohlbefinden darunter leidet. Als Ausgleich kommt es zu Selbstverwöhnkonsum (Hedonismus). Solche Unzufriedenheiten ergeben sich leicht und haben mehrere Ursachen. So z. B. erlaubt es wachsender Wohlstand, immer mehr und leistungsfähigere Produkte zu erwerben, wodurch zugleich das Risiko von Enttäuschungen steigt. Darüber hinaus führt mangelnde Information dazu, dass Risiken unterschätzt werden, die sich aus dem Warengebrauch ergeben. Und auf hohem Wohlstandsniveau wird es immer schwieriger, durch Konsum weiteren Lustgewinn zu erfahren.

Referenzgruppen haben eine komparative Funktion. Dem liegt die Tatsache zugrunde, dass man die Einordnung Anderer in die soziale Schichtung mangels besserer Indikatoren anhand dessen zu bestimmen geneigt ist, mit dem man sich konsumptiv umgibt. Eine positive Referenzgruppe dient somit der Absetzung nach oben gegenüber der Mitgliedschaftsgruppe. Aber nicht alle Referenzgruppen müssen positive sein. Eine negative Referenzgruppe dient vielmehr der Absetzung nach unten. Dann wird eine Mitgliedschaft darin gerade nicht angestrebt. Die Ausrichtung an der Bezugsgruppe kann also zur Konformität oder auch zur Anti-Konformität führen. Damit hat die Referenzgruppe auch eine Normativfunktion, d. h., sie ist Quelle für Wertvorstellungen und bewirkt eine antizipatorische Sozialisation.

Marketing nutzt dies z. B. in der Werbung durch Einsatz von sozial arrivierten Celebrities in Testimonials ebenso aus wie durch die Präsentation hochgestochener Umfelder. Steuernd wirken aber auch gesellschaftliche Trends als Normierung, die frühzeitig aufgespürt und akquisitorisch genutzt werden müssen. Gelegentlich schafft Marketing es sogar, solche Trends zu schaffen, wie das für Schauspieler, Musikstars, Spitzensportler etc. zwischenzeitlich mehr oder minder selbstverständlich scheint.

2.4.2.3 Familie

2.4.2.3.1 Kaufentscheidungsanteil

Die wohl intensivst erlebte Gruppe ist die Familie. **Familien sind multipersonale soziale Systeme, in denen Familienmitglieder auf Grund vielfältiger Interaktionen den Ausgang von Kaufentscheidungen mitbestimmen.** Die Kernfamilie umfasst Ehemann, Ehefrau und Kinder, die Großfamilie umfasst weitere Generationen und nicht in gerader Linie Verwandte. Diese Primärgruppe kann nach dem Entscheidungsanteil der Familienmitglieder und dem Stadium im Familienlebenszyklus untersucht werden. Die Familienmitglieder stehen untereinander neben in verwandtschaftlichen auch in finanziellen, wohnungswirtschaftlichen und versorgungswirtschaftlichen Beziehungen.

Nach dem relativen **Anteil an der Kaufentscheidung** durch Familienmitglieder sind Produkte zu unterteilen, deren Kauf traditionell eher:

- **männlich dominiert** ist. Dabei handelt es sich vor allem um komplexe Produkte, häufig auch technischer Natur, z.B. Unterhaltungselektronik, Automobile oder auch Heimwerkergeräte. Der Mann ist eher auf haushaltsexterne Güter spezialisiert, dementsprechend ist er dafür primäre Ansprechperson im Marketing.
- **weiblich dominiert** ist. Dies sind meist hauswirtschaftliche Produkte, z.B. Haushaltsgeräte, aber auch kindbezogene Produkte. Die Frau ist eher auf den internen Haushaltsbereich, auf soziale und ästhetische Merkmale spezialisiert und stärker emotional motiviert. Demzufolge ist sie für diese Güter primäre Ansprechperson im Marketing. Infolge der Emanzipation sind jedoch bereits erhebliche Zeichen des Wandels zu beobachten.
- **partizipativ getätigt** wird. Dies gilt vor allem für gemeinsam wahrgenommene Interessen, z.B. Urlaub, Möblierung, Freizeitgestaltung. Der Anteil dieser Produkte steigt erheblich. Daher sind hier beide Partner gleichermaßen anzusprechen.
- **autonom getätigt** wird. Bezogen auf die Frau sind dies immer noch eher schmückende, hedonistische Sphären, z.B. Kleidung, Kosmetik, bezogen auf den Mann eher handwerkliche, z.B. Hobbys, oder vorsorgliche Domänen, z.B. Geldanlage, Versicherung.

Die Zuordnung ist allerdings von der Sozialschicht abhängig. So besteht in der sozialen Oberschicht ein größerer autonomer Verantwortungsbereich, der weniger Abstimmung mit und Rücksichtnahme auf andere Familienmitglieder erfordert. In der sozialen Mittelschicht nimmt bereits der Anteil partizipativer Kaufentscheide zu, weil die finanziellen Ressourcen begrenzt sind. In der sozialen Unterschicht hingegen ist die Rollenverteilung angesichts engerer finanzieller Ressourcen am ausgeprägtesten.

Mögliche Konflikte in der Kaufentscheidung können durch Aufschub und weiteres Suchen bis zum Auffinden einer die verschiedenen Vorstellungen gemeinsam erfüllenden Leistung, durch Überreden bzw. Überzeugen des jeweils anderen Partners, durch Gewährung von Zugeständnissen im Gegenzug zur Zustimmung oder durch Koalitionsbildung mit Dritten, etwa Kindern, gelöst werden.

Durch die Beteiligung von Kindern ergibt sich eine Rollenveränderung in der familiären Kaufentscheidung. Während zunächst beide, Mann und Frau, relativ gleichberechtigt auf den Kauf Einfluss nehmen, vergrößert sich im Zeitablauf der relative Anteil des Mannes, weil er als Alleinverdiener, bei Kindern im Haushalt, den größten Einfluss geltend macht. Danach steigt der Einfluss der Kinder, nicht nur bei Eigenbedarf, wo er sehr manifest ist, sondern auch bei anspruchsvollen Produkten im Haushalt. Dann treten schnell die geschlechtsspezifischen Differenzierungen auf. Bei kleineren Kindern beschränkt sich die Einflussnahme auf Bereiche, die ihrem eigenen Bedarf dienen, und vollzieht sich durch Kaufanregung geliebter oder auch Konsumverweigerung ungeliebter Produkte. Bei Jugendlichen bezieht sich der Einfluss auf Produkte, die im eigenen Interesse liegen und nicht durch eigene finanzielle Mittel erworben werden können. Der Einfluss ist um so größer, je mehr der Jugendliche in der Lage ist, seine Eltern mit entscheidungsrelevanten und ihnen bislang unbekannten Informationen zu versorgen.

2.4.2.3.2 Familienlebenszyklus

Im Familienlebenszyklus werden gemeinhin folgende Phasen in Abhängigkeit von Alter, Familienstand, Haushaltsgröße, Berufstätigkeit, Kaufkraft und Besitz unterteilt:

– **Ledige I** sind junge, allein stehende, nicht mehr im elterlichen Haushalt lebende Personen. Ihre finanziellen Verpflichtungen sind gering, sie sind freizeitorientiert, oft Meinungsführer für Trendprodukte, vor allem Fashion leaders. Gekauft werden Basismobiliar, Auto, Kleidung, Urlaubsreisen, Außer-Haus-Essen, alkoholische Getränke etc.
– **Ledige II** sind unverheiratete oder geschiedene Personen mittleren Alters, die auf Grund von Single-Tendenzen immer häufiger anzutreffen sind.
– **Ledige III** sind unverheiratete oder geschiedene Personen höheren Alters, die ihr Kaufverhalten bewusst dem Alleinleben angepasst haben.

- Unter **Lebensabschnittsgemeinschaft** versteht man zwei Ledige, die ihre Haushalte vorübergehend zu einem gemeinsamen zusammenlegen. Die finanzielle Lage verbessert sich infolge von Einsparmöglichkeiten bei den Ausgaben bei gleich bleibenden Einnahmen.
- Ein **Junges Paar** sind frisch verheiratete, berufstätige, kinderlose Personen. Sie sind finanziell besser gestellt als je zuvor und danach, haben die höchste Kaufrate, vor allem für langlebige, hochwertige Produkte (z.B. Kücheneinrichtung) oder Urlaubsreisen.
- Ein **Paar ohne Kinder** sind verheiratete Personen mittleren Alters ohne Kinder. Sie werden oft als DINKS (Double income, no kids) umschrieben. Ein älteres kinderloses Paar sind verheiratete Personen höheren Alters ohne Kinder. Sie zeichnet ein spezifischer Vorsorge- und Sicherheitsbedarf aus.
- **Volles Nest I** sind Familien mit ein oder mehreren Kindern, wobei das jüngste Kind unter sechs Jahre alt ist. Ihre finanziellen Reserven werden stark strapaziert, denn der Konsum- und Lebensunterhaltsbedarf ist hoch. Die Folge ist Unzufriedenheit mit den Ersparnissen. Gekauft werden technische Geräte im Haushalt, Kinderausstattung und Spielzeug. Die Mutter muss ihre Berufstätigkeit meist zumindest vorübergehend aufgeben. Oft wird ein eigenes Haus oder eine größere Wohnung bezogen, daraus resultieren finanzielle Belastungen.
- **Einzelner Elternteil I** wird das Stadium der Haushalte mit Kind(ern) im Vorschulalter genannt, die auf Grund von Scheidung, Trennung oder unehelicher Geburt mit nur einem Elternteil leben.
- Ein **Verzögertes volles Nest** ist ein Paar, das erst im mittleren Alter eine Familie gründet. Dies resultiert meist aus Karriereaspekten bei der Frau. Entsprechend sind Rücklagen und höheres Einkommen des weiter arbeitenden Partners häufig anzutreffen.
- Beim **Vollen Nest II** handelt es sich um Familien mit Kind(ern), wobei das jüngste bereits älter als sechs Jahre ist. Ihre finanzielle Situation bleibt weiterhin angespannt. Oft wird jedoch die Ehefrau wieder berufstätig, dann sieht es besser aus. Gekauft werden Lebensmittel-Großpackungen und Gebrauchsgegenstände, vor allem im Freizeitbereich, außerdem Ersatzbedarfe. Die Kinder entwickeln eigene Konsumstile und steuern Konsumerfahrungen bei.
- **Einzelner Elternteil II** wird eine allein erziehende Person genannt, deren Kind(er) sich im Schulalter befinden.
- **Volles Nest III** ist ein älteres Paar mit im Haushalt lebenden, abhängigen Kindern. Ihre finanzielle Situation entspannt sich durch doppelte Berufstätigkeit, nachlassenden Investitionsbedarf und Kostendeckungsbeitrag der Kinder wieder. Gekauft werden hochwertigere Produkte, wiederum im Frei-

zeitbereich. Diese Situation ist durch die Tendenz zu „Nesthockern" immer häufiger anzutreffen.

- **Einzelner Elternteil III** ist eine allein erziehende Person, deren Kind(er) sich im Nachschulalter befinden.
- Beim **Leeren Nest I** ist ein älteres Paar gegeben, dessen Kinder den gemeinsamen Haushalt bereits verlassen haben. Es herrscht die Phase des Nachholkonsums vor. Das Eigenheim ist bezahlt, es werden Reisen unternommen und Geschenke und Spenden gemacht. Der Neuproduktbedarf ist gering, wenn, dann aber auf Premiumniveau angesiedelt.
- Beim **Leeren Nest II** ist der Haushaltungsvorstand aus dem Erwerbsleben ausgeschieden, wodurch das Familienbudget wieder schrumpft. Man bleibt Zuhause, gekauft werden medizinische Produkte und Geräte. Es besteht ein hoher Bedarf nach Vorsorge, Ausruhen und Entspannen.
- **Ledige IV** sind allein stehende Überlebende. Das Einkommen bleibt knapp zufrieden stellend. Der Bedarf an Aufmerksamkeit, Zuneigung und Sicherheit als Folge des Alleinseins steigt. Der Erlebniswert von Anschaffungen ist jedoch eingeschränkt.

Die Aussagefähigkeit dieses Modell leidet jedoch erheblich unter der Auflösung gesellschaftlicher Konventionen. So sind Patchwork-Familien, gleichgeschlechtliche Partnerschaften, Mehrpartner-Beziehungen etc. üblich geworden. Damit lässt sich Kaufverhalten immer weniger über den Familienlebenszyklus bestimmen.

Ein Beispiel für die Orientierung an diesen Lebenszyklusphasen bieten die Produkte der Allfinanz-Anbieter:

- *für Teens/Twens: Bausparen, Kapitallebensversicherung, Berufsunfähigkeitsversicherung, Spareinlagen, Kfz-Versicherung, Rechtsschutzversicherung, Dispositionskredit,*
- *für die junge Familie: Risikolebensversicherung, Rentensparplan, private Haftpflichtversicherung, Unfallversicherung, Ausbildungsversicherung, Bausparvertrag, Baufinanzierung, Restschuldversicherung, Konsumkredit, Hausratversicherung, Rechtschutzversicherung, Liquiditätszuwachskonto,*
- *für die ältere Familie: Sparbrief, Rentensparplan, Wertpapieranlage, Fondsanlage, Kapitalanlage, Verfügungskonto,*
- *für Senioren: Bausparen zu Gunsten Dritter, Fondsanteile, Freizeitimmobilien, Ansparplan, Seniorenheim.*

Das Lebenszyklus-Konzept legitimiert aufgrund der fundamentalen demographischen Verschiebungen auch die Bearbeitung des Senioren-Marktes (50 +). Abgesehen davon, dass Senioren zwar eine zunehmend zahlreiche, kaufkräftige und auch konsumbereite Zielgruppe sind, scheitern solche Ansätze allgemein daran, dass die Auslobung eines Produkts als für Senioren geeignet dieses stigmatisiert, denn jüngere Zielgruppen schließen sich dann als Käufer aus und ältere Zielgruppen wollen keine Produkte für Senioren, weil sie sich subjektiv jünger fühlen. Die Bearbeitung des Senioren-Marktes ist daher nur möglich, indem Hersteller Produkte so auslegen, dass sie den Altersveränderungen der Personen entsprechen, ohne sie ausdrücklich für Alte zu positionieren. Die Zielgruppe identifiziert dann die Produkteignung selbst. Für Produktauslegungen gibt es dabei zahlreiche Anhaltspunkte.

Denn die für den Bewegungsapparat zuständige Muskelmasse nimmt im Alter ab, die Muskelkraft lässt dementsprechend nach. Eine Altersversteifung der Gelenke führt zu einer weiteren Verringerung der körperlichen Bewegungsfähigkeit. Produkte müssen daher die verminderte Feinmotorik berücksichtigen (Packungshandling etc.), die Gebinde dürfen nicht zu schwer sein, im Handel ist die Regalplatzierung zu beachten (nicht ganz unten oder ganz oben im Regal). Das Blickfeld, die Sehschärfe und die Farbwahrnehmung verändern sich im Alter. Daher sollten glänzende und reflektierende Oberflächen von Packungen und Werbemitteln vermieden werden, Schriften müssen groß und klar sein, grün und blau als Farben können nicht mehr eindeutig unterschieden werden. Die Altersschwerhörigkeit betrifft vor allem sehr tiefe und sehr hohe Töne. Dies ist beim Telefonmarketing und bei Anlage von Hörfunkspots zu berücksichtigen. Die geistige Beweglichkeit und Umstellungsfähigkeit, die Geschwindigkeit von Informationsaufnahme und -verarbeitung sowie Abstraktionsvermögen und Kurzzeitgedächtnis lassen nach. Werbung muss daher auf Penetration setzen, im TV-Spots sollen modisch-schnelle Schnitte vermieden werden. Die Akzeptanz von neuen, erklärungsbedürftigen Produkten ist allgemein erschwert. Ältere Menschen brauchen mehr Zeit zum Verstehen einer Botschaft, wobei eine möglichst bildhafte Nutzendarstellung hilfreich ist.

2.4.2.4 Rollenbeziehungen

Rolle bezeichnet ein Bündel von Erwartungen, das andere Gruppenmitglieder an den Rolleninhaber stellen. Rollen sind Verhaltensweisen, die an eine bestimmte soziale Position gebunden sind. Das daraus resultierende spezifische Wertbewusstsein nennt man Status. Rollen sind die Summe aller Verhaltensweisen, die an eine bestimmte soziale Position gebunden sind. Positionen normieren also Rollen. Rolle und Status sind meist kongruent, können aber im Einzelfall auch auseinander fallen, z.B. bedeutet Understatement, dass der Status in der Rolle unterrepräsentiert ist, oder Angeberei, dass der Status in der Rolle überzogen ist. Die soziale Rolle ergibt sich ohne eigenes Zutun durch angeborene Faktoren (ererbt) oder mit eigenem Zutun durch erworbene Faktoren. Im Übrigen verschiebt sich die relative Rolle mit der sozialen Schicht und der

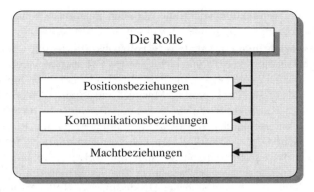

Abbildung 38: Die Rolle

Interaktion der Gruppenmitglieder. Die Einhaltung von Rollen wird durch Sanktionen gesteuert, deren Stärke vom Grad der Verbindlichkeit der Rolleninhalte abhängt. Rollenabweichungen werden durch Normen, Regeln und Gesetze identifiziert. Sie führen zur Stigmatisierung der Abweichungen und zur Diskriminierung der Abweichenden („so etwas tut man nicht"). Dies führt bei diesen zur Frustration bis hin zur Aggression. Kontrollierte Abweichungen sind bedeutsam als Ventil (z.B. Prostitution), als Anlass zur Mahnung über die Rolleneinhaltung, zum Zusammenhalt der „Normalen" und als Motor für Veränderungen.

Traditionell sind Rollenbilder in Bezug auf das Geschlecht verbreitet. Ein überkommenes Rollenbild des Mannes sagt tendenziell Folgendes aus:

– *Konkurrierend, aktiv, stark, unabhängig, kontrolliert, rational, verantwortungsvoll, fasziniert von Technik, intelligent, überlegen, gefühlsreduziert, weint nicht, sachbezogen wertend, dominant, robust, beschützend, initiativ, kompetent, autoritär, logisch, hart, viril, konsequent, Familienernährer, Führungsrolle bei Sex, Leistung, physisch belastbar, sportlich. Ein Mann, der diesem Stereotyp nicht entspricht, ist ein Weichling, ein Sonderling, ein Außenseiter.*

Ein überkommenes Rollenbild der Frau sagt tendenziell Folgendes aus:

– *Passiv, abwartend, schwach, abhängig, emotional, spontan, unlogisch handelnd, fasziniert von Natur, vertrauensselig, arglos, schöngeistig, musisch, sensibel, romantisch, fürsorglich, gepflegt, unterordnend, geduldig, hoffnungsvoll, partnerschaftlich, ausgleichend, gefühlsbetont, sanft, launisch, unsicher, Familienbehüter, verführerisch, hingebend, physisch nicht belastbar. Eine Frau, die diesem Stereotyp nicht entspricht, ist in vulgo eine Ziege, eine Lesbe, eine Emanze.*

Hinsichtlich der Interaktion von Rollen können Positions-, Kommunikations- und Machtbeziehungen unterschieden werden.

Positionsbeziehungen treten als **Interrollen-Konflikte** auf, wenn durch die gleichzeitige Zugehörigkeit zu unterschiedlichen Gruppen abweichende Erwartungen von außen an eine Person, die dort Mitglied ist oder sein möchte, herangetragen werden (z. B. eine Person ist Manager und Mitglied einer Öko-Initiative). **Intrarollen-Konflikte** treten auf, wenn eine Person sich von verschiedenen Gruppen mit unterschiedlichen Erwartungshaltungen an ihr Rollenverhalten konfrontiert sieht (z. B. Arbeitskollegen und Familienmitglieder) (häufig wird auch das Begriffspaar Interpersonen- (statt Interrollen-) und Interrollen-(statt Intrarollen-)Konflikte verwendet, was nicht zur Verwirrung führen sollte). Als Lösungsmöglichkeiten bieten sich die Diskussion der Rollenerwartungen und die Prüfung ihrer sachlichen Berechtigung oder Notwendigkeit an oder die Bildung von Rollenhierarchien, d. h., einzelne Rollen werden gegenüber anderen priorisiert. Ausschlaggebend dafür dürfte der Umfang möglicher Sanktionen sein. Weitere Lösungsmöglichkeiten der Konflikte sind etwa Handlungsverzögerung (in der Hoffnung, das die Zeit für eine Lösung arbeitet), Handlungsbeugung gegenüber sozialer Macht, wechselweise Handlung, um mehreren Anspruchsgruppen gerecht zu werden oder legitimitätstreue Handlung („Dienst nach Vorschrift"). Konflikte sind immer Interessengegensätze zwischen Personen und Gruppen, die aus unvereinbaren Vorstellungen über die Zielverwirklichung und unterschiedlichen Wahrnehmungen der Realität folgen.

Ein Interrollen-Konflikt liegt etwa vor, wenn ein Mann sich als Manager seiner beruflichen Aufgabe gegenüber verpflichtet sieht, als Vater aber seiner Familie vorzustehen hat. Wenn es jetzt um die Ableitung von Überstunden geht, entsteht zwangsläufig ein Konflikt zwischen der Rollenerwartung seitens des Arbeitgebers, die der beruflichen Aufgabe Priorität einräumt, und der Rollenerwartung seitens der Familie, die der häuslichen Pflicht Priorität einräumt. Je nachdem wie man sich nun entscheidet, verletzt man die Rollenerwartungen einer dieser beiden Gruppen.

Ein Intrarollen-Konflikt liegt etwa vor, wenn ein Vater einerseits seinen Sohn streng erziehen will, damit etwa aus ihm wird, ihn andererseits aber auch verwöhnen will, weil er es verdient hat. Wenn es nun darum geht, ob der Sohn abends länger aufbleiben darf, um die Verlängerung des Fußballländerspiels im Fernsehen anzuschauen, muss der Vater sich entweder zugunsten längeren Schlafs, besserer Ausgeruhtheit und höherer Aufmerksamkeit in der Schule am nächsten Vormittag entscheiden oder zugunsten von mehr Spaß, Erlebniswert und Lebensfreude.

Ein **Person-Rolle-Konflikt** liegt vor, wenn die Rollenerwartungen an eine Person nicht mit deren persönlichen Interessen oder Bedürfnissen übereinstimmen. Der Rollenträger ist nicht fähig oder nicht willens, eine ihm zugedachte

Rolle auszuführen. Denkbar ist dann, in dieser Rolle zu scheitern oder in sie hinein zu wachsen. Oder aber, die Rollenerwartung an die Person angepasst wird, d. h. von außen Abstriche an die Rollenerfüllung des Rollenträgers in Kauf genommen werden. Eine mindere Rollenerfüllung kann aber auch in mangelnden Ressourcen begründet sein, d. h. die Ausstattung der Rolle ist nicht adäquat zur Erwartung an den Rollenträger. Auch dann droht ein Scheitern oder man kann sich durch Improvisation zumindest vorübergehend retten.

Kommunikationsbeziehungen betreffen den Informationsfluss zwischen Personen. Dabei kann es sich um formale oder informelle Kommunikation handeln. Formale Kommunikation ist zweckbezogen, sie kann aufwärts oder abwärts gerichtet sein, also in der Hierarchie von unten nach oben (Bottom up) oder von oben nach unten (Top down), aber auch seitwärts. Informelle Kommunikation ist demgegenüber zweckfrei angelegt. Kommunikation hat immer vier Ebenen, die Sachinhaltsebene der objektiven Sachdarstellung, die Selbstdarstellungsebene der Offenbarung des Botschaftsabsenders, die Fremdeinschätzungsebene der Beziehung zwischen Botschaftsabsender und -empfänger und die Appellationsebene der beabsichtigten Wirkung der Botschaft. Diese Ebenen dürfen einander nicht kreuzen, da es sonst zu Kommunikationsstörungen kommt, die vielfältig sein können. Solche Fehler betreffen die Zielsetzung, Relevanz, Umsetzung, Übermittlung, Kontaktierung, Verarbeitung, Verwertung und Speicherung von Informationen.

Machtbeziehungen basieren auf unterschiedlichen Ausprägungen. Belohnungsmacht hat, wer andere für rollenspezifisches Verhalten gratifizieren kann, Bestrafungsmacht hat, wer andere für nicht rollenadäquates Verhalten pönalisieren kann, Legitimationsmacht hat, wer kraft organisationaler Hierarchie andere anweisen kann, Identifikationsmacht hat, wer von anderen als informelle Autorität geachtet wird, und Expertenmacht hat, wer einen Wissensvorsprung vor anderen hat. Soziale Macht betrifft also die Fähigkeit, andere zu einem Verhalten zu bewegen, das von diesen ursprünglich so nicht beabsichtigt war, jedoch im Interesse des Machtausübenden liegt. Dabei müssen die Machtmittel nicht tatsächlich eingesetzt oder nicht einmal vorhanden sein, es reicht vielmehr die glaubhafte Androhung des Einsatzes.

Untersucht man die Machtbeziehungen näher, so stellt man fest, dass jemand Belohnungs- bzw. Bestrafungsmacht hat, wenn der Andere glaubt, dass er ihn für ein gewünschtes Verhalten bzw. für die Unterlassung eines unerwünschten Verhaltens belohnen oder für die Unterlassung eines gewünschten Verhaltens bzw. ein unerwünschtes Verhalten bestrafen kann und er im Besitz der dazu erforderlichen Sanktionsmittel ist oder glaubhaft macht, es zu sein. Expertenmacht hat jemand, wenn der Andere die überlegenen Kenntnisse, Fähigkeiten und Fertigkeiten anerkennt und in bestimmten Situationen dessen Hilfe sucht und Rat befolgt. Und Identifikationsmacht hat jemand, wenn er ein soziales Modell darstellt, dessen Verhalten und Verhaltensdispositionen Andere möglichst weitgehend zu übernehmen bestrebt sein. Dies betrifft etwa die Einflussnahmemöglichkeit von Eltern und Lehrern auf Kinder, aber auch die werbliche Präsentation vermögender Personen der Oberschicht oder erfolgreicher Aufsteiger als soziale Vorbilder. Andere Machtbasen sind Amtsautorität, Überzeugung oder persönliches Charisma. Macht bedarf zur Wirkung einer Basis, auf die sie sich stützt. Mittel, mit denen sie durchgesetzt wird, und Geld, das den Einsatz dieser Mittel finanziert. Die Macht ist in ihrer Reichweite begrenzt, ebenso auch in ihrem Umfang. Sie erstreckt sich immer nur auf bestimmte Personen, die über weniger Macht verfügen und ist oft im Zeitraum ihrer Wirksamkeit limitiert.

Macht ist Folge der Sozialisation. Sozialisation ist der soziale Einfluss im Verhalten von Personen und Institutionen, der auf Kenntnisse, Einstellungen und Werte derart einwirkt, dass das Kaufverhalten, genauer das Information, Sparen, Gebrauch, Verbrauch und Entsorgung, anderes verläuft als es ohne diese Einflussnahme der Fall gewesen wäre. Abzugrenzen ist Macht von Manipulation, Antizipation und Assimilation. Manipulation liegt beim Einsatz von vom Beeinflussten nicht erkannten Machtmitteln zur Verhaltens- und Dispositionsänderung vor. Antizipation betrifft einen noch nicht erfolgten, aber erwarteten Machtmitteleinsatz und wird scheinbar freiwillig als vorauseilender Gehorsam vorgenommen. Und Assimilation bedeutet die weitgehende Anpassung des Einzelnen an die Verhaltensweisen seiner sozialen Umgebung. So kann es selbst in einem fast machtleeren Raum allein durch häufige Interaktion und Harmoniebedürfnis zu Verhaltensangleichungen kommen.

Macht führt beinahe automatisch zu Konflikten, weil Menschen Rollen spielen müssen, die nicht ihrem eigenen Ich entsprechen. Ursache sind also Interessengegensätze zwischen Personen und Gruppen, die aus unvereinbaren Vorstellungen über Zielverwirklichung und unterschiedliche Wahrnehmungen der Realität resultieren. Man unterscheidet mikrosoziale Konflikte zwischen Personen, mesosoziale Konflikte zwischen Kleingruppen bzw. Systemen und makrosoziale Konflikte zwischen mesosozialen Gebilden. Der Art nach kann es sich um Reibungskonflikte aus Friktionen, Positionskonflikte aus der Rollenverteilung oder Strategiekonflikte infolge abweichender Ziele handeln. Weiterhin unterscheidet man zwischen Interessenkonflikten aus der Beurteilung, Wertkonflikten aus der Evaluation und Anteilskonflikten aus der Verteilung. Konflikte können allgemein formgebunden oder formfrei ablaufen. Je nach Ausprägung handelt es sich um heiße oder kalte Konflikte. Als gesellschaftlich sanktionierte Form der Austragung solcher Konflikte zwischen Wirtschaftseinheiten stellt sich die Konkurrenz dar. Diese ist als schöpferische Zerstörung produktiv, sofern der Konkurrenzgrad nicht eskaliert, was häufig der Fall ist. Dies ist im Wesentlichen eine Frage der Rahmenbedingungen.

2. Konsumentenverhalten

Die Entwicklungsstufen eines Konflikts sind regelmäßig folgende:

– *Am Anfang stehen noch Kooperationsbemühungen bei gelegentlichem Abgleiten in Reibungen und Spannungen, aber bei Wahrung der überwiegenden Gemeinsamkeiten der Beteiligten. Dann entsteht ein latenter Konflikt, wobei sich die beteiligten Parteien der konflingenten Situation noch nicht bewusst sind, obgleich diese unterschwellig bereits ihr Verhalten prägt. Es kommt zu einer Polarisierung und Debatte, wobei die unterschiedlichen Standpunkte deutlich werden, aber noch Verständigungsbereitschaft signalisiert wird. Es erfolgt eine zunehmende Projektion negativer Eigenschaften und Verhaltensweisen auf die Gegenpartei bei wechselnder Selbstfrustration infolge unbeherrschter eigener Aktionen. Den Worten folgen Taten, indem der jeweils anderen Seite in Abrede gestellt wird, dass sie an einer gütlichen Einigung noch interessiert ist. Der Konflikt wird perzeptiert, wobei der Spannungszustand zumindest von einer Partei bereits bewusst wahrgenommen oder sogar geschürt wird. Bemühungen um Reputation und Unterstützung laufen an, wobei vorsorglich die Rechtmäßigkeit des eigenen Standpunkts betont und nach Verbündeten gesucht wird. Es kommt zu einer Ausweitung des strittigen Themas bei gleichzeitiger kognitiver Komplexitätsreduktion auf leicht fassbare Vorurteile. Wechselseitige Verflechtungen von Ursachen und Wirkungen bei gleichzeitiger Simplifizierung von Kausalitäten treten auf, die Realität wird gemäß den eigenen Vorurteilen verzerrt und zurechtgestutzt. Der Spannungszustand wird von allen Betroffenen erlebt und als emotional belastend empfunden. Gemeinsamkeiten und Verständigungsbereitschaft werden aufgegeben. Drohstrategien werden eingesetzt, d.h. der jeweils anderen Seite werden die Konsequenzen ihrer Uneinsichtigkeit mit dem Ziel dargestellt, sie zum Einlenken auf die eigene Position zu bewegen, wozu es aber regelmäßig bereits zu spät ist. Es kommt zu einer Ausweitung der sozialen Dimension bei gleichzeitiger Tendenz zur Personalisierung des Konflikts über den Aufbau eines einfachen Feindbildes. Es werden systematische Zerstörungsschläge gegen das Sanktionspotenzial des Gegners mit dem Ziel seiner Isolierung und damit der Schwächung seiner Position durch Angriffe auf dessen Umfeld geführt. Es kommt zu einer Beschleunigung der Eskalation durch pessimistische Antizipation von Aktionen und Reaktionen der Gegenpartei, damit zu einer Aufschaukelung zu immer drastischeren Maßnahmen. Ein manifester Konflikt ist entstanden, wobei offenes Konfliktverhalten einsetzt und vorherrscht, also strikte Antinomie der Verhaltensweisen. Gezielte Angriffe auf das „Nervensystem" des Gegners erfolgen als punktuelle Aktivitäten, die den Feind entscheidend treffen sollen. Das Vernichtungsziel wird unter Mobilisierung aller Verbündeter und Helfer sowie eigener Ressourcen im offenen Kampf verfolgt. Die Nachwirkungen des Konfliktausgangs beeinflussen die Verhaltensweisen aller Beteiligten auf unabsehbare Zeit.*

2.4.2.5 Meinungsführerschaft

Als Meinungsführer werden generell jene Mitglieder einer Gruppe bezeichnet, die im Rahmen des Kommunikationsprozesses einen stärkeren persönlichen Einfluss als andere ausüben und daher die Meinung anderer zu beeinflussen oder ändern imstande sind. Professionelle Experten als Beeinflusser werden meist im Rahmen der Fachwerbung ohnehin getrennt intensiv bearbeitet. Ihr Beeinflussungspotenzial bestimmt sich aus der Relaisfunktion, ihrer Verzerrungs-, Verstärkungs- bzw. Abschwächungswirkung, ihrer Selektionsfunktion für weiterzuleitende Informationen und ihrer Resistenzfunktion zur Abwehr nicht wertkonformer Informationen.

Meinungsführerschaft ist die Ausübung von Einfluss innerhalb interpersoneller Kommunikationsprozesse. Im Rahmen der persönlichen Kommunikation in sozialen Gruppen haben bestimmte Personen stärkeren Einfluss auf Einstellungen, Meinungen und Verhaltensweisen anderer Gruppenmitglieder, sie werden als Opinion leaders bezeichnet. Dabei ist von einer graduellen Ausprägung auszugehen. Diese Meinungsbildner nehmen eine exponierte Stellung ein, weil sie besser informiert, stärker interessiert und aktiver sind als andere. Dies macht sie aufnahmefähig für Herstellernachrichten mit Niveau und Gehalt, die sie bei Gelegenheit an ihr soziales Umfeld weitergeben.

Meinungsbildner nehmen eine exponierte Stellung ein, weil sie besser informiert, stärker interessiert und marktaktiver sind als andere. Dies macht sie aufnahmefähig für Nachrichten mit Niveau und Gehalt, die sie bei Gelegenheit an ihr soziales Umfeld weitergeben. Dabei unterscheidet man institutionelle Mei-

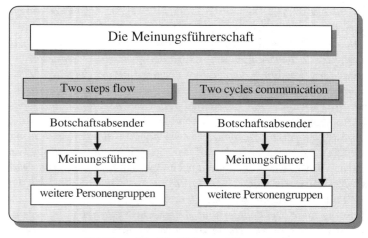

Abbildung 39: Die Meinungsführerschaft

nungsbildner (z.B. Journalisten, Ärzte, Lehrer) und funktionale Meinungsbildner (im Publikum).

Diese Eigenschaft beruht auf informeller Kompetenz, selten auch auf Macht, und wechselt interpersonell je nach Themenstellung. Die Kommunikation kommt nun nicht nur durch Medien, sondern auch durch Personen zustande, die über Themen kommunizieren. Meinungsführer haben daher eine Multiplikatorwirkung in ihrem sozialen Umfeld. Marketing nutzt dies, indem selektierte Informationen zuerst an meinungsbildende Personen gegeben werden, die diese ihrerseits weitertragen. Zur Erklärung dienen zwei Modelle.

Im **Informationsstufen-Konzept** (Two steps flow of communication) wird davon ausgegangen, dass sich die Kommunikation zwischen Botschaftsabsender und Rezipienten nicht nur direkt und diffus, sondern vor allem auch zweistufig vollzieht. Nämlich vom Botschaftsabsender an bestimmte Meinungsbildner in der Gesellschaft und von diesen an weitere Personengruppen. Der Botschaftsfluss geht also zunächst einstufig vom Absender an Meinungsführer. Diese nehmen die Botschaft auf und versuchen, etwaige Informationsdefizite durch Kontaktsuche zu Promotoren (professionellen Experten) zu füllen. Gleichzeitig suchen weitere Personengruppen infolge psychischer Inkonsistenzen Kontakt zu Meinungsbildnern, die auf sie dann in der zweiten Stufe ihren Einfluss ausüben.

Frühe Untersuchungen (Gallup) zu diesem Phänomen stammen aus dem Wahlverhalten von US-Bürgern. Danach fließen politische Informationen in einer ersten Stufe von den Massenmedien zu den Meinungsführern und in einer zweiten Stufe erst von diesen zu den übrigen Bürgern. Zunächst nehmen die Meinungsführer eine Botschaft auf und versuchen, etwaige Informationslücken durch Kontaktsuche zu professionellen Experten, sog. Promotoren, zu schließen. Gleichzeitig suchen weitere Personengruppen infolge psychischer Inkonsistenzen Kontakt zu den Meinungsbildnern, die auf sie dann Einfluss ausüben. So wurde das Wahlverhalten nicht nur durch die Kommunikation der politischen Parteien, sondern auch durch den Kommunikation der Meinungsbildner beeinflusst.

Im **Informationsfluss-Konzept** (Two cycles of communication) wird zwischen Informationsfluss und Meinungsbeeinflussung differenziert. Der Informationsfluss erfolgt demnach sowohl einstufig vom Absender (Hersteller/Handel) direkt an Endabnehmer als auch zweistufig. Die Beeinflussung erfolgt aber nur zweistufig, vom Absender an Meinungsbildner und von diesen an Endabnehmer. Man unterscheidet vor allem nach Opinion givers, und zwar Meinungsbildnern 2. Grades, die ihrerseits durch Meinungsbildner 1. Grades beeinflusst werden und so fort, Opinion askers als Informationssuchern und aktiven Informationsempfängern, Inactives als passiven Informationsempfängern sowie sozial isolierten Konsumenten. Insofern werden mehrstufige Kommunikationswege unterstellt, in denen parallel Einflussbeziehungen zwischen verschiedenen Meinungsbildnern und zwischen Massenmedien und Meinungsfolgern berücksichtigt werden.

In der Werbung wird dieser parallele Informationsfluss zu stimulieren gesucht durch den Einsatz spezieller Umsetzungstechniken (Slice of life, Testimonials etc.), über mediale Responsemechanismen (Coupon, Member get member etc.) und in der interpersonellen Kommunikation (Persönlicher Verkauf, Home parties etc.). Typisch sind etwa Situationen, in denen ein Meinungsbildner ein Produkt empfiehlt, die andere Person aber Zweifel an der Leistungsfähigkeit anmeldet. Die Zielpersonen versetzen sich intuitiv in die Situation dieses Zweiflers. Das Produkt überzeugt durch Leistung, der Meinungsbildner ist in seiner Kompetenz gestärkt, der Meinungsfolger ist, stellvertretend für die Zielgruppe, überzeugt.

Problematisch ist dabei die Charakterisierung solcher Meinungsführer. Generell ist festzuhalten, dass sie

- in allen sozialen Schichten anzutreffen sind und nicht, wie früher angenommen, nur in hohen sozialen Schichten,
- kommunikationsfreudiger als der Durchschnitt sind und sich durch geselliges Verhalten und starke soziale Interaktion auszeichnen,
- vorwiegend auf ein bestimmtes Thema spezialisiert und dort besser informiert sind als andere (es gibt allenfalls Mehrfachkompetenzen bei Themen mit starken inhaltlichen Überschneidungen),
- risikofreudiger als der Durchschnitt der Zielgruppe sind, was aus ihrem besseren Informationsstand resultiert,
- häufig Nutzer von Fachmedien (Special interest-Titel), sind die daher für die werbliche Ansprache ausgewählt werden,
- generell an ein höheres Ansprachenniveau gewöhnt und
- mit informeller Kompetenz ausgestattet sind.

Zur Identifizierung solcher Personen sind drei Ansätze gebräuchlich. Der **Soziometrie-Ansatz** versucht, das Kommunikationsgefüge in gesellschaftlichen Gruppen grafisch sichtbar zu machen. Dazu wird der Informationsfluss zwischen den Mitgliedern untersucht und als Netzwerk mit Knoten für die Mitglieder und Pfaden für den Informationsfluss dargestellt. Dabei ergeben sich Knoten, bei denen mehr und solche, bei denen weniger Pfade zusammenlaufen. Die Kristallisationspunkte im ermittelten Kommunikationsnetz werden als Meinungsführer interpretiert. Voraussetzung ist dabei, dass alle wesentlichen Beziehungen erfasst werden, was wiederum die Kenntnis der Gruppenstruktur bedingt.

Der **Schlüsselinformanten-Ansatz** zielt darauf ab, Personen zu identifizieren, die einen besonders guten Überblick über die Gruppe haben. Diese sollen dann angeben, wer ihrer Meinung nach Meinungsführer ist. Dabei ersetzt man

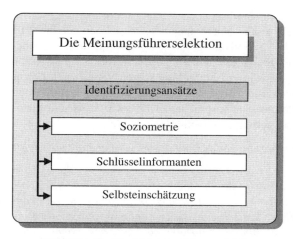

Abbildung 40: Die Meinungsführerselektion

die Unsicherheit über die Person des Meinungsführers allerdings nur durch die Unsicherheit über die Person des Schlüsselinformanten.

Der Selbsteinschätzungs-Ansatz geht von einem subjektiven Punktbewertungsverfahren aus, das mutmaßliche Kennzeichen von Meinungsführern umfasst. Jedes Gruppenmitglied bewertet sich dann selbst hinsichtlich dieser Kriterien. Dabei kann es aber zu krassen Fehleinschätzungen kommen. Insofern ist die Zuverlässigkeit der Ergebnisse stark anzuzweifeln.

Ein denkbarer Item-Katalog umfasst folgende Fragen:

– *Haben Sie in den vergangenen sechs Monaten mit jemanden über (Thema X) gesprochen?*
– *Werden Sie im Vergleich zu anderen Personen Ihres Freundes-/Bekanntenkreises seltener auf einen Rat über (Thema X) hin angesprochen?*
– *Wenn Sie sich einmal an Ihr letztes Gespräch über (Thema X) erinnern, wurden Sie nach Ihrer Meinung dazu befragt?*
– *Wenn Sie mit Ihren Freunden über neue Ideen auf dem Gebiet (Thema X) diskutieren, welche Rolle spielen Sie dabei: Hören Sie hauptsächlich zu oder versuchen Sie, Ihre Freunde von Ihren Ideen zu überzeugen?*
– *Welche der beiden folgenden Möglichkeiten passiert Ihnen öfter: Sie berichten Ihren Nachbarn über (Thema X) oder Ihre Nachbar berichten Ihnen darüber?*
– *Haben Sie das Gefühl, dass Ihre Nachbarn Sie als einen guten Ratgeber über (Thema X) ansehen?*

Solche Induktoren sind besonders wichtig im Marketing, weil sie einerseits als Heavy users ein großes Nachfragepotenzial auf sich vereinen (Eigeneffekt) und andererseits als Multiplikatoren kostenlose Akquisitionsanstöße geben, die sogar glaubwürdiger und effizienter sind als Werbeaussagen, weil man unterstellt, dass die Person aus ihrer Empfehlung keinen Vorteil zieht (Vermittlungseffekt). Solche Personengruppen werden etwa bei Produktneueinführungen erklärungsbedürftiger Produkte angesprochen. Und zwar meist additiv zur Breitenzielgruppe bzw. bei geringer Budgethöhe auch allein.

Zur Charakterisierung von Meinungsbildern dienen tendenziell folgende Merkmale:

– *höchste Ansprüche an Produkte, abstrakte Leistungsargumentation, ernsthaftes, intensives Engagement, das Beste ist gerade gut genug, Konsummarken gegenüber kritisch eingestellt, hoher Wissensstand (Expertentum), Werbeinhalte tiefgründig informierend, generell hoher Informationsbedarf, Selbstzweck des Zustandekommens der Leistung, Ergebnis ist sekundär, Angebotsvielfalt wirkt positiv (wird als Ausdruck der Individualität begrüßt), Ordnungskriterien des Marktes sind bekannt (Transparenz), Diskriminierung von Normalverbrauchern als ahnungslose Amateure, geringesnummerisches Potenzial, aber Intensivverwender, fachhandelsorientiert, hohe Preisbereitschaft, Kauferlebnis als Motivation, Beratung als Fachgespräch, Nutzung von Special interest-Medien.*

Zur Charakterisierung von Meinungsfolgern dienen tendenziell folgende Merkmale:

– *durchschnittliche Ansprüche an Produkte, konkrete Nutzenargumentation, durchschnittliches Interesse, solider Standard ist zufriedenstellend, Exotenmarken gegenüber kritisch eingestellt, geringes Verständnis/Beurteilungsvermögen (Laie), Werbeinhalte vordergründig unterhaltend, anlassbezogener Informationsbedarf, Zustandekommen der Leistung ist Mittel zum Zweck, das Resultat ist primär, Angebotsvielfalt wirkt negativ (als Verwirrung bezweifelt), Ordnungskriterien des Marktes sind unbekannt (Intransparenz), Diskriminierung von Spezialisten als exaltierte Freaks, hohes nummerisches Potenzial, aber Extensivverwender, universalhandelsorientiert, geringe Preisbereitschaft, Preiserlebnis als Motivation, Beratung als Aufklärungsgespräch, Nutzung von General interest-Medien.*

2.5 Spezielle Aspekte

2.5.1 Situative Kaufeinflüsse

Neben den soziologischen, psychologischen und kognitiven Einflussgrößen stellen sich beim Kaufverhalten auch zunächst banal erscheinende Umfeldfaktoren dar, die umfassend als situative Faktoren bezeichnet werden. Dabei handelt es sich um solche, die aus den äußeren Einflüssen der Kaufsituation entstehen. Beispielhaft dafür seien im Folgenden genannt:

- **Physische Umgebung**, wie Geräusch, Licht, Klima, räumliche Lage, Dekoration etc. Die Einkaufsatmosphäre, etwa in der Geschäftsstätte oder am Bildschirm, hat hohen Einfluss auf Art und Ausmaß von Käufen, wobei anregende atmosphärische Bedingungen kaufstimulierend wirken. Daher gibt es aufwändige Einkaufspassagen an den besten Standorten der Großstädte. Weitere Beeinflussungsmöglichkeiten entstehen durch Duftstoffe, etwa bei Einsprühen von Leder, um, gerade unterhalb der Wahrnehmungsschwelle penetriert, unbewusste Kaufimpulse zu setzen. Geräusche werden etwa im Rahmen der Hintergrundmusik am Handelsplatz eingesetzt, um Entspannung und Unterhaltung zu schaffen. Licht sorgt für die Dramatisierung der Angebotsdarbietung, etwa an der Fleisch- und Wurstwarentheke im Lebens-

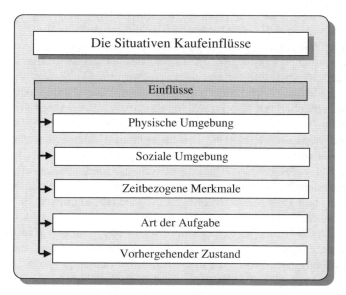

Abbildung 41: Die Situativen Kaufeinflüsse

mittelhandel. Dort werden oft auch Degustationen geboten, die eine geschmackliche Beurteilung ansonsten nicht bekannter Lebensmittel zulassen.
- **Soziale Umgebung**, wie Gegenwart anderer Personen, Interaktion mit Personen, Sozialeinfluss etc. Zu denken ist an die Anwesenheit von Kaufbeeinflussern, die steuernd auf Geschäftsstätten-, Produkt- und Markenentscheide einwirken. Ein anderer Aspekt ist das Beratungs- und Verkaufsgespräch, in dem Käufe erheblich in die eine oder andere Richtung gelenkt werden können. Dabei ist der Charakter von Produktgruppen von großer Bedeutung. Über tabuisierte Produkte (z.B. Körperhygiene) wird in der sozialen Umgebung weniger kommuniziert als über profilierende Produkte (z.B. Bekleidung). Ebenso spielt Kaufberatung bei problemlosen, selbsterklärenden Produkten kaum eine Rolle, ist hingegen wichtig bei komplexen, erklärungsbedürftigen Produkten.
- **Zeitbezogene Merkmale**, wie Tagesablauf, Entscheidungs- und Zeitdruck, Zeitabstand zu Ereignissen etc. Vor allem ist hier das weit verbreitete Phänomen des Kaufstress zu beachten. Reglementierte Ladenöffnungszeiten, vielfältig aufzusuchende Einkaufsstätten, differenzierter Einkaufsbedarf und begrenztes Zeitbudget, meist infolge beruflicher Belastung, führen hier zu einer massiven Beeinflussung der Käufe. Daraus resultiert der Wunsch nach Kaufvereinfachung, also eine geringere Anzahl beurteilter Alternativen von Einkaufsstätten, Produktgruppen, Marken und Produkten, deren oberflächlichere Beurteilung und die Ausrichtung an Gewohnheiten, am Bekanntheitsgrad oder spontanen Eindrücken (Schlüsselinformationen) sowie weniger Nutzung an sich verfügbarer neutraler Informationsquellen.
- **Art der Aufgabe**, wie Einkaufszweck, Einkaufsmenge, Produktart etc. Zu denken ist an Auftragskäufe, die nach mehr oder minder starrer Vorgabe erfolgen, oder an Käufe für besondere Anlässe wie Geschenke etc. oder mit hoher Bedeutung nach Kaufpreis und Bindungsdauer. Diese Faktoren beeinflussen erheblich das Kaufentscheidungsverhalten. Der Anteil der Auftragskäufe am gesamten Kaufvolumen, etwa eines Haushalts, ist umstritten. In vielen Fällen entscheidet die haushaltsführende Person, bei traditioneller Rollenverteilung die Hausfrau, selbst, was gut für ihre Familie ist und was nicht, z.B. bei Haushaltsverbrauchsartikeln, in anderen Fällen erfolgt nur die Vorgabe der Produktgruppen, innerhalb derer der Haushaltsführer dann die Marken- und Produktentscheidung trifft, z.B. bei Weinbrand für die Hausbar, in wieder anderen Fällen erfolgt eine detaillierte Vorgabe des einzukaufenden Produkts, wobei ein Zuwiderhandeln Stress für den Haushaltsführer bedeutet, z.B. bei dekorativer Kosmetika. Unklar ist, inwieweit eine Vorgabe der Einkaufsstätte erfolgt, die über die dort distribuierten Produkte eine Vorgabe des Available set bedeutet.

- **Vorhergehender Zustand**, wie Stimmung, Müdigkeit, Hunger, mitgeführter Geldbetrag etc. Dabei werden Carry over-Effekte wirksam, also Erlebnisse aus der meist nahen Vergangenheit, die in die Gegenwart hinein verstärkend oder abschwächend wirken. Zu denken ist an Werbeanstösse wie sie durch Ladendurchsagen, POS-Radio, Shopping center-Plakate, POS-Werbemittel etc. entstehen. Im starken Maße davon betroffen sind Produkte mit Impulscharakter. Hier führen situative Faktoren dominant zur Determinierung von Kauf oder Nichtkauf. Insofern sind Elemente wie aufmerksamkeitsstarke Packungsgestaltung, gut erkennbare Platzierung, bedürfnisadäquater Standort und Sonderpreishinweise von Bedeutung.

2.5.2 Best agers

Aufgrund fundamentaler demographischer Verschiebungen wird verstärkt die Bearbeitung des Senioren-Marktes angestrebt. Abgesehen davon, dass Senioren zwar eine zunehmend zahlreiche, kaufkräftige und auch konsumbereite Zielgruppe sind, scheitern solche Ansätze allgemein daran, dass die Auslobung eines Produkts als für Senioren geeignet dieses stigmatisiert, denn jüngere Zielgruppen schließen sich dann als Käufer aus und ältere Zielgruppen wollen keine Produkte für Senioren, weil sie sich subjektiv jünger fühlen (Feel age) und jünger aussehen (Look age) als sie rechnerisch sind (Chronological age), sich für wenig alterstypische Dinge interessieren (Interest age) und diese auch tun (Do age). Die Bearbeitung des Senioren-Marktes ist daher nur möglich, indem Hersteller Produkte so auslegen, dass sie den Altersveränderungen der Personen entsprechen, ohne sie ausdrücklich für Alte zu positionieren. Die Zielgruppe identifiziert dann die Produkteignung selbst.

Denn die für den Bewegungsapparat zuständige Muskelmasse nimmt im Alter ab, die Muskelkraft lässt dementsprechend nach. Eine Altersversteifung der Gelenke führt zu einer weiteren Verringerung der körperlichen Bewegungsfähigkeit Produkte müssen daher die verminderte Feinmotorik berücksichtigen (Packungshandling etc.), die Gebinde dürfen nicht zu schwer sein, im Handel ist die Regalplatzierung zu beachten (nicht ganz unten/Bückzone oder ganz oben/Reckzone im Regal). Das Blickfeld, die Sehschärfe und die Farbwahrnehmung verändern sich im Alter. Daher sollten glänzende und reflektierende Oberflächen von Packungen und Werbemitteln vermieden werden, Schriften müssen groß und klar sein, grün und blau als Farben können nicht mehr eindeutig unterschieden werden. Die Altersschwerhörigkeit betrifft vor allem sehr tiefe und sehr hohe Töne. Dies ist beim Telefonmarketing und bei Umsetzung von Rundfunkspots zu berücksichtigen. Die geistige Beweglichkeit und Umstellungsfähigkeit, die Geschwindigkeit von Informationsaufnahme und verarbeitung sowie das Abstraktionsvermögen und Kurzzeitgedächtnis lassen nach.

Werbung muss daher auf Penetration setzen, in TV-Spots sollen modisch-schnelle Schnitte vermieden werden. Die Akzeptanz von neuen, erklärungsbedürftigen Produkten ist allgemein erschwert. Ältere Menschen brauchen mehr Zeit zum Verstehen einer Botschaft, wobei eine möglichst bildhafte Nutzendarstellung hilfreich ist.

2.5.3 Modell des Beurteilungsraums

Das Modell des Beurteilungsraums (Mazanec) unterscheidet die vier Hauptkonstrukte Einstellung, Image, wahrgenommenes Risiko und kognitive Dissonanz, denen ein überdurchschnittlicher Beitrag zur Erklärung des Entscheidungsverhaltens beigemessen wird. Außerdem gibt es Nebenkonstrukte, welche die Hauptkonstrukte erklären. Einstellung ist dabei ihrer Natur nach mehrdimensional und drückt die Markenbewertung auf Grundlage des Produktwissens aus. Vorgelagerte Nebenkonstrukte sind Emotionen, Motive und das Produktwissen selbst, gleich gelagert ist das Selbstvertrauen, nach gelagert sind Kaufabsicht und Markenpräferenz. Unter Image wird hier, etwas eigenwillig, die Entlastung von kognitiven Prozessen als Wissensersatz verstanden. Images sind durch schematisierte Vorstellungen gekennzeichnet, stabil, vereinfachen die Wahrnehmung und sind mehrdimensional. Vorgelagerte Konstrukte sind Emotionen, Motive, Markenbekanntheit, nachgelagert sind Markenpräferenz und Kaufabsicht. Das wahrgenommene Risiko gliedert sich in zwei Komponenten auf, die Unsicherheit über die Kauffolgen und deren Wichtigkeit, die multiplikativ verknüpft sind. Vorgelagert sind das allgemeine und das spezifische Selbstvertrauen, gleich gelagert das Vertrauen in das eigene Informationsverarbeitungsvermögen und nachgelagert Markentreue, Informationssuche, Beeinflussbarkeit etc. Kognitive Dissonanz bezeichnet einen Konflikt, der durch widersprüchliche kognitive Elemente entsteht und zu einem motivational bedeutsamen Spannungszustand führt, den das Individuum auszugleichen oder abzubauen bemüht ist. Vorgelagert sind Ego-Involvement und Selbstbindung, nachgelagert sind Einstellungen und Präferenzen.

Aus diesem Modelldesign leiten sich mehrere Auswahlentscheidungen ab. Dem erlebten Risiko kommt demnach die größte Bedeutung hinsichtlich der Erklärung von Kaufabsichten zu, falls entweder die als negativ wahrgenommenen Produktwirkungen überwiegen oder der Konsument ein besonderes Informationsdefizit empfindet. Je mehr die Konsumenten über Produktwissen verfügen, desto stärker trägt die Einstellung zur Erklärung der Kaufabsichten bei. Kognitive Dissonanzen vermögen Änderungen des Kaufverhaltens in der Nachkaufphase umso besser zu erklären, je wichtiger die Käufe eingeschätzt werden und je weniger Präferenzunterschiede zwischen den Alternativen vor dem Kauf wahrgenommen worden sind.

Daraus leiten sich drei Hypothesen ab. Die Erste spezifiziert einen Zusammenhang zwischen Beurteilungsraum und Markenwahlabsichten. Die zweite betrifft die Übersetzung verbal geäußerter Verhaltensabsichten in reales Verhalten. Und die Dritte lautet, dass mit zunehmendem Anteil der Erstkäufer das Ausmaß ansteigt, in dem sich die relativen Positionen der Produktmarken im Beurteilungsraum nach dem Kauf ändern. Ein Problem stellt hier vor allem die schwache Berücksichtigung emotionaler Aspekte dar.

2.5.4 Allgemeines Kaufentscheidungsmodell

Im allgemeinen Kaufentscheidungsmodell (Backhaus u. a.) geht es um eine Reökonomisierung der Erklärung des Konsumentenverhaltens. Dem liegen folgende Ausgangshypothesen zugrunde, die sich auf die Wahrscheinlichkeit beziehen, dass Käufer eine bestimmte Kaufentscheidung treffen. Dies ist um so höher, je größer die Stärke aller aus der Sicht des Käufers für eine bestimmte Kaufentscheidung relevanten Zielvorstellungen über eine zukünftige Situation, die dieser zu verwirklichen bzw. zu vermeiden such, insgesamt ist. Zielvorstellungen des Käufers sind seine Vorstellungen über eine zukünftige Situation. Die Stärke der Zielvorstellungen repräsentiert den Grad, in dem ein Käufer seine Zielvorstellungen in einer konkreten Entscheidungssituation in die Realität umsetzen möchte. Sie ist um so höher, je größer die Stärke für für eine bestimmte Kaufentscheidung und die Zielvorstellungen relevanten Mittelvorstellungen des Käufers insgesamt ist, die von ihm als zur unmittelbaren Verwirklichung offen stehend erkannt werden. Unter Mittelvorstellungen des Käufers sind alle Vorstellungen über die von ihm als ihm zugänglich erscheinenden Handlungsmöglichkeiten zur Umsetzung zu verstehen. Sie ist um so höher, je größer nach Meinung des Käufers die Eignung seines Wissens für seine Zielerreichung und die Realisierung der für eine bestimmte Kaufentscheidung relevanten Mittelvorstellung insgesamt ist. Die Wissenskomponente enthält eine entschlusssteuernde Rolle. Wissen sind von einem Käufer für real angesehene und von ihm als relevant empfundene konditionale Aussagen. Und sie ist um so höher, je stärker nach Meinung des Käufers die Eignung der Objekte für die Zielerreichung und Kaufentscheidung ist, die von materiellen Gegenständen oder Personen der unmittelbaren Umwelt abhängt. Die Kaufentscheidung erscheint also abhängig vom Grad, in dem Käufer Gegenstände oder Personen in seiner unmittelbaren Umwelt bzw. Merkmale von diesen als relevant wahrnimmt.

Die vier Hypothesen werden zu einer einzigen rechenbaren Größe integriert. Daraus lassen sich dann Eintrittswahrscheinlichkeiten für den Kauf ableiten. Ein Problem stellt hier vor allem die Vernachlässigung sozialer Aspekte dar.

2.5.5 Neuroökonomie

Neuroökonomie bezeichnet die Integration geistes-, natur- und medizinwissenschaftlicher Disziplinen zur Erforschung des ökonomie-relevanten Verhaltens von Menschen. Neuromarketing ist ein Teilgebiet davon, um Prozesse im menschlichen Gehirn mit dem Ziel zu analysieren und zu interpretieren, die interdisziplinär generierten Erkenntnisse für die Prognose des Kaufverhaltens im Marketing nutzbar zu machen. Dabei werden die Disziplinen Psychophysik (für Sinneswahrnehmungen), Künstliche Intelligenz (für Neuronale Netze), Marketingforschung (für Kaufverhalten), Kulturwissenschaft (für Denken) und Entwicklungspsychologie (für menschliche Evolution) genutzt.

Neuromarketing ist ein potenzialstarkes Instrument, das bereits einige Hinweise zur Erklärung geliefert hat und zahlreiche noch liefern kann. Es bedeutet einen Paradigmawechsel gegenüber dem SOR-Modell und der Fiktion des Homo oeconomicus. Ob es die Erwartungen letztlich erfüllt, die darin häufig gesetzt werden, bleibt abzuwarten, denn es gibt zumindest derzeitig vielfältige Limitationen für Aussagen. Diese liegen vor allem in der Komplexität der Gehirnanatomie (geringe räumliche Auflösung), in der enormen Geschwindigkeit der Informationsverarbeitungsprozesse (geringe zeitliche Auflösung), in der extremen Laborsituation der Tests (geringe Validität) und deren sehr hohen Kostenaufwands (ca. 400 € pro Session/Anlageinvestitionen 2 Mio. €) bzw. kleiner Fallzahl. Außerdem spielen ethische (Konkurrenz zu pathologischer Nutzung) und rechtliche Limitationen (Einverständniserklärung) eine Rolle.

2.5.5.1 Messverfahren

Die Messung in der Neuroökonomie erfolgt meist auf zwei Arten, durch elektrophysiologische Verfahren wie Elektroencephalographie (EEG), Magnetencephalographie (MEG) sowie Verfahren der strukturellen Bildgebung wie Röntgenaufnahme, Computertomographie (CT), Magnetresonanztomographie (MRT, auch Kernspintomographie) oder der funktionellen Bildgebung wie funktionelle Magnetresonanztomographie (fMRT), funktionelle transkranielle Doppler-Sonographie (fTCD/Ultraschall), Positronen-Emissions-Tomographie (PET), Einzelphotonen-Emissions-Computertomographie (SPECT).

Elektrophysiologische Verfahren erfassen die elektrischen Aktivitäten neuronaler Prozesse (Entladungen), die bei Gehirnaktivität zwangsläufig entstehen.

Bei der **EEG**-Untersuchung werden den Probanden Oberflächenelektroden auf die Kopfhaut gesetzt. Dadurch lassen sich elektrische Spannungsschwankungen über der Kopfhaut registrieren. Da das Gehirn allerdings auch in Ruhephasen Aktivitäten aufweist, ist es erforderlich, die Differenzen dieser Spannungen zu ermitteln. Dies geschieht etwa mit einer Referenzelektrode am Ohr.

2. Konsumentenverhalten

Der Nutzen der EEG liegt in ihrer guten zeitlichen Auflösung. Dadurch ist es möglich, die Hirnaktivitäten innerhalb von Millisekunden zu erfassen. Dabei können sie in ihrer detaillierten Reihenfolge dargestellt werden. Und auch die Reaktionszeiten lassen sich fast realtime erkennen. Demgegenüber ist die räumliche Auflösung sehr schwach. So können nur solche neuronalen Entladungen aufgezeichnet werden, die sich nahe der Schädeldecke befinden. Weitere Nachteile sind der hohe apparative und zeitliche Aufwand sowie die benötigten IT-Ressourcen. Zusätzlich sind die Messungen für die Probanden mit einigen Unannehmlichkeiten verbunden. So kann allein das Anbringen der Elektroden bis zu einer Stunde dauern. Auch sind bis zu 800 Wiederholungsmessungen erforderlich, um stabile Ergebnisse zu erhalten.

Die **MEG** arbeitet auf vergleichbare Weise. Hierbei ist es jedoch nötig, den Probanden ein eisenhaltiges Kontrastmittel zu spritzen. Infolge dessen verändern sich die magnetischen Potenziale der Nervenfasern, die wiederum auf der Kopfhaut durch hoch empfindliche Detektoren messbar sind. Die MEG misst somit das schwache Magnetfeld, das durch die Bewegung aktivierter Neuronen entsteht. Als Folge lassen sich die aktiven Bereiche des Gehirns von den inaktiven trennen und abbilden. Der Vorteil gegenüber der EEG besteht darin, dass die Methode über eine bessere räumliche Auflösung verfügt. Dadurch lassen sich auch tiefer liegende Hirnaktivitäten innerhalb der Großhirnrinde exakter entschlüsseln. Ein Nachteil sind die hohen Messkosten im Vergleich zu denen der EEG. Das liegt u.a. an den Sensoren, die für eine Untersuchung stark mit Helium abgekühlt werden müssen. Denn die minimalen Magnetfelder können erst bei äußerst geringen Temperaturen erfasst werden. Darüber hinaus müssen alle Störquellen, die durch andere Magnetfelder entstehen können, abgeschirmt werden. Zu diesem Zweck sind aufwendig gestaltete, spezielle Messkammern erforderlich. Außerdem ist die Datenanalyse im Anschluss der Untersuchung kompliziert.

Bildgebende Verfahren sollen die Schwächen der elektrophysiologischen Verfahren überwinden helfen. Dabei werden die neuronalen Aktivitäten im menschlichen Gehirn über Stoffwechselvorgänge (metabolisch) ermittelt.

Eine **strukturelle** Bildgebung ist über Querschnitsbilder vor allem durch Röntgenaufnahmen, CT und MRT möglich. Ergebnis sind jeweils dreidimensionale Aufnahmen des Gehirns. So können auch tiefer liegende Schichten des Gehirns dargestellt und die aktiven von inaktiven Gehirnregionen getrennt werden. Mit der Magnetresonanztomographie lassen sich zeitliche Stoffwechselvorgänge im Gehirn erkennen, indem starke Magnetfelder aufgebaut werden, welche die Unterschiede zwischen sauerstoffarmem und sauerstoffreichem Blut erfassen und damit die aktiven Gehirnteile identifizieren. Die Funktion des Gehirns erfordert den Abbau von Glucose, dazu benötigt es Sauerstoff, dieser wird durch Zufuhr sauerstoffreichen Bluts ersetzt. Diese Durchblutungsänderung ist messbar. Dieses Verfahren ist das verbreitetste. Es verfügt über eine hohe räumliche Auflösung bei begrenzter zeitlicher Auflösung.

Die **funktionelle** Bildgebung arbeitet vor allem über fMRT, PET und SPECT. Bei der fMRT erfolgt die Messung der Veränderung der Sauerstoffsättigung im Gehirn, denn Gehirnaktivität erfordert Sauerstoff, und sauerstoffreiches Blut hat andere magnetische Eigenschaften als sauerstoffarmes Blut (BOLD-Effekt). Von Vorteil ist die hohe räumliche Auflösung, allerdings muss der Kopf des Probanden dazu über einen Zeitraum fixiert werden, die zeitliche Auflösung ist hingegen gering. Bei der PET bekommen die Probanden eine leicht radioaktive Flüssigkeit injiziert. Da bei Gehirntätigkeit Sauerstoff verbraucht wird, kann durch die Markierung über Sensoren auf der Kopfhaut der Ort der radioaktiven Strahlung beim Stoffwechsel gemessen werden. Die räumliche Auflösung ist hoch, die zeitliche jedoch gering, zudem können Gesundheitsgefahren entstehen, auf jeden Fall entstehen aber hohe Messkosten. Auch die SPECT erfordert die Injizierung geringer Mengen schwach radioaktiver Substanzen. Dies ermöglicht die Messung der Gammastrahlen, diese werden mit Detektoren bei Probanden erfasst. Bei der Doppler-Sonographie erfolgt eine Messung der Blutflussgeschwindigkeit mittels Ultraschall in den beiden Gehirnhälften bzw. drei Gehirnteilen. Dies ist aus Ultraschalluntersuchungen hinlänglich bekannt.

Zur Verstärkung der Interpretation kommen traditionelle, psychophysiologische Messverfahren hinzu. Zu denken ist in diesem Zusammenhang an folgende:

– Hautwiderstandsmessung. Dabei wird die Aktivität des peripheren Nervensystems über Aktivierungsschwankungen aus der Veränderung des Hautwiderstands erfasst. Dies ist relativ einfach und kostengünstig durchführbar, allerdings besteht keine Aussage über die Valenz der Aktivierung und vielfältige Störfaktoren verzerren das Ergebnis.
– Herz- bzw. Pulsfrequenzmessung. Dabei wird die Intensität von Aktivierungsschwankungen aus der Veränderung des Herz- bzw. Pulsschlages ermittelt. Die Messung ist relativ einfach und kostengünstig, auch hier besteht keine Aussage für die Valenz der Aktivierung und vielfältige Störfaktoren verzerren das Ergebnis.
– Gesichts-Elektromyographie (EMG). Dabei erfolgt eine Messung des Ausdrucksverhaltens des Gesichts durch Zuordnung der Bewegung einzelner Gesichtsmuskeln zu standardisierten Gesichtsausdrücken (Facial action coding technique). Daraus kann dann das Denken interpretiert werden. Dies ist relativ einfach durchführbar, aber in der Auswertung sehr komplex, zudem bestehen wiederum vielfältige Störfaktoren.
– Blickverlaufsmessung. Dabei erfolgt eine Messung von Veränderungen der Pupillenbewegung als Indikator für die Wahrnehmung von Stimuli. Dies ist ebenfalls einfach durchführbar, hat aber viele, schwer eliminierbare Störfaktoren.

2. Konsumentenverhalten

Von den vorläufigen Erkenntnissen der Neuroökonomie sind vor allem folgende bedeutsam. Emotionen kommt die zentrale Bedeutung bei der Kaufentscheidungsfindung zu. Jeder Stimulus wird zunächst mit einem emotional geprägten Attribut versehen und dann erst als holistische Informationseinheit verarbeitet. Das Belohnungsmotiv hat einen signifikanten Stellenwert beim Kaufentscheid. Verhalten wird im Regelfall so gewählt, dass es den Entscheider intrinsisch oder extrinsisch belohnt. Und beim Kauf oder Nichtkauf steht nur das priorisierte Denkobjekt (Marke/Unternehmen) im Fokus („The winner takes it all"), alle nachgelagerten Objekte spielen hingegen keine Rolle (anders als im Relevant set behauptet).

Emotionale Stimuli können effektiver verarbeitet werden und verfügen damit über das Potenzial, im Gedächtnis verankert zu werden. Das Gedächtnis ist stark in Kaufentscheidungen involviert und vereinfacht Wiederholdungsentscheide. Emotio und Ratio sind daher keine Gegensätze, sondern ergänzen einander. Für die nachhaltige Verankerung von Botschaften ist deren Konsistenz und Konsequenz entscheidend. Für beide ist die Wiederholungshäufigkeit einer Botschaft hilfreich, um einen Lerneffekt zu erreichen. Dabei werden emotional geprägte Botschaften leichter im Langzeitgedächtnis verankert als rational geprägte. Konsistenz bezieht sich auf eine zentrale Kommunikationsbotschaft, Konsequenz auf die integrierte Kommunikation dieser Botschaft. Die Aufmerksamkeit ist dabei um so höher, je mehr Sinnesmodalitäten parallel angesprochen werden.

Männer sind überwiegend im Dominanz-Bereich verortet. Sie sind durch höhere Testosteronkonzentration aggressiver und kämpferischer als Frauen. Emotionale Motive wie Macht, Kontrolle, Sieg sind für sie prägend. Frauen haben ihren Schwerpunkt im Bereich der Balance. Sie sind durch das Hormon Östrogen weich und sensibel veranlagt. Bevorzugte Motive sind Sicherheit, Geborgenheit, Gesellschaft. Bei Frauen ist die Verbindung der Gehirnhälften zudem stärker ausgeprägt als bei Männern. Männer sind jedoch stärker „gehirnspezialisiert". Das Gehirn der Frauen ist leichter als das der Männer, aber besser vernetzt. Auch sind viele Gehirnbereiche anders ausgeprägt als bei Männern.

2.5.5.5.2 Biostruktur

Das menschliche Gehirn lässt sich in drei Bereiche einteilen, den Hirnstamm (verlängertes Rückenmark, Kleinhirn, Mittelhirn), das Zwischenhirn (u.a. Thalamus und Hypothalamus) und die Großhirnrinde (limbisches System, Neokortex, Gehirnlappen). Der Hirnstamm ist der älteste Bereich. Hier werden die lebenswichtigen Funktionen gesteuert wie Herzfrequenz, Atmung, Blutdruck, Schlaf etc. Das Zwischenhirn übernimmt die Steuerung der Organe. Es koordiniert und kontrolliert Bewegungsabläufe, Stütz-, Blick- und Sprachmotoriken. Und die Großhirnrinde sammelt Informationen und speichert Lebenserfahrungen. Hier erfolgt auch die Steuerung von (Kauf-)Verhalten. Außerdem liegt hier der Ursprung der Kaufwünsche. Es bestehen zwei Hemisphären, eine analytisch-rational-sequenziell-deduktiv denkende (meist links) und eine kreativ-induktiv-emotional denkende (meist rechts). Diese drei Gehirnbereiche werden in einem Motivsystem (Limbic map/Häusler) symbolisiert als Balancesystem (Stammhirnregion), Dominanzsystem (Zwischenhirnregion) und Stimulanzsystem (Großhirnregion) mit dreiÜbergängen als Disziplinsystem (von Balance zu Dominanz), Abenteuersystem (von Dominanz zu Stimulanz) und Fantasie-System (von Balance zu Stimulanz). Indem identifiziert wird, wo und wann genau Denkvorgänge stattfinden, kann darüber spekuliert werden, was gedacht wird, denn den verschiedenen Gehirnbereichen lassen sich klare Denkstrukturen zuordnen. Dies lauten etwa wie folgt:

– Balance: Bindung, Fürsorge, Sicherheit, Geborgenheit, Familie, Treue, Freundschaft, Gesundheit, Tradition, Heimat, Nostalgie, Natur, Bewahrung, Sparsamkeit, Risikokontrolle,
– Dominanz: Sieg, Macht, Kampf, Elite, Ruhm, Freiheit, Autonomie, Durchsetzung, Status, Stolz, Ehre, Leistung, Effizienz, Ehrgeiz, Expansion, Cleverness,
– Stimulanz: Extravaganz, Kreativität, Individualismus, Abwechslung, Innovation, Neugier, Kunst, Spaß, Humor, Spiel, Erlebnis,
– Disziplin (Kombination Balance/Dominanz): Hartnäckigkeit, Fleiß, Funktionalität, Präzision, Logik, Disziplin, Ordnung, Gerechtigkeit, Pflicht, Askese, Moral, Gehorsam, Hygiene, Sauberkeit, Verlässlichkeit, Qualität, Perfektion,
– Abenteuer (Kombination Dominanz/Stimulanz): Jagd, Impulsivität, Risikofreude, Spontaneität, Mut, Abenteuer, Rebellion, Pioniergeist,
– Fantasie (Kombination Balance/Stimulanz): Genuss, Träumen, Sinnlichkeit, Geselligkeit, Vertrauen, Herzlichkeit, Poesie, Offenheit, Flexibilität, Toleranz, Leichtigkeit, Kompromissbereitschaft.

Ausgangspunkt ist die entwicklungsgeschichtliche Aufteilung des menschlichen Gehirns in drei Primärbereiche, die zugleich Schlüssel zum Verständnis vielen Marktgeschehens sind. Es handelt sich um das

– Stammhirn, R-Komplex oder Limbisches System. Es steuert die unbewussten Lebensvorgänge, also „automatische" Gewohnheiten, Gefühle, Stimmungen, Instinkte etc. Es steht für Sicherheit, Stabilität, Fürsorge, Meidung von Veränderungen, Risiken, Unwägbarkeiten, Gefahren etc.
– Zwischenhirn, den Hypothalamus. Ihm entspringen spontanes Reagieren, Antriebskräfte, Betätigungsdrang, Statusbewusstsein, Selbstbehauptung. Anerkennung, Effizienz. Leistung, Macht, Konkurrenz, „Raufen", Sexualität, Genuss etc.

- Großhirn, genauer die Großhirnrinde oder Neocortex. Es ist zuständig für rationale Logik, planvolle Vorausschau, systematische Ordnung, Abstraktionsvermögen, Veränderungen, Neugier, Erlebnis, Kreativität, Stimulanz, Entdeckung, Spiel etc.

Unterschiedliche Reaktionen von Personen in gleichen Situationen resultieren u.a. aus der individuell verschiedenen Verteilung dieser drei Primärbereiche. Zwar arbeiten immer alle Gehirnteile zusammen an der Entscheidungsfindung und Verhaltensbestimmung, aber je nach „Gehirntyp" dominiert jeweils ein Primärbereich. Charakteristisch sind dafür die folgenden Kennzeichen.

Das **Stammhirn** steuert über starre Programme Begierden, auch den Arterhaltungstrieb, und fungiert darüber hinaus als Erfahrungsspeicher. Stammhirndominierte suchen daher instinktiv soziale Kontakte (Gesellungstendenz), Geborgenheit (menschliche Wärme) und Sympathie (wollen beliebt sein). Gemäß ihren Erfahrungen orientieren sie sich an Vertrautem (Vergangenheitssicht), meiden möglichst jedes Risiko und neigen zu konservativem Sicherheitshandeln. Im Zweifel verlassen sie sich auf ihre Intuition, ihren Spürsinn und treffen reinrassige „Bauchentscheidungen". Stammhirndominanz steht für gesellige Kontakte, lebhaftes Interesse an Menschen und ihren Eigenheiten. Die Kontaktaufnahme fällt leicht, da andere angezogen durch Ausstrahlung und Sympathie, entgegenkommen und aufnahmebereit sind.

Stammhirndominierte suchen beim Kauf Wohlbehagen, Gediegenheit und Beständigkeit. Demotivierend wirkt alles, was Probleme und Schwierigkeiten verheißt, demnach alles Ungewohnte, Unerprobte, Neuartige. Dieser Personenkreis steht Experimenten ablehnend gegenüber. Stattdessen gelten Bequemlichkeit, Gewohnheit, Tradition als vorherrschende Ordnungsmuster. Im Konsum wird Gemeinsamkeit mit Anderen gesucht, ein „Wir"-Gefühl. Abweichung von Gruppennormen wird vermieden, Sicherheit in Konformität und Harmonie mit möglichst vielen anderen gesucht. Meinungen, Erfahrungen von Freunden und Bekannten, spielen eine große Rolle bei der Präferenzbildung, ebenso vertrauensvolle Berater und Medien. Das gesprochene Wort rangiert über dem geschriebenen. Ein Kaufanstoß geht meist von den Umständen aus, z.B. bei Ersatzbedarf, oder der sozialen Umgebung, z.B. durch Empfehlung. Druck erzeugt dabei Kaufwiderstand. Nach dem Kauf ist die Bestätigung der Richtigkeit der getroffenen Entscheidung wichtig. Gewohnheitsdenken und Abneigung gegen neue Entscheidungen führen zur Markentreue. Und Markenartikel bieten implizit mehr Sicherheit, die ihren Mehrpreis wert ist.

Als Balance-Instruktionen dienen folgende:

- *Vermeide jede Gefahr, vermeide jede Veränderung, baue Gewohnheiten auf und behalte diese so lange wie möglich bei, vermeide jede Störung und Ver-*

141

unsicherung, strebe nach innerer und äußerer Stabilität, optimiere den Energiehaushalt und gehe sparsam damit um,
- *bevorzugt: Versicherungen, Standardfinanzprodukte, Altersvorsorge, Medikamente, Sicherheitsausstattung im Auto (Airbag, stabile Fahrgastzelle), Qualität, Haltbarkeit, Garantieversprechen, Service, Alarmanlagen, Schließsysteme, Ratgeber in Medien, eigene Wohnung, Traditionsmarken, Liefersicherheit, Vertragssicherheit, Konstanz und Berechenbarkeit von Partnerschaften, Vereine, Clubmitgliedschaften, Interesse an privaten Belangen, spontane Hilfe, Kinder, Haustiere, Geschenke, Umwelt- und Naturschutz, Spendenwesen.*

Das **Zwischenhirn** bringt Freund-Feind-Schemata hinzu, fordert Distanz und Willensstärke. Zwischenhirndominierte sind daher von Emotionen und Spontanreaktionen gesteuert, leben Aggressionen aus, sind ehrgeizig, stellen sich kompromisslos dem Wettbewerb und der sich daraus ergebenden Hierarchie. Allein mit dem Ziel, im Mittelpunkt und selbst ganz oben zu stehen. Die dazu erforderliche Dynamik und Entschlusskraft führt zu pragmatischen Problemlösungen (Gegenwartssicht). Für Zwischenhirndominanz ist der Wunsch charakterisierend, im Mittelpunkt zu stehen und die intellektuellen Kräfte mit Anderen zu messen. Verstellung und Diplomatie kommen dabei zu kurz. Führungsstärke und Willensdrang gewähren schnell natürliche Autorität. Allerdings besteht auch die Gefahr zu leerer Hektik, Imponiergehabe und Vorurteilen.

Zwischenhirndominierte kaufen eigentlich Erfolgserlebnisse. Produkte werden in erster Linie danach bewertet, ob sie geeignet sind, den persönlichen Erfolg zu steigern. Dementsprechend wird alles Alltägliche, Herkömmliche als langweilig disqualifiziert. Argumente also, die den Stammhirntypen entgegenkommen, stoßen die Zwischenhirntypen geradezu ab. Sie suchen positive Abhebung von Anderen, wollen größer, schneller, besser sein als diese. Deshalb sind sie oft Trendsetter und Konsumpioniere. Faszination geht von Produktdemonstration und konkretem Erleben aus. Vergleichsdaten spielen als Benchmarks eine große Rolle. Kaufimpulse resultieren aus der animierenden Atmosphäre des Augenblicks. Langes Abwägen ist verzichtbar. Spontane Begeisterung für ein Angebot wird oft schnell durch noch größere für ein anderes abgelöst. Daraus folgt wenig Markentreue, oft handelt es sich um Wechselkunden.

Als Dominanz-Indikatoren dienen folgende:

- *Setze dich durch, strebe nach oben, sei besser als die anderen, vergrößere deinen Machtspielraum, verdränge deine Konkurrenten, erweitere dein Territorium, erhalte deine Autonomie, sei aktiv,*
- *bevorzugt: Statusprodukte wie teure Uhren, Parfüms, Modeartikel, elitäre Clubs, Autos, Maschinen, Werkzeuge, VIP-Status, VIP-Events, Lounges, erlesene Weine, Sportgeräte, Fitness-Präparate, alles, was Effizienz und Stär-*

ke/Schnelligkeit erhöht, Angelsport, Jagdsport, Schnäppchenjagd, Wettkampfsportarten, Kosmetik, Blumen, Schmuck.

Das **Großhirn** ist wiederum ganz anders strukturiert, zwingt zu interpretativer Analytik mit Planung der Zusammenhänge und Prüfung möglicher Alternativen sowie lästigem Perfektionismus. Großhirndominierte halten daher soziale Distanz, zeichnet Kritikbewusstsein mit der Absicht fortschreitender Verbesserung von Lösungen aus (Zukunftssicht). Sie sind sensible Individualisten, die sich und Anderen das Leben schwerer machen als es auf den ersten Blick nötig ist. Kennzeichnend für Großhirndominanz ist der zurückhaltende Kontakt zu Fremden, der „Verletzungsgefahren" birgt, ebenso wie das distanzierte Verhältnis zu sich selbst, das oft Ironie und Sarkasmus verbreitet. Überpünktlichkeit, Vorsorgedenken und abwägende Vorsicht sind weit verbreitet.

Großhirndominierte kaufen Perfektion, suchen immer und überall das günstigste Preis-Leistungs-Verhältnis oder gleich die anspruchsvollste Lösung, auch wenn das zeitraubend und anstrengend ist. Sachfremde Argumente wie Design, Farbe, Marken-Prestige, Sympathie zum Verkäufer, Nähe der Geschäftsstätte etc. sind sekundär. Jene Signale also, für die Zwischenhirntypen offen sind, laufen hier ins Leere. Standardlösungen werden als nicht gut genug deklassiert, Extravaganzen als nicht vernünftig abgelehnt. Kennziffern und Fakten dienen der Alternativenbewertung. Angebotsvergleiche schaffen Überblick. Werbung wird dabei als nicht objektiv und unkritisch abgewertet. Spontankäufe sind selten. Meist wird nach dem Entscheidungsbaum-Verfahren durch Aussonderung weniger geeigneter Alternativen und Verfolgung leistungsfähigerer Pfade vorgegangen. Die Bindung an ein Angebot ist durchweg rein rational, der Kauf ist Zweckkauf.

Als Stimulanz-Indikatoren dienen folgende:

– *Suche nach Neuem und Unbekanntem, brich mit Gewohnheiten, entdecke und erforsche deine Umwelt, suche Abwechslung, vermeide Langeweile, sei anders als die anderen,*
– *bevorzugt: Erlebnisgastronomie, Reisen, Unterhaltungselektronik, Literatur, Freizeitindustrie, innovative Produkte, Erlebniseinkauf, Newsletters, Events, Spielwaren, technische Geräte mit vielen Funktionen und Knöpfen, Spielautomaten, Lotterien, alles zum Anfassen und Ausprobieren.*

Ein Beispiel aus dem Bereich Bausparkassen illustriert diesen Ansatz:

– *Balancesystem Schwäbisch Hall: Auf diese Steine können Sie bauen, signalisiert Solidität und Gediegenheit (= Grün). Der Naturstoff Ziegelsteine im Logo sendet Grün-Signale, die Leitfigur (Fuchs) wird mit Niedlichkeit und Schläue (Blau) verbunden. Schwäbisch steht für heimelig und süddeutsch. Die Kernzielgruppe präferiert im Wunschhaus traditionelle Formen und Farben sowie Baumaterialien aus der Natur.*

- *Dominanzsystem Wüstenrot: Das Glück braucht ein Zuhause, bauen wir's auf.* Dominant Rot, unterstützt wird dies durch die aggressive Stichtagswerbung „schnell, schnell" und „Jetzt geht's um die Wurst", Das Logo ist Rot/ Blau, Wording und Gestaltung sprechen rot und blau an. Das Wunschhaus der Kunden ist teuer, hebt den besonderen Geschmack und die Exklusivität des Baustils hervor.
- *Stimulanzsystem LBS:* Wir geben Ihrer Zukunft ein Zuhause, Zuhause = Grün, Zukunft = Blau, die strengen Buchstaben im Logo sind vorwiegend blau. Als Wunschhaus präferieren Kunden ein Haus, das durch die Merkmale Architektur, technische Details, klare, grafische Formen und Funktionalität ausgezeichnet ist.

Dies gilt auch für ein Beispiel aus dem Bereich Automobil:

- *Balancesystem Volkswagen:* Da weiß man, was man hat. Aussagefähige Argumente: Spricht Sicherheit, Zuverlässigkeit an, funktionale Technik, dichtes Servicenetz, hoher Wiederverkaufswert, bewährte deutsche Marke, Marktführer.
- *Dominanzsystem BMW: Freude am Fahren.* Aussagefähige Argumente: Sportlichkeit, Fahrdynamik, leistungsstarke Motoren, Control-System im Armaturenbrett, Spurtstärke, Höchstgeschwindigkeit, gute Kurvenlage, Überholprestige, Preisniveau sichert Status.
- *Stimulanzsystem Audi: Vorsprung durch Technik.* Aussagefähige Argumente: Raffinierte technische Lösungen wie Allradantrieb (quattro), Turbodiesel als Kombination aus Verbrauchsgünstigkeit und Leistung, Alukarosserie zur Gewichtsreduktion, braucht niemand wirklich, ist aber elaboriert.

Und ein Beispiel von Mineralöl/Tankstellen:

- *Balancesystem Shell.* Was können wir für Sie tun? bzw. Service für Mensch und Motor. Die Signalfarben sind gelb, rot und grün. Der Mensch steht im Mittelpunkt der Aktivitäten, komplizierte Technik wird ihm abgenommen, darüber muss er sich keinen Kopf machen.
- *Dominanzsystem: Esso. Packë den Tiger in den Tank.* Die Signalfarbe ist rot, Stärke wird bei jeder Tankfüllung versprochen, damit holt man alles aus dem Wagen heraus, was in ihm steckt, ist an der Ampel und auf der Autobahn gewiss der schnellste.
- *Stimulanzsystem: Aral. Alles Super.* Die Signalfarbe ist blau, dies steht für intelligente technische Lösungen, die den Verschleiß des Motors vermindern. Das darf dann auch ruhig etwas mehr kosten, weil man das durch weniger Reparaturen mehr als wieder herausholt.

Praktisch hinsichtlich aller verhaltensrelevanten Dimensionen ergeben sich also erhebliche Unterschiede im Wirkpotenzial. das heißt, ein und dasselbe Argument kann bei verschiedenen Personengruppen zu ganz unterschiedlichen Reaktionen führen. Die Dominanz eines dieser Primärbereiche hat keinerlei qualitative Wertung zum Inhalt, sondern leitet sich allein aus der Evolution des Menschen chronologisch her. Daraus ergeben sich allerdings unmittelbar Kaufcharakterisierungen.

Anhand der Argumentation für den Automobilkauf kann man dieses Dilemma nachvollziehen.

Hier muss man berücksichtigen, dass Stammhirndominierte von Natur aus ein distanziertes Verhältnis zur Technik haben, sie für kompliziert, störanfällig, problemvoll und widerspenstig halten. Daraus resultiert der Wunsch nach bewährter, ausgereifter Konstruktion und reibungslosem Funktionieren. Sowie ein Desinteresse daran, wie diese Leistung technisch im Einzelnen zustande kommt. Eine Auslobung in Bezug auf obenliegende Nockenwelle, Ladeluftkühler, Kennfeldzündung etc. geht in diesem Fall völlig fehl. So stolz ein Hersteller darauf im Einzelfall zu Recht auch sein mag. Selbst viele Bedienungselemente und Anzeigeinstrumente schrecken ab, indizieren sie doch Komplexität. Dagegen sind Servicefreundlichkeit, Wartungsfreiheit, lange Inspektionsintervalle hoch relevant. Anders sind die Erwartungen bei Zwischenhirndominierten. Hier ist Technik Fortsetzung der Physis mit anderen Mitteln. Hochleistung muss nach außen hin signalisiert werden. Kilowattwert, Beschleunigung und Höchstgeschwindigkeit sind wichtig. Hoch erwünscht ist eine ausführliche Technikauslobung, die materielle Überlegenheit belegt. Gleiches gilt für Großhirndominierte. Jedoch nicht im Sinne vordergründiger Angabe, sondern möglichst raffinierter, reizvoller, ingeniöser Umsetzung. Damit einher geht eine höhere Preisbereitschaft für Lösungen nach dem neuesten Stand der Technik (State of the art).

In Bezug auf das Kriterium Wirtschaftlichkeit sind Stammhirndominierte ebenso oft bereit, für mehr Qualität auch mehr zu investieren, um später Ärger und Risiken zu vermeiden. Geringe Reparaturanfälligkeit und dichtes Kundendienstnetz sind daher gute Argumente, in geringerem Maße auch praktische Ausstattung oder niedriger Verbrauch. Zwischenhirndominerte sind durch ihre stark emotionale Triebkraft weniger für Ökonomieargumente aufgeschlossen. Im Gegenteil, etwaige Unwirtschaftlichkeiten werden durch dialektische Umgewichtung wegargumentiert. Wobei im Einzelfall sportlicher Ehrgeiz in Verhandlungstaktik und Preisgespräch gelegt wird, aber nicht aus Sparsamkeitsgründen, sondern wegen des Erfolgserlebnisses. Großhirndominierte sind demgegenüber prinzipiell sparsam veranlagt. Das liegt an ihren hohen Ansprüchen, die nur bei diszipliniertem Ausgabeverhalten finanzierbar sind. Das heißt, hier schlagen Preis-Leistungs-Argumente am ehesten durch, weniger absolute Preisgünstigkeit oder Ausprägungen von verzichtbarem Luxus mit Aufpreisfolge.

Man weiß schon lange um die Bedeutung von Farbe und Design für Automobilkäufer. Viele Fahrzeuge sehen wirklich nur gut aus in Rot oder ganz von vorn betrachtet. Für Stammhirndominierte geht Farbe vor Form. Und beides gemeinsam vor Technik und Sparsamkeit. Es wird auf ein gefälliges Äußeres geachtet, unaufdringliche Farben, konventionelle Formen. Beides vertraut und weit verbreitet anzutreffen. Zwischenhirndominierte haben hingegen ein Faible für kräftige, aggressive Farben und starke, gewagte Kontraste. Auch das Design soll auffällig und ausgefallen sein, eher kantig-markant als weich-fließend. Allenfalls aktuelle Modeeinflüsse können dies verändern. Davon sind Großhirndominierte wiederum völlig frei. Sie sind farbenscheu, meiden grelle, kräftige Farben, bevorzugen blau, schwarz, weiß. Starke Kontraste wirken auf sie ebenso irritierend wie überzogene Formen, denn Funktion bestimmt Form. Extravaganzen werden nur insofern akzeptiert, als es dafür plausible Gründe gibt, und die Leistung dadurch nicht beeinträchtigt wird.

Betrachtet man das Sicherheitsargument, so verdrängen Stammhirndominierte gern die Möglichkeit eines Unfalls, werden durch Crashtest-, Knautschzonen- und Sicherheitskäfig-Argumente nur abgeschreckt. Vergleichsweise harmlose Details wie Kindersicherung, Lenkradpolsterung oder Kopfstützen bleiben in der Auslobung unverfänglicher. Zwischenhirndominierte sind demgegenüber risikofreudig. Passive Sicherheitselemente wie die zuletzt genannten, überzeugen sie nicht. Sie sprechen lieber von aktiver Sicherheit, reagieren auf Spurtgeschwindigkeit zum zügigen Überholen, auf Allradantrieb in Extremsituationen oder sportive Fahrwerkstechnik. Großhirndominierte sind sowohl für passive wie aktive Sicherheit zu begeistern, weil sie sachlich kühl die Gefahr eines Unfalls einkalkulieren und für diesen Fall gut geschützt sein wollen. Was sie nicht akzeptieren, sind Funktionseinschränkungen durch ein Übermaß an Sicherheit, wie große Außenabmessungen, hohes Fahrzeuggewicht, breite Stoßfänger etc. oder an Sportlichkeit, wie straffe Dämpfung, hohe Lenkkräfte, geringe Bodenfreiheit etc.

Komfort wird von Stammhirndominierten eher in Richtung bequem, kommod, entlastend interpretiert, weniger in Richtung luxuriöser Details. Sie sind vergleichsweise anspruchslos, akzeptieren aber keine komfortbeeinträchtigenden Merkmale wie sportiv-harte Federung etc. Zwischenhirndominierte schätzen Sportlichkeit höher ein als Komfort, Asketische Innenausstattung ist ihnen lieber als Luxus oder Plüsch, harte Federung besser als weiche, ABS wichtiger als Getriebeautomatik. Großhirndominierte sind komfortbetont nicht i. S. v. vordergründiger Gemütlichkeit (wie Stammhirntypen) oder Fahrerlebnis (wie Zwischenhirntypen), sondern i. S. v. Konzentration auf das Wesentliche, das aber bestmöglich umgesetzt. Wobei lästige Nebeneffekte leicht irritierend wirken wie Windgeräusche, Auspuffröhren, Sichtbehinderung etc., zeugen sie doch von konstruktiven Unvollkommenheiten.

Stammhirndominierte brauchen viel Raum im Automobil, da das Fahrzeug für sie ihr Heim auf Rädern darstellt. Entsprechend sind die Ansprüche an großen

Stauraum, bequemen Einstieg, üppige Beinfreiheit in Fond etc. Zwischenhirndominierte sind in Bezug auf das Raumangebot unkritisch, insofern auch für Raumargumente nicht zu begeistern. Bei den gewünschten großen Außenabmessungen ist Platz ohnehin in Hülle und Fülle vorhanden, bei markigen Sportwagen ist die Funktion wichtiger und werden Kompromisse daher gern eingegangen. Großhirndominierte sehen im Auto im Grunde ein Fluchtmittel. Viele Personen auf engem Raum sind ihnen ein Gräuel. Also sollte man in der Werbung keine vollbesetzten Fahrzeuge zeigen oder Platz für viele Personen ausloben.

Zubehör schließlich wirkt auf Stammhirndominierte attraktiv, wenn es Annehmlichkeiten mit sich bringt, wie Schiebedach, Bodenteppich, Ablagefläche etc. Technische Zusatzausrüstung wird demgegenüber gering geschätzt. Umgekehrt verhält es sich bei Zwischenhirndominierten. Hier ist pseudosportliches Zubehör gefragt, wie Spoiler, Breitreifen, Drehzahlmesser, Extrascheinwerfer, LM-Felgen etc., alles hauptsächlich aus Imponiergehabe. Großhirndominierte halten demgegenüber eher auf Understatement. Demnach ist Zubehör nur insofern willkommen, als es sachliche Vorteile bietet, aber nicht aufdringlich wirkt, wie z.B. Navigationssystem, Sitzheizung, Klimaanlage. Das geht bis zur Demontage der herstellerseitigen Typenbezeichnung am Fahrzeug als unnützer Verzierung.

2.5.6 Konsumentenverwirrtheit

Konsumentenverwirrtheit (Consumer confusion) ist eine durch externe Stimuli wie Produkte, Werbebotschaften oder situatives Umfeld ausgelöste, bewusste oder unbewusste temporäre Störung der Informationsverarbeitung von Konsumenten, die zu suboptimalen Kaufentscheidungen führen kann. Sie wird in ihrer Intensität durch Moderator- und Mediatorvariable bestimmt und ist durch wahrgenommene Stimulusähnlichkeit, -überlastung und -unklarheit verursacht. Sie ist abzugrenzen von kognitiver Dissonanz, da sie auch unbewusst möglich ist, und von Risikoempfinden, da sie auch ohne Risiko vorhanden ist.

Stimuli sind allgemein Auslöser auf den Organismus. Man geht davon aus, dass vom Menschen nur begrenzt viele Stimuli gleichzeitig wahrgenommen werden können. Daher sind Stimulusbündel (Schlüsselinformationen, die ihrerseits mehrere Informationen bündeln) hilfreich, um mehr Information zu transportieren. Die Wahrnehmung wird erschwert durch Stimulusähnlichkeit, der durch Differenziertheit der Stimuli zu begegnen ist, durch Stimulusüberlastung, der durch Reduktion des Stimulusumfelds begegnet werden kann, sowie Stimulusunklarheit, der durch Komplexitätsreduktion entgegengewirkt werden kann.

Moderatoren sind Variable, die neben der unabhängigen Variablen Einfluss auf Consumer confusion nehmen. Dabei handelt es sich etwa um Alter, Geschlecht, Bildungsstand der Konsumenten. Die Zusammenhänge sind hier mehrdeutig und hängen u.a. von der Produktgruppe ab. Mediatoren sind Variable, die ihrerseits von der unabhängigen Variablen beeinflusst werden und auf Consumer confusion einwirken. Dabei handelt es sich um das zur Verfügung stehende Zeitbudget, die Erfahrung mit der Produktkategorie, das Involvement und das Kaufumfeld (z.B. Kaufanlass, Stimmung).

Consumer confusion hat negativen Einfluss auf die Loyalität durch Verwechslung der Absender, führt zur Unzufriedenheit/Reaktanz als Beeinflussungsvermeidung und zur Kaufzurückhaltung aus Unschlüssigkeitserwägungen.

Stimulusähnlichkeit beruht auf der Generalisierung vergleichbarer, aber verschiedener Stimuli. Dies ist vor allem durch ähnliche Werbebotschaften verschiedener Absender bedingt (Austauschbarkeit der Werbung, Me too-Positionierung) aber auch durch ähnliche Produkte. Zu denken ist an Handelsmarken, die Herstellermarken nachempfunden sind, an bewusste Produktpiraterie, an gattungstypische Auftritte von Produkten (wie bei Bier oder dekorativen Kosmetika) sowie Dachmarkenstrategien mit Produktfamilien, deren Mitglieder sich zum Imagetransfer bewusst stark ähneln.

Stimulusüberlastung bezeichnet den Anteil der nicht beachteten Informationen an den insgesamt angebotenen Informationen. Wird dieser Anteil zu gering, also die Relation aller Informationen zu den beachteten zu ungünstig, entsteht Informationsstress. Ein Mehr an Information führt dann nicht mehr zu besseren Entscheidungen. Die Informationsüberlastung entsteht durch Ausweitung der Werbeaktivitäten jedes Werbungtreibenden (Budgetinflationierung), durch immer mehr Werbeobjekte (Produkte) und durch immer mehr Anprachekanäle (Werbeträger). Dazu tragen auch gesetzliche Pflichtangaben (auf der Packung oder in der Werbung) bei sowie Zeitstress beim Einkauf.

Stimulusunklarheit ist ein qualitativer Aspekt und entsteht durch unklare Botschaften (z.B. Bezeichnung als Ökoprodukt oder Fachbegriffe wie Milchtrockenmasse, Hartweizenanteil etc.), durch bewusste Verringerung der Markttransparenz (z.B. durch Preisbaukästen bei homogenen Produkten), durch Verwendung schwer verständlicher Fremd- und Kunstworte (Come in and find out/Douglas). Weiterhin durch komplexe Produkte (z.B. Multifunktionsgeräte als Scanner, Fax, Drucker, Kopierer), geplante Obsoleszenz mit überzogen kurzen Produktlebenszyklen, Pseudoverbesserungen etc.

Verwirrungsreduktionsmechanismen seitens der Konsumenten sind vielfältig, z.B. die Fokussierung auf das eigentliche Einkaufsziel, die Suche nach zusätzlichen, absichernden Informationen, die kriteriengestützte Elimination von Wahlalternativen aus dem Set oder die Beratung/Unterstützung beim Kaufentscheid durch Dritte, notfalls auch die Verschiebung des Kaufentscheids. Weitere Aktivitäten betreffen das Gewohnheitskaufverhalten, die Senkung des Anspruchsniveaus auf eine zufrieden stellende Alternative oder die ersatzweise Orientierung am Preis zur Wahl.

Verwirrungsreduktionsmechanismen seitens der Hersteller sind ebenso vielfältig. Allerdings wirken diese als Hygienefaktoren, d.h. ihr Nichtvorhandensein wird zwar abgestraft, ihr Vorhandensein aber nicht honoriert. Dazu tragen die Verwendung von Schlüsselinformationen (z.B. Bilder) bei, weiterhin Überraschungseffekte, klare Packungsgestaltung und Programmbereinigung (Breite). Außerdem Differenzierung/Alleinstellung von Produkten und Werbebotschaften, bessere Produkterläuterung durch Bedienungsanleitung o.ä., selektive Distribution (z.B. nur über beratenden Fachhandel), Verzicht auf Partiengeschäfte, Sonderangebote o.ä.

Schließlich gibt es auch vielfältige Verwirrungsreduktionsmechanismen seitens des Einzelhandels. Dazu gehört die Optimierung des Sortiments innerhalb der Kategorie (mit Hilfe von ECR), die Qualifizierung der Kunden durch Fragetechniken, der Verzicht auf häufige Platzierungswechsel, die Verringerung der Sortimentsbreite und -tiefe (analog Discounter-Sortiment) bei Beibehaltung des Facing. Weiterhin mehr Beratungsservice des Personals, die Vermittlung von Einkaufserlebnis und Schärfung des Vertriebsschienenprofils.

2.6 Totalmodelle der Struktur

Totalmodelle des Konsumentenverhaltens beabsichtigen, das Käuferverhalten unter simultaner Einbeziehung aller relevanten Variablen in allen möglichen Situationen zu erklären. Dem liegt die Annahme zu Grunde, dass der Organismus in einer bestimmten Weise modelliert ist. Wird er nun mit einem Reiz konfrontiert, lässt sich der Prozess seiner Verarbeitung, d.h. sein

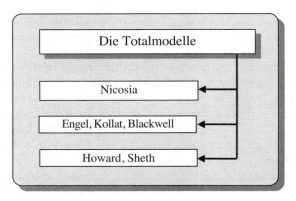

Abbildung 42: Die Totalmodelle

Weg durch die Black box, daran ablesen, wie sich einzelne intervenierende Variable verändern. Die durch diese vollständige Abbildung bedingten hochkomplexen Aussagen werden jedoch rasch unübersichtlich und sind daher für die praktische Umsetzung im Marketing nur sehr bedingt geeignet. Außerdem ist die Verknüpfung der einzelnen intervenierenden Variablen durchaus strittig. Die bekanntesten Modelle stammen von Engel, Kollat, Blackwell, von Howard, Sheth und von Nicosia.

Dabei können die Variablen stufenweise aufeinander aufbauend (z.B. Engel, Kollat, Blackwell) oder zu Gruppen zusammengefasst werden (z.B. Howard, Sheth). Totalmodelle erheben den Anspruch, die extensive Kaufentscheidung eines Konsumenten umfassend zu erklären, d.h. von der ersten Stimuluspräsentation bis zum Kauf bzw. von der Wahrnehmung einer Reizkonfiguration bis zur Formulierung der Kaufabsicht. Dazu sind sie meist aus einer Vielzahl empirischer Bausteine konstruiert. Die praktische Relevanz von Totalmodellen ist jedoch begrenzt, da die Komplexität der Variablenbeziehungen leicht unüberschaubar wird.

2.6.1 Nicosia-Modell

Maxime des Nicosia-Modells ist die Überzeugung, dass es nicht möglich ist, eine Einteilung der Variablen in unabhängige, intervenierende und abhängige vorzunehmen, da es sich bei der Kaufentscheidung um ein Netzwerk zirkulärer Beziehungen handelt. Dieses Modell basiert auf den Konstrukten Prädisposition, Einstellung und Motivation.

Prädispositionen stellen dabei passive, kognitive Strukturen dar, also Wahrnehmungen und Informationen zu allgemeinen und speziellen Objekten, die das Individuum in seinem Gleichgewichtszustand belassen, es folglich nicht zu Aktivitäten veranlassen. Einstellungen bezeichnen Kräfte, die das Individuum zu schwacher Aktivität veranlassen und insofern aus seinem Ruhezustand herausführen. Motivationen sind starke Triebkräfte, die das Individuum in einen Ungleichgewichtszustand bringen.

Ausgangspunkt der Überlegungen ist die Einführung einer neuen Marke, die durch Werbung unterstützt wird. Dabei ist nur eine Prädisposition beim Konsumenten gegeben. Gelingt es nun, über die Werbebotschaft die Prädisposition in eine Einstellung zu überführen, kommt es zu einer Bewertung der einzelnen Marken der Produktkategorie und im Erfolgsfall zur Ausbildung einer auf die beworbene Marke gerichteten Motivation. Diese ist ihrerseits Voraussetzung für die Transformation in einen Kaufakt. Aus dem Kauf wiederum resultiert ein Rückkopplungseffekt auf die Prädisposition. Außerdem resultieren daraus Erfahrungen, die auf die Einstellung einwirken und damit Folgemotivationen und Nachkaufakte beeinflussen.

Das Nicosia-Modell

Feld I:	Feld II:	Feld III:	Feld IV:
Kontakt des Konsumenten mit der Werbebotschaft einer Unternehmung	(Einstellung gegenüber dem Produkt)	(Motivation)	Lagerung bzw. Ge- und Verbrauch des Gutes
Subfeld I a: Eigenschaften der Unternehmung, der Werbebotschaft und der Marke	Suche nach einer Mittel-Zweck-Relation	Kaufentscheidung	
		(Durchführung des Kaufs, Rückkopplung zum Unternehmen)	(Erfahrung mit der gekauften Marke)
Subfeld I b: Eigenschaften des Konsumenten	Bewertung der Alternativen		

Abbildung 43: Das Nicosia-Modell

Beim Kontakt des Konsumenten mit der Werbebotschaft (Feld I) kann die ursprüngliche Prädisposition in eine Einstellung gegenüber dem Produkt bzw. der Marke umgewandelt werden. Diese geht in die Suche nach einer Mittel-Zweck-Relation ein (Feld II). Hier wird nach weiteren Alternativen gesucht und eine Bewertung und Beurteilung der einzelnen bisher unbekannten Marken der Produktklasse vorgenommen. Dabei kann das Individuum den Entscheidungsprozess abbrechen, wenn keine Marke gefunden wird, die dem Anspruchsniveau genügt. Das bis zu diesem Zeitpunkt erworbene Wissen wird im Gedächtnis gespeichert. Oder der Konsument sieht sich veranlasst, seine Kriterien zu überprüfen und die Such- und Bewertungsaktivitäten fortzusetzen. Oder die Einstellung wird in eine handlungsorientierte Motivation gegenüber der beworbenen oder einer anderen Marke umgewandelt, wenn diese den Kriterien entspricht und den ersten Platz in der entwickelten Rangordnung einnimmt. Das Ergebnis dieser Aktivitäten kann eine Motivation gegenüber der zuerst wahrgenommenen Marke sein und zu einer Kaufentscheidung führen (Feld III). Unter der Voraussetzung, dass die ursprünglich favorisierte Marke erhältlich ist, kann das Individuum den Entscheidungsprozess abbrechen und sich entschließen, den Kauf nicht durchzuführen, vom Kauf vorübergehend Abstand zu nehmen und zuerst zusätzliche Informationen zu sammeln oder die favorisierte Marke kaufen, wenn bei der Beschaffung keine Störgrößen auftreten. Danach kann der

Käufer das Produkt lagern bzw. ge- und verbrauchen. Die Erfahrung mit dem Produkt beeinflusst die Eigenschaften des Konsumenten und damit den Neukauf (Subfeld Ib). Die Botschaft kann dabei zurückgewiesen oder als relevant erkannt und gespeichert werden. Auch die Unternehmung erhält durch Rückkopplung Kenntnis vom durchgeführten Kauf, die in die Eigenschaften der Werbebotschaft bzw. Marke eingeht (Subfeld Ia).

Dieser Ansatz unterliegt Kritik. Zum einen wegen der eigenwilligen Interpretation des Konstrukts Einstellung, das sich hier nur auf allgemeine Objekte, also Produktkategorien, bezieht, nicht aber auf Marken. Zum anderen durch die Unklarheit über die Kriterien zur alternativen Bewertung von Objekten. Ebenso setzt Kritik bei den Eigenschaften des Unternehmens, den Eigenschaften der Konsumenten, der Alternativenbewertung, der Kaufentscheidung und dem Gebrauch an. Allerdings handelt es sich hierbei auch um einen der ersten Versuche der Darstellung eines Totalmodells des Konsumentenverhaltens.

2.6.2 Engel, Kollat, Blackwell-Modell

Das Prozessmodell von Engel, Kollat, Blackwell unterscheidet die Entscheidungsphasen Problemerkenntnis, Informationssuche, Alternativenbewertung, Wahl und Ergebnis. Dieser Ansatz bietet, freilich ohne empirische Verankerung, ein anschauliches Denkmodell über die Einflussgrößen, die bei der Kaufentscheidung relevant sind. Der prognostische Aussagewert ist jedoch begrenzt, da die Verknüpfung der intervenierenden Variablen kaum bekannt ist.

Das Modell beschreibt die psychischen Vorgänge von Konsumenten während des Kaufentscheidungsprozesses. Der Informations-Input besteht aus Reizen und Suchverhalten, die Informationsverarbeitung erfolgt durch Exposition, Aufmerksamkeit, Informationsaufnahme, Erfahrung, Zufriedenheit und Dissonanz. Dabei werden die den Konsumenten beeinflussenden Variablen aufgezählt und miteinander in Beziehung gesetzt. Das Modell baut auf drei Hauptkomponenten auf, dem Entscheidungs-, dem Informations- und dem Bewertungsprozess.

Der Entscheidungsprozess beginnt mit der Problemerkenntnis, wenn das Individuum Abweichungen zwischen einem Ideal- und dem Istzustand bemerkt. Diese Erkenntnis wird durch aktivierende Motive und auf das Individuum einwirkende Stimuli ausgelöst. Ist dem Konsumenten das Problem bewusst geworden und hat er keine unmittelbare Problemlösung, setzt die Informationssuche ein. Die Intensität der Informationssuche hängt von den Informationskosten und dem antizipierten Informationsnutzen ab. Die Suche ist beendet, wenn die zusammen getragenen Informationen eine Alternativenbewertung erlauben. Die aufgenommenen Informationen werden laufend selektiert, wobei Informationsverluste und -verzerrungen auftreten. Die ankommenden Informationen werden bei Aufmerksamkeit mit den eigenen Überzeugungen, Meinungen und Verhal-

Das Engel, Kollat, Blackwell-Modell

Informationsinput	Informationsverarbeitung	Entscheidungsphasen	Bewertungsvorgänge	Allgemeine Motivierung	Wahrgenommene Umwelteinflüsse
Reize	Ausgesetzt sein	Problemerkenntnis	Bewertungskriterien		Kulturelle Normen / Werte
	Aufmerksamkeit	Informationssuche		Motive	
Suchverhalten	Aufnahme		Überzeugungen		Bezugsgruppen/ Familie
	(Arbeitsspeicher)	Alternativenbewertung	Einstellungen	Persönlichkeit/ Lebensstil	
	Information und Erfahrung	Entscheidung/ Wahl	Verhaltensabsichten	Übereinstimmung mit Normen	Antizipierte Situationen
	Zufriedenheit				Nicht antizipierte Situationen
	Dissonanz	Ergebnisse			

Abbildung 44: Das Engel, Kollat, Blackwell-Modell

tensabsichten abgeglichen. Diese bilden die Grundlage für Bewertungen von Produktalternativen anhand der persönlichen Zielsetzungen. Die Ziele stehen in Beziehung zu Variablen des externen Umfelds, zu kulturellen Normen und Werten sowie Bezugspersonen. Das Ergebnis kann zu Zufriedenheit oder Unzufriedenheit führen. Bei Zufriedenheit wird das Ergebnis für künftige Käufe abgespeichert, bei Unzufriedenheit wird eine Reduktion versucht. Die Bewertungsvorgänge betreffen also Überzeugungen, Einstellungen und Verhaltensabsichten als Urteilskriterien. Die allgemeine Motivierung leitet sich aus den Bedürfnissen, der Persönlichkeit (Lebensstil) und der Normenübereinstimmung ab. Wahrgenommene Umwelteinflüsse betreffen kulturelle Normen (Werte), Bezugsgruppen (Familie), antizipierte und nicht antizipierte Situationen.

2.6.3 Howard, Sheth-Modell

Das Modell von Howard, Sheth will die Entscheidung für ein Produkt durch die Gesamtheit aller Produkte erklären. Dazu werden eine Reihe vernetzter hypothetischer Konstrukte als gegeben unterstellt. Soziale, soziokulturelle, demographische, situative und persönliche Faktoren werden als exogene Variable nicht explizit betrachtet. Ziel des Modells ist es, die Struktur und den Prozess der Kaufentscheidung für eine bestimmte Marke in Abhängigkeit aller Marken aufzuzeigen und zu erklären. Dies führt zu einem extensiven Problemlösungsprozess. Dabei wird zwischen hypothetischen Konstrukten, die zusätzliche Bedeutungsinhalte erhalten und sich nicht oder nur teilweise empirisch interpretieren lassen, und intervenierenden Variablen, die der Beobachtung zugänglich und grundsätzlich messbar sind, unterschieden.

Zu den **intervenierenden Variablen** gehören folgende. **Inputvariable** sind eine Vielzahl von signifikanten und symbolischen Stimuli, die auf das Produkt bzw. einzelne Merkmale hinweisen. Dabei handelt es sich etwa um Qualität,

Das Howard, Sheth-Modell

Inputvariable:	Wahrnehmungskonstrukte:	Lernkonstrukte:	Outputvariable:
Signifikante Informationen (Qualität / Preis / Eigenart / Service / Erhältlichkeit)	Suchverhalten	Kaufabsicht	Kauf
	Stimulusmehrdeutigkeit	Grad der Sicherheit	Kaufabsicht
Symbolische Informationen (Qualität / Preis / Eigenart / Service / Erhältlichkeit)	Aufmerksamkeit	Einstellung	Einstellung
	Wahrnehmungsverzerrung	Entscheidungskriterien	Markenkenntnis
		Motive	Aufmerksamkeit
Informationen aus sozialen Quellen (Familie / Referenzgruppe / soziale Klasse)		Markenkenntnis	
		Befriedigung	

Abbildung 45: Das Howard, Sheth-Modell

Preis, Eigenart, Service, Erhältlichkeit etc. Informationen aus sozialen Quellen betreffen Familie, Referenzgruppe, soziale Klasse etc.

Als **Outputvariable** sind fünf Variable zu unterscheiden. Aufmerksamkeit wird als Reaktion der Sinnesorgane auf Umwelteinflüsse verstanden. Markenkenntnis ist die Kenntnis des Käufers über Angebote und deren Eigenschaften (denotative Bedeutung). Einstellung betrifft die konnotative Bedeutung der Marke mit deren Bewertung und Beurteilung. Kaufabsicht beinhaltet die vom Käufer bekundete Intention des Kaufs. Kauf ist die Selbstverpflichtung des Käufers.

Zu den **hypothetischen Konstrukten** gehören folgende. Wahrnehmungskonstrukte übernehmen die Funktion der Informationsgewinnung und -verarbeitung. Diese bestehen aus vier Elementen. Aufmerksamkeit betrifft die Aufnahmebereitschaft der Wahrnehmungsorgane des Individuums gegenüber Reizen in der Umwelt. Stimulusmehrdeutigkeit betrifft die Klarheit und Transparenz von Reizen, die Voraussetzung für Aufmerksamkeit sind. Wahrnehmungsverzerrung gilt für die Veränderung empfangener Informationen in Richtung der eigenen Einstellung. Suchverhalten ist dann notwendig, wenn die Informationen, die der Käufer empfangen hat, ohne sich darum zu bemühen, nicht zur Problemlösung ausreichen.

Lernkonstrukte dienen zur Bildung des Programms, das zur Lösung des Problems geeignet ist. Diese bestehen aus sieben Elementen. Motive haben physiologischen und psychologischen Ursprung und beinhalten eine richtungweisende Komponente. Markenkenntnis dient zur Beschreibung und Identifizierung der Angebote. Entscheidungskriterien sind kognitive Regeln des Käufers, die ein zielgerichtetes Verhalten gewährleisten. Einstellung repräsentiert eine Präferenzordnung in kognitiver, affektiver und konativer Hinsicht. Kaufabsicht ist das Ergebnis des Entscheidungsprogramms unter Berücksichtigung von Beschränkungsfaktoren wie Preishöhe, Einkommen, Zeitbudget, Erhältlichkeit, soziale Einflüsse etc. Sicherheitsgrad betrifft die Notwendigkeit zur Einholung weiterer Informationen. Befriedigung ist von der Fähigkeit einer Marke abhängig, den tatsächlichen Erwartungen zu entsprechen bzw. diese zu übertreffen.

Zu den **exogenen Variablen** gehören folgende. Die Bedeutung des Kaufs ermisst sich nach dem Grad der Ich-Beteiligung. Der Zeitdruck entspricht der für den Kauf aufgewendeten Zeitspanne. Einkommen bzw. finanzielle Lage betrifft das Anspruchsniveau beim Kauf. Persönlichkeitsmerkmale bzw. Charakterzüge des Käufers betreffen z.B. Selbstvertrauen und Risikofreudigkeit. Gruppeneinflüsse durch Referenzgruppen wirken ebenfalls kaufsteuernd. Die soziale Klasse setzt Konsumentenverhaltensnormen. Die Kultur bzw. Gesellschaft beeinflusst ebenfalls die Entscheidung.

Inputvariable wirken von außen und verursachen eine Aktivierung des Organismus. Für die Transformation werden Wahrnehmung und Lernen als zentral angesehen. Durch die Wahrnehmung werden die auf den Organismus treffenden

Informationen individuell umgeformt. Die Quantität der aufgenommenen Informationen hängt von den Ausprägungen der Konstrukte Suchverhalten, Stimulus-Mehrdeutigkeit und Aufmerksamkeit ab. Durch das Konstrukt Wahrnehmungsverzerrung, das eng mit Einstellungen, Wahlkriterien und Motiven zusammenhängt, werden hingegen die im Stimulus enthaltenen Informationen qualitativ verändert. Durch Lernen kann ein Programm zur Lösung des Kaufentscheidungsproblems bereitgestellt werden. Der Input besteht in einem intrapersonalen Reiz, der vom ursprünglichen Reiz mehr oder minder abweicht. Die weitere Verarbeitung hängt davon ab, ob der Organismus dazu motiviert ist und welches kaufentscheidungsrelevantes Wissen über Marke und Wahlkriterien verfügbar ist. Motive, Wahlkriterien und Bedürfnisbefriedigung verdichten sich zu einem Urteil über die Eignung des Produkts zur Bedürfnisbefriedigung (= Einstellung) und, sofern keine endogenen, wie Sicherheit etc., oder exogenen Faktoren, wie Zeitmangel, Preishöhe etc., dem entgegenwirken, zur Kaufabsicht. Damit ist man bei den Outvariablen angelangt.

Dieses Kaufentscheidungsmodell ist der umfassendste und detaillierteste allgemeine Ansatz. Problematisch ist der Umfang der exogenen, nicht erklärten Variablen. Dazu gehören kognitive Dissonanzen ebenso wie Preis und Einkommen. Außerdem sind nur die intervenierenden Variablen messbar.

2.7 Prozessmodelle

Prozessmodelle gehen in ihrer Betrachtung über Strukturmodelle hinaus, indem sie nicht nur das Ergebnis eines Wahlaktes analysieren, sondern auch dessen Zustandekommen. Zu den Prozessmodellen gehören als wohl wichtigste Ansätze Entscheidungsnetz, Informationsansatz, Adoption und Diffusion.

2.7.1 Entscheidungsnetz

Der Entscheidungsnetz-Ansatz geht induktiv vor und setzt bei der Analyse tatsächlicher Entscheidungsprozesse durch Protokolle des latenten Denkens an. Dabei werden bei Testpersonen mit Hilfe von Kaufprotokollen die mit der Kaufentscheidung im Einzelnen verbundenen psychischen Vorgänge registriert (**Think aloud technique**). Dazu zeichnet ein Interviewer sämtliche Gedanken auf Tonträger oder Protokoll auf, die ausgewählten Konsumenten während ihres Einkaufsprozesses (z.B. im Handel) so durch den Kopf gehen. Außerdem registriert er, welche Produkte gekauft und welche Produkte verworfen werden. Aus den Angaben des Käufers und den getätigten bzw. nicht getätigten Käufen werden dann Kaufprotokolle zusammengestellt. Das heißt, während des Entschei-

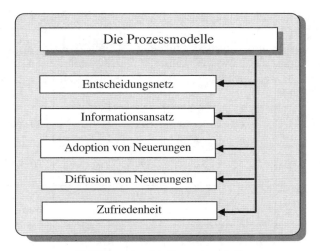

Abbildung 46: Die Prozessmodelle

dungsprozesses einer Versuchsperson werden nach Möglichkeit alle verwendeten Informationen, Schlussfolgerungen, Vorentscheidungen etc. ausgesprochen und auf Tonträger aufgezeichnet oder anderweitig protokolliert.

Diese individuellen Kaufprotokolle werden in ein Entscheidungsnetz überführt, das ein System miteinander vernetzter Fragen und Antworten ist, die wiedergeben, wie die Testperson im Zeitablauf auf die Konfrontation mit einzelnen Produkten, z.B. im Regal des Geschäfts, reagiert. Da zudem bekannt ist, wie sich jene Personen verhalten haben, liegt die mentale Struktur des Kaufverhaltens offen. Daraus wiederum lässt sich ein Prognosemodell bilden, das Kaufwahrscheinlichkeiten voraussagt.

Die Darstellung der Inhalte in Form von Entscheidungsnetzen, aus denen das Käuferverhalten ersichtlich ist, scheitern jedoch meist an geringer Reliabilität und individueller Codierung. Daher werden standardisierte Codier-Schemata angewandt, die jedoch stark vergröbern.

2.7.2 Informationsansatz

Dem Informationsansatz liegt die Untersuchung der Frage zu Grunde: Wer, d.h. welche Person oder Gruppe, sucht welche Informationen, d.h. die Art der Information, wo, d.h. in welchen Informationsquellen, wann und wielange, d.h. über welche Phasen des Kaufentscheidungsprozesses, mit wem, d.h. unter Beteiligung welcher Personen, warum, d.h. welche Bestimmungsgründe liegen für die Informationsaufnahme vor, wie, d.h. welcher Ablauf der Informationsaktivitäten erfolgt, über welche Produkte, d.h. was ist Inhalt der Informationssuche?

Die Informations-Display-Matrix (Beispiel: Autokauf)

relevante Merkmal	Modell A	Modell B	Modell C	Modell D	Modell E
Preis (€)	10.000	9.000	11.000	10.000	10.000
kW / PS	40 / 55	37 / 50	39 / 53	29 / 40	30 / 41
Kraftstoffverbrauch	7,0 l S bleifrei	6,5 l S bleifrei	6,0 l Diesel	8,2 l Normal	7,4 l S bleifrei
Kofferraumvolumen	232 l	405 l	430 l	120 l / 390 l max.	504 l
Anzahl Türen	4	2	4	5	5
Versicherungsprämie	496 €	496 €	496 €	395 €	395 €

Abbildung 47: Die Informations-Display-Matrix „Autokauf"

Für das Informationsverhalten sind personenbezogene Merkmale, z.B. soziodemographische und psychologische Kriterien, produktbezogene Merkmale, z.B. Produktlebensdauer, Erklärungsbedürftigkeit, Alternativenzahl und situationsbezogene Merkmale, z.B. Dringlichkeit der Bedarfsdeckung, von Bedeutung. Kongruenz bedeutet, dass Informationsquellen entsprechend der von Konsumenten geäußerten hohen Einschätzung auch tatsächlich genutzt bzw. entsprechend niedriger Einschätzung gemieden werden. Divergenz bedeutet, dass Informationsquellen entgegen der von Konsumenten geäußerten hohen Einschätzung tatsächlich nicht genutzt bzw. entgegen niedriger Einschätzung genutzt werden.

Fasst man das Informationsangebot in einer Matrix mit Alternativen (gleich/ verschieden) und Eigenschaften (gleich/verschieden), evtl. noch Informationsquellen, zusammen, ergibt sich eine **Informations-Display-Matrix**. Dabei handelt es sich um eine Prozessverfolgungstechnik, bei der das Informationsangebot einer Entscheidungssituation in einer zweidimensionalen Matrix mit Alternativen und Eigenschaften dargestellt wird, evtl. in einer dritten Dimension die Informationsquellen. In der Kopfzeile sind die Kaufalternativen aufgeführt, in der Kopfspalte die relevanten Eigenschaften. Der Rest ist abgedeckt. Auf jedem Matrixfeld liegt ein Stapel mehrerer identischer, verdeckter Karten, die nacheinander aufgedeckt werden, wenn weitere Informationen gewünscht sind. Alternativ dazu ist auch eine offen gelegte Matrix mit Denkprotokoll in Nummernreihenfolge der abgerufenen Informationen üblich oder die Registrierung des Blickverlaufs über die einzelnen Felder. Jedes Feld enthält die durch Zeile und Spalte festgelegte Information über Art, Menge und Reihenfolge der Informationsaufnahme von Versuchspersonen.

Daraus lassen sich vier Transitionen, d.h. Übergänge von einem Informationszugriff zum nächsten, ermitteln:

- Gleiche Alternative, aber verschiedene Eigenschaften (attributweise), z.B. Vergleich aller deutschen Kleinwagen hinsichtlich Benzinverbrauch, Kaufpreis und Zuverlässigkeit,
- Verschiedene Alternativen, aber gleiche Eigenschaft (alternativenweise), z.B. Vergleich von deutschen und japanischen Kleinwagen hinsichtlich des Kriteriums Benzinverbrauch,
- Gleiche Alternative und gleiche Eigenschaft, z.B. Vergleich aller deutschen Kleinwagen hinsichtlich des Kriteriums Benzinverbrauch,
- Verschiedene Alternativen und verschiedene Eigenschaften, z.B. Vergleich von deutschen und japanischen Kleinwagen hinsichtlich Benzinverbrauch, Kaufpreis und Zuverlässigkeit.

Daraus lässt sich ableiten, ob eine **attributweise** oder **alternativenweise** Informationsaufnahme erfolgt. Erstere bedeutet, dass nacheinander Einzelinformationen zum Kaufentscheid verwendet werden, die sich jeweils auf die **gleiche Produkteigenschaft bei verschiedenen Alternativen** beziehen. Danach findet ein Übergang von einer zur nächsten Eigenschaft statt, hinsichtlich derer wiederum mehrere Alternativen betrachtet werden. Letztere bedeutet, dass zuerst alle Informationen über **alle interessierenden Produkteigenschaften hinsichtlich einer Alternative** aufgenommen werden, bevor zur nächsten Alternative übergegangen wird, die dann wiederum nach allen Eigenschaften beurteilt wird (dies führt u. a zur Blockplatzierung von Marken im Einzelhandel).

2.7.3 Adoption

Unter Adoption versteht man die stufenweise individuelle Übernahme von Neuerungen. Im Adoptionsprozess kommt es kumulativ zu folgenden Stufen:

Käuferverhalten

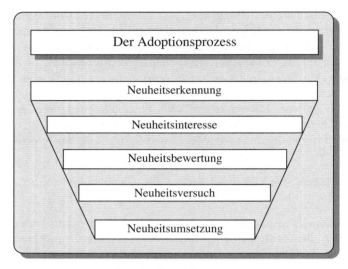

Abbildung 48: Der Adoptionsprozess

- **Neuheitserkennung** durch Aufmerksamkeit. Hier erfährt ein Individuum erstmalig von der Existenz des für ihn neuen Produkts, ohne dass es sich um die Gewinnung dieser Informationen bemüht hat. Es kennt noch keine Einzelheiten des Produkts und ist zunächst auch nicht motiviert, weitere Informationen einzuholen.
- **Neuheitsinteresse** durch Einstellungsbildung. Hier bemüht sich der Nachfrager um Informationen über die wichtigsten Merkmale des neuen Angebots. Passive sind Personen, die sich für die Innovation nicht interessieren. Sie scheiden im Folgenden aus.
- **Neuheitsbewertung** und Entscheidung. Hierbei erfolgt ein gedankliches Experiment über die Konsequenzen finanzieller, psychologischer und sozialer Art und die mögliche Substitution anderer Produkte. Rejektoren sind Personen, welche die Innovation ablehnen, Adoptoren solche, welche die Innovation annehmen.
- **Neuheitsversuch** mit Implementierung. Die Neuheit muss nunmehr eine Schwelle überwinden und wird bei positiver Einstellung übernommen. Unzufriedene Adopter sind potenzielle Quellen für negative Informationen. Falls möglich, kommt es zuerst zu einer Erprobung auf kleiner Basis (Pilot).
- **Neuheitsumsetzung** und Bestätigung. Imitatoren orientieren sich am Verhalten der Innovatoren und folgen ihnen in der Übernahme der Neuerung. Bei Gebrauchsgütern ist der Kauf die Adoption, bei Verbrauchsgütern die Erschöpfung.

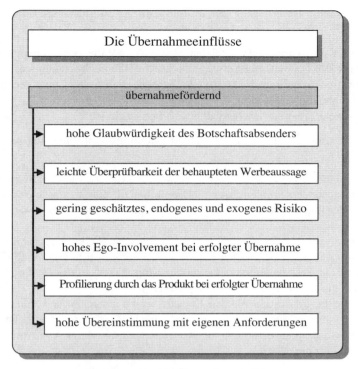

Abbildung 49: Die Übernahmeeinflüsse

Auf jeder dieser Stufen kann es zur Ablehnung kommen, bei Erfolg entsteht ein Wiederholungskauf, ansonsten nicht. Die Übernahme ist in Bezug auf **personenbedingte** Einflüsse um so erfolgreicher, je

- höher die allgemeine Risikofreudigkeit für die Übernahme ist, diese ist individuell stark abweichend ausgeprägt,
- größer die Aufgeschlossenheit im Hinblick auf Änderungen ist,
- jünger die angesprochenen Altersklassen sind, weil damit eine höhere Flexibilität unterstellt wird,
- besser der Ausbildungsgrad der angesprochenen Altersklassen ist, damit eng korrelierend das Einkommen,
- höher sozialer Status und soziale Mobilität sind,
- intensiver das Informationsverhalten und je höher die Informationsoffenheit sind,
- geringer die Einbindung des Individuums in die soziale Umwelt ist, wodurch externe Risiken gemindert werden.

Die Übernahme ist in Bezug auf **umfeldbedingte** Einflüsse um so erfolgreicher, je

- liberaler die Normen des sozialen Systems sind, die Neuerungen zulassen und fördern (zu denken ist etwa an rechtliche Rahmenbedingungen),
- innovationsfreundlicher die ökonomischen, politischen und technischen Rahmenbedingungen sind,
- intensiver der bereits erlebte technische Fortschritt ist.

Die Übernahme ist in Bezug auf **produktbedingte** Einflüsse um so erfolgreicher, je

- höher der relative und/oder wirtschaftliche Vorteil der Innovation gegenüber der bestehenden Problemlösung ist, denn neue Produkte werden sich um so schneller durchsetzen, je höher die Nachfrager ihren relativen Vorteil bewerten,
- geringer das soziale, finanzielle und technische Risiko eingeschätzt wird, das mit der Implementierung verbunden ist, dies ist u.a. von der Teilbarkeit eines Produkts abhängig, z.B. von der Möglichkeit, ein altes Produkt sukzessiv zu substituieren (Probiermöglichkeit),
- leichter die Innovation für den Entscheider zu verstehen bzw. anzuwenden ist, was nur bei geringer Komplexität der Fall ist, denn eine hohe Erklärungsbedürftigkeit erfordert von Konsumenten die Bereitschaft und Fähigkeit zu Lernprozessen,
- mehr die Innovation sich komplementär zum Werte- und Normensystem verhält, also mit Gewohnheiten eines sozialen Systems oder einzelnen Subsystemen übereinstimmt (Kompatibilität),
- leichter die Beobachtbarkeit bzw. Mitteilbarkeit der Innovation ist, vor allem bei Zufriedenheit, dies ist etwa der Fall, wenn das neue Produkt zur Bildung von Images beiträgt (Sichtbarkeit der Neuheit/Sozialeffekt).

Allgemein adoptionsfördernd wirken eine hohe Glaubwürdigkeit des Botschaftsabsenders, eine leichte Überprüfbarkeit der behaupteten Werbeaussage, ein gering eingeschätztes endogenes und exogenes Risiko, ein hohes Ego-Involvement bei erfolgter Übernahme, eine Profilierung durch das Produkt im sozialen Umfeld und eine hohe Übereinstimmung mit dem eigenen Anforderungsprofil.

Problematisch ist die Übertragung dieser, ursprünglich für die Agrarsoziologie erdachten Ergebnisse auf die Marketingpraxis. So ist unklar, wann es zum Übergang zur nächsten Stufe im Adoptionsprozess oder aber zum Abbruch im Prozess kommt. Ebenso bleibt unklar, ob immer alle Stufen durchlaufen werden müssen. Auch scheint es möglich, dass eine Stufe mehrfach durchlaufen wird. Zudem bleiben Reaktionen nach der Übernahme unberücksichtigt.

Neuerungen unterliegen auch allgemein einem typischen Phasenablauf. Am Anfang herrscht meist offene Negation und Bekämpfung der Neuerung durch strikte Opposition. Dann werden Denkoptionen als Alternativen bewertet und in Visionen einbezogen. Es folgt die pragmatische Formulierung und Implementierung der Neuerung in der Strategie. In einem Pilotprojekt wird versuchsweise die Umsetzung angegangen und optimiert. Die Neuerung findet dabei Akzeptanz und wird nach der Einführung sukzessiv verbreitet. Schließlich erfolgt ihre Popularität durch individuelle Übernahme und Etablierung.

Diese Phasen lassen sich bei allen Neuerungen nachvollziehen, selbst bei bahnbrechenden Innovationen wie Dampferzeugung (Elektrizität, Mechanik), Elektronik (Datenverarbeitung, Roboter), Telekommunikation (Telefonie, Internet) oder Gentechnologie (Pflanzen, Medizin). Erstaunlicherweise ist es nicht so, dass Neuerungen konstruktiv aufgenommen werden, vielmehr stoßen sie regelmäßig zunächst auf Skepsis. Der Grund liegt darin, dass Menschen, so unzufrieden sie mit dem Status quo auch immer sein mögen, am Bekannten hängen und Unbekanntes intuitiv als Gefahr ablehnen. Erst im Laufe eines Assimilationsprozesses wird diese Skepsis aufgegeben und weicht nach und nach, je nach Adopterkategorie, einer Probierneigung. Erweist sich die Neuerung dann als leistungsfähiger als bestehende Lösungen, wird sie übernommen. Kommt es aber erst gar nicht zur probeweisen Übernahme oder verzögert sich diese zu lange, scheitern Neuerungen, selbst wenn sie leistungsfähig genug sind. Daher besteht im Marketing eine wichtige Aufgabe darin, die Neigung zu Probierkäufen (Trials) zu steigern, denn nur dadurch kann es, positive Leistungswahrnehmung vorausgesetzt, zu Wiederholungskäufen und damit zur Stabilisierung des Absatzes kommen.

2.7.4 Diffusion

Die Diffusion ist das aggregierte Ergebnis der individuellen Übernahmeentscheidung der Mitglieder eines sozialen Systems. Ihr liegt die Differenzierung der Population nach dem Grad/der Schnelligkeit der Übernahme bzw. Durchsetzung von neuen Informationen, Ideen und Verhaltensweisen zu Grunde. Ein Diffusionsprozess liegt vor, wenn die Adoptoren im sozialen System zu unterschiedlichen Zeiten auftreten.

Neu ist dabei alles, was als neu wahrgenommen wird, unabhängig davon, ob es auch wirklich neu ist. Idealtypisch ergibt sich dabei die Form einer Glockenkurve. Sie repräsentiert die kumulierte oder einfache Zahl der Adopter, die in einem bestimmten Zeitraum die Innovation übernehmen. Eine Diffusion ist um so erfolgreicher, je größer die erreichte Marktverbreitung ist. Die Diffusion erfolgt um so schneller, je besser das Potenzial an Übernehmern ausgeschöpft wird. Alle Klassen geben Indikationen für Marketingaktivitäten.

Käuferverhalten

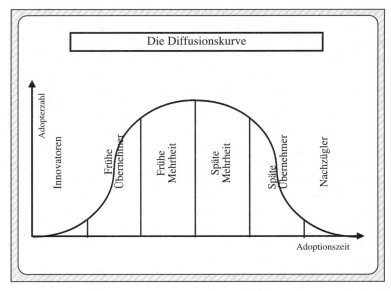

Abbildung 50: Die Diffusionskurve

Unterstellt man eine Normalverteilung innerhalb der Zielgruppe, so ergeben sich im Zeitablauf anteilig folgende idealtypischen Klassen des Diffusionsprozesses:

- Die **Innovatoren** (2,5 % aller Bedarfsträger) sind die ersten Übernehmer von Neuerungen und durch eine sehr geringe Risikoscheu gekennzeichnet. Es handelt sich entweder um Trendsetter oder soziale Außenseiter, welche die Ausbreitung dynamisch vorantreiben. Sie werden auch Neophile, Konsumpioniere, Fashion leaders etc. genannt. Ihre typischen Charaktermerkmale sind modern, progressiv, zukunftsorientiert. Sie besitzen eine hohe soziale Mobilität und eine geringe Gruppenbindung. Ihr Informationsverhalten ist umfassend angelegt.
- **Frühe Übernehmer** (13,5 %) sind die nächste Gruppe, die nach anfänglichem Abwarten Neuerungen positiv aufnimmt und bereitwillig ausprobiert. Auch hier sind Meinungsbildner enthalten. Daraus resultiert dann auf Herstellerseite die Möglichkeit zu hohen Auflagen und Kostendegression in der Warenbereitstellung.
- Die **Frühe Mehrheit** (34 %) wartet ab, bis die Neuerung eine gewisse Marktbreite erreicht hat und folgt dann dem offensichtlichem Trend. Die Marktwachstumsrate sinkt, die Nachfrage erreicht ihr Maximum.

- Die **Späte Mehrheit** (34 %) zögert mit der Übernahme in der Hoffnung auf ein weiter verbessertes Preis-Leistungs-Verhältnis und noch mehr Kaufsicherheit. Die Nachfrage ist insgesamt bereits rückläufig und erschöpft sich. 84 % des Marktes sind bereits erfasst.
- **Späte Übernehmer** (13,5 %) und **Nachzügler** (2,5 %) sind kaum mehr vom Kauf zu überzeugen und stellen deshalb ein nur schwer realisierbares Nachfragepotenzial dar, es kommt zu einer „Versteinerung". Zugleich treten neue Angebote in den nächsten Diffusionszyklus ein. Parallel dazu vollzieht sich bereits der Diffusionsprozess dieser anderen Neuerungen.

Nachfrager stellen der Übernahme im Zeitablauf steigenden Widerstand entgegen, der seinen Ursprung meist im Risikobewusstsein hat. Neben exogenen Einflussgrößen gibt es auch endogene wie **Erfahrungsfundus** aus steigender Information über die Neuerung und sinkendem Risiko oder **Übernahmedruck** seitens der Gesellschaft auf die Nicht-Übernehmer.

Dem Diffusionsprozess kommt erhebliche Bedeutung für die Werbung zu. Als Anfang der 1980er Jahre die ersten Camcorder mit begrenzter Praxistauglichkeit, aber auf hohem Preisniveau auf den Markt kamen, war in der Kommunikation im Wesentlichen die Rede von technischen Facts&figures wie CCD-Chip, Highspeed shutter, Zeitraffer/Slowmotion etc. Dies war sicherlich auch die richtige Ansprache für die damals als erste Übernehmer zu gewinnenden Video-Freaks. Die Masse der potenziellen Videonutzer wurde durch solche Begriffe jedoch eher abgeschreckt. Später änderten sich die Auslobungen in Richtung verwacklungsfreier Aufnahme, Kompaktformat, Einknopfbedienung etc. Dies war dann sicherlich die richtige Ansprache für die noch ausstehenden Übernehmer der Mehrheit, die sich nicht über technische Daten definieren, sondern eher an praktischen Produktvorteilen interessiert sind. Ähnliche Entwicklungen lassen sich bei anderen, rasch diffundierenden Produktgruppen nachvollziehen wie CD-Players, PCs, DVD-Players oder derzeit Digitalkameras.

2.7.5 Zufriedenheit

Jeder Käufer nimmt einen Vergleich seiner Erwartung vor der Kauftransaktion mit seinem Erlebnis nach dem Kauf vor. Entspricht das Erlebnis der Erwartung, wird dies als Zufriedenheit bezeichnet. Bleibt das Erlebnis hinter der Erwartung zurück, entsteht Unzufriedenheit. Ist das Erlebnis besser als die Erwartung, entsteht Begeisterung.

Bei Zufriedenheit handelt es sich also nach dem dominierenden C-D-Paradigma um ein komparatives, zweidimensionales Konstrukt. Es entsteht erst im Vergleich. Qualität hingegen ist ein monadisches, eindimensionales Konstrukt. Zufriedenheit ist außerdem immer subjektiv in der Wahrnehmung einer Person.

Qualität hingegen ist objektiv bestimmbar (anhand vorgegebener Kriterien). Ein und die dieselbe Leistung führt daher zu ganz unterschiedlichen Zufriedenheitsgraden, weil jeder Käufer mit einer anderen Erwartung in eine Transaktion geht und diese anders erlebt als andere. Insofern ist auch der Zufriedenheitsgrad individuell verschieden.

Zufriedenheit ist darüber hinaus ein hypothetisches Konstrukt, d.h. nicht operationalisierbar. Es gilt vielmehr, Indikatoren zu bestimmen, die stellvertretend für die Zufriedenheit stehen, im Unterschied zu dieser aber direkt messbar sind. Allerdings kann man heftig darüber streiten, welche Indikatoren stellvertretend für etwas stehen, was nicht direkt zugänglich ist. Insofern ist die Zufriedenheitsmessung nach wie vor ungelöst.

Die Erwartung an eine Transaktion ergibt sich aus vielfältigen Größen, so eigener Erfahrung aus vorherigen Transaktionen, aus Hörensagen von Dritten, von für vergleichbar gehaltenen Leistungen, die man beurteilen zu können glaubt, als Form der Gerechtigkeit etc. Dabei werden allerdings immer wieder ungerechtfertigte Erwartungsgrößen zugrunde gelegt. Das Erlebnis folgt aus diesen (vermeintlich) berechtigten Erwartungen. Der Zufriedenheitsgrad setzt also immer den tatsächlichen Kontakt des Nachfragers zum Anbieter/Angebot voraus. Eine Qualitätsvermutung kann auch für Leistungen bestehen, die ein Nachfrager noch nicht in Anspruch genommen hat.

Die Zufriedenheit ist dabei zahlreichen Gefahren („Lücken") ausgesetzt. Die Informationslücke entsteht zwischen dem, was ein Anbieter meint, dass für Kunden wichtig ist und der tatsächlichen Bedeutung dieser Leistungsmerkmale für Kunden. Die Normierungslücke entsteht zwischen diesen Kundenerwartungen und den formulierten Leistungsstandards des Anbieters. Die Umsetzungslücke entsteht zwischen dieser Spezifikation und der dann tatsächlich erfolgenden Leistungsausführung. Und die Kommunikationslücke entsteht zwischen dieser Leistungsausführung und der an Kunden gerichteten Kommunikation darüber. In der Summe entsteht so der „Gap" zwischen Erwartung und Erlebnis.

Zufriedenheit ist von hoher Bedeutung für den Unternehmenserfolg. Denn es ist anzunehmen, dass Zufriedenheit zum anbieter- und markentreuen Wiederkauf führt. Jeder Anbieter-/Markenwechsel impliziert demgegenüber das Risiko, sich schlechter als vordem zu stellen. Wenn man bedenkt, dass die Profitabilität des Unternehmens unmittelbar von Ausmaß und Anzahl dieser Wiederholungskäufe abhängig ist, wird die betriebswirtschaftliche Bedeutung der Zufriedenheit klar. Unzufriedenheit dürfte hingegen zu einem Anbieter-/Markenwechsel führen, denn in einer Käufermarktsituation gibt es genügend Auswahl, andere Anbieter auszuprobieren, solange, bis ein zufriedenheitsstiftendes Angebot erreicht ist.

Von diesen Normaussagen gibt es jeweils eine Ausnahme. So kann Zufriedenheit dennoch zu einer Exit-Entscheidung führen, und zwar aus der Suche

2. Konsumentenverhalten

nach Abwechslung (Variety seeking behavior). Grundlage ist die Sucht nach kleinen Abenteuern in einem zu weiten Teilen routinisierten Leben. Ein solches überschaubares Abenteuer kann der Wechsel von einem Anbieter zu einem vertrauenserweckenden anderen sein. Dann werden die Anstrengungen für Kundenzufriedenheit dem Anbieter nicht gelohnt (Abhilfe kann hier z.B. eine Mehrmarkenstrategie schaffen). Die andere Ausnahme ist die Situation eines Angebotsmonopols, Unzufriedenheit führt dann dennoch zu einem Wiederkauf, einfach mangels Alternative. Zu denken ist hier vor allem an lokale oder temporäre, relative Monopole, da es absolute Monopole nur gibt, wenn sie staatlich so verordnet sind.

Eine andere Ausnahme entsteht durch Kundengebundenheit, d.h. ein Nachfrager hat bei Unzufriedenheit keine Wechselmöglichkeit, etwa aufgrund rechtlicher, wirtschaftlicher oder technischer Gebundenheiten.

Ziel jedes Anbieters muss unabhängig davon die Erreichung des vollen Zufriedenheitsgrades sein, also weder Unzufriedenheit noch Begeisterung. Vor allem Letzteres ist auf den ersten Blick überraschend. Wenn man sich das Konstrukt der Zufriedenheit aber vor Augen führt, löst sich diese rasch auf. Begeisterung bedeutet, dass die Erwartung an einen Kauf durch dessen Erlebnis übertroffen wird. Bei dynamischer Sichtweise geht jedoch dieses Erlebnis in die Erwartungshaltung der Folgetransaktion ein. Die selbe Leistung führt dann aber allenfalls zur Zufriedenheit. Da von einer Erwartungsinflations auszugehen ist, führt die selbe Leistung noch später zur Unzufriedenheit. Daher sind die Erwartungen der Kunden möglichst punktgenau zu erfüllen, nicht mehr, aber auch nicht weniger.

Dies ist vor allem bei laufendem Angebot schwierig, da ein einmal erbrachtes Leistungsprofil in den Besitzstand der Kunden übergeht, gleichgültig, ob sie die damit verbundenen Leistungen benötigen oder nicht. Das Leistungsprofil ist also rigide nach unten (Sperrklinkeneffekt). Daher kann dem nur durch die Etablierung neuer, abgestrippter Angebote entsprochen werden (No frills). Dafür gibt es vielfältige Beispiele (z.B. Billig-Airlines, Discounters). Marktforschung zeigt, dass deren Kunden einen hohen Zufriedenheitsgrad aufweisen, weil die Anbieter ihre Versprechen einhalten und auf Schnickschnack zugunsten eines günstigen Preises verzichten.

Wichtig ist dabei ein tadelloses Basisangebot, Zusatzangebote können durchaus getrennt bepreist angeboten werden. Diejenigen Kunden, für die diese zufriedenheitsrelevant sind, sind auch bereit, dafür extra zu bezahlen, weil sie ihnen ja wichtig sind. Und diejenigen Kunden, für die diese nicht relevant sind, vermissen sie nicht, weil ja irrelevant, und haben vor allem nicht das Gefühl, für die Zufriedenheit Anderer mitbezahlen zu müssen.

Messung

Die Messung der Zufriedenheit muss wegen der interindividuellen Abweichungen auf subjektiver Ebene ansetzen. Am Verbreitetsten, aber auch am wenigsten belastbar, sind hier Befragungsverfahren. Besser geeignet scheinen Verfahren, die sich an (un-)zufriedenheitsstiftenden Merkmalen von Leistungen orientieren, favorisiert werden Verfahren, die an Interaktionsereignissen festmachen. Außerdem gibt es Verfahren, die nur Unzufriedenheiten erfassen, weil diese gefährdend sind.

Messverfahren, die ein hohes Potenzial versprechen, sind folgende:

- Willingness to pay. Dabei erfolgt eine Ableitung der Zufriedenheit aus der Preisbereitschaft für ein Angebot. Es wird unterstellt, dass eine hohe Preisbereitschaft ein hohes Maß an Zufriedenheit indiziert.
- Storytelling. Es soll eine typische Interaktionssituation mit einem Anbieter geschildert werden. Dabei kann die subjektive Bedeutung aus Auswahl und Reihenfolge dieser Geschichte abgeleitet werden.
- Kündigungsprävention. Hierbei geht es um die Frühaufklärung für potenzielle Kundenabwanderungen, indem einschlägige Indikatoren beobachtet und als Auslöser für Aktivitäten angesehen werden.
- Vignette-Methode. Dies betrifft die Erfassung von Schlüsselinformationen, die auf die Gesamtwahrnehmung einer Leistung irradiieren und daher Aufschluss über den Zufriedenheitsgrad geben.
- Differenzenmessung. Dies ist eine Zweipunktmessung von ex ante-Erwartung und ex-post-Erlebnis auf Basis identischer Merkmale. Die Differenz beider Größen gibt dann den Zufriedenheitsgrad an.

2.8 Simulationsmodelle

2.8.1 Detailanalytische Verfahren

Simulationen erlauben im Marketing sowohl Aussagen über die geeignete Wahl des absatzpolitischen Instrumentariums als auch über den zukünftige Absatz von Produkten. Die Wahrscheinlichkeit des Kaufs wird aus einer Vielzahl von ihn beeinflussenden Faktoren ermittelt. Die quantitative Beschreibung dieser Einzelfaktoren ermöglicht die Berechnung individueller Kaufwahrscheinlichkeiten.

Innerhalb der Simulationsmodelle versuchen die detailanalytischen Ansätze, die Entscheidungsmechanismen analog zum S-O-R-Ansatz im Einzelnen abzubilden. Globalanalytische Ansätze verzichten auf die Untersuchung mentaler Prozesse vor und nach dem Kauf. Sie beruhen auf dem beobachtbaren Verhalten, sind also dem Grunde nach S-R-Ansätze. Bei detailanalytischen Modellen sind vor allem die Modelle von Lavington, Klenger/Krautter und Amstutz zu nennen.

Das Modell von **Lavington** ist ein Kaufneigungsmodell, welches das Konsumentenverhalten von Individuen beschreibt. Es untersucht die Wirkung von Marketingaktivitäten auf die gewohnheitsmäßigen Kaufentscheidungen von Konsumenten bei häufig gekauften Verbrauchsgütern mit niedrigem Preis unter Berücksichtigung der Kaufneigung vor dem Kauf und der Wirkung der Kaufsituation als Phasen des Kaufentscheidungsprozesses auf der Grundlage der Lerntheorie. Kaufneigungsmodelle gehen vereinfachend davon aus, dass konstante Markenwahlwahrscheinlichkeiten bestehen. Das bedeutet, der Kauf einer bestimmten Marke in einer Folgeperiode ist unabhängig vom Kauf einer bestimmten Marke in den Vorperioden (Bernoulli-Prozess). Dadurch kommt es zwar zu einer erheblichen Rechenvereinfachung, aber zugleich auch zu recht realitätsfernen Aussagen. Im Mittelpunkt steht die Identifizierung der besonders geeigneten Marketinginstrumente Distribution, Preis, Verkaufsförderung und Werbung. Die Kaufneigung der Konsumenten ist bei jeder Interaktion unterschiedlich ausgeprägt und abhängig von Preis, Verkaufsförderung, Werbung, früherem Gebrauch, gestellten Anforderungen, persönlicher Empfehlung, Auslagengestaltung am POS und Packungssignalisation. Unterstellt wird dabei, dass ein Kauf erfolgt, wenn eine bestimmte Menge von Reizelementen konditioniert ist. In einem Zeitpunkt ist jedes Reizelement nur auf eine bestimmte Marke hin konditioniert, im Zeitablauf verändert sich diese Konditionierung. Die Kaufwahrscheinlichkeit hängt von der vorhandenen Kaufneigung gegenüber verschiedenen Marken ab und von deren Wechselwirkung mit POS-bezogenen Reizen. Problematisch ist dabei allerdings die Vernachlässigung soziologischer Faktoren. Außerdem ist die Praktikabilität durch die Vielzahl zu erhebender Daten eingeschränkt.

Das Modell von **Klenger/Krautter** untersucht die Wirkungen von Marketingaktivitäten auf die gewohnheitsmäßigen Kaufentscheidungen des Konsumenten bei preiswerten Gütern des täglichen Bedarfs, bei Gliederung des Entscheidungsprozesses in Bezug auf die Wahl der Produktart, der Einkaufsstätte und der Marke nach Entstehen des Bedürfnisses, Suche nach Alternativen, Bewertung dieser Alternativen und Entscheidung mit Kaufrealisation auf Basis der kognitivistischen Verhaltenstheorie. Es erfolgt sowohl eine Bestimmung der Produktarten als auch der Einkaufsstätten- und Markenwahl. Dafür gibt es drei Erklärungsgrößen. Einstellungen zu Marken bzw. Markenimages resultieren aus der Gegenüberstellung von Realimages und Idealimage. Dabei wird Gleichgewichtigkeit und Unabhängigkeit aller Komponenten unterstellt, was real recht zweifelhaft ist. Mediacharakteristika betreffen die Wahrscheinlichkeit des Kontakts mit verschiedenen Medien (Werbeträgerkontakt) und Werbemitteln (nur bei Print). Kauf- und Konsumcharakteristika betreffen die Verbrauchs- und

(Mindest-)Vorratsmengen, sowie die Geschäftstypen- und Packungsgrößenpräferenz. Problematisch ist hier die Informationsbeschaffung zur Modellstruktur und der Informationsbedarf zu Management- und Konsumentendaten. Dazu muss im Wesentlichen auf mehr oder minder plausible Hypothesen zurückgegriffen werden. Daher ist die Leistungsfähigkeit dieses Modells zurückhaltend einzuschätzen.

Das Modell von **Amstutz** untersucht ebenfalls Wirkungen von Marketingaktivitäten auf Kaufentscheidungen des Konsumenten, diesmal beim Kauf von langlebigen Ge- und Verbrauchsgütern bei Einteilung des Kaufentscheidungsprozesses in die Phasen Entstehung des Bedürfnisses, Suche nach Produktinformation, Kaufentscheidung mit Ausführung und Reaktionen nach dem Kauf. Einflussgrößen sind hier die Einstellung gegenüber Produkt und Marke, die Gelegenheit zum Ge- und Verbrauch des Produkts für Konsumenten, der Zeitraum seit dem letzten Kauf dieses Produkts, weiterhin die Intensität des wahrgenommenen Bedürfnisses, das Einkommen des Käufers, die Einstellung gegenüber bestimmten Einkaufsstätten, und die Vorrätigkeit des Produkts im Handel, absolute und relative Preise, Umfang und Intensität der Verkaufsbemühungen. Dabei wird die Produktartenentscheidung als gegeben vorausgesetzt, bevor die Analyse einsetzt. Bei der Entscheidung über den Einkauf geht es darum, ob überhaupt eine der Marken der Produktart gekauft werden soll. Dies ist abhängig von der Intensität des wahrgenommenen Bedürfnisses. Bei der Markenwahl geht es darum, welche der Marken einer Produktgattung gewählt wird. Dies ist abhängig von Preis, Verkäuferengagement, Einstellung/Kenntnis und Verfügbarkeit/Präsenz der Marken. Bei der Reaktion nach der Kaufentscheidung geht es darum, wie die Ausbreitung der Kaufentscheidung erfolgt. Probleme liegen in der Beschaffung der Ausgangsdaten, die unvollständig, wie bei soziologischen Aspekten, und teils wenig operationalisierbar, wie beim Verkäuferengagement, bleiben. Ebenso fehlen die soziologischen Aspekte des Käuferverhaltens, auch qualitative Faktoren (wie Verkäuferengagement) sind kaum quantifizierbar.

Für den Einsatz von Simulationen spricht generell, dass sie die Einbeziehung einer großen Zahl von Variablen und deren Zusammenhänge ermöglichen und daher realitätsnahe Abbilder versprechen, dass sich durch planmäßige Variation relevanter Einflussfaktoren eine Vielzahl von Konstellationen durchspielen lässt und dadurch differenzierte Aussagen ermöglicht werden, und dass die Rechenkapazitäten in Computern mittlerweile leistungsfähige Realitätsnachbildungen realistisch zulassen. Sie eignen sich also gut für komplexe Probleme, erfordern allerdings eine große Zahl von Berechnungsdurchgängen (Modellläufen).

Alternativ sind verstärkt computergestützte Modelle nutzbar, die vor allem zur Prognose des Produkterfolgs dienen. **Sprinter** ist ein solches computergestütztes Modell zur Prognose neuer, häufig gekaufter Konsumgüter. Seine Ziele sind die frühzeitige Marktanteilsprognose vor Markteinführung, die Analyse der Wirkung der Marketing-Mix-Instrumente auf die das Kaufverhalten beeinflussenden Variablen, die Unterstützung bei der Entscheidung, die Findung der besten Markteinführungsstrategie, das frühzeitige Erkennen und Diagnostizieren von Problemen in der Einführungsphase sowie die Entwicklung und Bewertung angepasster Alternativstrategien. Als Dateninput fungieren dabei Testmarktergebnisse, Paneldaten, Recall-Abfragen, Außendienstberichte und Managementeinschätzungen. Diese werden in eine große Vielzahl von Gleichungen verpackt. Der Kern ist ein dynamisches Modell zur Abbildung und Klassifizierung von Kaufmustern anhand von Kaufsequenzen als potenzielle Käufer, Erstkäufer, loyale Käufer, markentreue Käufer und illoyale Käufer. Daraus ergibt sich die Marktanteilsprognose auf Basis der Variablen Markenbekanntheit, Kaufabsicht, Kaufentschluss und Nachkaufverhalten. Dadurch ist eine umfangreiche Erfassung der verhaltensrelevanten Variablen und ihrer Veränderung bei einzelnen Käufen möglich. Eine Zielfunktion repräsentiert Gewinn und Return on investment. Marketingkosten stammen aus dem Rechnungswesen.

Steam ist ein quantitatives (stochastisches) Modell zur frühzeitigen, langfristigen Marktanteilsprognose eines häufig gekauften Neuprodukts aus Paneldaten. Die Daten über Erst- und Wiederkauf stammen aus Haushaltspanels oder Markttestexperimenten. Daraus wird die Wahrscheinlichkeit geschätzt, mit der ein Haushalt weitere Käufe dieser oder anderer Marken der betreffenden Produktklasse tätigt. Die Funktion enthält Parameter über Anzahl bisheriger Käufe, Zeitpunkt des letzten Kaufs und Zeitdauer seit dem letzten Kauf. Die Prognose erfolgt durch Simulation auf Basis empirischen Kaufverhaltens. Allerdings ist das Modell sehr komplex und mathematisch anspruchsvoll, damit verbunden sind oftmals eine emotionale Ablehnung durch potenzielle Anwender, die mangelnde Nachvollziehbarkeit des Rechenweges sowie ein hoher Zeit- und Kostenaufwand.

2.8.2 Globalanalytische Verfahren

Hierbei geht es um theoretische, mathematisch-statistische Erklärungsmöglichkeiten des Käuferverhaltens, die jedoch wenig realitätsnah sind. Die Eintrittswahrscheinlichkeiten für Kaufentscheide errechnen sich aus der Vergangenheit (Paneldaten). Es können im Einzelnen Markenwahl- und Kaufeintrittsmodelle unterschieden werden. Daneben gibt es noch Geschäftsstätten- und Einkaufsmengenwahlmodelle, die analog gestaltet sind.

Zu den **Markenwahlmodellen** gehören neben den Markoff-Ketten lerntheoretische und Kaufeintrittsmodelle. Bei **Lerntheoretischen Modellen** wird angenommen, dass die Wiederkaufwahrscheinlichkeit für eine Marke neben dem

Kauf auch von Produkterfahrungen und dem Einsatz des marketingpolitischen Instrumentariums abhängt. Es wird nur eine Marke betrachtet und eine zufällige Abhängigkeit des aktuellen Kaufs der Marke von allen vorausgegangenen Käufen der Marke angenommen. Ist somit in einem beliebigen Zeitpunkt ein gewisser Wert der Kaufwahrscheinlichkeit gegeben, so ändert sich diese dadurch, dass in der Folgeperiode die Marke gekauft oder eben nicht gekauft wird. Dabei werden lineare und nichtlineare Ansätze unterschieden. Lineare Wahlmodelle gehen von einer binären Wahlsituation aus, d.h., der Käufer hat die Wahl zwischen zwei Marken bzw. zwischen einer Marke und der Gesamtheit aller anderen, nichtlineare Wahlmodelle gehen von einer komplexen Wahlsituation aus. Dabei wird unterstellt, dass die Wahrscheinlichkeit für Wiederholungskäufe um so mehr steigt, je häufiger dieser Markenkauf bereits in der Vergangenheit vollzogen worden ist et vice versa. Der stärkste Effekt geht von der jeweils letzten Kaufentscheidung aus. Wichtige Annahme ist dabei jedoch, dass jede Kaufentscheidung die folgende beeinflusst, jedes Verhalten also Lernspuren hinterlässt und völliges Vergessen ausgeschlossen ist. So ist es möglich, dass Nichtkäufe keine Veränderung der Wiederkaufwahrscheinlichkeit bedeuten, etwa wenn die Stammmarke nicht verfügbar ist, Käufe einer Marke zu Dissonanzen führen, die einen Wiederkauf weniger wahrscheinlich werden lassen und Markenwechsel aus Gründen der Abwechslung oder des Ausprobierens erfolgen.

Bei **Kaufeintrittsmodellen** wird die Wahrscheinlichkeit, dass Kunden zu einem bestimmten Zeitpunkt einen Kaufvertrag für eine bestimmte, am Markt bereits eingeführte Produktgattung abschließen, untersucht. Dabei können schon länger eingeführte Produkte oder aber Produktneueinführungen zugrunde gelegt werden. Dementsprechend handelt es sich um Wiederkauf- oder Durchdringungsmodelle. Bei **Wiederkaufmodellen** wird die Wahrscheinlichkeit, dass Kunden zu einem bestimmten Zeitpunkt einen Kaufvertrag für eine bestimmte, am Markt bereits eingeführte Produktgattung abschließen, untersucht. Sie stellen eine Fortführung der Durchdringungsmodelle dar und versuchen, das Volumen der Wiederkäufe zu quantifizieren.

Durchdringungsmodelle untersuchen den Kaufeintritt bei Produktneueinführungen. Die Anzahl der Käufer, die das Testprodukt erworben haben, wird meist als von der Zeit abhängig angesehen. Dazu werden Erstkäufer und (zweite, dritte usw.) Wiederholungskäufer unterschieden. Die Wiederkaufrate wird durch Panelerhebung ermittelt, die Erstkaufrate als Penetrationskurve auf Schätzbasis berechnet. Als wichtigster Ansatz gilt der von Parfitt-Collins. Daneben gibt es folgende. Der Ansatz von **Eskin** gehört zur Gruppe der auf Paneldaten basierenden Modelle. Die Gesamtabsatzmenge wird dabei pro Periode in Erst- und Wiederkaufmenge aufgespalten, Letztere wird noch hinsichtlich der Häufigkeit des Wiederkaufs und den zwischen den Wiederkaufakten liegenden Intervallen differenziert.

2. Konsumentenverhalten

Der Ansatz von **Fourt/Woodlock** unterteilt den Absatz in Erstkäufe und Wiederkäufe mehrerer Ordnungen, die sukzessiv bestimmt werden. Für Erstkäufe gilt, dass in jeder Periode ein konstanter Anteil potenzieller Erstkäufer das Produkt erwirbt. Für Wiederkäufer gilt, dass ein stets konstanter Anteil der Erstkäufer einen bzw. mehrere Wiederkäufe tätigt. Problematisch ist dabei die Bestimmung der Wiederkaufperiode. Praktisch ergeben sich Schwierigkeiten bei der Messung des Wiederkaufverhaltens höherer Ordnung, da dazu relativ lange Erhebungszeiträume erforderlich sind.

Der Ansatz von **Parfitt-Collins** basiert auf Paneldaten. Aus einem Verbraucherpanel ist ersichtlich, welche Haushalte bei welchen Händlern wie oft eingekauft haben. Daraus ergeben sich die Gesamtausgaben je Haushalt, über alle Haushalte hinweg die Gesamtausgaben der Haushalte. Diese sind identisch mit den Gesamteinnahmen je beteiligtem Händler, über alle Händler hinweg ergibt dies die Gesamteinnahmen der Händler. Aus dem Händlerpanel sind die durchschnittlichen Ausgaben pro Geschäft bekannt. Aus der Anzahl der Käufe pro Geschäft und den durchschnittlichen Ausgaben pro Geschäft folgen die Gesamtausgaben pro Geschäft. Daraus kann der Marktanteil jedes Händlers berechnet werden. Daraus folgt:

− Erstkaufpenetration (wie viele Warengruppenkäufer erreicht ein neues Produkt)
x Wiederkaufrate (wie viele der Probierkäufer sind Wiederkäufer)
x Kaufindex (Intensität der Käufer im Vergleich zum Warengruppendurchschnitt
= Marktanteilsschätzung des Neuprodukts.

3. Organisationales Beschaffungsverhalten

Marketing wird bei Industriegütern nicht selten geradewegs abgelehnt. Im Mittelpunkt steht die Ingenieursleistung. Und die ist nach verbreiteter Meinung so gut, dass sich das Produkt praktisch von allein verkauft. Dabei kommen vielfache aktuelle Entwicklungen im Marketing gerade aus dem Industriegüterbereich. Zu denken ist nur an die Dimension der Internationalität. Diese ist im B-t-b-Geschäft häufig weitaus stärker ausgeprägt als im Konsumgüterbereich, der eher durch nationales Geschäft gekennzeichnet ist. Ebenso ist an den Dienstleistungsanteil am Angebot zu denken. Im B-t-b-Geschäft ist ein Angebot ohne produktbegleitende Dienstleistungen kaum denkbar, diese Entwicklung wird erst seit kurzer Zeit im Konsumgüterbereich nachvollzogen. Weiterhin sei das Beziehungsmarketing genannt, dieses ist im B-t-b-Geschäft aufgrund der Charakteristika dort schon immer weit ausgeprägt gewesen. Und kommt bei Konsumgütern erst allmählich in voller Breite in Gang.

Vor allem die Konflikte zwischen Technik und Marketing erweisen sich als Hinderungsgrund:

– Der Verkaufsbereich zielt naturgemäß auf einen hohen Anteil „intelligenter" Produkte im Programm ab, da dadurch Wettbewerbsvorteile erreicht werden können. Der Technikbereich argumentiert hingegen mit Einschränkungen in der Forschung und Entwicklung, weil die Produkte einfach gehalten werden müssen, um weniger störanfällig zu sein (gleiches gilt für die Störanfälligkeit zugekaufter innovativer Produkte).

– Der Verkaufsbereich spricht sich für eine hohe Programmbreite aus, um möglichst vielfältige Nachfragerbedarfe bedienen zu können und ein großes Marktpotenzial anzusprechen. Der Technikbereich hingegen beklagt die steigende Komplexität der Produktion durch eine hohe Anzahl von Produkten bzw. Versionen, die unvermeidlich zu Unwirtschaftlichkeiten führt.

– Für den Verkaufsbereich ist das Design/Styling der Produkte von großer Bedeutung. Ist dies doch über die reine Funktion hinaus auch Ausdruck der Unternehmenshaltung (dies bezieht sich bei verpackten Produkten analog auf die Verpackung). Der Technikbereich setzt demgegenüber auf Zweckmäßigkeit, die durch Gestaltungsaspekte nicht selten beeinträchtigt wird und zu höheren Herstellungskosten führt.

– Der Verkaufsbereich beklagt die Störanfälligkeit von Produkten, die in großer Vielfalt und nach meist nur kurzen Entwicklungszeiten produziert werden. Der Technikbereich sieht sich dabei missverstanden, weil weder Kunden noch Verkauf die Produktleistung beurteilen können und angemessen

würdigen, zumal Zeit- und Kostendruck oft nur „ein Reifen der Produkte beim Kunden" (Bananentaktik) zulassen.
- Der Verkaufsbereich will eine bestmögliche Kombination aus hoher Qualität und niedrigen Kosten erreichen. Der Technikbereich sieht sich dazu außerstande, weil zugleich zahlreiche Versionen in hoher Qualität zu günstigen Kosten produziert werden sollen, was aus dessen Sicht einer Quadratur des Kreises gleichkommt.
- Der Verkaufsbereich fordert geeignete Techniker als Experten, die Kunden bei deren Anwendungs- und Einsatzproblemen behilflich sein können. Der Technikbereich reklamiert, dass dafür nicht genügend Personal zur Verfügung steht und die vorhandenen Mitarbeiterressourcen für die interne Leistungserstellung unentbehrlich sind.
- Der Verkaufsbereich verlangt eine kulante Behandlung von Gewährleistungs-/Garantiefällen, um Kunden nicht unnötig zu verärgern und langfristige Geschäftsbeziehungen weiter zu festigen. Der Technikbereich sieht in jeder Reklamation/Beschwerde einen Angriff auf seine Kompetenz und wehrt daher entsprechende Anliegen meist auf einer rein formalen Ebene ab.

Das organisationale Beschaffungsverhalten fristet aber vielfach auch in den Lehrbüchern noch ein Schattendasein, da sich Ausführungen zum Marketing implizit meist auf Konsumgüter (und damit das Konsumentenverhalten) beziehen. Tatsache ist jedoch, dass selbst bei Konsumgütern vom gesamten Transaktionsvolumen nur der kleinere Teil auf Transaktionen mit privaten Endabnehmern entfällt. Alle Transaktionen im Zuge der Beschaffung (Verbrauchsgüter) und des Outsourcing (Verringerung der Fertigungstiefe) betreffen ohnehin gewerbliche (Btb-)Transaktionen. Auch innerhalb der Wertschöpfung betreffen alle Entscheide des Anlagevermögens (Gebrauchsgüter) gewerbliche Transaktionen, und zwar nicht nur hinsichtlich des Warenflusses, sondern auch hinsichtlich des spiegelbildlichen Geldflusses und der begleitenden Informationsflüsse. Damit aber hat das organisationale Beschaffungsverhalten einen weitaus größeren Impetus als das Konsumentenverhalten.

Bei näherem Hinsehen stellt man jedoch fest, dass die Unterschiede in der Entscheidung so groß wiederum nicht sind, was auch logisch ist, handeln doch in beiden Fällen ein und dieselben Menschen. Und es entspricht einem seltsamen Menschenbild, anzunehmen, dass dieselbe Person, die morgens nach weitgehend emotionalen Präferenzen ihren Schokoriegel kauft und abends ebenso ihr Waschmittel, kaum, dass sie den Firmeneingang passiert hat, zum strikt rational denkenden und handelnden Ökonomen wird. Vielmehr wird sie tagsüber ebenso häufig emotional basierte Entscheide treffen, nur wissen, dass es opportun ist, diese hinter pseudo-rationalen Argumenten zu verbergen, um ihr Ziel zu erreichen. Tatsächlich sind die Marktangebote mehr oder minder austauschbar, und was ein Beschaffungsobjekt bei einzelnen Merkmalen an Vorteilen bietet, hat es bei anderen an Nachteilen. Häufig ist die Entscheidungssituation auch überaus komplex oder eine nähere Auseinandersetzung mit den Merkmalsausprägungen scheint nicht lohnend, es besteht Zeitdruck oder die Außenwirkung ist von hoher Bedeutung, immer dann spielen emotionale Präfenzen auch in der organisationalen Beschaffung eine dominante Rolle, nur dass es zu den anerkannten Spielregeln gehört, dies nicht zuzugeben. Andererseits ist im Konsumentenverhalten der rationale Entscheidungsanteil häufig stark ausgeprägt. Insofern gelten viele Erkenntnisse in beiden Bereichen. Es kommen jedoch auch spezifische hinzu.

3.1 Entscheidungsumfeld

3.1.1 Begriffsabgrenzung

Die Schwierigkeit der Fassung der organisationalen Beschaffung beginnt mit der Abgrenzung der Beschaffungsobjekte. Traditionell beziehen sie sich auf **Investitionsgüter**. Dabei wird, schon rein sprachlich, eine Investitionsentscheidung (also u. a. ein gewisser einzusetzender hoher Geldbetrag) unterstellt, aber diese erfolgt ebenso auch im privaten Bereich (etwa beim Kauf einer Wohnung oder eines Autos), andererseits werden im gewerblichen Bereich auch Anschaffungen getätigt, die keine Investitionsentscheidung im sprachlichen Sinn bedingen (z. B. Kleinanschaffungen wie Büroartikel/indirekte Güter). Diese werden durch den Begriff Investitionsgut nicht abgedeckt, denn dabei hat man gemeinhin eine bestimmte Art von (großen, teuren, selten angeschafften) Gütern im Vorstellungsbild.

Weiterhin betrifft der gewerbliche Bereich durchaus nicht nur Potenzialfaktoren, also Güter, mit denen andere Güter produziert werden, sondern durchaus auch Repetierfaktoren, die Verbrauchsgüter (Produktionsgüter) sind, man könnte auch sagen, (industrielle) Konsumptionsgüter. Im Übrigen legt der Begriffsbestandteil „güter" nahe, dass es sich um Sachleistungen handelt. Aber im gewerblichen Bereich werden durchaus auch Dienstleistungen nachgefragt. Diese lassen sich unter dem Begriff „güter" jedoch nur schwerlich semantisch subsumieren.

Das Gleiche gilt für den Begriff **Industriegüter**. Dieser leitet sich aus dem analogen anglo-amerikanischen Begriff Industrial marketing ab. Damit werden aber alle Geschäftsbeziehungen zu gewerblichen Dienstleistern, die zweifelsfrei auch Industriegüter nachfragen (z. B. der Fotokopierer beim Steuerberater) nicht erfasst, weil diese nicht dem industriellen (sekundären), sondern dem tertiären gesamtwirtschaftlichen Sektor angehören. Diese investiven oder industriellen Dienstleistungen sollen jedoch miterfasst werden, weil der tertiäre Sektor generell immer bedeutsamer wird.

Daher wird in neuerer Zeit verstärkt der Begriff **Gewerbliche Beschaffung** (Btb) vorgeschlagen. Damit wird deutlich, dass hier, unabhängig davon, um welche Güter oder Dienste es sich im Einzelnen handelt und welche Art von Branche jeweils tangiert ist, der Betrachtung die Beziehungen zwischen gewerblichen Anbietern und gewerblichen Nachfragern zu Grunde liegen. Dies in Abgrenzung zum privaten Einkauf (Btc), bei dem Beziehungen zwischen gewerblichen Anbietern und privaten Nachfragern zu Grunde liegen. Gewerbliche Beschaffung befasst sich dann vor allem mit den abweichenden Besonderheiten des ansonsten traditionell durch die Konsumentenzielgruppe dominierten Kaufverhaltens.

Allerdings sind dabei auch Beziehungen tangiert, die typischerweise primär im Rahmen der Distributionspolitik im Marketing betrachtet werden, wie die zwischen Hersteller- und Handelsstufen im Absatzkanal oder zwischen Handelsstufen in Bezug auf gehandelte Waren. Im Deutschen wird der Begriff Business to business zudem häufig mit Direktmarketing übersetzt. Darin liegt eine große Problematik, denn dieser Begriff ist praktisch wiederum durch Direct response-Maßnahmen der Direktwerbung (wie Aussendungen, Telefonkontakt, DR-TV etc.) besetzt und nicht durch den Direktverkauf, also den Absatz von Waren und Diensten von Herstellern/Erzeugern, für gewöhnlich ohne zwischengeschaltete Absatzmittlerstufen, unmittelbar an Endabnehmer.

Andere Abgrenzungen, wie **Technischer Vertrieb**, scheinen ebenso wenig geeignet. Zudem sind durchaus nicht alle Beschaffungsobjekte als technisch zu bezeichnen (z.B. der Catering-Service für eine Betriebskantine). Außerdem lässt der Begriffsbestandteil Vertrieb den Einsatz der übrigen Marketing-Mix-Instrumente außer der Distributions- und Verkaufspolitik außen vor.

Organisationale Beschaffung betrifft alle Beschaffungsobjekte (Leistungen), die von Organisationen (Produzenten/Händler, also Nicht-Konsumenten) beschafft werden, um mit ihrem Einsatz (Ge- und Verbrauch) weitere Güter für die Fremdbedarfsdeckung zu erstellen oder um sie unverändert an andere Organisationen weiter zu veräußern, die diese Leistungserstellung vornehmen. Kennzeichen ist also die derivative Nachfrage.

Die Auseinandersetzung mit dieser Thematik stößt allerdings oft auf Ablehnung, weil Marketingerwägungen eher dem Konsumgüterbereich zugeschrieben und als exotisch betrachtet werden. Außerdem ist das Umfeld dominant technisch geprägt. Es herrscht ein Produktdenken anstelle von Kundendenken vor, d.h., die Bereitschaft, Produktvorteile in komparative Konkurrenzvorteile zu übersetzen, muss oft erst noch geweckt werden. Außerdem erschwert die Vielfalt der betroffenen Güter mit unterschiedlichen Problemstellungen die Bearbeitung. Schließlich stößt Marketing auch auf Ablehnung, weil ihm eine „Drücker"-Funktion (Hard selling) beigemessen wird.

3. Organisationales Beschaffungsverhalten

Die organisationale Beschaffung war lange Zeit, vor allem wohl wegen der Heterogenität der Austauschprozesse, der mehrstufigen Marktstrukturen, des Problems der Verzweigung nachgeordneter Vermarktungsstufen und der Internationalität des Geschäfts, vernachlässigt. Im Folgenden werden die wichtigsten Bereiche näher betrachtet.

3.1.2 Besonderheiten organisationaler Beschaffung

Die Unterscheidung in organisationales Beschaffungsverhalten einerseits und Konsumentenverhalten andererseits legt nahe, anzunehmen, dass zwischen beiden gravierende Unterschiede bestehen. Dies ist jedoch nicht unbedingt der Fall.

Kaufentscheidungen in Organisationen werden zumeist kollektiv getroffen, d.h. an ihrem Zustandekommen sind mehrere Personen beteiligt. Dies ist dann problematisch, wenn keine homogene Präferenzstruktur aller Beteiligten bei einheitlichen Zielsetzungen gegeben ist, sondern die einzelnen Mitglieder des Kollektivs verschiedene Ziele verfolgen, nach Art und Höhe unterschiedliche Mittel einsetzen wollen und/oder verschiedene Wahrnehmungen der Realität besitzen. Kollektive Kaufentscheide laufen zumeist als extensive Entscheidungsprozesse ab, die durch mehrere aufeinander folgende Phasen gekennzeichnet sind. Dabei ist der Einfluss der einzelnen Mitglieder nach Art und Status ihrer sozialen Macht und ihrer sozialen Rolle unterschiedlich.

Für organisationale Analysen ist die Thematisierung des kollektiven Charakters der Beschaffungsentscheidung erforderlich. So kommt es zu den Buying/Selling centers, den Promotoren- und Reagierer-Konzepten. Diese Ansätze haben jedoch den Nachteil, monoorganisational angelegt zu sein, d.h. nur vertikal eine Organisationsseite zu berücksichtigen. Jede Beschaffung ist jedoch ein Prozess zwischen zwei Partnern, die sich gegenüber stehen. Dabei sind vor allem die Verhandlungsprozesse von Interesse. Diese werden in dual-organisationalen, horizontalen Modellen untersucht, die eigentlich weniger Beschaffungs- als vielmehr Interaktionsmodelle sind. Sie versuchen, die Verkäufer-Käufer-Dyade als multiorganisationales, temporales, operatives und personales Phänomen zu erfassen. Dabei wird, ausgehend von eher konflingenten Zielsetzungen, eine wachsende gegenseitige Bindung erzeugt (Creeping commitment), die bei Überschreiten einer gewissen Schwelle zu Einigung und Abschluss führt, ansonsten zum Abbruch.

Als zugrunde liegende Marktbesonderheiten sind vor allem folgende zu nennen. Es ist eine **überschaubare Anzahl von Anbietern und eine beschränkte Zahl von Nachfragern** gegeben. Dadurch ist meist bekannt, wer in der Lage ist, ein Beschaffungsgut anzubieten, und diesen wiederum ist bekannt, wer als Abnehmer dafür in Frage kommt. Charakteristisch sind **stabile Marktpartner-**

beziehungen. Zum einen sind nur geringe Ausweichmöglichkeiten gegeben, zum anderen gibt Erfahrung aus der Zusammenarbeit der Vergangenheit Sicherheit für die Geschäftsbeziehungen in der Zukunft. Dem Kauf gehen oft lange, meist **harte Entscheidungsprozesse** voraus. Angebote werden selten unverhandelt akzeptiert oder abgelehnt. Vielmehr birgt die Komplexität der Materie meist das Erfordernis der Erläuterung und Hinterfragung. Jeder Verkaufsakt repräsentiert einen **hohen Umsatzwert** für den Anbieter infolge langer Kaufintervalle und hohen Warenwerts. Dementsprechend bedeutsam ist es, den Abschluss jetzt zu erreichen. Jedes Kaufobjekt involviert für gewöhnlich einen **hohen Projektwert** für den Nachfrager. Damit lohnt sich für ihn eine umfangreiche Informationssuche, zumal auch meist eine hohe Bindungsdauer gegeben ist. Es sind **kurze Absatzwege** vorhanden, da Direktvertrieb vorherrscht. Dies erfordert umfangreiche Kapazitäten für den technischen Verkauf zur Kundenberatung und -betreuung. Durch die **Abhängigkeit von Primärmärkten** liegt vielfach eine hohe Konjunkturempfindlichkeit vor. Die Nachfrage ist dann eine abgeleitete Größe aus konsumnäheren Märkten und verstärkt deren Ausschläge (Peitschen-Effekt). Oft erfolgt eine **kundenindividuelle Leistungserstellung** durch Maßschneiderung der Leistung. Dabei wird jeweils auf den konkreten Bedarf des potenziellen Käufers abgestellt. Das Angebot besteht aus komplexen **Hardware-Software-Kombinationen**. Gerade schlüsselfertige Projektauslegungen sind in der Lage, evtl. Preisnachteile zu kompensieren. Die endgültige Ausgestaltung des Projekts erfolgt erst unter Abnehmereinfluss. Von großer Bedeutung sind auch **Referenzen**. Diese beziehen sich auf bereits erfolgreich abgewickelte, vergleichbare Projekte des Anbieters und bieten damit eine wünschenswerte Risikoreduktion. Typisch sind sich **Anbieter-Koalitionen** mit einem Generalunternehmer und Subkontraktoren. Dabei fungiert ein Unternehmen als Koordinator für ein Projektteam selbstständiger Spezialisten. Der Abnehmer hat damit nur einen Ansprechpartner, und dieser versorgt sich seinerseits mit dem jeweils erforderlichen Know-how. Häufig kommt es zum **Drittparteieneinfluss** durch Fachberater wie Architekten, Betriebsingenieure, Consultants etc. Bei öffentlichen Aufträgen erfolgt der Zuschlag meist durch **Ausschreibung** mit Ausschlussfrist. Dies führt zu einer besseren Vergleichbarkeit der Offerten. Aufgrund der Umfeldbedingungen herrscht weitgehender **Preiskonservatismus** vor. Dies bezieht sich weniger auf die Preishöhe als auf die Konditionentaktik, die Nachlässe strikt von Gegenleistungen abhängig macht.

Modelle der mikroökonomischen Investitionstheorie und Bestellpolitik heben nur auf das beschaffende Individuum ab und lassen die sie umgebende Organisation außer Acht. Es zeigt sich jedoch rasch, dass diese Erkenntnisse nicht ausreichen. Außerdem sind emotionale, nicht-aufgabengerechte und nicht-ökonomische Determinanten einflussstark. Daher wird meist eine begrenzte Rationalität unterstellt. Stattdessen gewinnen verhaltenstheoretische Aspekte an Einfluss. Im Mittelpunkt steht dabei die Lieferantenauswahl in Abhängigkeit von Kaufsituation, Persönlichkeitsvariablen, Organisationsregelung und Risikoempfinden. So kann nach dem Grad der Neuartigkeit, dem Wert des Kaufobjekts, der Notwendigkeit zur Umstellung der Ablauforganisation, dem Informationsverhalten etc. unterschieden werden. Dies führt zu verschiedenen Kauftypen.

3.1.3 Kennzeichen geschäftlicher Transaktionen

Das organisationale Beschaffungsverhalten befasst sich mit dem Käuferverhalten für alle Vermarktungsobjekte (Leistungen), die von Organisationen (Produzenten/Dienstleistern/Händlern, also Nicht-Konsumenten) beschafft werden, um mit ihrem Einsatz (Ge- und/oder Verbrauch) weitere Güter für die Fremdbedarfsdeckung zu erstellen oder, in geringerem Maße, um sie unverändert an andere Organisationen weiter zu veräußern, die diese Leistungserstellung vornehmen.

Diese Definition erfolgt nur über die Größen Nachfrager und Verwendungszweck, nicht über stoffliche oder technische Gegebenheiten, also ganz so, wie es der Marketingdenkweise entspricht. Die organisationale Beschaffung ist durch vielfältige Besonderheiten der gewerblichen Märkte gekennzeichnet. Zu deren wichtigsten gehören folgende.

Geschäftliche Transaktionen sind allgemein dadurch gekennzeichnet, dass ein Kontakt zwischen mindestens zwei Individuen, auch stellvertretend für Organisationen, in einer zeitlichen Abfolge von Aktionen und Reaktionen bei Interdependenz der Handlungen dieser Partner gegeben ist. Geschäftliche Transaktionen sind somit der Spezialfall von Transaktionen, die auf die Klärung von Sachfragen zur Problemlösung gerichtet sind sowie auf die Konflikthandhabung durch Festlegung von Leistungen und Gegenleistungen. Sie sind überwiegend Kosten-Nutzen-orientiert und werden von den Partnern nur fortgesetzt, wenn beide Seiten aus der Erfahrung bereits vollzogener Interaktionen heraus für dieses oder ein ähnliches Verhalten belohnt worden sind.

Für die organisationale Beschaffung sind folgende grundlegenden Merkmale typisch:

– **Multitemporalität**, d.h., der Kaufentscheid läuft in mehreren Episoden ab, diese sind oft nicht eindeutig voneinander abzugrenzen, sondern gehen fließend ineinander über, werden aber bei Bedarf auch übersprungen oder wiederholt.
– **Multioperativität**, d.h., es ergibt sich zumeist eine längere Transaktionsperiode, die sich (etwa bei Anlagen) durchaus über mehrere Jahre hinziehen kann, und zwar um so länger, je komplexer das jeweils zur Beschaffung anstehende Objekt ist.

- **Multiorganisationalität**, d.h., es sind mehrere Stellen im Unternehmen daran beteiligt, wobei im Einzelnen mehr oder minder unklar bleibt, in welcher Funktion und mit welchem Einfluss diese auf die Entscheidung einwirken.
- **Multipersonalität**, d.h., es sind auch mehrere Personen in den Stellen daran beteiligt, die wiederum divergente Ziele verfolgen mögen, die sich in ihrer Stellung zum anstehenden Beschaffungsentscheid ausdrücken.

Insofern sind zahlreiche Unwägbarkeiten gegeben. Diese sind als um so größer einzuschätzen, je weniger gemeinsame Entscheidungen im Zweifel entbehrlich sind, je stärker die Zielvorstellungen der Beteiligten voneinander abweichen und je unterschiedlicher deren Wahrnehmungen der Realität sind. Gemeinsame Entscheidungen sind allerdings umso weniger entbehrlich, je stärker die gegenseitige Abhängigkeit von begrenzten Ressourcen und planerischen Aktivitäten der Beteiligten ist. Deren Zielvorstellungen sind um so ähnlicher, je schlüssiger die Zielplanung erfolgt. Und die Wahrnehmungen sind um so ähnlicher, je mehr die Unternehmenskulturen der Beteiligten übereinstimmen.

Für die Analyse der Erklärungsansätze zum gewerblichen Käuferverhalten gibt es mehrere Ansätze:

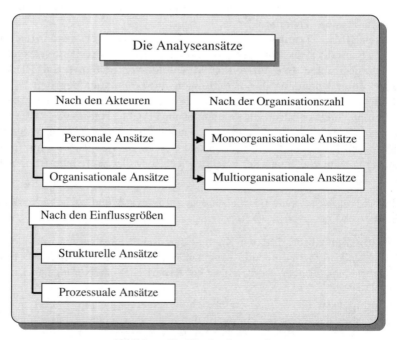

Abbildung 51: Die Analyseansätze

- **Personale Ansätze** analysieren den Einfluss von personellen Eigenschaften von Verkäufern und Käufern (z.B. hinsichtlich der Ähnlichkeit in ökonomischen, sozialen und physischen Merkmalen zwischen Anbieter und Nachfrager oder dem Machtsaldo, der aus Hierarchiestrukturen und Beziehungsmustern folgt). **Einzentrige** Willensbildung ist entweder nur auf der Nachfrageseite (individuell) oder sowohl auf der Nachfrage- wie der Angebotsseite (dyadisch) vorhanden. **Mehrzentrige** Willensbildung erfolgt in Gruppen, die entweder nur auf der Nachfrageseite (vertikal) oder sowohl auf der Nachfrage- als auch auf der Angebotsseite (horizontal) vorhanden sind.
- **Organisationale Ansätze** sind auf bestimmte Rollenerwartungen der beteiligten Parteien ausgerichtet. **Mono-organisationale** Ansätze gehen davon aus, dass die Verhandlungsseiten ungebunden, d.h. rechtlich und wirtschaftlich selbstständig, sind. Diese, relativ einfache Konstellation ist jedoch in vielfältig verflochtenen Wirtschaftsstrukturen immer seltener gegeben. **Multi-organisationale** Ansätze hingegen berücksichtigen die Einbindung mehrerer Organisationen auf beiden Seiten in Gruppen. Die dabei entstehenden Beziehungen werden etwa in Netzwerkansätzen untersucht, die Organisationen als Systeme von Elementen und ihren Beziehungen untereinander und zur sie umgebenden Umwelt auffassen.
- Diese Ansätze gehören zu den **strukturellen**, sie stellen Organisationsmerkmale in den Vordergrund und geben Beziehungen zwischen Organisationen und deren Umweltbeziehungen zentrale Bedeutung. Demgegenüber richten **prozessuale Ansätze** ihr Interesse auf bestimmte Phasen des Transaktionsprozesses. Die zahlreichen Kaufphasenkonzepte unterscheiden sich dabei nur in Details. Alle leiden jedoch an dem Mangel, dass die Kaufphasen weder frei von Überschneidungen und Rückkopplungen noch in dieser Form generalisierbar sind. Jedoch ist die Chronologie der Abfolge recht anschaulich und für didaktische Zwecke daher gut geeignet.

3.2 Vertikale Partialmodelle

Zur Erklärung der organisationalen Beschaffung werden sowohl Partialmodelle eingesetzt, die nur Ausschnitte der Entscheidungsfindung erklären und für diese jeweils eine überragende Bedeutung auf das gesamte Entscheidungsergebnis unterstellen, als auch Totalmodelle, die anstreben, alle Determinanten der Entscheidung simultan zu erklären. Zunächst zur Darstellung der Partialmodelle.

Die Partialmodelle können wiederum vertikal (also nur auf eine Partei in der Interaktion, Anbieter- oder Nachfragerseite, bezogen) oder horizontal (also auf beide Parteien, Anbieter- und Nachfragerseite, bezogen) ausgelegt sein. Zunächst zu den vertikalen Partialmodellen.

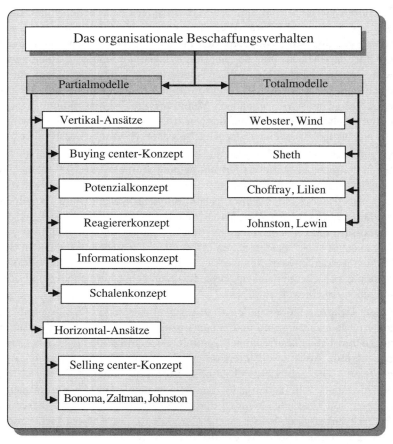

Abbildung 52: Das organisationale Beschaffungsverhalten

3.2.1 Buying center-Konzept

Einkaufsentscheidungen einer gewissen Größenordnung werden typischerweise nicht mehr von Einzelpersonen getroffen, sondern von Einkaufsgremien. **Solche Buying centers bestehen aus unterschiedlichen Personen, die verschiedene Funktionen bei der Beschaffung wahrnehmen.** Denkbar ist aber auch, dass ein Mitglied mehrere Funktionen gleichzeitig oder nacheinander übernimmt oder mehrere Mitglieder sich eine Funktion teilen. Einzelne Funktionen können dabei durchaus auch von Externen übernommen werden.

3. Organisationales Beschaffungsverhalten

Bei der Analyse geht es um die Identifikation der Mitglieder des Buying center, die Untersuchung des Informationsverhaltens der Teilnehmer, ihres Entscheidungsfindungsprozesses und des Einflusses der einzelnen Mitglieder auf diesen Entscheid. Dabei geht es auch um Rollenerwartungen, die von anderen Teilnehmern an das einzelne Buying center-Mitglied gestellt werden, die Ansprechbarkeit der einzelnen Mitglieder und die Informationsinhalte für einen Kontakt. Folgende Typen lassen sich im Buying center (Webster, Wind) als hybrider Organisationsform, die nicht eigens aufbauorganisatorisch verankert ist, unterscheiden.

Der **Türöffner (Gatekeeper)** übernimmt die Informationssammlung, die Identifikation der in Betracht kommenden Kaufalternativen und trifft damit die Entscheidungsvorbereitung. Informationen, die diese Schleuse nicht passieren können, gelangen damit erst gar nicht zur engeren Beurteilung. Daher ist es für Anbieter hoch bedeutsam, sicherzustellen, dass Informationen, die Entscheidungsgrundlage sind, auch tatsächlich im Buying center ankommen. Die Funktion des Gatekeeper wird häufig von einer Stabsstelle übernommen, dies kann aber auch das Sekretariat sein.

Die Struktur des Einkaufsgremiums

	Person	Entscheidungsanteil	Informationsversorgung	Gesprächskontakt
Einkäufer				
Entscheider				
Verwender				
Beeinflusser				
Türöffner				

Abbildung 53: Die Struktur des Einkaufsgremiums

Der **Entscheider (Decider)** übernimmt die Letztauswahl des Kaufobjekts bzw. dessen Lieferanten. Dabei handelt es sich meist um eine Person in leitender Stellung (Positionsmacht), welche die vorgeleistete Gremiumsarbeit durch ihr Votum sanktioniert. Je nach Einmischungsgrad in die operative Ebene übt sie mehr oder minder großen formalen Einfluss auf die Beschaffungsentscheidung aus. Sie erteilt die Kaufgenehmigung, verwaltet einen eigenen Etat und verfügt über Budgets, sie kann Mittel freigeben und hat eine Veto-Macht. Der Entscheider konzentriert sich gemeinhin auf die Auswirkungen des Kaufs für das Unternehmen und das Geschäftsergebnis.

Der **Einkäufer (Buyer)** trifft die Vorauswahl der Lieferanten, indem ein Projekt ausgeschrieben und potenzielle Partner zur Angebotsabgabe aufgefordert werden. Er schließt außerdem formal den Kaufvertrag ab, führt die Nachverhandlungen en détail und überwacht die Kaufabwicklung inkl. aller Vor- und Nacharbeiten. Oft hat der Einkäufer bei hoch spezialisierten Kaufobjekten auch nur administrative Funktion. Er gehört organisatorisch der Einkaufsabteilung an und erledigt Routinetransaktionen auch allein.

Der **Verwender (User)** bringt den Kaufentscheidungsprozess in Gang, in dem er einen empfundenen Mangelzustand signalisiert. Er definiert Anforderungsmaßstab und Verfügbarkeitstermin. Außerdem beurteilt er nachher die Eignung der gekauften Betriebsmittel. Denn er ist Erfahrungsträger im Hinblick auf die (Mindest)Produktqualität, sein Einsatzverhalten ist wichtig für die gesamte Beschaffungsaktion. Er ist persönlich durch die Anschaffung betroffen, sowohl bei Erfolg als auch bei Misserfolg. Folglich konzentriert er sich auf die Funktionserfüllung und will konkrete Nutzen haben. Gelegentlich wird hiervon noch die Funktion des Auslösers (Initiator) unterschieden. Dies ist immer dann der Fall, wenn die Bedarfsmeldung nicht vom Verwender selbst, sondern von einer anderen Stelle ausgeht.

Der **Beeinflusser (Influencer)** nimmt durch Fachkompetenz Einfluss auf die Beurteilung der Kaufobjekte und die Entscheidung zu Gunsten einer Alternative. Oft handelt es sich dabei um einen externen Berater oder Mitarbeiter einer internen Service-Abteilung, der nicht unmittelbar von den Konsequenzen des Kaufs betroffen ist und deshalb vermeintlich vorurteilsfrei werten kann.

Die Einflussmessung der einzelnen Beteiligten kann durch vier Ansätze erfolgen:

– *Abfrage („Wie groß ist der Einfluss der folgenden Funktionen auf den Einkaufsentscheid?" Dies ist einfach und schnell durchführbar, allerdings wird häufig jede Funktion für einflussreich gehalten.*

– *Rangordnung („Welche Funktionen haben den größten Einfluss auf den Einkaufsentscheid?"). Dadurch entsteht ein Ranking (Ordinalniveau), das allerdings Auskunftsgeber rasch überfordert.*

- *Konstantsummen ("Ordnen Sie dem Einfluss jeder Funktion bitte Punkte zu."). Dies führt zu einer realistischen Einschätzung, ist jedoch komplex und leicht überfordernd.*
- *Funktionszuordnung (wie Gewicht, Präferenz, Einfluss etc.). Dadurch kann ein Buying center erst modelliert werden, allerdings ist auch dies komplex und führt zur Einflussinflation.*

Problematisch ist dabei zumeist, dass die den einzelnen Funktionen zugehörigen Personen nicht vorab identifiziert werden können und deren tatsächlicher Entscheidungsanteil verschwommen bleibt, obgleich diese Informationen gerade von höchster Bedeutung sind. Gemeinhin wird auch eine eher rationale Entscheidungsfindung unterstellt, obgleich dies in der Praxis eventuell anzuzweifeln ist.

3.2.2 Potenzialkonzept

Bei innovativen Kaufentscheidungen in Organisationen lassen sich unterschiedliche Rollenauffassungen feststellen. Das **Promotoren-Opponenten-Konzept** (Witte) unterscheidet dabei zwischen Personen, die innovative Einkaufsentscheidungen gegen technologische, ökonomische und umfeldbezogene Widerstände unterstützen, und solchen, die sie blockieren wollen, und zwar wegen Willensbarrieren oder aus weltanschaulichen, sachlichen oder persönlichen Gründen. Erstere sind Promotoren, also Personen, die Veränderungen fördern, Letztere Opponenten, also Personen, die Veränderungen behindern, verzögern oder zumindest fraktionieren. Beide Gruppen stützen sich auf bestimmte Positionen.

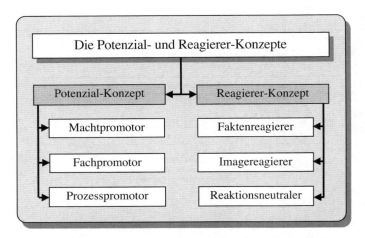

Abbildung 54: Die Potenzial- und Reagierer-Konzepte

Machtpromotoren verfügen auf Grund ihrer hierarchischen Stellung in der Organisation über Entscheidungsmacht. Sie sind meist intern legitimiert, Vertragsabschlüsse bindend zu tätigen. Sie können dadurch Vorgänge mittels Anordnung, Sanktion gegenüber „Bremsern" und Unterstützung treibender Kräfte in Richtung und Tempo maßgeblich beeinflussen. Sie haben dabei weniger technisch-organisatorische Details im Sinn als vielmehr deren Auswirkungen auf das Unternehmen insgesamt.

Fachpromotoren zeichnen sich, unabhängig von ihrer hierarchischen Stellung, durch spezifisches Sachwissen aus. Sie nehmen somit auf Grund fachlicher Legitimation auf die Entscheidung Einfluss. Fachpromotoren sind typischerweise im Middle management angesiedelt.

Gelegentlich wird davon noch der **Prozesspromotor** unterschieden, der für die Durchsetzung von Entscheidungen in der Organisation Sorge trägt. Diese Personen sind mit den Prozessen im Unternehmen bestens vertraut und wirken mittels dieser Kenntnis auf die Durchsetzung der Entscheidung in der Organisation ein. Sie besitzen Sozialkompetenz, Netzwerkwissen und verfügen über ein Beziehungsportfolio, in dem sie Interaktionspartner suchen, zusammenbringen, informieren, koordinieren und dadurch positive Verhandlungsergebnisse erzielen.

Promotoren sind somit eher Personen, die Initiative ergreifen, sich engagieren, als solche, die nur mit Umsicht und Gelassenheit ihre Pflicht erfüllen und alle einschlägigen Vorschriften beachten. Selten treten Macht- und Fachpromotoren in Personalunion auf. Häufiger treten sie aber als Team auf, was ihnen eine besondere Effektivität verleiht (z.B. Reuter und Niefer bei der Umgestaltung von Daimler vom Automobil- zum High tech-Konzern).

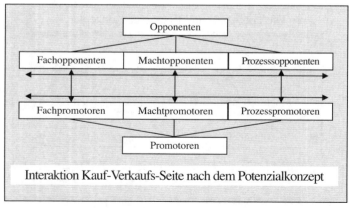

Abbildung 55: Interaktion Kauf-Verkaufs-Seite nach dem Potenzialkonzept

Im Gegensatz dazu stehen die Opponenten (Veto power). Sie hemmen die Innovation bei der erstmaligen Anschaffung neuer Einkaufsobjekte ebenso wie Promotoren sie fördern. Analog zu diesen unterscheidet man **Machtopponenten**, also Personen, die Entscheidungen kraft hierarchischer Stellung behindern, **Fachopponenten**, also Personen, die Entscheidungen kraft Spezialistenwissen behindern, sowie **Prozessopponenten**, also Personen, die Entscheidungen kraft Kenntnis interner organisatorischer Abläufe behindern.

Im Wesentlichen bleibt der Einfluss der einzelnen Beteiligten am Beschaffungsvorgang jedoch verborgen. Wahrscheinlich wechselt er auch von Fall zu Fall. Oft sind sowohl Promotoren als auch Opponenten bemüht, ihre Absicht zu verschleiern, um Gegenpotenziale nicht herauszufordern. Insofern handeln sie subversiv.

Im Falle des Vorhandenseins von Machtpromotoren bzw. -opponenten, kann deren Macht auf verschiedenen Machtbasen aufbauen:

- **Belohnungsmacht** hat, wer durch Förderungsmöglichkeit andere Personen stützen kann.
- **Bestrafungsmacht** hat, wer durch negative Sanktionsmöglichkeit Personen stürzen kann.
- **Legitimationsmacht** hat, wer über (hierarchische) Autorität gegenüber anderen Personen verfügt.
- **Identifikationsmacht** hat, wer durch (informelle) Überzeugungskraft auf andere Personen einwirkt.
- **Expertenmacht** hat, wer durch Vorenthalten oder Gewähren von Fachwissen Personen beeinflussen kann.

Eine andere Form der Verfeinerung resultiert aus der Unterscheidung in Entscheidungsorientierte, Faktenorientierte und Sicherheitsorientierte (Spiegel-Verlag). Dabei handelt es sich allerdings im Wesentlichen um eine Kombination der Erkenntnisse des Promotorenkonzepts mit den Arten der Informationsverarbeitung:

- **Entscheidungsorientierte** sind souverän und zügig in ihrem Vorgehen, sie entscheiden meist allein oder haben zumindest die höchste Entscheidungsbeteiligung. Sie kümmern sich wenig um Details, sondern konzentrieren sich auf die Kernfakten. Vorarbeiten werden delegiert, der Informationsstand ist bei näherem Hinsehen lückenhaft. Images spielen für ihre Entscheidung keine Rolle, Qualitätsaspekte sind hingegen vorrangig. Der Führungsstil ist eher kooperativ, das Informationsverhalten ist vorwiegend persönlich und interaktiv.
- **Faktenorientierte** sind detailbesessen und ausgesprochen umsichtig in ihrem Vorgehen, sie wirken an Entscheidungen meist nur in begrenztem Um-

fang mit. Sie haben ein breites Wissensspektrum und treiben Entscheidungen durch vorbereitende Aktivitäten voran. Images spielen für ihre Einschätzung der Dinge keine Rolle, der Preis ist vielmehr vorrangig. Das hierarchische Denken ist ausgeprägt, das Informationsverhalten vorwiegend dokumentär, also unpersönlich ausgerichtet. Überzeugung findet nur durch Fakten statt.

- **Sicherheitsorientierte** sind risikoscheu und zaudernd in ihrem Verhalten, sie halten sich oft aus Entscheidungen heraus oder haben eine sehr geringe Entscheidungsbeteiligung. Sie interessieren sich weniger für Details als vielmehr für das Ganze. Dabei haben Sicherheitsaspekte einen hohen Stellenwert (wie Service, Total costs of ownership etc.). Images kommt eine hohe absichernde Bedeutung zu, Qualitätsaspekte sind primär. Das Gruppendenken ist wegen der Verteilung der Verantwortung ausgeprägt. Durch intensive Information werden alle in Frage kommenden Quellen gesichtet und genutzt.

3.2.3 Reagiererkonzept

Das Reagiererkonzept (Strothmann) unterscheidet im Spezialfall von Innovationen zwischen zwei Prototypen. Dem „faktenzerlegenden" **Clarifier** ist für die Einkaufsentscheidung an möglichst viel Information gelegen, die er dann für sich sichtet und verarbeitet, um so zu einem fundierten Ergebnis zu gelangen. Er ist an einer möglichst vollständigen, abgerundeten Beurteilung hinsichtlich der angebotenen Produkte für sich selbst interessiert. Dabei werden alle für die Anwendung im Unternehmen relevanten Gesichtspunkte geprüft, um das Entscheidungsrisiko zu senken. Wichtig ist daher eine detaillierte, aussagefähige schriftliche und/oder mündliche Argumentation.

Der „imagesammelnde" **Simplifier** ist hingegen gleich an verdichteten Informationen interessiert, die für ihn einfach zu verarbeiten sind. Es kommt ihm also nicht auf die Vollständigkeit seines Informationsstands an, sondern nur auf die Vorlage als wichtig erachteter Schlüsselinformationen (Information chunks), die einen Gesamteindruck über die angebotenen Alternativen erlauben. Dabei ist jeweils der Nutzen aus dem Einsatz der anzuschaffenden Produkte zu betonen.

Als Mischtyp gibt es noch den **Reaktionsneutralen**, dem eine ausgewogene Relation aus punktuell vertiefenden Informationen bei gleichzeitiger Wahrung eines gesamthaften Überblicks zuzuschreiben ist.

Bedeutsam ist nun, dass dieselben Argumente, die für den Faktenreagierer von höchstem Interesse sind, nämlich detaillierte Angaben zu Leistungsmerkmalen, Konstruktionselementen, Materialien etc., Imagereagierer langweilen. Und umgekehrt diejenigen Argumente, die für Simplifier hochinteressant sind, nämlich Kostenersparnis, Wettbewerbsvorteil, Motivationssteigerung etc., dem Clarifier viel zu allgemein gehalten sind. Daher ist es wichtig, sich zu verdeutlichen, welchem Reagierertyp der Gesprächspartner auf der Einkaufsseite angehört, um die Argumentation darauf abzustimmen. Hinweise darauf erhält man etwa aus Signalen der Körpersprache oder der Arbeitsplatzausstattung.

3.2.4 Informationskonzept

Das Informationskonzept geht vom Informationsstand der an einer Beschaffung beteiligten Personen aus. Dabei können drei Typen unterschieden werden:

- Der literatisch-wissenschaftliche Typ ist immer auf dem neuesten Wissensstand. Er hält sich mit geprinteten und elektronischen Fachmedien auf dem Laufenden. Dies verschafft ihm ein erhebliches Vorwissen bereits bei der Angebotseinholung.
- Der objektiv-wertende Typ informiert sich erst bei Anstehen eines konkreten Beschaffungsprojekts näher über die Materie. Dabei greift er auf leicht recherchierbare und aktuelle Medien zurück.
- Der spontan-passive Typ geht ohne wesentliche Vorinformation in den Beschaffungsprozess und verlässt sich auf die Informationen, die er von den jeweiligen Anbietern erhält.

3.2.5 Schalenkonzept

Das Schalenkonzept geht davon aus, dass die gewerbliche Beschaffungsentscheidung nach mindestens drei Prinzipien erfolgen kann. Die **einstufige** Sicht legt ein einziges Segmentierungskriterium zugrunde, das

- objektiv, wie Abnehmerbranche, Unternehmensgröße, Kundenstandort, Anwenderstatus, Technologiestand, Organisationsform etc., oder
- subjektiv, wie Bedarfsdringlichkeit, Machtstrukturen, Käufer-Verkäufer-Ähnlichkeit, Kaufkriterien, Lieferantentreue, Risikobereitschaft etc.,

ausgelegt ist. Bei **zweistufiger** Sicht wird in eine

- Makrosegmentierung der Beschaffungsorganisation und eine
- Mikrosegmentierung der Mitglieder dieser Organisation

unterschieden. Die **dreistufige** Sicht kennt folgende Ebenen:

- die organisationsbezogene Umwelt wie Betriebsform, Zentralisation, Beschaffungsregeln etc.,
- das Entscheidungskollektiv wie Buying center-Größe, Buying center-Zusammensetzung etc.,

- die Individuumsbeteiligung wie Informationsverhalten, Einstellungen etc.

Der **fünfstufige** Schalenansatz (Nested approach) unterscheidet schließlich:

- demographische Merkmale der beschaffenden Organisation,
- leistungsbezogene Merkmale der beschaffenden Organisation,
- Merkmale in der Vorgehensweise der Beschaffung,
- Merkmale der Beschaffungssituation,
- individuelle Charakteristika der beschaffenden Personen.

3.3 Horizontale Partialmodelle

3.3.1 Selling center-Konzept

Bei den horizontalen Partialmodellen des organisationalen Beschaffungsverhaltens geht es nicht mehr nur um die Betrachtung einer Organisationsseite allein (hier der Beschaffungsseite), sondern um die wechselseitige Beziehung zwischen Anbieter- und Nachfragerseite.

So steht dem bereits betrachteten Buying center auf der Einkaufsseite meist ein Selling center auf der Verkaufsseite gegenüber. Zum Selling center gehören für gewöhnlich folgende Teilnehmer:

- **Maker**: Techniker als Äquivalent zum User im Buying center,
- **Key accounter**: Schlüsselkundenberater als Äquivalent zum Buyer,
- **Influencer**: Anwendungsberater als Äquivalent zum Influencer,
- **Vendor**: Außendienstler als Äquivalent zum Gatekeeper,
- **Decider**: Geschäftsführer als Äquivalent zum Decider.

Dabei ist von einer konkreten Aufgabenverteilung unter den Teilnehmern des Selling center auszugehen. Meist werden sechs Grundtypen unterschieden:

- Der Antreiber tritt aggressiv fordernd auf.
- Der Nachfasser unterstützt den Antreiber und verleiht dessen Forderungen Nachdruck.
- Der Moderator übernimmt eine beschwichtigende Aufgabe.
- Der Krisenmakler zeigt bei verfahrenen Situationen Lösungsmöglichkeiten auf.
- Der Faktenkenner liefert die „Munition" für Gegenargumente.
- Der Vertraute zeigt Verständnis für die andere Seite und verführt diese damit womöglich zu unvorsichtigen Äußerungen.

Dem stehen auf der Seite des Buying center ebenfalls taktische Rollenverteilungen gegenüber:

- Der Nörgler wertet das Angebot kontinuierlich ab.

- Der Unterstützer haut zusätzlich in die gleiche Kerbe wie schon diese Abwertungsäußerungen.
- Die übrigen Typen (Moderator, Krisenmakler, Faktenkenner und Vertrauter) treten spiegelbildlich zum Selling center für gewöhnlich auch im Buying center auf.

Bei der Zusammensetzung des Selling center ist besonders auf äquivalente Fach-, Sozial- und Methodenkompetenzen zu achten (**Schlüsselqualifikationen**). Die Fachkompetenz ist unerlässlich, um eine sachkundige Erfüllung der Informationsansprüche der Einkaufsseite zu gewährleisten. Die Sozialkompetenz hebt auch die stimmige „Chemie" zwischen Verkaufs- und Einkaufsseite ab. Ob diese in einem konkreten Fall herstellbar ist oder nicht, stellt sich freilich immer erst im Nachhinein heraus. Dies ist vor allem deswegen bedauerlich, weil es sich im Verkauf um „People business" handelt, d. h., angesichts objektiv zunehmend austauschbarer Kaufobjekte spielt die interpersonale Adäquanz eine große Rolle. Die Methodenkompetenz kommt vor allem in der Entscheidungsfindung zum Ausdruck. Dies setzt voraus, dass bei den Beteiligten eine entsprechende Entscheidungsfähigkeit (Rangadäquanz) vorhanden ist. Die Ranghöhe der Teilnehmer im Selling center ist auch ein implizites Zeichen für die Wertschätzung des Abnehmers.

Konflikte können dabei nicht nur zwischen Anbieter- und Nachfragerseite auftreten, sondern auch innerhalb der Anbieter- oder innerhalb der Nachfragerpartei. In Bezug auf Anbieter- und Nachfragerseite bestehen dabei als strategische Verhaltensalternativen, je nach relativer Stärke der Seite, folgende Optionen:

- Bei beiderseitigem Dominanzstreben kommt es unweigerlich zum Kampf. Ein solches **Competing** bedeutet, dass jeder seine eigenen Ziele ohne Rücksicht auf die andere Seite durchsetzen will.
- Bei beiderseitiger Subordination kommt es zu einer fairen Interessenabstimmung. Ein solches **Accomodating** bedeutet, dass die eigenen Ziele zu Gunsten der Akzeptanz der Ziele des/der anderen zurückgestellt werden.
- Bei einseitiger Dominanz bzw. Subordination kommt es zur Anpassung an oder Umgehung des anderen. Ersteres wird auch **Collaborating** genannt und bedeutet, dass der Versuch der Bündelung möglichst vieler Ziele unternommen wird. Letzteres wird auch **Avoiding** genannt und bedeutet, dass sowohl die Zielerreichung Anderer wie auch die eigene Zielerreichung zu Gunsten einer möglichen dritten Lösung vermieden wird.
- **Compromising** bedeutet, dass der kleinste gemeinsame Nenner als Verhandlungsergebnis akzeptiert wird, sofern erkennbar ist, dass weder eigene noch fremde Ziele vollständig durchsetzbar sind.

3.3.2 Bonoma, Zaltman, Johnston-Modell

In diesem Modell wird die organisationale Beschaffung als multilateraler Austauschprozess aufgefasst. Dabei wird unterstellt, dass Personen in sozialen Austauschbeziehungen solchen Transaktionen den Vorzug geben, bei denen sie auf kurze oder lange Sicht eine äquivalente Gegenleistung zur eigenen Leistung zu erhalten erwarten. Das Modell unterscheidet vier Austauschbeziehungen:

- Die Mitglieder des Buying center erbringen für ihr Unternehmen die Leistung, den Einkauf zieladäquat durchzuführen und damit zur Lösung des anstehenden Problems beizutragen. Dafür beziehen sie ihr Gehalt.
- Die Austauschbeziehung zwischen Verkäufer und dem Unternehmen, für das er tätig ist, besteht darin, dass der Verkäufer im Sinne des Unternehmens Verkaufsanstrengungen unternimmt und dafür entlohnt wird.

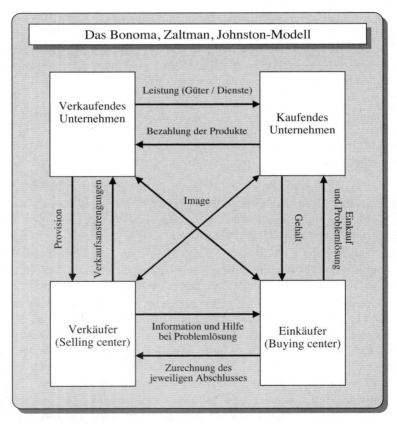

Abbildung 56: Das Bonoma, Zaltman, Johnston-Modell

- Der Verkäufer bietet den Mitgliedern des Buying center Information und Beratung an. Wenn es zum Kauf kommt, wird ihm dafür der Abschluss als Erfolg zugerechnet, was für ihn wiederum direkt einkommenswirksam ist.
- Zwischen verkaufendem und beschaffendem Unternehmen schließlich findet der Austausch von zu erbringender Leistung und vereinbarter Bezahlung statt.

Diese Beziehungen werden noch durch wechselseitige Vorstellungen beeinflusst. Es handelt sich also um ein kombiniertes vertikales und horizontales Modell. Ziel ist die Erreichung einer Win-win-Situation, d.h. einer Lösung, bei der alle Beteiligten, Einkäufer und Verkäufer, einkaufendes und verkaufendes Unternehmen, Vorteile haben. Ein opportunistisches Verhalten kann hingegen keine Win-win-Situation herbeiführen und führt damit zur Instabilität der Geschäftsbeziehungen.

3.4 Totalmodelle

Totalmodelle der organisationalen Beschaffung streben allgemein eine vollständige Erfassung aller Faktoren an, welche die unternehmerische Kaufentscheidung beeinflussen. Dies gelingt freilich um den Preis erheblicher Komplexität.

3.4.1 Webster, Wind-Modell

Das Modell von Webster, Wind unterscheidet vier hierarchische Ebenen:

- Zu den **umweltbedingten** Determinanten gehören Außeneinflüsse durch physikalische, technologische, ökonomische, politische, gesetzliche und kulturelle Faktoren. Deren Einfluss geht von Institutionen aus, die Macht ausüben wie Lieferanten, Abnehmer, Konkurrenten, Staat, Gewerkschaften, Verbände, Parteien etc. Physische, technologische und ökonomische Umweltvariablen bestimmen vor allem die Nachfrage nach Gütern und Diensten. Die ökonomischen und politischen Faktoren sind bestimmend für die allgemeine Geschäftslage. Außerdem stellen Werte und Normen als kulturelle Faktoren Restriktionen dar, vor allem in Form von Gesetzen.
  Die Umweltfaktoren beeinflussen die Erhältlichkeit der Güter und Dienste, die Vermarktungsbedingungen und die Nachfragebedingungen. Insofern sind Unternehmen von den Wert- und Präferenzordnungen, den Wahlentscheidungen und (Kauf-)Aktionen der Entscheidungsträger abhängig, die als Beschränkungen auf ihre Zielerreichung wirken.

Das Webster, Wind-Modell

Die Umwelt (Umweltbezogene Determinanten des Kaufverhaltens):
Physische, technologische, ökonomische, politische, rechtliche, kulturelle Umwelt
Lieferanten, Kunden, Staat, Gewerkschaften, Handelsverbände, Berufsverbände, andere industrielle Anbieter, andere soziale Institutionen
Informationen über Anbieter (Marketing-Kommunikation), Erhältlichkeit von Gütern und Diensten, allgemeine wirtschaftliche Lage, Werte und Normen

Die Organisation (Organisationale Determinanten des Kaufverhaltens):
Physisches, technologisches, ökonomisches und kulturelles Organisationsklima
- Organisationale Technologie (für den Kauf relevante Technologie)
- Organisationsstruktur (Buying center und der Beschaffungsfunktion)
- Organisationale Ziele und Aufgaben (Beschaffungsaufgaben)
- Organisationsmitglieder (Mitglieder des Buying center)

Das Buying center (Interpersonale Determinanten des Kaufverhaltens): Gruppenprozesse
Technologische Beschränkungen und verfügbare Technologie, Gruppenstruktur, Gruppenaufgaben, Eigenschaften, Ziele und Führungsstil
Aufgabenbezogene Tätigkeiten, Interaktionen und Gefühle
Nichtaufgabenbezogene Tätigkeiten, Interaktionen und Gefühle

Die Individuen:
Motivation, Lernen, Kognitive Struktur, Rollenverhalten, Persönlichkeit
Kaufentscheidungsprozess:
1. Individuelle Entscheidungsfreiheit
2. Gruppenbezogene Entscheidungsfreiheit
Kaufentscheidungen

Abbildung 57: Das Webster, Wind-Modell

- **Organisationale** Bedingungen berücksichtigen gezielt die Einbindung der Kaufentscheider in Strukturen, die von Zielen gelenkt und von finanziellen, technologischen und menschlichen Ressourcen begrenzt werden. Zu diesen Organisationsbedingungen gehören insofern Arbeitsklima, Technologie, Ökonomie und Unternehmenskultur.

Die Organisationsfaktoren ergeben sich aus den finanziellen, technologischen und personellen Ressourcen des Unternehmens und deren spezifischer

Nutzung. Die formale Organisationsstruktur bestimmt u.a. die Einkaufsentscheidungen durch System immanente Belohnungen, Status- und Machtzuweisungen. Das Ergebnis des Entscheidungsprozesses besteht aus Kommunikationsaktivitäten (Informationssuche, Kommunikation mit Lieferanten, Verhandlungsprozesse) und Beschaffungsaktivitäten (Make or buy-Entscheidung, Lieferantenauswahl).

- **Gruppenstrukturelle** Determinanten ergeben sich aus den Gruppenprozessen des verantwortlichen Einkaufsgremiums. Die Rolleninhaber haben individuelle Zielvorstellungen, die sie zu realisieren suchen. Dabei werden Macht- und Autoritätsverhältnisse wirksam. Zu diesen Gruppenbedingungen gehören Ziele und Aufgaben der Mitarbeiter, Gruppenverhalten in Entscheidungssituationen und Gefühle.

Die gruppenstrukturellen Faktoren ergeben sich aus den Funktionen des Buying center, dessen Mitglieder durch individuelle Normen geprägt sind, sich gegenseitig beeinflussen und dabei auch außerbetriebliche Einflussgrößen einbringen.

- **Einzelpersönliche** Determinanten betreffen das Individualverhalten, das hinter dem Gruppenverhalten steht. Es ist von der Motivation gekennzeichnet, die von einer komplexen Kombination individueller und organisationaler Ziele ausgeht. Zu diesen Individuumsbedingungen gehören Einstellungen, Wissen, Lernfähigkeit, Rollenverhalten und Persönlichkeit.

Individuelle Faktoren wirken sich auf bestimmte Kaufsituationen sowie die von Verkäufern gebotenen Marketingstimuli aus.

Diese Faktoren werden in einem Strukturbild mit ihren Grundverknüpfungen untersucht. Dabei wird nochmals zwischen Faktoren unterschieden, die sich unmittelbar auf die Kaufaufgabe beziehen, und solchen, die nur indirekt mit ihr zusammenhängen.

Dieser mehrstufige Erklärungsansatz macht deutlich, dass eine Beeinflussung des organisationalen Beschaffungsverhaltens nur möglich ist, wenn das Einkaufs- und Informationsverhalten transparent gemacht wird. Dabei reicht eine bloße Betrachtung des Ergebnisses nicht aus, vielmehr muss der Ablauf analysiert werden, der zu dieser Wahlhandlung führt.

Als Fazit dieses Ansatzes bleibt, dass zwar viele Einflussfaktoren richtigerweise dargestellt werden, die Aussagefähigkeit der Analyse dennoch stark eingeschränkt bleibt, weil letztlich Alles mit Jedem irgendwie zusammenhängt, was man aber auch schon vorher geahnt hat. Daher wollen Webster/Wind in weiser Voraussicht ihren Ansatz auch keineswegs als deterministisches Erklärungsmodell verstanden wissen, zumal die Operationalisierung der einzelnen Größen kaum lösbar sein dürfte. Das Modell systematisiert zwar die (potenziellen) Einflussfaktoren organisationaler Beschaffungsentscheide zutreffend, bringt sie auch in einen Beziehungszusammenhang, hat aber einen rein deskriptiven Charakter.

Käuferverhalten

3.4.2 Sheth-Modell

Sheth berücksichtigt in seinem Strukturmodell als Weiterentwicklung des Konsumentenverhaltens auf die organisationale Beschaffung (Howard/Sheth-Modell) neben der Kollektiventscheidung auch die Möglichkeit der Individualentscheidung. Verschiedene Partialmodelle sollen dabei in einem Systemansatz realistisch, umfassend und deskriptiv integriert werden.

Sheth geht in seinem Modell von der Existenz mehrerer Entscheidungsträger aus, deren Erwartungen durch ihre Erfahrungen und ihr Informationsverhalten beeinflusst werden, Letzteres hängt von der aktiven Informationssuche und der Selektivität der Wahrnehmung der Informationen ab. Der Erfahrungshorizont der Entscheidungsträger wird durch ihre Ausbildung, ihr Rollenverhalten und ihren Lebensstil geprägt. Solche kollektiven Entscheidungsprozesse sind ty-

Das Sheth-Modell
Persönlicher Background der Beteiligten (Spezielle Ausbildung, Rollenverhalten, Lebensstil) Informationsquellen: Verkäufer, Messen und Ausstellungen, Direktwerbung, Pressemitteilungen, Zeitschriftenwerbung, Fachkonferenzen und -tagungen, Wirtschaftspresse, Mund-zu-Mund-Werbung, andere - Aktive Informationssuche - Wahrnehmungsverzerrung - Zufriedenheit mit dem Kauf - Erwartungen der Einkäufer, Techniker, Verwender, andere
Industrieller Kaufprozess Produktspezifische Faktoren (Zeitdruck, empfundenes Risiko, Kaufklasse) Unternehmensspezifische Faktoren (Ausrichtung der Organisation, Größe der Organisation, Grad der Dezentralisierung)
Situative Faktoren
Kollektive Entscheidungen Autonome Entscheidungen Konfliktlösung durch Problemlösungsverhalten, Überreden, Verhandeln, Machtkampf Lieferantenauswahl und Markenwahl

Abbildung 58: Das Sheth-Modell

pisch bei hohem wahrgenommenen Risiko, bei einem Erstkauf, bei Zeitdruck, bei fehlender Dominanz einer Abteilung/Stelle und bei dezentraler Aufbauorganisation.

Das organisationale Beschaffungsverhalten wird also als von der psychologischen Weltsicht der an der Entscheidung mitwirkenden Personen, den Bedingungen, die zu gemeinsamen Entscheidungen der Beteiligten führen und von der Konflikthandhabung abhängig gesehen:

- Die **personenbezogenen** Faktoren sind genauer durch Sozialisierung, Informationsquellen, Wahrnehmungsverzerrungen und Kaufzufriedenheit bei den mitwirkenden Personen beschreibbar. Sie sind von großer Bedeutung.
- Die **interpersonellen** Faktoren sind produktspezifisch determiniert. Je stärker Faktoren wie hohes Kaufrisiko, komplexe Kaufklasse und empfundener Zeitdruck ins Gewicht fallen, desto größer ist die Tendenz zum Gremiumsentscheid. Sowie organisationsspezifisch determiniert, denn je stärker dabei Faktoren wie ausgeprägte Unternehmensphilosophie, breite Entscheidungsdezentralisation und große Betriebsgröße ins Gewicht fallen, desto größer ist wiederum die Tendenz zum Gremiumsentscheid.
- Die **konflikthandhabenden** Faktoren sind durch unterschiedliche Wahrnehmungen der Realität begründet. Sie führen zur rationalen Lösung mit Überzeugung der Partner oder zu verhandlungstaktischen Lösungen mit mehr oder minder faulen Kompromissen.

Der Kaufprozess wird danach von Erwartungen verschiedener Personen beeinflusst, die von ihrer persönlichen Ausbildung, ihrem Rollenverhalten und ihrem Lebensstil geprägt sind. Daneben wirken die für die aktive Informationssuche zur Verfügung stehenden Quellen und die Zufriedenheit mit den bisherigen Käufen auf die Erwartungen ein. Konfliktlösungen sind im Einzelnen möglich durch Informationssammlung und -verarbeitung, Überreden, Verhandeln oder Austricksen. Hinzu kommen situative Faktoren wie Lieferengpässe, Streiks, technische Produktionsstörungen etc. Als Entscheidungskriterien werden explizite, unmittelbar mit dem Kaufobjekt verbundene Kriterien und implizite, mit der Organisation des Lieferanten bzw. der Persönlichkeit des Verkäufers verbundene Kriterien berücksichtigt.

Auch dieser Ansatz liefert wertvolle Orientierungshilfen, die allerdings auch ohne modelltheoretische Fundierung nahe gelegen hätten, allerdings wird weder eine hinreichende Operationalisierung der Faktoren noch eine notwendige Klärung der einzelnen Zusammenhänge zwischen ihnen geleistet. Zudem wird die zeitliche Erstreckung des Kaufprozesses nicht berücksichtigt. Leistungsspezifische Bestimmungsfaktoren (z.B. Kundendienste) gehen nicht in das Modell mit ein, und als Phasen des Kaufprozesses sind nur Informationssuche und Entscheidung expliziert. Die Gewichtung der Einflussfaktoren ist unklar. Ebenso bleibt die Messung der Faktoren unscharf. Schließlich fehlt auch die Berücksichtigung der Interaktion zwischen Anbieter und Nachfrager.

Das Modell beschreibt somit zwar vergleichsweise detailliert die Einflussfaktoren der Beschaffungsentscheidung in Organisationen, eine Erklärung und Prognose des Beschaffungsverhaltens ist damit aber nicht möglich. Denn die interpersonalen und sozialen Einflussfaktoren werden kaum berücksichtigt, lediglich die Vorstellung der Multipersonalität der Entscheidung wird angedeutet, nicht Aufgaben bezogene Variable spielen im Modell keine Rolle. Auch ist die Zusammensetzung des Einkaufsgremiums ungeklärt. Die situativen Faktoren sind nicht theoretisch fundiert und schlüssig in das Modell eingebunden. Die zeitliche Erstreckung des Kaufprozesses bleibt unberücksichtigt. Leistungsspezifische Bestimmungsfaktoren (z. B. Service) gehen nicht in das Modell ein. Als Phasen des Kaufprozesses sind nur Informationssuche und Entscheidung explizit erfasst. Die Gewichtung der Einflussfaktoren ist unklar. Ebenso bleibt die Messung der Faktoren unklar. Schließlich fehlt die Berücksichtigung der Interaktion zwischen Lieferant und Abnehmer.

3.4.3 Choffray, Lilien-Modell

Das Prozessmodell von Choffray, Lilien besteht aus zwei Elementen, erstens dem Ablauf des organisationalen Beschaffungsverhaltens und zweitens der Reaktion (Marketing response). Ziel ist dabei die Isolation der Haupteinflussgrößen organisationaler Entscheide und ihre Beziehung zu Marketingvariablen.

Das erste Element ist bewusst vereinfacht und stellt auf die Eliminierung von Alternativen ab, die den Unternehmensanforderungen, die in Kriterien formuliert sind, nicht entsprechen, auf die Präferenzbildung bei den einzelnen Entscheidungsträgern aufgrund persönlicher Bewertungskriterien sowie auf die Präferenzbildung bei der Organisation insgesamt, die sich aus der Interaktion der Gruppenmitglieder herausbildet. Als Komponenten sind die Menge der in Betracht gezogenen Alternativen, die Umweltrestriktionen, die Anforderungen der Organisation, die Bildung individueller Präferenzen, die Bildung organisationaler Präferenzen und die organisationale Entscheidung zu nennen.

Das zweite Element ist hingegen recht komplex und besteht aus einem Bewusstseinsmodell, einem Akzeptanzmodell, einem individuellen Bewertungsmodell und einem Gruppenentscheidungsmodell. Das Bewusstseinsmodell bestimmt die Wahrscheinlichkeit, zum Awareness set der erwogenen Alternativen zu gehören. Diese kann durch Erhebungen bei Entscheidungsträgern operationalisiert werden. Das Akzeptanzmodell verkleinert diese Alternativenzahl auf den Satz der präferierten Alternativen (Evoked set). Dies erfolgt durch Vorgabe von Annahme-/Ablehnungskriterien, die ein Angebot erfüllt oder verabsäumt. Das individuelle Bewertungsmodell bestimmt die Chance zur Wahl einer präfe-

3. Organisationales Beschaffungsverhalten

Das Choffray, Lilien-Modell

In Betracht gezogene Alternativen:
Umweltrestriktionen physischer, technologischer, ökonomischer, sozialer Art
Organisationserfordernisse technischer und finanzieller Art

Individuelle Entscheidungsträger im Buying center:
- Informationsquellen
- Bewertungskriterien
- Interaktionsstrukturen

Realisierbare Alternativen
Bildung individueller Präferenzen
Bildung organisationaler Präferenzen
Organisationale Entscheidung

Abbildung 59: Das Choffray, Lilien-Modell

rierten Alternative durch den einzelnen Entscheidungsträger. Dies wird ebenfalls durch Erhebungen und deren statistische Auswertung zu operationalisieren gesucht. Und das Gruppenentscheidungsmodell schließlich bestimmt die Chance zur Wahl dieser Alternative durch die Gruppenmehrheit. Dies wird durch die qualifizierte Einschätzung der Interaktion im Entscheidungsgremium operationalisiert.

Dieses Modell weist zumindest konkrete Ansätze zur Operationalisierung der behaupteten Einflussgrößen auf. Fraglich ist jedoch, wieso gerade die, zudem wenigen, betrachteten Einflussgrößen von den Autoren mit überragender Bedeutung für den Entscheid qualifiziert werden, andere Einflussfaktoren, vor allem „weiche" schwierig operationalisierbare, aber gar nicht erst auftauchen. Vor allem bleibt die Auswahl der Submodelle dem Modellanwender überlassen, viele Informationen resultieren aus schwer nachprüfbaren Erfahrungswerten, und der Kaufeinfluss wird nur eindimensional operationalisiert. Allerdings unterscheidet das Modell immerhin verschiedene aufeinander aufbauende Phasen, und die einzelnen Elemente werden ansatzweise empirisch fundiert.

3.4.4 Johnston, Lewin-Modell

Beim Modell von Johnston, Lewin handelt es sich um ein Totalmodell, mit dem Ziel, die vorhandenen Totalmodelle zusammenzufassen. Im Mittelpunkt steht der Einfluss von Entscheidungsregeln und Rollenkonflikten auf den organisationalen Beschaffungsentscheid. Diese werden von vielfältigen situativen Variablen beeinflusst. Entscheidungsregeln sind formale oder informale Prozeduren bei der Entscheidungsfindung im Konfliktfall. Formale Prozeduren sind z.B. vorbestimmte und schriftlich fixierte Bewertungsregeln bei der Wahl zwischen alternativen Lieferanten, die einen hohen Verbindlichkeitsgrad aufweisen. Informale Prozeduren sind Entscheidungsregeln, die sich aus der Erfahrung einzelner Unternehmensangehöriger heraus entwickelt haben und daher nur eine geringe Verbindlichkeit besitzen. Rollenkonflikte treten auf, wenn Unklarheiten oder Informationsmängel im Buying center bestehen. Diese können sich auf Erwartungen an die Beschaffungsentscheidung, Methoden zur Erfüllung bekannter Erwartungen und Konsequenzen des Rollenverhaltens beziehen. Im Einzelnen wirken situative Determinanten, organisationale Determinanten, käuferbezogene Determinanten und verkäuferbezogene Determinanten auf die Entscheidungsregeln ein sowie gruppenbezogene Determinanten, informationsbezogene Determinanten, persönliche Determinanten und Verhandlungsdeterminanten auf den Rollenkonflikt ein:

- Käuferbezogene Determinanten sind Risiko, Kaufzweck, Produkttyp, Zeitrestriktion, Wichtigkeit und Komplexität.
- Verkäuferbezogene Determinanten sind Preis, Produkt, Qualität, Service und Image.
- Situative Determinanten sind Physis, Politik, Ökonomie, Zulieferer, Wettbewerber, Technologie, Recht, Kultur und Globalisierung.
- Organisationale Determinanten sind Größe, Struktur, Strategie, Ziele, Technologie und Entlohnungssystem.
- Gruppenbezogene Determinanten sind Größe, Struktur, Einfluss, Mitgliedschaft, Erfahrungen, Erwartungen, Führung, Ziele und Umfeld.
- Informationsbezogene Determinanten sind Inhalt, Quellen, Informationsbedarf, Suchverhalten und Verzerrung.
- Persönliche Determinanten sind Bildung, Motivation, Wahrnehmungen, Persönlichkeit, Risikopräferenz und Erfahrung.
- Verhandlungsdeterminanten sind Problemlösungsverhalten, Überreden, Verhandeln, Austricksen und Machtausnutzung.

Zwar sind auf relative wenige Einflussgrößen reduzierte Modellierungen eher praktikabel als eine Vielzahl kaum überschaubarer Größen umfassende Ansätze. Doch bleibt die Frage, ob die derart reduzierte Form wirklich die Haupteinflussgrößen repräsentiert oder wesentliche Faktoren ausgelassen werden. Aber dabei handelt es sich um ein generisches Problem von Modellierungen der Wirtschaftswirklichkeit.

3.4.5 Matbuy-Modell

Das Matbuy-Modell (Möller) richtet sich auf die Entwicklung eines umfassenden Modells des Materialeinkaufs, auf die Identifikation und Abwägung relevanter Einflussfaktoren und auf die Entwicklung von Vorschlägen zu dessen empirischer Überprüfung. Die Modellstufen umfassen die Anregung zum Einkauf, die Bildung von Bewertungskriterien, die Informationssuche, die Auswahl der zur Angebotsabgabe aufzufordernden Lieferanten, die Bewertung der Angebote, die Verhandlungen, die Lieferantenauswahl und die Realisierung der Wahl. Einflussfaktoren darauf sind allgemeine externe Faktoren wie Politik, Konjunktur, Technologie etc., spezielle externe Faktoren wie Beschaffungsmarkt, neutrale und käuferdominierte Informationsquellen etc., das kaufende Unternehmen hinsichtlich Kultur, Führungsstil, Produktionstyp etc. sowie interne Faktoren wie Einkaufsorganisation, Kaufprozesstyp etc.

3.5 Interaktionsansätze

Dabei wird nicht mehr von einseitigen Aktions-Reaktions-Schemata (SR, SOR) ausgegangen, sondern von wechselseitigen Beeinflussungen, wie sie in der Wirtschaftspraxis als regelmäßig gegeben unterstellt werden müssen. Dabei stehen die Interaktionen von Anbieter- und Nachfragerseite im Mittelpunkt der Betrachtung, die simultan vorgehen. **Aus der Abfolge dieser Interaktionen entstehen Geschäftsbeziehungen, die von zwei oder mehr Partnern unterhalten werden, die ihre verbalen und non-verbalen Aktivitäten aneinander orientieren, wobei ihre Aktionen und Reaktionen interdependent sind.** Deren Analyse kann als Querschnitt- (Momentaufnahme) oder Längsschnittanalyse (Prozesssicht) erfolgen.

Zwischen den Beteiligten entsteht so ein zeitlich begrenztes, aufgabenorientiertes Zwischensystem aus Mitgliedern der kaufenden und der verkaufenden Seite als Transaction center. Untersuchungen beziehen sich auf den Verlauf und das Ergebnis dieser Transaktionen durch die Beziehungen zwischen den beteiligten Parteien. Für die Analyse stehen mehrere Ansätze zur Verfügung, die zu Relationenkonzepten verfeinert worden sind.

3.5.1 Relationenkonzept

Bei entsprechenden Studien handelt es sich entweder um (episodenbezogene) Strukturansätze oder (episodenübergreifende) Prozessansätze sowie um (ebenfalls episodenübergreifende) Netzwerkansätze. Die beiden ersteren werden im Folgenden als Relationenkonzepte bezeichnet. Werden im Relationenkonzept zwei Partner analysiert, handelt es sich um ein dyadisches Beziehungsmuster, bei mehr als zwei Parteien um ein multilaterales. Sind die Parteien durch Personen verkörpert, handelt es sich um personale Ansätze, sind Institutionen gegeben, um organisationale. Daraus entstehen durch Kombination die folgenden vier Ausprägungen von Relationen.

Bei **dyadisch-personalen Relationsansätzen** als Struktur- und Prozessmodellen wird vor allem die persönliche Kommunikation betrachtet. Dabei stehen **Matching-Studien** im Vordergrund, d.h. Ähnlichkeiten zwischen Käufer und Verkäufer. Danach besteht die Hypothese, dass derjenige Verkäufer am erfolgreichsten ist, der dem jeweiligen Käufer am ähnlichsten ist. Daraus kann man schließen, sich im Verkaufsgespräch durch kongruentes Rollenverhalten an den Käufer anzupassen (Adaptive selling) oder Verkäufer organisatorisch Einkäufern nach vermuteter Affinität zuzuordnen (Kundenorganisation). Es können aber auch die Machtbeziehungen in der personalen Dyade untersucht werden. Dabei erfolgt die Beeinflussung durch eine Kombination aus Kompetenz und Sympathie. Nur Kompetenz („Der ekelhafte Könner") oder nur Sympathie („Der nette Taugenichts") reichen nicht aus. Vielmehr kommt es auf eine hinlängliche Kombination beider Dimensionen an. Auch ist der Verkaufserfolg vom Involvement der Verhandlungspartner abhängig. Je höher dieses ist, sei es aus Eigenmotivation oder durch äußeren Druck, desto wahrscheinlicher ist ein Erfolg. Allerdings berücksichtigen dyadisch-personale Relationsansätze nicht den Einfluss von Einkaufsgremien bzw. Verkaufsteams.

Bei **multilateral-personalen Relationsansätzen** als Struktur- und Prozessmodellen wird vor allem untersucht, inwieweit Statusprobleme mit der hierarchischen Struktur der Beteiligten auf beiden Seiten entstehen können und inwieweit es zur Bildung von **Koalitionen** (horizontal/auf einer Seite) und/oder **Absprachen** (vertikal/zwischen beiden Seiten) kommt. Wichtig ist demnach die Kompetenz-, Sozial- und Rangadäquanz zwischen den Angehörigen der potenziell kaufenden und verkaufenden Seite. Außerdem sind meist bestimmte Rollen verteilt. Allerdings werden die organisationalen Einflussgrößen, vor allem in Bezug auf Sanktion und Machtausübung, nicht berücksichtigt.

Die **dyadisch-organisationalen Relationsansätze** als Struktur- und Prozessmodelle untersuchen die intra-organisationalen und die inter-organisationalen Beziehungen zwischen Käufer und Verkäufer. Danach ist vor allem die Kongruenz von Erwartungen an und Erlebnissen in der Interaktion in Bezug auf Verhandlungsrahmen und -inhalt bedeutsam (Korrespondenzhypothese/ Koch). Es geht primär um den Versuch der Herstellung von Informationssymmetrie zwischen Anbieter und Nachfrager. Nach dem **Delegationsmodell** macht der Anbieter autonom Vorschläge, die der Abnehmer annimmt oder ablehnt, der eine Partner unterlässt es, seinen Informationsnachteil aufzuheben und vertraut stattdessen seinem Partner in der Ausführung. Nach dem **Zusammenarbeitsmodell** erarbeiten Anbieter und Abnehmer gemeinsam tragfähige Lösungen, ein beidseitiger Lernprozess führt so zur Aufhebung von Informationsasymmetrien bei gegenseitigem Vertrauen (Gemünden). Ersteres ist für den Käufer bei relativ anspruchslosen Problemlösungen mit frühzeitiger Bindung an einen Lieferanten effizient, denn beide betreiben überschaubaren Aufwand, Letzteres bei eher anspruchsvollen Problemlösungen mit Verhandlungen bei mehreren Anbietern, was allerdings einen aufwendigen Lernprozess, eine intensive Konfliktbehandlung und adäquate Arbeitspartner erfordert.

Die **multilateral-organisationalen Relationsansätze** als Struktur- und Prozessmodelle betrachten meist chronologisch Episoden als kollektive Planungs-, Entscheidungs- und Verhandlungsprozesse zwischen und innerhalb von Organisationen in Bezug auf die Anbahnung, den Abschluss und die Realisation einer Transaktion. Eine **Episode** ist dabei eine Phase des Beschaffungsprojekts. Die Abgrenzung der Episoden zueinander ist allerdings nicht unproblematisch. Episodeninformationen sind alle, die in der konkreten Einzeltransaktion zur Gestaltung des Leistungserstellungsprozesses im Hinblick auf die Erzielung von Kundenvorteilen von Bedeutung sind. Dazu gehören so verschiedenartige Elemente wie Lastenheft, Pflichtenkatalog, Buying center-Analyse, Promotoren oder Wertkettengestaltung. Zeitlich vorgelagerte Episoden schaffen dabei Chancen- und Risikopotenziale für ihnen nachgelagerte (Kirsch/Kutschker). Eine **Transaktionsperiode** umfasst die Gesamtheit aller Interaktionen, die mit der Anbahnung, Vereinbarung und Realisation der interessierenden Transaktion verbunden sind. Potenziale wie Macht, Wissen, Konsens etc. beeinflussen als zweite Einflussgröße den Ablauf des Transaktionsprozesses. Hersteller, Verwender und Drittparteien legen in Verhandlungen die Entscheidungsgrößen des Einkaufs für das betrachtete Objekt fest. Unabhängig von dieser Transaktion setzen Hersteller und Verwender Marketingmaßnahmen zur Pflege von Potenzialen ein. Andererseits beeinflussen auch die Verhandlungen selbst die Potenziale der Beteiligten bzw. wechselseitig die Potenziale der Beteiligten die Verhandlungen (Interaktion). Weiterhin wirken situative Faktoren (exogene Einflüsse) auf die Potenziale ein.

Diese Ansätze sind jedoch eher deskriptiv ausgelegt und wenig konkret praktisch verwertbar.

3.5.2 Netzwerkkonzept

Diese stellen eine Erweiterung der Relationenansätze um systemtheoretische, episodenübergreifende Betrachtungen dar und beziehen sich nur auf Organisationen. **Dabei werden mehrere Organisationen als soziale Systeme durch ihre**

Elemente, die Beziehungen zwischen den Elementen und durch die Beziehungen zur Umwelt charakterisiert. Daraus entstehen als Hauptelemente der Interaktionsprozess selbst, die beteiligten Personen, die Umwelt und die Atmosphäre. Das Verhalten von Personen ist nicht nur durch sie selbst bestimmt, sondern vor allem durch ihre Beziehungen zu anderen Personen geprägt. Diese Beziehungsstrukturen sollen für Zwecke des Anbieters genutzt bzw. Veränderungen zu seinen Gunsten daran bewirkt werden (Hakansson).

Dabei können fünf Ebenen unterschieden werden:

- die einzelne Person, die mit ihren individuellen Einstellungen und Motiven sowie mit ihrer Art, Informationen nachzusuchen und zu verarbeiten (Reagierer-, Entscheidertypologien) am Beschaffungsprozess teilnimmt,
- die berufsbezogene Funktion, die eine Person in einem Unternehmen ausübt,
- die hierarchische Position, die eine Person in einer Organisation innehat,
- die Beziehungsstruktur, innerhalb derer sich die verschiedenen Personen im Rahmen des Beschaffungsprozesses bewegen und die sie für ihre Zwecke zu nutzen versuchen, sowie ihre Veränderungen im Zeitablauf,
- die Art der Einflussnahme (Promotoren/Opponenten), die eine Person auf Grund ihrer Netzwerkposition auf den Beschaffungsprozess ausübt.

Instrumentelle/formale Netzwerke sind durch Beziehungen gekennzeichnet, die im Rahmen der Arbeit entstehen und den Austausch aufgabenbezogener Ressourcen beinhalten. Expressive/primäre Netzwerke hingegen enthalten Beziehungen privater Art, unabhängig von der formalen Organisation. Am wichtigsten sind bei diesen Netzwerken die Kommunikationsbeziehungen zum Austausch zweckbezogenen Wissens. Dabei können verschiedene Typen von Aktoren unterschieden werden:

- **Isolierte** (Isolated) im Netzwerk sind Personen, die höchstens mit einer einzigen anderen Person kommunizieren, nicht aber mit weiteren Personen des Netzwerks. Sie sind als Ansatzpunkt für Akquisitionsmaßnahmen denkbar ungeeignet, es sei denn, sie sind zugleich Entscheider.
- **Verbinder** (Liaisons) sind Positionen, die zwei oder mehr Untergruppen (Cliquen) miteinander verbinden, ohne dort selbst Mitglied zu sein. Sie ermöglichen damit den Informationsfluss zwischen Untergruppen (z.B. Abteilungen eines Unternehmens). Entfallen sie, fallen auch die Untergruppen in Gruppen auseinander.
- **Brücken** (Bridges) sind Personen, die als Mitglied einer Clique Beziehungen zu einem oder mehreren Mitgliedern einer anderen Clique unterhalten. Diesen Personen kommt eine wichtige Funktion im internen Informationsfluss zu.

3. Organisationales Beschaffungsverhalten

- **Überlapper** (Linking pins) sind Personen, die zugleich Mitglied in mehr als einer Clique sind und somit den Informationsfluss zwischen beiden herstellen können. Daraus resultieren aber nicht selten Konflikte hinsichtlich der Identifikation bei einander widerstrebenden Zielen in den Untergruppen.
- **Grenzgänger** (Boundary role) sind Personen, welche die Verbindung des Unternehmens zur Umwelt herstellen. Sie sind psychologisch, organisational und meist auch physisch von der Gruppe entfernt angesiedelt und für den Informationsfluss zwischen Organisation und Umwelt von hoher Bedeutung.
- **Zentralen** (Stars) sind Personen, die zu vielen anderen Mitgliedern der eigenen Clique durch Information verbunden sind. Sie bieten sich als Ansatzpunkt für Akquisitionsmaßnahmen an, da sie einerseits ein hohes Gespür für Organisationsbedürfnisse haben und andererseits vielfältigen Einfluss nehmen können.
- **Pförtner** (Gatekeeper) sind Personen, die den Informationsfluss von der Umwelt oder einer anderen Clique in die eigene Clique hinein öffnen. Sie sind praktisch die Sensoren der Clique, die Änderungen in den Beschaffungsbedingungen aufnehmen und in die Untergruppe weitergeben.
- **Meinungsführer** (Opinion leaders) sind Personen, die innerhalb einer Clique den Ton angeben. Dies kann auf hierarchischer Stellung, öfter aber auf informeller Kompetenz beruhen. Meist wechselt die Meinungsführereigenschaft mit dem anstehenden Beschaffungsobjekt.

Von der Position einer Person im Netzwerk hängt es nun ab, inwieweit sie auf Entscheidungen der Gruppe Einfluss nehmen kann. Dabei stehen ihr Ressourcen zur Verfügung, die sie unmittelbar kontrollieren kann (wie Fachwissen, Budget etc.), diese dienen ihr als Machtbasis, sowie Ressourcen, die sie nur mittelbar kontrollieren kann (wie Kontakte zu anderen Personen). Der Einfluss ist um so größer, je vielfältiger die Beziehungen sind, die eine Person zu einer anderen in der eigenen Gruppe und zu fremden Gruppen unterhält. Dies gilt sowohl für aufgabenbezogene als auch informelle Beziehungen. Er ist weiterhin um so größer, je zentraler die Position einer Person im Netzwerk ist.

Die akquisitorische Einflussnahme auf das Netzwerk kann durch verschiedene Vorgehensweisen erfolgen:
- **Gatekeeping** stellt die Beeinflussung des „Pförtners" im Netzwerk im eigenen Sinne in den Vordergrund. Dies kann sich auf den Informationsfluss von außen in das Netzwerk hinein beziehen oder den Informationsfluss zwischen verschiedenen Bereichen des Netzwerks selbst (Verbinder/Grenzgänger).
- **Advocacy behavior** zielt auf die Gewinnung eines Meinungsführers für die eigene Idee ab. Dies beruht auf Lobbying, d.h., man befürwortet eine Alternative, sucht andere zur Unterstützung und bildet einen Meinungszirkel. Dessen Durchsetzungsfähigkeit hängt im Wesentlichen vom Anteil der Promotoren darin ab.

– **Koalitionsbildung** beinhaltet vor allem die Herbeiführung internaler Interessengemeinsamkeiten zu Lasten Externaler. Aktoren, die normalerweise unterschiedliche Ziele verfolgen, diese aber allein nicht erreichen können, schließen sich dabei temporär zu Koalitionen zusammen. Ihr Erfolg ist abhängig von den Ressourcen, über die sie disponieren können.

Problematisch ist dabei generell, dass es bislang keine geschlossene Interaktionstheorie gibt, sondern nur Fragmente dazu. Ein beachtlicher Ansatz stammt u. a. von der International Marketing und Purchasing Group (IMP). Er stellt vor allem auf die dauerhaften Geschäftsbeziehungen zwischen Anbieter und Nachfrager ab. Organisationen werden darin als soziale Systeme durch ihre Elemente, die Beziehungen zwischen diesen Elementen und durch die Beziehungen zur Umwelt gekennzeichnet. Bei den Elementen handelt es sich um den Interaktionsprozess, die beteiligten Parteien, die Atmosphäre und die Umwelt. Aus Episoden entwickelt sich im **Interaktionsprozess** ein Beziehungsgeflecht, das Macht- und Abhängigkeitsbeziehungen enthält und konfliktär oder kooperativ ausgelegt sein kann. Bei den **beteiligten Parteien** handelt es sich um die Anbieter- und Nachfragerseite, jeweils als Individuen oder für Organisationen. Die **Atmosphäre** ist der „Kitt" zwischen den Elementen („weiche" Faktoren) und kann nicht näher gemessen werden. Zur **Umwelt** gehören u. a. die Marktstruktur und -dynamik, die soziale Umwelt und die Internationalität.

3.6 Geschäftstypen für die organisationale Beschaffung

3.6.1 Rohstoffgeschäft

Rohstoffe sind solche Industriegüter, die Bestandteile von Folgeprodukten werden, aber keiner weiteren Bearbeitung unterzogen worden sind als derjenigen, die erforderlich ist zur Verfügbarmachung, zum Schutz, zur Lagerung, zum Transport und/oder bei denen gewisse Manipulationen zur Erreichung der Vermarktungsfähigkeit vorgenommen wurden (wie Zerkleinerung, Klassifizierung, Konzentrierung etc.). Der Markt der Rohstoffe umfasst vor allem Urprodukte.

3.6.1.1 Urprodukte

Urprodukte sind **Anbauwaren**, die aus der Natur gewonnen werden als landwirtschaftliche Erzeugnisse sowie **Abbauwaren**, die meist nicht regenerierbar sind. Rohstoffe sind dabei Ausgangsstoffe für nachfolgende Verarbeitungsstufen und werden ohne weitere Umformungsprozesse erstmals einer wirtschaftlichen Verwendung zugeführt. Sie verändern sich in der Produktion.

3. Organisationales Beschaffungsverhalten

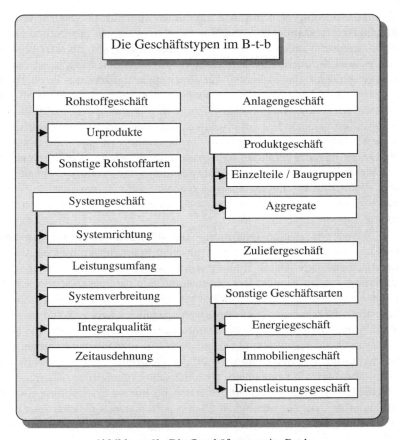

Abbildung 60: Die Geschäftstypen im B-t-b

Urprodukte umfassen im Wesentlichen land- und forstwirtschaftliche Erzeugnisse, Mineralien und fossile Träger. Diese werden zumeist als **Commodities** bezeichnet, die wiederum in Soft commodities, d.h. börsenfähige Rohstoffe, die nicht-metallisch sind (Getreide, Zucker, Kakao etc.), und Hard commodities, die metallisch sind, unterscheidbar sind. Für deren Börsenfähigkeit sind Fungibilität, d.h. eine Einheit kann stellvertretend für alle anderen Einheiten stehen, sowie Standardisierung der Kontrakte in Bezug auf alle wesentlichen Vertragsbestandteile Voraussetzung. Als atypische Commodities werden oft solche Rohstoffe bezeichnet, die nicht börsenfähig sind wie Business goods (Geschäftsgegenstände), Capital goods (Investitionsgüter), Consumer goods (Verbrauchsgüter) und Staple goods (Einsatzstoffe) sowie Halbfabrikate (Handelsware).

Wesentliche Kennzeichen von Urprodukten sind die Folgenden. Die Geschäftstätigkeit ist **standortgebunden** nur dort möglich, wo Urprodukte gewonnen bzw. geerntet werden können. Der Marktzugang ist also objektiv begrenzt. Sofern es sich um nicht regenierbare Rohstoffe/Energien handelt, ist ein wesentliches Anliegen die Sicherung der Rohstoffverfügbarkeit, z.B. durch Abbaulimitationen, sowie die Recyclierbarkeit der verwerteten Rohstoffe zur Rückgewinnung. Solche natürlichen Monopole sind wettbewerbspolitisch nicht angreifbar, denn sie beruhen auf objektiven Faktoren, nicht auf beschränkenden Absprachen wie künstliche Monopole. Problematisch ist, wenn die Rohstoffverfügbarkeit dadurch gefährdet wird, dass diese Standorte in politisch anfälligen Gebieten liegen. Zumal, wenn keine adäquaten Ausweichmöglichkeiten bestehen. Dann müssen Zugeständnisse geleistet werden, um den Zugang zu diesen Rohstoffen nicht zu gefährden, etwa in Form von Joint ventures mit den Ursprungsländern.

Die Waren sind starken **Quantitäts- und Qualitätsschwankungen** unterworfen, die aus den Unwägbarkeiten natürlicher Bedingungen folgen, also z.B. Witterung, Fundstätte. Durch Bildung von Güteklassen soll deshalb eine Standardisierung erreicht werden. Bei Abbauwaren sind naturgegeben abweichende Qualitäten vorhanden. So gibt es Rohöl verschiedener Schweregrade, leichtere Rohöle sind einfacher zu verarbeiten, wohingegen schwerere Rohöl erst noch gecrackt werden müssen, um zu Mineralölprodukten verarbeitet werden zu können. Solche Qualitätsabweichungen sind auch bei Anbauwaren verbreitet, etwa wenn ungünstige Witterungseinflüsse auf den Geschmack von Weinen Einfluss nehmen. Dies ist so hinzunehmen. Quantitätsabweichungen entstehen aus der verschiedenen Ergiebigkeit von Abbaustellen, bis hin zur Erschöpfung einzelner Fundstätten bzw. zur Notwendigkeit überproportionalen Aufwands zum weiteren Abbau, der wirtschaftlich nicht mehr tragfähig ist. Bei Anbauwaren ergeben sich Quantitätsschwankungen durch Fehlernten, Schädlingsbefall oder Naturkatastrophen. Auch dagegen ist kaum etwas auszurichten. Diese Abweichungen ziehen jeweils erhebliche Preisschwankungen nach sich, da die Nachfrage oft mehr oder minder starr, das Angebot aber mengenmäßig schwankend ist.

Insofern wird versucht, eine Homogenität der Urprodukte herzustellen, da ansonsten eine sinnvolle Handelbarkeit nicht gegeben ist. Dies geschieht durch **Klassifikationen**, denen Urprodukte innerhalb definierter Toleranzgrenzen zugeordnet werden. Diese erschwert die marketingpolitische Einflussnahme erheblich. Denn Absicht des Marketing ist für gewöhnlich die Profilierung und Absetzung des eigenen Produkts von anderen. Dort, wo dies tatsächlich gegeben ist, wird durch Klassifikationen gerade eine Vereinheitlichung des Angebots erreicht. Dabei werden alle Produkte, die gleichen Beurteilungskriterien entsprechen, zu einer Klasse zusammengefasst. Dabei ist es dann unerheblich, welches konkrete Produkt einer Klasse gerade gehandelt wird, denn alle Produkte sind innerhalb einer Klasse homogen. Ein Produkt steht stellvertretend für alle, nennenswerte Differenzierungsmöglichkeiten sind damit vereitelt. Diese Fungibilität der Waren ist unverzichtbare Voraussetzung für deren Handelbarkeit. Ansonsten wäre es erforderlich, die jeweilige Ware physisch am Ort des Verkaufs zu Prüfzwecken vorrätig zu halten. Dies wäre bei den gehandelten Volumina unmöglich. So reicht die glaubhafte Zuordnung zu einer Güteklasse aus, die Identität der Waren zu sichern, eine Überprüfung erübrigt sich, damit auch die Notwendigkeit der physischen Verfügbarkeit von Waren.

Der Handel erfolgt an Warenbörsen. Dort werden An- und Abbauwaren auf Termin ge- und verkauft. Die Kontrakte sind dabei vollkommen standardisiert. Dies gilt nicht nur in Bezug auf die Qualitäten, sondern auch die Quantitäten, Lieferzeiten und -orte, sodass der Preis das einzige Differenzial darstellt. Der Handel an Warenbörsen birgt beiderseitige Chancen und Risiken. Nachfrager können sich damit auf Termin die Konditionen von heute für eine spätere Lieferung sichern. Dies ist vorteilhaft, wenn man davon ausgeht, dass die Preise steigen werden, denn dann ist die Lieferung zum jetzt vereinbarten, niedrigeren Preis fällig, unabhängig davon, wie der Preis zum Liefertermin lautet. Allerdings gilt dies auch, wenn der Preis zwischenzeitlich gefallen ist, dann hat der Verkäufer den Vorteil, weil er sich den höheren Preis von heute für eine spätere Andienung sichert. Die Erwartungen von Käufer und Verkäufer sind also genau entgegengesetzt. Dies macht für Nachfrager etwa Sinn, wenn mit Lieferengpässen zu rechnen ist oder auch nur eine feste Kalkulationsbasis erreicht werden soll bzw. für Anbieter, wenn mit einem Warenüberschuss zu rechnen ist oder eine feste Erlösbasis gesichert werden soll.

An Optionsbörsen erfolgt der Handel auf Termin ohne konkrete Liefer- bzw. Abnahmeabsicht. Da bei Abschluss jeweils nur eine Anzahlung zum Kontrakt erforderlich ist, kann auch nur aus spekulativen Absichten heraus gehandelt werden. Die Kontrakte werden dann im positiven Fall erfüllt und erzeugen einen Differenzialgewinn und im negativen Fall verfallen gelassen, wobei nur die Einschusssumme, nicht aber der gesamte Abschlussbetrag verloren geht.

Die Märkte für Urprodukte werden infolge ihrer geringen Angebotselastizität, oft zu unrecht, als wenig funktionsfähig angesehen, weshalb sie **bewirtschaftet** (z.B. Agrarmarkt) oder besichert (z.B. durch Termingeschäft, s.o.) sind, wodurch deren Marktergebnisse aber nicht unbedingt besser werden. Das Postulat nicht-funktionsfähiger Urproduktemärkte ist mit Skepsis zu betrachten. Ihm liegt die Meinung der nationalen wie internationalen Politik zugrunde, „schlauer" als der Markt zu sein, also in der Lage, Unzulänglichkeiten des Marktes durch Eingriffe proaktiv korrigieren zu können. Dies ist jedoch insofern zweifelhaft, als der Markt die gebündelte „Intelligenz" aller Marktteilnehmer repräsentiert und es fraglich scheint, dass einige wenige Akteure, wie „schlau" sie individuell auch immer sein mögen, in der Lage sind, diese „Intelligenz" zu überbieten. Es ist vielmehr wahrscheinlich, dass diese Märkte erst durch dirigistische Eingriffe dysfunktional werden. Dies kann an den Auswüchsen des europäischen Agrarmarkts nachvollzogen werden. Sicherlich ist eine Anfälligkeit durch Angebots- und Nachfrageschwankungen gegeben. Es steht jedoch zu bezweifeln, ob diese Nachteile größer sind als diejenigen Nachteile, die durch unüberschaubare Regulierungen, vor allem weitgehend unabhängig vom Marktpreisniveau zugesicherte Mindestpreise, im Markt verursacht werden. Die Konsequenzen sind hinlänglich bekannt, es entstehen Butterberge, Schweineberge etc., die mit großem Aufwand zuerst gelagert und dann zu Bruchteilen der Gestehungskosten verkauft oder gar verschenkt werden. Der Preis für vermeintliche Dysfunktionalitäten scheint damit sehr hoch bemessen zu sein, vielleicht höher als es wert ist.

Es kommt immer wieder zu **natürlichen Monopolen** auf Grund gegebener, nicht beeinflussbarer Betriebsbedingungen, die nicht wettbewerbsrechtlich, wohl aber sozialpolitisch angegriffen werden. Ökonomisch ist der hohe Konzentrationsgrad nicht zu beanstanden. Oft steht dem sogar eine Nachfragemacht entgegen. Natürliche Monopole bieten, vor allem im Bereich der nicht-regenerativen Energiestoffe, latent das Potenzial zur Druckausübung. Daher wirken hier erhebliche politische Interessen ein. Historisch sind die Aktivitäten des OPEC-Kartells bekannt. In dem Maße, wie jedoch Ölvorkommen in „sicheren" Gebieten genutzt werden konnten, schwand dessen Monopolstellung und damit auch die Machtbasis. Aktuell sind gleiche Tendenzen in Bereich der Erdgasvorkommen zu beobachten, die zumal bei zunehmender Erschöpfung der Erdölreserven, an Gewicht gewinnen. Dabei ist vor allem an die Länder der ehemaligen Sowjetunion zu denken. Da die Nachfrage gleichzeitig preisstarr und durch Takeoff markets verursacht, steigend ist, besteht wiederum ein erhebliches „Erpressungspotenzial".

Das Aufkommen an Rohstoffen ist teilweise nur **begrenzt lagerfähig**, z.B. wegen drohenden Verderbs, oder steuerbar, z.B. wegen anfallender Anlaufkosten. Zum Ausgleich werden häufig Rahmenverträge abgeschlossen, die einen hinlänglich verstetigten Absatz bewirken und damit Risiken begrenzen. Die begrenzte Lagerfähigkeit ergibt sich bei Anbauwaren durch die implizite Verderblichkeit von Produkten. Insofern entsteht ein Druck auf die Erzeuger, ihre Waren loszuschlagen, beinahe unabhängig vom Preis. Diesem Problem kann jedoch durch Pufferlager, Rohstofffonds etc. wirksam begegnet werden. Bei Abbauwaren ist die Lagerfähigkeit vor allem durch die entstehenden Kosten limitiert, verursacht durch große Mengen, Infrastrukturleistungen, Kapitalbindung etc. Allerdings liegt die Vorhaltung von Sicherheitsbeständen im allgemeinen Interesse. Dies hat sich etwa zu Zeiten des Powerplay des OPEC-Kartells gezeigt, als Lagerbestände in politisch sicheren Regionen die Lieferengpässe abfederten und zumindest eine geordnete Anpassung an die Verknappung ermöglichten. Dies scheint heute aktueller denn je, stammen doch viele Energierohstoffe aus politisch instabilen Gebieten, zumal sich die Vorkommen in gesicherten Gebieten deutlich dem Ende zuneigen.

Da überwiegend die Bestimmung zur Weiterverarbeitung gegeben ist, besteht eine hohe **Abhängigkeit von Folgemärkten**. Die Nachfrage ist dabei häufig international und sehr heterogen, weil ein und derselbe Rohstoff zu sehr unterschiedlichen Verarbeitungszwecken eingesetzt werden kann (z.B. Mineralöl in der Chemie/Pharmazie und als Treibstoff/Energie). Unterliegen Primärmärkte konjunkturellen Schwankungen, so schlagen jene auf die Nachfrage der Folgemärkte durch. Können Betriebsmittel in mehreren Branchen gleichermaßen eingesetzt werden, kann es günstigenfalls zur gegenseitigen Kompensation der Schwankungen, aber ungünstigenfalls auch zu deren Aufschaukelung, kommen. Die Nachfrage nach Industriegütern ist damit eine abgeleitete Größe aus konsumnäheren Märkten und verstärkt deren Zyklus. Nach spricht dabei auch von einem Bull whip-Effekt, d.h. bereits kleine Schwankungen am Endmarkt schlagen sich in nennenswerten Amplituden auf den jeweiligen Vorstufen nieder. Damit können vergleichsweise kleine Unschärfen in der Marktdiagnostik grobe Abweichungen in den Absatzplänen bewirken. Dies führt zu einer signifikaten Erhöhung des Risikos.

3.6.1.2 Weitere Rohstoffarten

Neben An- und Abbauwaren gibt es weitere, rohstoffähnliche Waren, die nicht in allen Belangen lupenrein den Merkmalen von Rohstoffen entsprechen, dennoch aber ähnlichen Marktgesetzmäßigkeiten gehorchen. Dabei handelt es sich um Einsatzstoffe, Hilfs- und Betriebsstoffe sowie Energie.

Einsatzstoffe betreffen verarbeitete oder bearbeitete Vorprodukte (Unterschied zu Commodities), die den Ausgangspunkt weiterer Produktionsprozesse bilden, in Folgeprodukte eingehen und Veränderungen unterliegen, die sie von Halb- zu Fertigfabrikaten werden lassen. Ihre Produktion erfolgt durch Verarbeitung oder Rückgewinnung (Recycling). Es ist eine heterogene Nachfragerschaft, oft mit zwischengeschaltetem Produktionsverbindungshandel, bei niedrigem Verarbeitungsgrad und hoher Homogenität der Produkte gegeben.

Zu den **Hilfsstoffen** zählen Rohstoffe, die als Nebenbestandteile in die Produktion eines Fertigprodukts eingehen. Dazu gehören z.B., Steine, Erden, Eisen, Stahl, NE-Metalle, chemische Säuren, Granulate, Glas, Schnittholz, Papier, Rohtextilien. **Betriebsstoffe** dienen zur Aufrechterhaltung der Leistungsprozesse, gehen aber selbst nicht in das Endprodukt ein. Zu denken ist z.B. an Klebstoffe, Farben, Schmiermittel, Bohrern, Schrauben.

3.6.2 Anlagengeschäft

Anlagen sind Leistungsangebote, die ein durch die Vermarktungsfähigkeit abgegrenztes, von einem oder mehreren Anbietern in einem geschlossenen Angebot erstelltes, kundenindividuelles Hardware- oder Hardware-Software-Bündel zur Fertigung weiterer Güter darstellen. Sie werden meist in Einzelfertigung oder Kleinserie gefertigt, regelmäßig erfolgt die funktionsfähige Montage erst beim Kunden (z.B. handelt es sich um Raffinerien, Walzwerke, Flugsicherungsanlagen). Im Anlagengeschäft werden komplexe Projekte vermarktet. Die Spezifikation der zu erstellenden Anlage wird zu einem bestimmten Zeitpunkt festgelegt. Die Kaufentscheidung fällt projektspezifisch ebenfalls zu einem bestimmten Zeitpunkt. Die Realisierung des Projekts erstreckt sich dann meist über einen längeren Zeitraum. Das Projekt ist damit in der Regel abgeschlossen, systematische Erweiterungs- und Ergänzungskäufe finden nicht mehr statt.

3.6.2.1 Charakteristika

Als bestimmende Merkmale des Anlagengeschäfts gelten folgende. Es erfolgt regelmäßig eine **kundenindividuelle, einmalige Leistungserstellung** (Auftragsfertigung). Damit handelt es sich um Angebote, die gemäß jeweiliger Spezifikation speziell für einen Einsatzweck zusammengestellt oder zumindest dafür modifiziert werden. Anders als bei Serien- und Massenfertigung handelt es sich häufig um Sorten- oder Einzelfertigung mit den daraus üblicherweise folgenden betriebswirtschaftlichen Nachteilen für die Kalkulation. Denn bei kleinen Losgrößen oder gar der Losgröße 1 sind die Rüstkosten unverhältnismäßig hoch im Verhältnis zu den Erlösen, da in jedem Einzelfall neuerliche Produktionsvoraussetzungen geschaffen werden müssen. Zur Lösung sind zwei Wege nutzbar. Der eine Weg führt über die Modularisierung von Leistungseinheiten. Dabei wird eine komplexe Leistung konzeptionell in einzelne Module zerlegt, deren Schnittstellen zueinander vorab exakt definiert werden. Dies erlaubt es, diese Module zu einer größeren Anzahl von Fertigprodukten zu kombinieren, die sich weitestgehend kundenindividuell darstellen, jedoch rationell zu produzieren sind. Denn jedes Modul wird standardisiert in einer größeren Stückzahl hergestellt, sodass die Vorteile der Kostendegression nutzbar sind. Dies setzt freilich voraus, dass bereits bei der Konstruktion jedes Moduls sämtliche Schnittstellen zu anderen Modulen in Richtung Kompatibilität berücksichtigt sind. Dies gilt auch für die Änderung jedes einzelnen Moduls.

Ein anderer Weg ist das Plattformkonzept. Dabei handelt es sich um eine zeitlich möglichst weit herausgezögerte Individualisierung in der Produktion (Postponement). Mehreren Leistungen liegt dabei eine gemeinsame Produktionsplattform zugrunde, die unter Nutzung von Kostendegression in größerer

Stückzahl aufgelegt wird. Da jedoch kundenindividuelle Leistungen erforderlich sind, wird diese Plattform in einem möglichst weit fortgeschrittenen Fertigungsstadium heterogenisiert. Ab dann entstehen Kostenprogressionen durch Einzel-/Sortenfertigung. Da diese jedoch mehr oder minder weit unter den Rationalisierungseffekten des Plattformkonzepts liegen, kann per Saldo eine kostengünstige Lösung dargestellt werden.

Langfristigkeit bedeutet, dass große Zeiträume zwischen Angebotsabgabe, Auftragsvergabe und Projektabschluss liegen. Hier ist von der Multitemporalität und der Multioperativität die Rede. Erstere bedeutet, dass es sich um eine lange Transaktionsperiode von der ersten Kontaktaufnahme bis zur Projektabnahme handelt. Dabei können nicht selten mehrere Jahre ins Land gehen. Letztere bedeutet, dass dabei mehrere Episoden durchlaufen werden, während derer bestimmte Teilschritte des Projekts abgearbeitet werden.

Gleichzeitig kommt jedem Kauf durch seinen bloßen Warenwert große Bedeutung zu, so dass nicht erreichte Kaufabschlüsse nachhaltig auf das Unternehmensergebnis durchschlagen. Gleichfalls repräsentiert das Kaufobjekt einen **hohen Projektwert** im Budget des Nachfragers. Damit lohnt sich für ihn eine umfangreiche Informationssuche, um Angebote gründlich zu vergleichen und sorgfältig das für ihn vorteilhafteste auszuwählen. Das kaufmännische Volumen rechtfertigt also eine gründliche Auseinandersetzung mit der Transaktionssituation sowohl auf Anbieter- wie auf Nachfragerseite.

Der grenzüberschreitenden Auftragsvergabe kommt große Bedeutung zu, somit ist die **internationale Ausrichtung** des Marketing weit fortgeschritten. Unternehmen der Anlagenbranche weisen daher erhebliche Auslandsmarktanteile auf. Dies liegt in der meist hohen Spezifität der vermarkteten Objekte begründet, die nur eine begrenzte Anzahl von Abnehmern zulässt. Um die für den Geschäftserfolg gewünschten Absatzvolumina dennoch darzustellen, bleibt selbst bei großen Binnenmärkten keine andere Chance als Erlösquellen im Ausland aufzutun. Zudem ist es mit einem einfachen Export nicht getan, vielmehr verlangt der Charakter von Anlagen ein nachhaltiges Engagement in fremden Ländern und Kulturen. Weiterhin entsteht im Projektfortschritt eine enge Interaktion zwischen internationalen Unternehmen und deren Mitarbeitern. Dies alles führt dazu, dass Internationalität selbstverständlicher Bestandteil der Geschäftstätigkeit in der Anlagenbranche ist.

Wegen des hohen Auftragswert kommt der Planung und Ausarbeitung von maßgeschneiderten Finanzierungskonzepten durch Erschließung und Kombination aller zweckadäquaten Alternativen als **Absatzfinanzierung** (Financial engineering) hohe Bedeutung zu. Nicht selten verlangt der Nachfrager, vor allem wenn es sich um einen öffentlichen Auftrag handelt, auch die Errichtung lokaler Infrastrukturmaßnahmen. Üblich sind An- und Zwischenzahlungen nach Projekt-Fortschritt sowie Zahlungsziele von bis zu zehn Jahren. Neuerdings werden verstärkt computergestützte Angebotssysteme mit den Zielen der Abgabe korrekter und treffender Angebote eingesetzt. Dazu sind so verschiedenartige Elemente wie Kundendatenbank, elektronischer Produktkatalog, Know-how-Datenbank, Zeichnungsdatenbank, rechnergeführte Bedarfserhebung, Konfigurator („Angebots-Baukasten"), Kalkulation, Preisfindung, Finanzberatung, Folgekostenabschätzung, Zuordnung von Informationen, Angebotsdruck und Angebotsverfolgung erforderlich.

Die **Diskontinuität des Auftragseingangs** ergibt sich daraus, dass jeweils Einzelaufträge akquiriert werden, die diskontinuierlich eingehen, dann aber über lange Zeit Beschäftigung sichern. Daraus entstehen erhebliche betriebswirtschaftliche Probleme, denn die Betriebsbereitschaft muss aus Gründen der Wettbewerbsfähigkeit kontinuierlich vorgehalten werden. Dies verursacht Fixkosten, die zu einem gewissen Teil kalkulatorischer Natur sind und daher auf Zeiten besserer Beschäftigung vorgetragen werden können, zu einem gewissen Teil aber auch pagatorischer Natur, also ausgabewirksam, insb. Personalkosten. Dies bedeutet, dass schwankenden Einnahmen feste Ausgaben gegenüber stehen, die eine stetige Illiquiditätsgefahr bergen. Zumal der Fixkostenblock definitionsgemäß kurzfristig nicht abbaubar ist. Andererseits werden bei Auflaufen paralleler Aufträge rasch Kapazitätsgrenzen erreicht und überschritten, die dazu führen, dass Aufträge abgelehnt oder teuer extern untervergeben werden müssen, sodass dann, wenn Erlöse zu erwirtschaften wären, diese entgehen oder von womöglich hohen Kosten aufgezehrt werden. Dies ist eine sehr unwirtliche Beschäftigungssituation.

Anlagen werden nicht mehr nur als „Hardware", sondern als Hardware-Software-Bündel angeboten, also mit produktbegleitenden **Dienstleistungen** (genauer Kundendiensten). Diese können sich vor allem auf kaufmännische und technische Dienste beziehen und sowohl vor dem Kaufabschluss als auch danach entstehen. Diesem Ansatz liegt die zutreffende Überlegung zugrunde, dass das einzelne Produkt nicht mehr differenzierungsfähig ist, im Gegenteil häufig sogar komparative Nachteile aufweist. Dann ist es erforderlich, durch produktverbundene Kundendienste eine ganzheitliche Wahrnehmung des Angebots zu erreichen, die den Ausschlag zu eigenen Gunsten geben kann. Hinzu kommt, dass gerade Kundendienste sich einer unmittelbaren Preisvergleichbarkeit entziehen und damit Ertragspotenziale bieten sowie eine längerfristige Beziehung auch nach Projektabschluss ermöglichen und damit die Chance auf weitere Aufträge. Wegen der technischen Dominanz in diesem Bereich werden dererlei Aspekte jedoch häufig vernachlässigt.

Lag früher der Akzent auf dem Vorkaufbereich, so ist heute klar, dass die entscheidenden Vorteile in der Nachkaufphase liegen. Inhaltlich ist dabei die Anbieterkompetenz notwendige Voraussetzung, vermag jedoch allein keine Konkurrenzvorteile mehr zu generieren. Hinzu treten muss zwangsläufig das

Kundenbeziehungsmanagement, in dessen Mittelpunkt die emotionale Bindung zwischen den Mitarbeitern des Anbieters und des Nachfragers steht. Bei ansonsten gleichen Voraussetzungen (Ausschreibung), verschafft diese die hinreichende Voraussetzung für Geschäftserfolg. Auch im B-t-b-Bereich sind es Menschen, die interagieren und die neben unerlässlichen Daten und Fakten soziale Ansprüche haben, die befriedigt werden wollen. Anlagen bieten aufgrund ihres hoch involvierenden Charakters, ihrer Komplexität und Laufzeit geradezu ideale Bedingungen für ein solches Beziehungsmanagement.

Die **endgültige Ausgestaltung** einer Anlage erfolgt oft erst **unter Abnehmereinfluss**. Spezifikationen sind nicht immer so eindeutig, dass sich daraus allein bereits ein befriedigend operationales Lastenheft ableiten lässt. Insofern kommt es zu einem engen Feedback mit dem Abnehmer. Umgekehrt ist sich der präsumptive Auftraggeber keineswegs immer so klar über Art, Umfang, Auslegung etc. der Anlage, dass sich auf dieser Basis schon ein verbindliches Angebot erstellen lässt. Hier wird das Know-how des Anbieters erforderlich, um zu einer praktikablen Lösung zu gelangen. So wie selten ein Haus so gebaut wird, wie es am Reißbrett des Architekten entworfen wurde, so wird selten eine Anlage so gebaut, wie sie bestellt wurde, stellt sich doch meist erst in der Konkretisierung heraus, dass vorgegebene Lösungen suboptimal bleiben oder relevante Erfordernisse nicht berücksichtigt sind. Eine Herausforderung, die daraus resultiert, ist die produktionsbegleitende Erfassung dieser Änderungswünsche und der kostenmäßigen bzw. preislichen Konsequenzen daraus. Wird dies nicht unmittelbar kalkulatorisch erfasst, können Schwierigkeiten in der Liquidierung daraus resultierender Mehrkosten entstehen, weil Änderungen vergessen, übersehen, rückwirkend schwer eingeschätzt oder auch negiert werden. Maßgabe hat daher zu sein, dass Änderungswünsche unmittelbar kalkulatorisch erfasst und dem Auftraggeber zur Genehmigung unterbreitet werden. Nur wenn dieser die Kosten freizeichnet, sollte geändert werden, denn dann besteht später ein rechtlich durchsetzbarer Anspruch.

3.6.2.2   Phasen

3.6.2.2.1   Initiierung und Konzipierung

In der Initialphase erfolgt die eigentliche Problemwahrnehmung. Diese kann initiativ vom Nachfrager ausgehen oder, wie häufigst, durch den Anbieter induziert werden, d.h., der Anbieter macht auf ein Problem aufmerksam, das dem Nachfrager so gar nicht bewusst war (denkbar ist auch eine Initialisierung durch Externe). Verzichtet ein Anbieter auf proaktives Tätigwerden, entsteht im Zeitablauf ein Bindungseffekt des Abnehmers mit den verhandelnden Mitbewerbern. Dieses Creeping commitment bezieht sich auf die fortschreitende Festlegung von Entscheidungsalternativen, z.B. Lieferant, Produkt, Konditionen. Daher ist eine möglichst frühe Einschaltung zur Akquisition sinnvoll, was meist durch gezielte Kommunikationspolitik zur Stimulierung des Bedarfs umgesetzt wird.

Häufig wird im öffentlichen Sektor das formalisierte Verfahren der Ausschreibung als Auftragsvergabe gewählt, bei der entweder ein begrenzter Kreis von Anbietern (beschränkte Ausschreibung) oder die Gesamtheit am Markt auftretender Anbieter (offene Ausschreibung) öffentlich zur Angebotsabgabe aufgefordert wird. Grundlage ist dabei ein detailliertes Leistungsverzeichnis ohne Nachverhandlungsmöglichkeit. Oft wird neben dem offiziellen Angebot nach vorgegebenen Spezifikationen ein zweites (Parallelangebot) mit veränderter Technologie abgegeben, das den Empfehlungen des Anbieters entspricht. Im Unterschied dazu ist die freihändige Auftragsvergabe durch einen geringen Formalisierungsgrad gekennzeichnet.

Auf Wunsch von Nachfragern ist eine finanzielle Sicherheit zu hinterlegen, die Gewähr dafür bieten soll, dass ein Bieter nicht nach Erhalt des Zuschlags sein Angebot zurückzieht. Eine weitere Sicherungsvorkehrung ist der positive Gewährleistungsnachweis, durch den der Lieferant sicherstellt, dass seine erstellte Anlage die vertraglich vereinbarte Leistung auch tatsächlich zu erbringen imstande ist. Eine weitere Vorbedingung, um als Anbieter in die engere Wahl zu gelangen, ist oftmals die Erfüllung des Nachweises über die grundsätzliche Leistungsfähigkeit als Präqualifikation. Schließlich wird durch die Anfrage gelegentlich erst eine grobstrukturierte, technisch-ökonomische Vorstudie (Scope of work) zur Problemlösung initiiert (Engineering).

Für die Konzeptionsphase ist es wichtig, die kundengewünschte Problemlösung möglichst exakt beschrieben zu erhalten. Dazu dienen in der Praxis zwei Hilfsmittel. Das **Lastenheft** gibt eine objektive (meist technische) Problemdefinition, für die eine Lösung durch Zukauf gesucht wird. Es geht um die Summe der Forderungen, Bedürfnisse und Erwartungen an das zu entwickelnde Erzeugnis hinsichtlich Liefer- und Leistungsumfang. Dazu gehören die Projektvorstellung, die Beschreibung der Istsituation, die Aufgabenstellung, die Bestimmung der Integration, die technischen Anforderungen, die Anforderungen an Inbetriebnahme/Einsatz, die Qualitätsmaßstäbe, die Projektabwicklung, die Aufwandskalkulation sowie spezifische infrastrukturelle und personelle Forderungen.

Der **Pflichtenkatalog** enthält die denkbare oder präferierte Lösungskonzeption für das technische Problem. Er beschreibt daher die Anlageneigenschaften/ Produktionsverfahren. Es geht um die Umsetzung der Kundenforderungen in Entwicklungs- und Produktionsparameter unter Beachtung aller Randbedingungen und äußeren Einflüsse für die Entwicklung der Anlage (Marktsituation, Entwicklungsziel, technische Größen, Qualität, Einhaltung von Vorschriften/

Verordnungen/Gesetzen/Normen/Patenten, Stückzahlen, Liefertermine, Kosten/ Preise, personelle Forderungen etc.).

Dasjenige Angebot hat die größte Chance, zum Zuge zu kommen, das in seinen Merkmalen der Beschreibung von Lastenheft und/oder Pflichtenkatalog am Ehesten entspricht. Ziel muss es daher sein, bereits auf diese Beschreibung möglichst proaktiv derart Einfluss zu nehmen, dass die dort beschriebenen Angebotsmerkmale möglichst gut mit den tatsächlichen Merkmalen des eigenen Angebots übereinstimmen. Dies geschieht in der Regel, indem Verkäufer den potenziellen Käufer in der Konzeption seines Kaufobjekts beraten oder sogar einen entsprechend ausgearbeiteten Vorschlag unterbreiten. Im Grunde geht es dabei um den zentralen Hebel der Geschäftsbeziehung aus Lieferantensicht, nämlich die Entlastung des Abnehmers von Arbeitsdruck und Zeitaufwand.

3.6.2.2.2 Sondierung und Anfrage

Die Anfragephase soll eine möglichst genaue Beschreibung der Art der geplanten Anlage bzw. des zu lösenden Problems einschließlich der anzuwendenden Standards bieten. Dazu gehören möglichst konkrete Angaben über die gewünschte Kapazitätsauslegung und die erwarteten Durchsatzmengen einer Anlage, Hinweise auf den geplanten Rohstoffeinsatz sowie das verfügbare Personal, außerdem Aussagen über absatzmarktbestimmte Anforderungen an die mit den Anlagen herzustellenden Erzeugnisse insb. hinsichtlich ihrer Qualität, Angaben über Integrationsmöglichkeiten bzw. -notwendigkeiten mit anderen Anlagen des Betreibers, Vorstellungen über gegebene Restriktionen (z.B. bedingt durch Standort, Klima, Umweltauflagen, staatliche Vorschriften), weiterhin Lieferzeitvorstellungen, Garantiewünsche inkl. Vertragsstrafen bei Nichteinhaltung sowie Bedingungen des Nachfragers bzgl. der Übernahme und Heranziehung von Eigenleistungen seinerseits bei der Erstellung, aber auch beim Betrieb der Anlage, gleiches gilt für Leistungen Dritter, Finanzierungsmöglichkeiten bzw. -grenzen und allgemeine Geschäftsbedingungen.

Insofern konkretisiert sich das Auftragsszenario weiter. Dabei sind auf Abnehmerseite mehrere Entscheidungen erforderlich. Die **Budgetentscheidung** bestimmt, welche Anschaffungen überhaupt finanzierbar sind. Dazu kann der Finanzierungsrahmen seitens des Anbieters gezielt ausgeweitet werden. Daher gehören differenzierte Absatzfinanzierungsmaßnahmen zum Standardrepertoire. Hinsichtlich des dem Verbrauch oder der Investition gewidmeten Budgets geht es um die Aufteilung auf einzelne Unternehmensbereiche. Die **Produktgruppenentscheidung** bestimmt, welche Anschaffungen am Dringlichsten durchzuführen sind. Hier kann die Problemlösungsfähigkeit der eigenen Anlage dramatisiert werden, sodass das betreffende Projekt zur Anschaffung priorisiert wird. Die einzelnen Investitionsobjekte stehen dabei in Austauschbeziehung zueinander. Die **Lieferantenentscheidung** bestimmt, welche Lieferanten für die Anschaffung ins Auge gefasst werden. Hier muss darauf hingewirkt werden, dass das eigene Unternehmen zumindest zum Kreis der präferierten Lieferanten gehört (Relevant set). Denn auch die Lieferanten stehen in Austauschbeziehung zueinander. Die **Mengenentscheidung** bestimmt, welche Beschaffungsvolumina jeweils notwendig sind. Eine Regelung über Rahmenverträge, die ansonsten gesucht wird und eine lieferantenseitige Kommissionierung von Waren (Vorfinanzierung) oder eine Sukzessivlieferung vorsieht, kommt hier wegen des Projektcharakters nicht in Betracht. Die **Zeitentscheidung** bestimmt, wann die Lieferung zu erfolgen hat. Dabei werden Projektmanagementtechniken zur Zeit- und Ressourcenplanung eingesetzt. Ein kritischer Weg zeigt dabei Arbeitsschritte an, die bei Nichteinhaltung von Terminen zu Verzögerungen im gesamten Projektablauf führen.

Oftmals ist es ratsam, sich für eine Anfrage gemeinsam mit anderen, gleichartigen (horizontal) oder ergänzenden (vertikal) Lieferanten aufzustellen. Wegen der komplizierten Pflichten und Rechte in solchen **Anbietergemeinschaften** ist deren gründliche juristische Absicherung unerlässlich. Meist kann jedoch die Wettbewerbsfähigkeit des einzelnen Anbieters durch Einbindung in eine solche Gemeinschaft entscheidend erhöht werden. Dies erfolgt zumeist durch Bildung eines **Konsortiums**. Diese Konsortialbildung kann für den Abnehmer erkennbar sein (offenes Konsortium) oder ihm verborgen gehalten werden (stilles Konsortium). Das offene Konsortium erhöht womöglich nicht nur die Problemlösungskompetenz der Anbieter durch Poolung kompetenter Partner, sondern entbindet auch von Haftungsausfällen, da jeder einzelne Konsorte nur für seinen Leistungsanteil haftet. Im stillen Konsortium haftet im Außenverhältnis nur der dem Kunden gegenüber auftretende Anbieter. Häufig wird auch eine **Generalunternehmerschaft** angestrebt, bei der Kunden zwar bekannt ist, dass mehrere Lieferanten vorhanden sind, er aber nur mit einem von ihnen, dem Pilot contractor, abschließt. Häufig werden dazu vom Abnehmer auch bestimmte Subkontraktoren als Leistungsbeteiligte vorgeschrieben. Dies bietet den Vorteil, dass der Abnehmer nur einen Ansprechpartner hat. Andererseits versorgt dieser sich mit dem jeweils notwendigen Know-how durch Vergabe von Unteraufträgen an weitere Unternehmen. Anbieterkoalitionen haben im Wesentlichen zwei Beweggründe. Erstens ist einem Anbieter an einer Risikoteilung gelegen, da der Umfang eines Auftrags seine wirtschaftlichen Möglichkeiten oder Willigkeiten übersteigt. Dann kann durch die Hinzunahme gleichartiger anderer Anbieter eine Verteilung evtl. anfallender negativer Konsequenzen erreicht werden. Dabei ist eine Verteilung des Gewinns im positiven Fall billigend in Kauf zu nehmen. Zweitens kann die Struktur eines Auftrags die Fähigkeiten eines einzelnen Anbieters übersteigen. Dies gilt etwa für Turnkey-Projekte, die mehrere „Gewerke" umfassen. Dann kann ein solcher Auftrag nur ausgeführt werden, wenn der Anbieter sich ergänzender Kollegenlieferanten bedient bzw. diese einbindet. Dies mündet häufig in der Form des Konsortiums. Diesem liegen komplexe rechtliche Zusammenhänge zugrunde, sodass solche Konstruktionen juristisch besonders gut zu durchdenken sind. Eine Generalunternehmerschaft zu übernehmen, ist für einen Anbieter nicht ungefährlich, denn es gibt vielfältige Probleme. So stößt er auf Schwierigkeiten, die durch Lieferverzug eines einzelnen Sublieferanten entstehenden Folgen für das Gesamtprojekt dem Verursacher voll aufzubürden. Besondere Probleme entstehen aus dem zufälligen Untergang eines bereits vom Unterlieferanten erstellten Anlagenelements vor Gefahrenübergang an den Kunden. Die Gewährleistungsfrist für Teilleistungen kann infolge langlaufender Projekte bereits abgelaufen sein, bevor die entsprechenden Fristen für die Gesamtanlage überhaupt beginnen. Probleme entstehen auch aus der Abstimmung der Zahlungen von Seiten des Anbieters mit denen des Generalunternehmers an die Sublieferanten (Delkrederehaftung des Generalunternehmers). Vereinbarungen über Schiedsgerichtsentscheidungen und andere Konfliktlösungsmechanismen können zwischen den Beteiligten stark auseinander fallen. Die Abgrenzung und Zurechnung der Garantieverpflichtungen und Pönale machen oft Schwierigkeiten. Werden von Sublieferanten bei der Erstellung ihrer Teilleistungen Schäden am Gesamtprojekt bewirkt, so haftet grundsätzlich zunächst der Generalunternehmer dem Kunden. Die Möglichkeit des Regresses beim Schadensverursacher ist oft infolge Unverhältnismäßigkeit von Schaden und Lieferung bzw. Finanzkraft des Sublieferanten schwer durchsetzbar. Es kommen für den Generalunternehmer zusätzliche finanzielle Belastungen hinzu, die in Bankgarantien, Bevorschussungen von Transportkosten, Zollauslagen, Erstattung von Hafengebühren etc. bestehen. Die Durchführung der Generalunternehmerschaft setzt ein Projektmanagement voraus, das hoch qualifizierte Arbeitskräfte bindet und ebenso ein Kapazitäts- wie Rentabilitätsproblem aufwirft.

3.6.2.2.3 Angebotseinholung und -bewertung

In der Angebotserstellung werden bei der Anfragenanalyse zumeist Punktbewertungsmodelle eingesetzt. Hier geht es um das Erkennen von Projektrisiken. Kernpunkt des Angebots ist die preispolitische Entscheidung (Preishöhe, Preissicherung). Die Bestimmung der Angebotskosten bei Einzelprojektierung ist generell wegen des Individualcharakters des Projekts problematisch und erfolgt oft kostenorientiert. Außerdem ist eine Preissicherung wegen des langen Zeitraums zwischen Anbahnung und Abschluss des Projekts erforderlich (z.B. durch Festpreis, Preisvorbehalt, Preisgleitklauseln). Oft erfolgen auch Submissionen (vor allem bei staatlichen Institutionen und anderen juristischen Personen als Auftraggebern). Diese erfordern dann klar definierte Qualitäten und

Quantitäten, so dass der Preis bei normierter Leistung zum entscheidenden Auswahlkriterium wird. Dabei werden, sofern das anbietende Unternehmen nicht vom Auftragszuschlag abhängig ist, Competitive bidding-Systeme eingesetzt. Diese ermitteln zu erwartende Deckungsbeiträge, indem für jeden möglichen eigenen Preis die mit dem jeweiligen Preis verbundenen Deckungsbeiträge mit der Wahrscheinlichkeit dafür, bei diesem Preis zum Zuge zu kommen, gewichtet werden. Häufig werden auch Ansätze wie Kilokosten auf Basis von Erfahrungswerten, Einflussgrößenkalkulation nach multipler Regression, Modifikationspreise orientiert an früheren, vergleichbaren Projekten oder Grobprojektierungen (nach Schätzung der Kostenkomponenten angewendet.

Im Fall kooperativer Entwicklung ist auch die Fähigkeit eines Lieferanten zur Vorentwicklung von Bedeutung. Darunter versteht man den Funktionsnachweis einer technischen Problemlösung und die Umsetzung in Form eines Prototyps (**Prototyping**). Darüber hinaus ist auch die Prüfung der Produktionsverfahren wichtig. Nur so ist gewährleistet, dass die alles entscheidende unzweifelhaft hohe Qualität bereits unmittelbar nach Inbetriebnahme gewährleistet ist.

Zur Verfeinerung werden die einzelnen Angebotsattribute meist von potenziellen Abnehmern einem Punktbewertungsverfahren unterzogen. Werden dabei nur quantitative Kriterien zugrunde gelegt, handelt es sich um ein **Scoring**. Möglichst ist auf die zur Bewertung herangezogenen Kriterien proaktiv Einfluss zu nehmen, und zwar hinsichtlich ihrer tatsächlichen Berücksichtigung/ Nichtberücksichtigung oder auch hinsichtlich ihrer graduellen Gewichtung.

Häufig sind es aber gerade die qualitativen Kriterien, die für eine Auftragserteilung ausschlaggebend sind. Dann ist es erforderlich, diese im Rahmen der Angebotsbewertung zu quantifizieren. Dies erfolgt über eine **Nutzwertanalyse**. Dabei werden bestimmten Ausprägungsspannen qualitativer Kriterien Punkte zugeordnet, die dann für jedes Angebot addiert werden. Nicht selten wird dabei allerdings eine Scheingenauigkeit vorgespiegelt.

3.6.2.2.4 Anbieterauswahl und Nachverhandlung

Nach der Anbieterauswahl geht es in der Nachverhandlung darum, die Details eines Abschlusses festzuschreiben. Dabei ist von antinomischen Zielsetzungen auf Verkäufer- und Käuferseite auszugehen. Außerdem sind Nachverhandlungen davon abhängig, ob schon Geschäftsbeziehungen zwischen den prospektiven Vertragspartnern bestehen oder bestanden haben, oder ob die Geschäftsbeziehung erstmals eingegangen wird. Unsicherheiten hängen von Faktoren wie absoluter Kostenhöhe, voraussichtlicher Bindungsdauer, komparativer Bedeutung der Anschaffung, relativem Neuheitsgrad des Objekts etc. ab.

Zu Ablauf und Ergebnis liegen Erkenntnisse aus Interaktionsstudien der Verhandlungsforschung vor. Der Korrespondenzhypothese zufolge sind korrespondierende Erwartungen in Bezug auf den Verhandlungsrahmen (organisatorische Stellung des Verhandlungsteams) und Verhandlungsinhalt förderlich. Daher ist auf adäquate Funktions-, Hierarchie- und Entscheidungsstrukturen zu achten.

Vorläufiges Ergebnis der Verhandlungen ist oft ein **Letter of intend** als Willenserklärung des Anlagenabnehmers, den Auftrag zur Erstellung an den Adressaten zu vergeben, ohne dass daraus bereits rechtliche Ansprüche des Anbieters erwachsen. Er ist informeller Natur und in seinem Inhalt noch unverbindlich. Zumeist dauert jedoch die Ausarbeitung vertraglicher Details so lange, dass dem Abnehmer zur Beschleunigung der Geschäftsprozesse daran gelegen ist, diese Absichtserklärung zu geben. Außerdem stellt der LoI dem Lieferanten sicher, dass ihm Aufwendungen, die er zur Vorbereitung der Geschäftsabwicklung ab Unterzeichnung eines LoI tätigt, von Kunden auch dann ersetzt werden, wenn es nicht zum Geschäftsabschluss kommt.

Am Ende der Verhandlungen steht eine **Lieferantenvereinbarung**, die, im Unterschied zur Absichtserklärung, formal verbindlich und ausführlich ausgelegt ist. Darin werden über die rein juristischen Vertragsinhalte hinaus vor allem Anhaltspunkte zur prozessualen Zusammenarbeit zwischen Lieferant und Abnehmer fixiert. Die Ausgestaltung der Inhalte hängt im Einzelnen von der relativen Verhandlungsmacht und dem Geschick der Beteiligten ab. Von Bedeutung ist dabei eine unvermeidliche Informationsasymmetrie zwischen Abnehmer und Lieferant, denn der Lieferant weiß zunächst sehr wohl, wie er zu leisten gedenkt, der Abnehmer aber kann nur hoffen, dass der Lieferant sich an seine Bekundungen hält (etwa durch Garantiezahlung besichert). Umgekehrt weiß der Abnehmer später sehr wohl, wie sein Zahlungsverhalten ausfällt, der Lieferant hingegen kann nur hoffen, dass seine Forderung nach Leistung auch beglichen wird (etwa durch Zahlungsbedingungen besichert). Beide Seiten haben daher ein Interesse daran, Sicherheit zu gewinnen. Dies geschieht vor allem durch Anreize, die jedem Partner in Aussicht gestellt werden, wenn er sich an seine Zusagen hält (z.B. Skonto bei vorzeitiger Zahlung) und Beiträge, die jeder Partner leisten muss, wenn er sich nicht an seine Zusagen hält (z.B. Fälligkeit von Vertragsstrafen). Nur wenn Anreize bzw. Beiträge größer sind als die Ausnutzung eines spezifischen Informationsvorsprungs (**opportunistisches Verhalten**), wird die Transaktion funktional ablaufen.

Letztlich geht es dem Nachfrager um die gleichzeitige Erfüllung von vier Anspruchsgrößen: Preis, Qualität, Zeit und Individualisierung. In Bezug auf den Preis ist es naturgemäß das Ziel des Abnehmers, den niedrigstmöglichen Preis für die Anlage zu realisieren. Zugleich ist es sein Ziel, dafür die höchstmögliche Qualität zu erreichen. Die gleichzeitige Umsetzung beider Ziele führt zum günstigsten Preis-Qualitäts-Verhältnis. Dabei ist die Zeit als immer wichtigerer Leistungsparameter anzusehen, sodass Zeitvorteile ein bedeutsames Argument sind. Weiterhin ist es unerlässlich, mit einem Partner zusammen zu arbeiten, der in der Lage ist, die individuell passende Problemlösung maßzuschneidern (Customization).

Die Abwicklung und Gewährleistung betrifft in der Auftragsdurchführung das „Paperwork" zur Erledigung des Auftrags, dazu gehören Auftragserstellung, Auftragsübermittlung, Informationen über Liefermodalitäten, Kundenbonität, Bestandsdisposition, Produktionsplanung, Versandpapiere, Kommissionierung, Transportmittelwahl und Fakturierung. Von einer vorgabegerechten und reibungslosen Abwicklung können beachtliche akquisitorische Wirkungen ausgehen. Abgewickelte Projekte sind immer wichtige Referenzanlagen für Folgeaufträge auch anderer Nachfrager, daher ist Kulanz bei Abnahme bzw. Gewährleistung angezeigt. Eine Referenz ist wegen des hohen Risikos hilfreich und daher meist als Präqualifikation erforderlich. Sie kann sich auf die gesamte Anlage, einzelne Komponenten, das Know-how oder eine gegebene Koalition beziehen.

In der **Nachkaufphase** tauchen nachfragerseitig wohl unvermeidlich Beschwerden auf, sei es, um nachträglich Preisbestandteile zurückzugewinnen, oder sei es aus tatsächlicher Berechtigung. Diese Beschwerden haben neben ihrer juristischen Komponente (als Reklamationen) vor allem eine verkaufsbezogene, ist doch die Nachkaufphase entscheidend für den empfundenen Zufriedenheitsgrad der Kunden. Dann erfolgt nämlich der kundenseitige Vergleich seiner Erwartungen vor der Transaktion mit seinem Erlebnis nach der Transaktion. Übertrifft die Erwartungs- die Erlebniskomponente, entsteht Unzufriedenheit. Dann aber ist die Erhaltung der Referenzfähigkeit einer Transaktion gegenüber potenziellen Kunden gefährdet.

3.6.3 Systemgeschäft

Systemgeschäfte beinhalten Transaktionen, bei denen die Entscheidung über die Vorteilhaftigkeit eines Kaufs abhängig von anderen Käufen ist, und zwar von eigenen sowohl als auch fremden. Sie bilden ein durch ihre Verkaufsfähigkeit abgegrenztes, von einem oder mehreren Anbietern in einem geschlossenen Angebot erstelltes Sach- oder Sachleistungs-Dienstleistungs-Bündel zur Befriedigung eines komplexen Bedarfs.

Es lassen sich mehrere Ausformungen von Systemgeschäften unterscheiden. Im Folgenden werden die wesentlichen Inhalte dargestellt.

3.6.3.1 Systemrichtung

Nach der Systemrichtung können horizontale und laterale Systeme unterschieden werden:

- **Horizontale** Systeme sind additiv angelegt, bestehen also aus einer Aneinanderreihung gleicher Teilsysteme. Es handelt sich somit um Erweiterungssysteme.
- **Vertikale** Systeme (Verkettungssysteme) entstehen integrativ, also aus der Verknüpfung verschiedenartiger Systeme, indem diese gemeinsam einen Zusatznutzen (Added value) stiften.

Bei (vertikalen) **Verkettungssystemen** erfolgt eine Verkettung eigenständig konzipierter Teilkonzepte durch eine flexible Systemarchitektur, welche die Integration unterschiedlicher, interaktiver Teilsysteme erlaubt, dadurch bestehen unterschiedliche Schnittstellen. Es ist also keine einheitliche Architektur gegeben, sondern das System wird kundenindividuell zusammengestellt (z. B. Autobahn-Mautsystem aus Datenerfassung, Satellitenübertragung, Auswertung und Abrechnung).

Verkettungssysteme bestehen aus Systemlieferanten, die für die Systemarchitektur und Hardware/Software Sorge tragen, aus Komponentenlieferanten (für Teile wie Kabel, Stecker, Handys etc.), aus Infrastruktur-Providers, die Leitungen zur Verfügung stellen (z. B. Telekom), aus Systembetreibern, die Netzkapazitäten anmieten (z. B. D-Netze bei Mobilfunk) und aus Service providers, die Mehrwertdienste (Value added network services) im System anbieten. Daraus entsteht ein Value added network system (VANS), das in Kombination mit einer Primärleistung ein Leistungsbündel ergibt, das Abnehmern einen zusätzlichen Nutzen gegenüber anderen Angeboten mit gleicher Primärleistung verspricht und damit dem Angebot eine positive Differenzierung im Wettbewerb ermöglicht.

Ein Beispiel liefert die auf Informationstechnik basierende Kombination von serien- und einzelproduzierten Produkten und Diensten, die über eine Systemarchitektur in einen integrativen Nutzungsverbund treten, in Form des Pay-TV:

- *Computer-/Telekommunikationsausrüster (Net providers) stellen Netz-, Multimedia- und Infrastrukturdienste und -endgeräte bereit und setzen Standards als Technologieführer (z. B. Settop-Box, Videoserver),*
- *Telekommunikations-/Breitband-Netzbetreiber (Infrastructure providers) integrieren die Infrastrukturkomponenten und schaffen dadurch Plattformen für multimediale Dienste mit Übertragungskapazität, Rückkopplungshandling und hoher Anwendungsflexibilität bis zu Endkunden,*
- *Inhaltsanbieter (Content providers) stellen Materialpakete mit optimaler Zielgruppenorientierung für multimediale Anwendungen bereit, wie Spielfilme, Teleshopping, Arcade games etc.,*

- *Diensteanbieter (Service providers) gestalten die Schnittstelle zu Endkunden über die Vermietung von Settop-Boxen, Kundenadministration (Inkasso) über effiziente Datenbanksysteme zur Kundenbindung etc.*

3.6.3.2 Leistungsumfang

Nach dem Leistungsumfang können Teilsysteme und Systemkomponenten unterschieden werden:

- **Teilsysteme** (Stand alone-Systeme) sind zwar erweiterungsfähig, jedoch auch bereits isoliert funktionsfähig und sinnvoll einsetzbar (z.b. Fotokopierstation, Schreibtischkombination, Beleuchtungsinstallation).
- **Systemkomponenten** sind allein nicht funktionsfähig und erst im Verbund mit anderen Systemkomponenten sinnvoll nutzbar, indem sie zu Teilsystemen werden (z.B. PC-Drucker, Scanner, USB-Stick).

Der Leistungsumfang wird von einem Anbieter als Gesamtauftrag geliefert oder aus den Angeboten mehrerer Lieferanten als Elementenkauf zusammengestellt. Verbreitete Merkmale sind dabei:

- der Systembindungseffekt, d.h. bei ggfs. systemindividuellen Spezifikationen legt der Initialkauf systemtreue Folgekäufe fest. Die Bindung des Abnehmers an den Anbieter bzw. seine Systempartner impliziert dabei erhebliche Risiken.
- das Informationsdefizit, d.h. das Angebot zukünftig zu beschaffender Systemelemente ist notwendigerweise zum Zeitpunkt des Initialkaufs unbekannt. Dies verursacht einen erheblichen Informationsbedarf.
- die hohe Komplexität, d.h. die funktionsfähige Integration verschiedener Systemelemente (evtl. von verschiedenen Herstellern) birgt technische Probleme. Systeme werden recht schnell kompliziert und intransparent, daher ist Anbieterhilfe erstmalig und laufend erforderlich (dies erhöht den Umfang begleitender Dienstleistungen).
- der Vertrauensgutcharakter, d.h. die Systembindung erfolgt auf Basis kompetenzerweckender Signale, die von Anbietern gezielt auszusenden sind.
- die fragliche Wirtschaftlichkeit, d.h. den Vorteilen eines Systemwechsels sind die Kosten der neuen Anschaffung und die untergehenden Kosten des alten Systems entgegenzustellen (die oft nurmehr zu geringem Restwert zu monetarisieren sind).

Beim Nachfrager werden demnach vorausgesetzt:

– Kompatibilität, d.h., nur solche Systemkomponenten kommen für die Beschaffung in Betracht, die zu bestehenden verträglich sind oder verträglich gemacht werden können.
– eigenes Know-how, d.h., die Fähigkeit, professionell zu beurteilen, welche Systemkomponenten in Kombination die individuell geforderte Leistung bestmöglich erbringen.
– bekannt eingeschätzter Bedarf, da Systemkomponenten, zumindest bei Folgekäufen, nur zur Lösung vertrauter Problemstellungen planvoll zweckgeeignet sind.
– hohe Markttransparenz, d.h., ein Informationsstand, der nicht nur die erforderlichen Systemkomponenten repräsentiert, sondern auch die jeweils dafür gegebenen Anbieterstärken und -schwächen.
– Risikofreue, d.h. die rationale Bereitschaft, für die Nutzbarkeit von Leistungspotenzialen die Gefahr von präsumptiven Fehlinvestitionen einzugehen.

Meist sind Informationsdefizite bei Nachfragern gegeben. Anbieterseitige Abhilfe für eine daraus resultierende hohe Risikowahrnehmung kann auf mehrerlei Weise geschehen. Generell hilfreich sind der Aufbau und die Kommunikation von Kompetenz in Form eines bewussten Management der Geschäftsbeziehungen. Dabei spielt das Timing des Markteintritts eine zentrale Rolle. Sinnvoll ist auch das Angebot kundengewünschter Systemkonfigurationen. Ein breites Feld bietet sich für die Gestaltung des Dienstleistungsumfangs. Zu denken ist an Turnkey projects, Folgedienste (besonders geeignet zum Kontakthalten mit Kunden), Cross selling oder Paketangebote (Bundling). Umgekehrt bedeutet Unbundling die Autonomie in der Leistungszusammenstellung seitens der Nachfrager.

Bedeutsam sind auch die Breite und Tiefe des begleitenden Dienstleistungsangebots für technische, soziale, organisationale, absatzmäßige und finanzielle Hilfestellungen. Dazu gehört die Integration der Abnehmer in den Systementwicklungs- bzw. -weiterentwicklungsprozess (z.B. durch Fachbeirat). Außerdem werden oft Lead users mit Prototypen (Beta-Versionen) versorgt, um eine möglichst hohe Kundenwunschentsprechung des Systems zu erreichen.

3.6.3.3 Systemverbreitung

Nach der Verbreitung sind Kritische Masse-Systeme bedeutsam. Deren Nutzen steigt mit steigender kumulativer Verbreitung des Systems im Markt.

Ein **Kritische Masse-System** ist ein erweiterungsfähiges System mit eindeutiger Schnittstellendefinition, das zu seiner sinnvollen Nutzung eine gewisse Mindestverbreitung gegenwärtiger oder zukünftig zu erwartender Anwender braucht (z.B. Telefax, Bildtelefon). Kritische Masse-Syteme sind somit abhängig von einer (Mindest-)Anzahl gegenwärtiger oder zukünftiger Anwender (Netzeffekt). Netzeffekt bedeutet, dass der Nutzen eines Systems für jeden Beteiligten um so höher ist, je mehr andere Systemnutzer bereits vorhanden sind (positive Netzwerk-Externalisierung bzw. direkter Netzeffekt) und nicht, wie ansonsten üblich, je knapper das Gut ist. Der Nutzen steigt weiterhin mit der besseren Verfügbarkeit komplementärer Infrastruktur-Leistungen (indirekter Netzeffekt). Dies rechtfertigt dann anbieterseitig auch das Verschenken von Systemkomponenten, um eine Schwelle der Mindestverbreitung zu überschreiten. Dieses „Follow the free" oder „Follow the cheap" (bei symbolischen Eintrittspreisen) kann dazu führen, dass sich letztlich nicht das leistungsfähigste System durchsetzt, sondern das aggressivste.

3.6.3.4 Integralqualität

Nach der Integralqualität können geschlossene und offene Systeme unterschieden werden:

- **Geschlossene Systeme** sind nur intern kompatibel, d.h. ihre Schnittstellen zu anderen Systemen bleiben geheim (proprietär), folglich gibt es nur einen Anbieter des Systems.
- **Offene Systeme** sind auch extern kompatibel, d.h. ihre Schnittstellen zu anderen Systemen werden im Rahmen von Lizenzen bekannt gegeben (propagativ), folglich kann es mehrere Anbieter für jedes Systems geben.

Eine Systembindung kann technisch oder funktional basiert sein. Technisch-basiert bedeutet, dass naturwissenschaftliche Bindungsgründe bestehen (z.B. Leitungen und Protokolle wie bei einer Telefonanlage), funktional-basiert bedeutet, dass nutzungsbezogene Bindungsgründe bestehen (z.B. ergonomische oder auch nur ästhetische Zuordnung wie bei Büromöbeln). Außerdem kann die Bindung aus Spezifität folgen (z.B. individuelle Systemanpassung an die Organisation wie bei betriebswirtschaftlicher Software).

Bei geschlossenen Systemen wird eine Bindung zu einem bestimmten Anbieter hergestellt, bei Erweiterungen oder Modernisierungen dieses Systems muss ggfs. über einen längeren Zeitraum auf diesen entsprechenden Anbieter zurückgegriffen werden. Dies ist vor allem ein Problem bei immer kürzeren, untereinander selbst intern (abwärts-/aufwärts) inkompatiblen Produktlebenszyklen. Von großer Bedeutung ist für Nachfrager daher die externe Kompatibilität, d.h. die Möglichkeit der Verbindung mit vorhandenen oder neuen Systemkomponenten anderer Lieferanten (Integralqualität), denn dadurch wird einerseits die Abhängigkeit von einem Anbieter reduziert und andererseits eine größere Flexibilität im Systemdesign erreicht. Ein typisches Beispiel solcher offener

3. Organisationales Beschaffungsverhalten

Systeme ist UNIX, welche die Integration unterschiedlicher Anwendungs-Software erlaubt.

Ist Kompatibilität hingegen nicht gegeben, bedeuten Anfangsinvestitionen eine Bindungswirkung für Folgegeschäfte, die Systemarchitektur legt den Anwender damit langfristig bei der Erweiterung des Systems in der Auswahl der Erweiterungsbausteine fest. Geschlossene (intern kompatible, proprietäre) Systeme haben daher keine Architekturschnittstellen, insofern besteht eine hohe Erstentscheidungsbedeutung. Ein geschlossenes System ist wegen der Beschaffungsrestriktion und Konkurrenzeinschränkung jedoch praktisch nur durch große Anbieter durchsetzbar, z.B. VHS/Matsushita, bietet für diese aber einen extrem hohen Kundenwert.

Die Kompatibilität ist aber auch bei Teilsystemen von hoher Bedeutung, und zwar immer dann, wenn eine **Vernetzung** zwischen ihnen vorgenommen werden soll. Bei offenen Systemen ist diese auch bei Einsatz von Teilsystemen verschiedener Hersteller problemlos möglich, bei proprietären Systemen können nur die Teilsysteme eines Herstellers vernetzt werden, es sei denn, die Vernetzung wird durch Konvertierung möglich gemacht.

Entscheidend ist dafür die Schnittstellengestaltung (Interface). **Schnittstellen** sind die Übergangspunkte zwischen den Teilsystemen/Komponenten eines Systems. Ein offenes System setzt standardisierte Schnittstellen voraus. Bei einem geschlossenen System hingegen können Schnittstellen anbieterindividuell ausgelegt sein. Die Standardisierung von Schnittstellen fördert die rasche Marktdurchdringung des Systems, züchtet aber zugleich auch Wettbewerb, sodass durchaus ein Interessenkonflikt entsteht. Die Individualisierung von Schnittstellen wirkt zwar als Markteintrittsbarriere für Konkurrenten, beschränkt jedoch die schnelle Diffusion des Systems. Dabei können Kritische Masse-Systeme unterhalb ihrer Mindestverbreitung bleiben und floppen (z.B. Beta-Videosystem/Sony).

Eine **Lock-in-Situation** liegt vor, wenn ein Entscheidungsträger erzwungen aufgrund spezifischer Investitionen und/oder eigenständig aufgrund positiver Erfahrungen durch seine jetzige Entscheidung in seinen zukünftigen Handlungsweisen festgelegt ist. Wechselkosten entstehen zu anderen Systemen, was eine Entwertung der Initialinvestitionen und der aufgelaufenen Folgeinvestitionen bedeutet, sowie bei gänzlichem Systemausstieg. Insofern bedarf es der Abwägung zwischen dem Nutzenvorteil eines Exit-Entscheids und dem Nutzenentgang eines Stay-Entscheids, wobei Letzterer sich aus dem Saldo zwischen Nutzenzuwachs von Systemtreue und Nutzenentgang aus Systemwechsel ergibt. Je mehr vom Nachfrager bereits in ein bestehendes System investiert wurde, desto höher sind für ihn die Systemwechselkosten (Entwertung/**Sunk costs**).

So verleiten die bereits getätigten Investitionen in ein System selbst angesichts offensichtlich leistungsfähigerer anderer Systeme oft zur, betriebswirtschaftlich irrationalen, Aufrüstung des bestehenden Systems, um die darin bereits investierten Geldmittel nicht untergehen zu lassen. Letztlich wird dabei allerdings meist nur gutes Geld schlechtem hinterher geworfen, denn die Abschreibung des bestehenden Systems und der anderweitige Einsatz der Geldmittel für ein überlegenes, neues System führt rasch auf ein weitaus höheres technisches Niveau und alimentiert die zusätzlichen Investitionen durch gesteigerte Wettbewerbsfähigkeit.

3.6.3.5 Zeitausdehnung

Nach der Zeitausdehnung gibt es **horizontale** (Erweiterungs-)Systeme. Diese bestehen aus einem Initialkauf und Folgekäufen innerhalb eines Systems im Zeitablauf. Bei Letzteren kann es sich um

- gleichartige Folgekäufe handeln, d.h. das System ist **multiplikativ** angelegt oder
- verschiedenartige Folgekäufe, d.h. das System ist **mutativ** angelegt.

Bei vertikalen Systemen steht das einzelne Vermarktungsobjekt in einem objektiv-technischen Bedarfsverbund zu anderen Vermarktungsobjekten, woraus eine zeitraumbezogene Nachfrageverbundenheit resultiert. Bildet das Vermarktungsobjekt den Startpunkt, handelt es sich um einen **Initialkauf**, während **Folgekäufe** dann vorliegen, wenn das Vermarktungsobjekt auf Nachfrageseite in eine vorhandene Systemlandschaft integriert werden muss.

Hinsichtlich der Folgekäufe kann es sich um eine Multiplikation, also eine gleichartige Vervielfältigung des Vermarktungsobjekts des Initialkaufs handeln (z.B. zusätzliche Fotokopierer) oder um eine Mutation, also einen verändernden Wandel. Dieser kann als Systemerweiterung, d.h. mit mehr Einsatzmöglichkeiten, oder Systemspezialisierung, d.h. mit vertieften Einsatzmöglichkeiten, erfolgen.

Horizontale Systeme bestehen typischerweise aus systematischen, sukzessiv getätigten investiven Erweiterungs- und Ergänzungskäufen. Der Begriff Systemgeschäft ist dabei begrifflich von vielfältigen anderen Bedeutungen von Systemgeschäft zu trennen, so von Systemgastronomie, wie in Franchisebeziehungen, Systemlieferant, wie in Zuliefergeschäften, oder Systems selling, wie bei Hardware-Software-Paketen. Charakteristisch ist ein technologisches Begriffsverständnis, also ein sachlicher Verbund zwischen Systemelementen, so dass Käufe nicht in einem Zug, sondern im Zeitablauf getätigt werden. Dafür kann es verschiedene Gründe geben:

- Ökonomische Gründe liegen darin, dass die Investitionssumme für ein Einmalgeschäft als zu hoch angesehen wird.
- Risikobezogene Gründe liegen darin, dass Nachfrager erst sukzessiv ein System kennenlernen möchten.
- Zeitbezogene Gründe liegen darin, dass Nachfrager auf Sicht jeweils mit dem System up to date bleiben wollen und Abrufe tätigen.
- Organisatorische Gründe liegen darin, dass zunächst innerbetriebliche Anpassungen vorgenommen werden sollen.
- Netzeffektbedingte Gründe liegen darin, dass erst eine ausreichende Diffusion der Systembasis abgewartet werden soll.
- Erzwungene Gründe liegen darin, dass das System als Ganzes nicht wie eigentlich gewünscht auf einmal verfügbar ist.

Das Systemgeschäft ist durch marketingrelevante Besonderheiten des Transaktionsprozesses zwischen Anbieter und Nachfrager gekennzeichnet. Diese beruhen auf sukzessiv gekauften, investiven Leistungen, die durch ein spezifisches Schnittstellenkonzept, eine Systemarchitektur bzw. -philosophie miteinander verknüpft sind. Erstkäufe führen so zu einer Festlegung, die den Käufer bei den Folgekäufen an die einmal gewählte Architektur binden. Es besteht also ein enger Verbund zwischen einer langfristig wirkenden Architekturentscheidung (Systemphilosophie) und einer durch z.T. extrem kurzfristige Lebenszyklen gekennzeichneten Systemkomponenten-Beschaffung. Dies setzt freilich voraus, dass das System, für das man sich entschieden hat, weiterentwickelt wird bzw. der Systemanbieter, für den man sich entschieden hat, weiterhin erfolgreich am Markt agiert.

Für die Zukunftssicherheit ist es daher bedeutsam, dass die Weiterentwicklung des Systems nicht nur möglich ist, sondern auch tatsächlich realisiert wird, und zwar in einer Art und Weise, die dem jeweilig fortschreitenden Marktleistungsniveau entspricht. Die Anbieterreputation gilt dafür als ein geeigneter Indikator, daher ist es ein wesentliches Ziel der Anbieter, eine im Wahrnehmungsumfeld der Nachfrager verankerte bessere Beurteilung der Zukunftssicherheit zu erreichen als Konkurrenzanbieter.

Der Systemträger versucht zudem, durch ein breites Produktprogramm sämtliche für die Systemrealisierung benötigten Komponenten und Teile anzubieten (evtl. gemeinsam mit Komponentenlieferanten als Handelsware) oder durch ein enges Angebot Spezialistentum oder auch erst einmal den Systemeinstieg zu schaffen. Komponentenanbieter liefern bestimmte Teilleistungen, zumeist mit technologischer Schrittmacherfunktion, um ihre Substituierbarkeit zu verringern. Der Integrator als Anbieter hat Problemlösungskompetenz, ist unabhängig in der Systemwahl und bietet die Software (hier Service) zur Anwendbarkeit und Aufrechterhaltung der Betriebsbereitschaft.

Wichtige Vermarktungsziele sind der Aufbau von **Kompetenz** (Vertrauen) in die zukünftige Leistungsfähigkeit des Anbieters, die Umsetzung von **Kundenbindung**, um von den systemtreuen Folgekäufen tatsächlich auch zu profitieren und das richtige Timing, um schnell den Markt zu durchdringen und das eigene System womöglich zum Standard zu erheben (selbst wenn es das technisch unterlegene ist).

Zu berücksichtigen ist vor allem, ob die Folgeinvestitionen zum Zeitpunkt der Initialinvestition bekannt sind oder nicht. Dies bezieht sich sowohl auf die Art der Folgeinvestitionsobjekte als auch auf den Anschaffungszeitpunkt und deren Nutzungsmöglichkeit. Je transparenter diese Aspekte sich darstellen, desto eher wird ein Nachfrager zur Tätigung der für ihn sehr risikoreichen Investition bereit sein.

Weiterhin kommt es auf die Balance zwischen Initial- und Folgeinvestition(en) an. Je höher der Anteil der Folgeinvestitionen, desto problematischer die Entscheidung aus Nachfragersicht. Daher wird häufig die Initialinvestition anbieterseitig subventioniert. Dies ist etwa bei Computerdruckern der Fall. Der Gerätekauf ist geradezu kostengünstig im Vergleich zu den Ausgaben für Verbrauchsmaterial (Toner, Tinte). Da sich das System insgesamt für Anbieter nur bei systemtreuen Folgekäufen rechnet, versuchen diese einen Wechsel zu Fremdverbrauchsmaterialherstellern zu verhindern (durch Kennung, Freischaltung etc.). Nachfrager versuchen gerade, diese Sperren auszutricksen, indem IDës gefälscht oder Verbrauchsstoffe nachgefüllt werden. Letztlich handelt es sich dabei um ein „Hase-Igel-Rennen".

3.6.4 Produktgeschäft

Das Produktgeschäft umfasst alle Gebrauchsgüter und damit verknüpften Dienste, die von Unternehmen/Organisationen für Zwecke der Fremdbedarfsdeckung beschafft und eingesetzt werden, sofern sie nicht zugleich Anlagen (da nicht kundenindividuell), Rohstoffe (da nicht unverarbeitet) oder Systemgüter (da kein Kaufverbund) sind. Typisch ist eine Produktion für den anonymen Markt, also Sorten-, Serien- oder Massenfertigung, auf jeden Fall in größeren Stückzahlen über einen längeren Zeitraum hinweg. Abnehmer sind investive Verwender, daher erfolgt die Gestaltung im Produktgeschäft teilweise in Abstimmung mit diesen und in längerfristigen Rahmenverträgen (Abrufauftrag) eingebunden. Begleitenden Dienstleistungen kommt dabei, wie überall, steigende Bedeutung zu. Kooperationen mit anderen Anbietern sind selten anzutreffen. Die konjunkturellen Amplituden sind gemäßigt. Der Absatz erfolgt zumeist über den Produktionsverbindungshandel.

Beim Kauf standardisierter Produkte liegt nur eine kurze Zeitspanne zwischen dem Bestellvorgang und dem Einsatz des Produkts (Lieferung ab Lager).

Erfahrungen mit dem Produkt bzw. Lieferanten können so ohne größere Verzögerung bei späteren Kaufentscheidungen eingebracht werden und zur Festigung der Lieferantenbeziehung (Stay) bzw., bei Unzufriedenheit, zum Lieferantenwechsel (Exit) führen. Es handelt sich um vorgefertigte, meist in Mehrfachfertigung erstellte Leistungen, die der Abnehmer zum isolierten Einsatz nachfragt.

3.6.4.1 Produktgeschäftsarten

Das Produktgeschäft besteht im Einzelnen aus den Bereichen Einzelteile und Baugruppen sowie Aggregate. **Einzelteile und Baugruppen** sind solche Elemente, die ohne wesentliche Be- oder Verarbeitung unter Wahrung ihrer Identität in andere Produkte eingebaut bzw. zu Fertigprodukten zusammengefügt werden und dabei ihre Identität bewahren. Sie werden jedoch nicht getrennt verkauft wie bei Handelsware. Dies ist möglich für Einzelteile (z.B. Mikroprozessor) oder Baugruppen (z.B. Lenkservo-Einheit oder Lichtmaschine beim Pkw, CD-Laufwerk beim PC, Elektromotor bei der Lok). Ein Einzelteil oder eine Baugruppe wird damit Element eines größeren Ganzen oder kann es werden. Im Gegensatz zur Gesamtauftragsvergabe eines geschlossenen Systems werden hier einzelne Elemente gekauft, die dann vom Nachfrager zu größeren Einheiten zusammengefügt werden. Im Unterschied zu Halbfabrikaten unterliegen Einzelteile und Baugruppen Veränderungen im Produktionsprozess durch Verarbeitung. Sie können vielfältig charakterisiert werden nach Produktart, Komplexität, Erklärungsbedürftigkeit, Grad der physischen Verbundenheit mit dem Folgeprodukt, Funktionsnotwendigkeit, Funktionalität/ästhetische Dimension, Evidenz (Sichtbarkeit), Ausrichtung auf bestimmte Endprodukte, relativer Lebensdauer und ihrer Wertdimension.

Was ein **Aggregat** ist und was ein System, bestimmt sich nicht von Produktphysis her, sondern allein von der Vermarktung. Aggregate sind isoliert funktionsfähig, Systeme nur im Verbund. Einzelaggregate erfüllen beim Nachfrager eine bestimmte Funktion, ohne dass ihre Integration in größere Systeme dafür entscheidende Bedeutung hat (z.B. Fotokopierer, Hebekran). Es handelt sich also um mehr oder minder komplexe, isoliert einsetzbare, bestimmte Teilfunktionen erfüllende Betriebsmittel, die mit anderen zu komplexen Anlagen zusammengefügt oder selbstständig vermarktet werden können. Der Unterschied zu Teilen/Baugrupen besteht darin, dass Einzelaggregate sowohl im System weiterintegriert als auch als selbstständiger Potenzialfaktor nutzbar (z.B. Büromaschinen, Nutzfahrzeuge) sind. Sie werden oft in größerer Stückzahl beschafft (Unterschied zum Systemkauf). Kennzeichnende Merkmale sind ein hoher Standardisierungsgrad, technische Komplexität, hohe Losgröße, hoher Wert und Integralqualität. Bedeutsam sind hier vor allem Ersatzteillieferungen, Wartungs-

und Reparaturleistungen und die technische Weiterentwicklung sowie produktverbundene Dienstleistungen.

Das gleiche Produkt kann durchaus Aggregat (selbstständig einsetzbar) oder Teil/Baugruppe sein, denn es kommt nicht auf die Ware an sich an, sondern auf den Prozess. Produkte unterscheiden sich in ihrer Vermarktung nicht sehr stark vom Konsumgütermarketing. Sie werden für einen mehr oder minder anonymen Markt entwickelt, vorgefertigt und unter Einsatz der üblichen Marketinginstrumente vermarktet. Für Teile und Baugruppen ist die Integralqualität bedeutsam, d.h., das Produkt eines Anbieters muss sich als Element in das Endprodukt und den Produktionsprozess eines Abnehmers im Hinblick auf Produkteigenschaften, Lebensdauer, räumliche/zeitliche Verfügbarkeit etc. möglichst gut einfügen. Handelt es sich um weitgehend standardisierte (genormte) Produkte, entfällt ein großer Teil der Differenzierungsmöglichkeiten und der Preis wird zentral. Bei nicht standardisierten Produkten hat der Anbieter deutlich größere Möglichkeiten, durch Differenzierung gegenüber Wettbewerbern seine Kundenbeziehungen zu sichern, z.B. durch weitestgehende Einhaltung der Qualitätsanforderungen des Kunden (Qualitätssicherung) oder Synchronisierung von Lieferservice und Produktionsprozessen des Kunden (J-i-t). Außerdem bietet sich die Kooperation von Zulieferern und ihren Abnehmern bei F&E und technologischen Innovationen des Zulieferers an, die dem Abnehmer der entsprechenden Elemente Wettbewerbsvorteile verschaffen (z.B. ABS von Bosch).

3.6.4.2 Produktmarkierung

Innerhalb des Produktgeschäfts sind die Parallelen zum Konsumgütermarketing besonders auffällig. Dies machen sich immer mehr Anbieter zunutze, indem sie dessen Markenmechanik anwenden. Charakteristisch für Konsumgüter ist, dass die Marketingaktivitäten sich nicht nur an die unmittelbar nachfolgende (Handels-)Stufe im Absatzkanal wenden, die direkten Kunden, sondern auch an die daran anschließende mittelbare Stufe, die Kunden der Kunden (Multistage branding). Die nachfolgende Stufe wird dadurch in eine Zangenbewegung gezwungen, einerseits wird herstellerseitiger Druck auf sie ausgeübt (Push), andererseits wird von der übernächsten Stufe aus eine Sogwirkung initiiert (Pull). Dies setzt freilich voraus, dass dort eine nennenswerte Bekanntheit und Vertrautheit mit dem Angebot erreicht wird, dies ist wiederum nur durch stufenübergreifende Kommunikationsmaßnahmen möglich. Auf diese Weise kann eine eigenständige Marke etabliert werden, der eine Attraktivität bei den Kunden der Kunden zukommt, sodass diese das Angebot gezielt nachfragen. Zugleich kann im Reinverkauf die Pipeline gefüllt werden, sodass das Produktangebot auch abgenommen wird. Voraussetzung ist allerdings, dass die Marke auf der unmittelbar nachfolgenden Produzentenstufe im Endprodukt erkennbar bleibt und nicht, wie üblich, untergeht, denn nur dann kann auf der mittelbar folgenden Kundenstufe eine markenspezifische Wahrnehmung erreicht und Präferenz aufgebaut werden.

Ein Beispiel ist die Marke Intel. Intel ist Hersteller von Mikroprozessoren, einem zwar zentralen Bauteil jedes Computers, das jedoch weder getrennt von Anwendern gekauft werden kann noch in seinen Leistungsdimensionen präsent wäre. Da Mikroprozessoren zudem in der Black box des Computers verbaut werden, sind sie nicht einmal kundenwahrnehmbar. Die Kunden von Intel sind die großen Computerhersteller, die dementsprechend eine nicht geringe Nachfragemacht aufbauen können. Zudem sind die Leistungsmerkmale von Mikroprozessoren transparent, sodass für diese aussagefähige Konkurrenzvergleiche angestellt werden können. Das bedeutet in der Konsequenz, dass es im Absatzkanal ein Machtgefälle zulasten von Intel gibt. Dies macht Preisunterbietungen erforderlich, um gegen die Konkurrenz zum Zuge zu kommen. Intel ersann jedoch einen anderen Weg. Durch langjährige und intensive Kommunikation bei den Kunden der Kunden, den (privaten und gewerblichen) Computerkäufern, wurde suggeriert, dass es relevante Unterschiede zwischen Mikroprozessoren gäbe und Intel-Prozessoren von besonderer Güte seien. Zudem wurde dafür gesorgt, dass die Marke Intel nicht unterging, sondern sichtbar wurde (durch Aufkleber an jedem Computer mit Intel-verbauten Teilen). Im Laufe der Zeit setzte sich bei den Käufern die Meinung durch, dass es wichtig ist, bei einem Computer darauf zu achten, dass Intel verbaut ist (Intel inside), wobei dem im Einzelfall diffuse Argumente zugrunde liegen. Wie dem auch sei, Käufer verlangten vorwiegend nach Computern mit Intel inside, sodass sich im Fachhandel diejenigen Computer als schwieriger verkaufbar herausstellten, die andere Prozessoren verbaut hatten. Daraus folgte ein Orderverhalten des Fachhandels derart, dass bevorzugt Computer mit Intel-Prozessoren bestellt wurden. Dies wiederum machte es für die Computerhersteller erforderlich, vorwiegend Geräte mit Intel-Prozessoren zu bauen. Für die notwendigen Mikroprozessoren wandten sie sich an Intel, die jedoch nunmehr von ihrer Angebotsmacht Gebrauch machen konnten. Die Computerhersteller waren mindestens ebenso auf Intel-Chips angewiesen wie Intel auf den Absatz seiner Produkte. Die Nachfragemacht der Computerhersteller hatte sich durch den Markenaufbau auf der Kunden-Kunden-Stufe zu einer Angebotsmacht von Intel gewandelt. Dies setzt allerdings voraus, dass sich der Anbieter irgendwann einmal entscheidet, statt in Anlage- und Umlaufvermögen in Marktkommunikation zu investieren. In Bezug darauf gibt es jedoch immer noch erhebliche Widerstände. Sachinvestitionen haben die Kraft der Anfassbarkeit, sie sind materiell und wertschöpfend. Werbung hingegen ist flüchtig und stellt scheinbar vermeidbare Kosten dar. Diese falsche Sichtweise haben in der Vergangenheit nur wenige Anbieter vermieden.

Denn während Sachinvestitionen von Tag zu Tag weniger Wert werden und abgeschrieben werden müssen, ist eine gut gepflegte Marke im Zeitablauf immer mehr Wert und sichert so die Unternehmensprofitabilität. Dass Intel aber bei Weitem nicht allein steht, zeigen Beispiele wie Goretex, TetraPak, Hostalen, Sympatex, Trevira, Lycra, Nutrasweet, Shimano, Teflon, Nirosta, Alcantara, Ceran, Dolby, Recaro, Scotchlite oder Styropor.

3.6.5   Zuliefer-Geschäft

Das Zuliefer- oder OEM-Geschäft erfolgt zur Erstausrüstung, zur Nachrüstung oder als Ersatzteilversorgung. Die Vermarktung tangiert den Ursprungshersteller (Original equipment manufacturer/OEM-Lieferant), die gewerblichen Zwischenabnehmer/Weiterverarbeiter (OEM-Abnehmer) und die Endnutzer.

3.6.5.1   Programmstruktur

Zum Zuliefer-Geschäft gehören der OEM-Lieferant und der OEM-Bezieher als Partner. Bei OEM-Lieferanten weicht das Absatzprogramm vom Produktionsprogramm ab. Der Grund liegt darin, dass Produkte, die eigen gefertigt sind, nicht selbst abgesetzt, sondern als OEM-Ware an Andere abgegeben und dort eingebaut oder weiterverarbeitet bzw. von diesen als Handelsware angeboten werden. Das Absatzprogramm ist damit enger/flacher als das Produktionsprogramm. Bei OEM-Beziehern liegt der Grund darin, dass Produkte fremd bezogen, aber nicht selbst hergestellt werden. Das Absatzprogramm ist dann breiter/tiefer. Dabei kann es sich um Vorprodukte, die als wesentlicher oder unwesentlicher Bestandteil in ein Endprodukt eingehen, oder um Handelsware handeln, die fremd zugekauft und ohne wesentliche Be- oder Verarbeitung im eigenen Herstellerprogramm abgesetzt wird. Zumeist erfolgt dies aus Gründen der endkundenseitig so erwarteten Komplettierung des Angebots.

Werden standardisierte, vorproduzierte Systeme, Komponenten oder Teile an die nachfolgende Wertschöpfungsstufe abgegeben, liegt ein **vertikales** OEM-Geschäft vor. De facto handelt es sich oft nur um den Einbau in ein Gehäuse mit dem Label des OEM-Beziehers, anzutreffen etwa in der UE-Branche, bei der die fernöstlichen Originalhersteller dem Publikum gegenüber gar nicht mehr in Erscheinung treten. So finden sich in DVD-Players, CD-Players, LCD-TVës etc. fast aller Marken nur noch die Chassis weniger fernöstlicher Hersteller, die zur Nutzung von Größeneffekten Produktionsmengen auflegen, die sie unter eigenem Namen nicht mehr vermarkten können oder ausschließlich an Dritte abgeben. Da sich jedoch die Kostenersparnis auf das gesamte Fertigungslos bezieht, kommt der OEM-Lieferant schließlich auch für seine zum Eigenbedarf gedachten Produktionsmengen in den Genuss niedrigerer Stückkosten. Andererseits erhalten OEM-Bezieher Konditionen, die für sie bei Eigenfertigung nicht darstellbar wären. Insofern können beide Seiten zufrieden sein (Win-win-Strategie).

Vor allem erklärt sich auf diese Weise, wieso es für Hersteller sinnvoll ist, im horizontales OEM-Geschäft auch direkte Konkurrenten zu beliefern, nämlich immer dann, wenn die Kostenersparnis für den unter eigener Flagge zu vermarktenden Losanteil auf Grund von Größeneffekten höher einzuschätzen ist als Marktanteilsverluste aus Absätzen von mit dem Restlos belieferten Mitbewerbern. Der Hersteller überträgt weiterhin das Vermarktungsrisiko an den OEM-Bezieher, weil es ihm an Nachfragervertrauen mangelt oder weil Protektionspolitik in manchen Ländern den weiteren Marktzugang unmöglich macht. Außerdem liefert er hoch standardisierte Teile, die erst für den Endmarkt relativ aufwendig individualisiert werden. Da außerdem auf Endnachfragerseite kaum bekannt ist, dass das ausgewählte Produkt tatsächlich wesentliche Teile eines anderen, wahrscheinlich weniger vertrauenserweckenden Produzenten enthält, ist das akquisitorische Potenzial der Absatzmarke voll nutzbar.

Dies kann dazu führen, dass ein Markenartikler mit OEM-Ware (z.B. Blaupunkt) bei identischer Leistung höhere Preise am Markt erzielt als der Originalhersteller (z.B. JVC). Außerdem profitiert der Markenartikler nicht nur von der mehr oder minder ausgiebigen Weitergabe der Kostenersparnis in seinem Einstandspreis, sondern auch vom gesammelten Know-how und vom hohen Qualitätsstandard seines Lieferanten. Vor allem werden Fixkosten vermieden, etwa aus F&E, Anlageinvestition, Sozialplan etc., und stattdessen weitgehend variable Kosten erreicht. Neue Technologie ist sofort verfügbar, ohne endlose, risikoreiche Entwicklungszeiten eingehen zu müssen, und falls sich der gewünschte Markterfolg nicht einstellen will, wird, im Rahmen vereinbarter Lieferkontingente, der Bezug eingestellt.

Die Entscheidung über Eigenfertigung oder Fremdbezug (Make or buy) ist im Einzelnen von zahlreichen, individuellen Einflussgrößen abhängig. Eigenfertigung ist u.a. zu bevorzugen, wenn

– fertigungstechnische Zwänge dies nahelegen, Selbstherstellung kostengünstiger ist, dadurch eine spürbar höhere Qualität erreicht werden kann, spezielles Know-how erforderlich ist, vorhandene Kapazitäten besser ausgelastet werden können, durch Rückwärtsintegration freies Kapital investiert werden kann, vertriebliche Vorteile erzielbar sind oder mehr zeitliche Flexibilität erreicht werden kann.

Fremdbezug ist u.a. zu bevorzugen, wenn

– bestehende gewerbliche Schutzrechte dazu zwingen, dadurch Kostenvorteile entstehen, infolge Spezialisierung eine bessere Qualität gewährleistet ist, das

Know-how von Zulieferern zu eigenem Nutzen materialisiert werden soll, dadurch bei Vollbeschäftigung noch eine Geschäftsausweitung möglich wird, dies zu geringeren finanzwirtschaftlichen Belastungen führt oder Elastizitätsvorteile entstehen.

3.6.5.2 Transaktionsperiode

Das Zuliefer-Geschäft erstreckt sich über eine lange Transaktionsperiode mit mehreren Episoden. Dabei handelt es sich chronologisch um die Initiierung, die Konzipierung, die Sondierung, die Anfrage, die Anbieterauswahl und die Kaufabwicklung.

3.6.5.2.1 Initiierung

In der Initialphase erfolgt die eigentliche Problemwahrnehmung. Die Aktivitäten sind vor allem davon abhängig, ob es sich beim zu beschaffenden Produkt oder Dienst um einen solchen mit hohem oder niedrigem **Kaufrisiko** und **Gewinneinfluss** handelt, sodass sich folgende Kombinationen ergeben:

– Strategische Produkte weisen ein hohes Beschaffungsrisiko und einen hohen Gewinneinfluss auf. Daher bedarf es nachfragerseitig einer präzisen Bedarfsprognose und sicherer, langfristiger Lieferantenbeziehungen. Häufig wird dann die Eigenfertigung vor dem Zukauf gewählt.
– Engpassprodukte weisen ein hohes Beschaffungsrisiko, aber einen niedrigen Gewinneinfluss auf. Hier geht es dem Abnehmer in erster Linie um die Mengensicherung des beschafften Produkts, flankiert von Ausweichplänen für den Notfall von Lieferausfällen.
– Schlüsselprodukte weisen einen hohen Gewinneinfluss, aber ein niedriges Beschaffungsrisiko auf. Hier gilt es anbieterseitig, die Einkaufsmacht des Abnehmers für günstige Konditionen auszugleichen und zu den gezielt selektierten Lieferanten zu gehören.
– Normalprodukte weisen ein niedriges Beschaffungsrisiko und einen niedrigen Gewinneinfluss auf. Insofern wird nachfragerseitig eine Standardisierung der Produkte und eine Optimierung der Auftragsmengen angestrebt.

Entsprechend der Kaufklasse, in die ein angebotenes Produkt fällt, sind Aussagen über die Nachfrageraktivitäten möglich. Neben der Produktklasse spielt auch der Lieferantenstatus beim Abnehmer eine wichtige Rolle. Dabei werden zumeist drei Klassen (**ABC**) unterschieden:

– A-Lieferanten sind solche, für die aus Abnehmersicht anderweitig keine wirklich akzeptablen Alternativen am Markt zu finden sind. Insofern nimmt der Lieferant hier eine starke Position ein. Ziel jedes Lieferanten sollte es daher sein, bei seinen Kunden ein A-Lieferant zu werden und zu bleiben.

- B-Lieferanten sind solche, für die aus Abnehmersicht immerhin Alternativen am Markt bereits vorhanden sind oder herangezogen werden können, auf die jedoch zumindest nicht unmittelbar ausgewichen werden kann. Hier besteht also eine Positionsbalance.
- C-Lieferanten sind solche, die aus Abnehmersicht in ihrer Leistung austauschbar zu vielfältigen Anderen sind. Daher befinden sich Lieferanten hier in einer ausgesprochen schwachen Position. Insofern werden Preise und Konditionen zu vordergründigen Argumenten.

Gelegenheit werden noch D-Lieferanten ausgewiesen, zu denen die Geschäftsbeziehung eingestellt werden soll und für die Alternativen zu finden sind. Daraus folgt unmittelbar, dass es das Ziel jedes Anbieters sein muss, ein nach Leistung und Preis wenig oder nicht austauschbares (uniques) Produkt zu offerieren.

Für die konkrete Kontaktaufnahme sind anbieterseitig zwei Ansätze möglich. **Passivität** bedeutet, dass nicht proaktiv angesetzt wird, vielmehr wird abgewartet, bis Anfragen eingehen. Dies wird bei vergleichsweise hoher Markttransparenz möglich (wenige Anbieter und wenige Nachfrager, d.h., man wird angefragt), allerdings entsteht ein Bindungseffekt durch fortschreitende Festlegung von Entscheidungsalternativen mit Mitbewerbern im Zeitablauf, d.h., andere Anbieter haben möglicherweise einen Angebotsvorteil allein aus der Tatsache heraus, dass sie früher mit dem potenziellen Abnehmer interagiert haben. **Aktivität** bedeutet, dass proaktiv angesetzt wird. Dazu wird meist gezielte Kommunikationspolitik zur Stimulierung des Bedarfs eingesetzt, d.h. ein Signaling, dass man als Anbieter zu einer bestimmten Problemlösung fähig ist und auch willens, diese Problemlösung mit dem potenziellen Abnehmer zu finden (im Automobilbereich dienen dazu etwa Prototypen oder Show cars). Denn es ist eniment wichtig, so früh wie möglich und so lang wie nötig in Kontakt mit der Nachfrageseite zu kommen, denn über diese Zeitachse hinweg entsteht begleitend eine gegenseitige Einstimmung und Annäherung der Positionen (Creeping commitment). Damit hat derjenige Anbieter die besten Chancen, zum Abschluss zu gelangen, der am längsten mit der Nachfrageseite interagiert und dies ist wiederum derjenige, der als Erster die Interaktion proaktiv initiiert.

3.6.5.2.2 Konzipierung

Für die Konzeptionsphase ist eine möglichst exakte Beschreibung der abnehmergewünschten Problemlösung erforderlich. Dazu dienen Lastenheft und Pflichtenkatalog als Hilfsmittel. Dasjenige Angebot hat die größte Chance, zum

Zuge zu kommen, das in seinen Merkmalen der Beschreibung von Lastenheft und/oder Pflichtenkatalog am Ehesten entspricht. Daher ist es lieferantenseitig sinnvoll, bereits auf diese Beschreibung proaktiv derart Einfluss zu nehmen, dass die dort beschriebenen Angebotsmerkmale möglichst gut mit den tatsächlichen Merkmalen des eigenen Angebots übereinstimmen. Dies geschieht in der Regel, indem der Anbieter den potenziellen Käufer in der Konzeption seines Kaufobjekts berät oder einen entsprechend ausgearbeiteten Vorschlag unterbreitet. Im Grunde geht es dabei um den zentralen Hebel jeder Geschäftsbeziehung aus Lieferantensicht, nämlich die Entlastung des Abnehmers von Arbeitseinsatz, Zeitaufwand, Nervenanspannung und Risikotragung.

Generell muss es das Ziel sein, das wahrgenommene Risiko des Abnehmers zu senken, da dieses als Barriere zwischen Anbieter und Abschluss steht. Dieses Risiko lässt sich im Einzelnen in mindestens fünf Teilrisiken aufspalten. Das **Qualitätsrisiko** beinhaltet die Ungewissheit, ob das angebotene Produkt den Erwartungen und Anforderungen im Hinblick auf seine objektive (meist technische) Problemlösungsfähigkeit entspricht. Hier muss Risikoreduktion durch aussagefähige Funktionsnachweise herbeigeführt werden, welche die Zweckeignung der Problemlösung belegen.

Das **Herstellerrisiko** beinhaltet die Unsicherheit des Abnehmers hinsichtlich der fachlichen Qualifikation und Zuverlässigkeit des Lieferanten. Hier muss Risikoreduktion herbeigeführt werden, indem vertrauenswürdige Informationen über den Hersteller geboten werden, z.B. seine Branchenstellung, seine Betriebserfahrung, seine Anerkennung im Markt („Nobody ever got fired for buying IBM.").

Das **Preisrisiko** beinhaltet die Unsicherheit des Abnehmers darüber, einen unangemessen hohen Preis für das ihm angebotene Produkt zu zahlen. Hier muss Risikoreduktion herbeigeführt werden, indem der Preis statt absolut relativ als Preis-Leistungs-Verhältnis argumentiert und die Schlüssigkeit vom Nachfrager zum Vergleich herangezogener Alternativen erschüttert wird.

Das **Informationsrisiko** beinhaltet die Unsicherheit des Abnehmers, nicht über das erforderliche Maß an Informationen zur Bewertung angebotener Lösungen zu verfügen. Hier muss Risikoreduktion herbeigeführt werden, indem Kaufinteressenten gerade soviel Information zur Verfügung gestellt wird, wie funktional sinnvoll ist. Ein Übermaß an Information ist dabei ebenso schädlich wie ein Zurückhalten relevanter Informationen.

Das **Sozialrisiko** beinhaltet die Unsicherheit des Abnehmers darüber, wie der Kaufentscheid in seinem beruflichen Umfeld aufgenommen wird. Hier muss Risikoreduktion durch Referenzkunden herbeigeführt werden, die als Vergleichsmaßstab für die Tauglichkeit der eigenen Entscheidung dienen.

Eine Risikoreduktion kann sich allgemein auf folgende Absichten beziehen:

– Risikoakzeptierung (wenn eine Abwehr zu kostspielig ist), Risikovermeidung (durch Vorbeugung), Risikokompensation (mit anderweitigen Chancen), Risikobesicherung (durch Versicherung), Risikoabwälzung (durch Teilung mit Dritten).

3.6.5.2.3 Sondierung

In der Sondierungsphase geht es dem Kaufinteressenten um die konkrete Lieferantensuche. Dazu werden nachfragerseitig verschiedene Beschaffungsstrategien eingesetzt. Mit **Single sourcing** wird bezeichnet, dass der Abnehmer sich in jeder Produktgruppe auf genau einen Lieferanten festlegt. Als In supplier hat man im Wesentlichen die Aufgabe, den Kunden in der Richtigkeit seiner Partnerwahl zu bestätigen und irritierende Informationen, die ihn zu einem neuerlichen Anbietervergleich motivieren könnten, zu neutralisieren.

Mit **Dual sourcing** ist gemeint, dass der Abnehmer sich in einer Produktgruppe alternierend zweier Lieferanten bedient, meist im Mengenverhältnis von ca. 70: 30. Motiviert ist diese Sourcing-Strategie durch ein Sicherheitsdenken. Hier muss es das Ziel des dominierenden Lieferanten sein, seinen Anteil zu verteidigen und nach Möglichkeit in Richtung Single sourcing auszubauen. Das Ziel des subordinaten Lieferanten muss es hingegen sein, seinen Anteil auszubauen und nach Möglichkeit mit dem des dominanten Lieferanten zu tauschen.

Mit **Multiple sourcing** wird bezeichnet, dass der Kaufinteressent sich in jeder Produktgruppe mehrere Lieferanten als Preferred suppliers hält, die er einem Angebotsvergleich unterzieht, um beim jeweils günstigsten von ihnen zu bestellen. In einer solchen Situation gilt es, den Kreis der Mitbewerber zu verkleinern und den eigenen Lieferanteil zu vergrößern, da ansonsten ein kontinuierliches Wettrennen um die besten Konditionen einsetzt, das kaum erfolgreich durchzuhalten ist.

Mit **Sole sourcing** ist gemeint, dass der Kaufinteressent sich in jeder Produktgruppe nur einem Lieferanten gegenübersieht (Angebotsmonopol). Dadurch entsteht in den seltenen Fällen absoluter Monopole eine Angebotsmacht. Wird diese überzogen, können vom Kunden Alternativen bewusst entwickelt werden. Daher darf keinesfalls die Schmerzgrenze der Akzeptanz des Kunden überzogen werden, da damit solche Alternativen (auch im eigenen Haus durch Rückwärtsintegration) geradezu provoziert werden.

Eine weitere Unterscheidung geht nicht von der Zahl der Anbieter, sondern vom räumlichen Gebiet, innerhalb dessen ein Kaufinteressent nach Lieferanten Ausschau hält, aus. Dabei kommt es zu drei Formen. Beim **Global sourcing** erfolgt eine räumlich unbegrenzte, internationale Lieferantensuche. Dies ist eine äußerst unangenehme Situation, wenn ein Lieferstandort unveränderliche Nachteile aufweist, welche die Wettbewerbsfähigkeit des eigenen Angebots in Mitleidenschaft ziehen.

Beim **Local sourcing** erfolgt eine auf den Betriebsstandort bezogene Lieferantensuche. Das heißt, jeder, auch internationale Standort des Abnehmers bestimmt seine Lieferanten unter der Auswahl der im jeweiligen lokalen Umfeld ansässigen Lieferanten. Dies zwingt Anbieter, die globalisierte Unternehmen beliefern, zur Internationalisierung ihrer Aktivitäten, da sie ansonsten für einzelne Standorte nicht mehr als Lieferanten in Betracht gezogen werden.

Beim **Domestic sourcing** werden nur inländische Lieferanten berücksichtigt. Dies ist häufig bei Local content-Vereinbarungen der Fall, die etwa im jeweiligen Ausland aus Protektionismusgründen vorgegeben werden. Dann ist es unvermeidlich, das Liefervolumen in inländische und ausländische Anteile aufzusplitten. Zugleich ergeben sich Möglichkeiten zu Gegengeschäften. Dabei ist auch auf Country of origin-Effekte (Made in ...) zu achten (z.B. Glashütte für hochwertige Uhren).

Beschaffungsüberlegungen gehen aber über die eigene Prozessstufe hinaus. Dabei findet eine zunehmende Integration der Wertschöpfungskette zwischen Lieferant und Abnehmer statt (**Process sourcing**). Diese Wertschöpfungskettenverschränkung bezieht sich im Einzelnen auf:

- Produktionsprozesse, d.h. die Kombination der Produktionsfaktoren in der Wertschöpfung (Stichworte sind hier Quality audits, Design to Ccst oder Wertanalyse),
- Logistikprozesse, d.h. Lagerung, Umschlag und Transport von Leistungen (Stichworte sind hier Kanban-Prinzip, Just in time-Prinzip oder RFID),
- Know-how-Prozesse, d.h. Problemlösungen, die aus Produkten und begleitendem Wissen bestehen (Stichworte sind hier Lebenszeitvertrag, Simultaneous engineering oder Betreibermodell),
- Nachhaltigkeitsprozesse, d.h. die Sichtweise des gesamten Lebenszyklus, nicht nur der Anschaffung (Stichworte sind hier Öko-Audit oder Redistribution).

Im Rahmen der Wertkettendenkweise ist etabliert, dass jeder Wertschöpfende sich auf denjenigen Ausschnitt der gesamtwirtschaftlichen Wertkette konzentriert, der seiner Kernkompetenz entspricht. Alles Andere unterfällt dem **Outsourcing** (Outside resourcing) an Dritte, deren jeweilige Kernkompetenz dies ist. Von diesem Prozess des Outsourcing profitieren Anbieter im Rahmen des gesamtwirtschaftlichen Beschaffungsvolumens. Denkbar ist aber auch das **Insourcing** im eigenen Unternehmen, indem Kernkompetenz-Lieferanten ihren Wertschöpfungsanteil am Ort des Abnehmers erbringen. Dies geht von Industriepark-Modellen über verselbstständigte Arbeitsstationen bis zu Betreibermodellen, die faktisch, jedoch nicht rechtlich, einem Leasing gleichkommen.

Die gesamtwirtschaftliche Wertkette besteht somit aus den addierten einzelwirtschaftlichen Wertketten, die miteinander verschränkt sind. Um die Komplexität dieser Beziehungen einzelwirtschaftlich zu limitieren, wird eine Lieferantenhierarchie angestrebt (**Modular sourcing**). Dabei werden meist drei Stufen unterschieden:

- Systemlieferanten (First tiers) sind solche, die dem am Endkundenmarkt anbietenden Abnehmer komplexe Funktionssysteme anliefern, von denen sie alle Anteile selbst gefertigt haben, die ihrer Kernkompetenz entsprechen, und von denen sie alle anderen Anteile fremd zugekauft haben.

- Komponentenlieferanten (Second tiers) sind solche, die dem Systemlieferanten abgegrenzte Funktionskomponenten anliefern, von denen sie alle Anteile selbst gefertigt haben, die ihrer Kernkompetenz entsprechen und den Rest ihrerseits fremd zukaufen.

- Teilelieferanten (Third tiers) sind solche, die dem Komponentenlieferanten einfache Funktionsteile anliefern, die sie selbst gefertigt haben. Sofern ein Fremdzukauf stattfindet, entstehen weitere Ebenen (in der Praxis bis zu sieben).

Es ist unmittelbar einsichtig, dass es gilt, ein Unternehmen innerhalb der Lieferantenhierarchie möglichst als Systemlieferant zu positionieren. Denn erstens hat nur dieser noch unmittelbaren Kontakt zum Anbieter am Endkundenmarkt und zweitens bieten nur komplexe Systeme die Chance der Einbringung von Wissensvorteilen. Schon bei Komponentenlieferanten sind die Know-how-Anforderungen begrenzt, statt dessen spielen Preisargumente eine große Rolle. Dies gilt erst recht für Teilelieferanten, die am Ende der Lieferantenhierarchie weitgehend austauschbar und einem stetigen Preiskampf ausgesetzt sind.

3.6.5.2.4 Anfrage

Die Anfrage soll eine möglichst genaue Beschreibung der Art der gewünschten Produkts bzw. des zu lösenden Problems incl. der anzuwendenden Standards bieten. Dazu gehören konkrete Angaben über die gewünschte Kapazitätsauslegung, Hinweise auf den geplanten Rohstoffeinsatz sowie das verfügbare Personal, außerdem Aussagen über absatzmarktbestimmte Anforderungen an die zu erzeugenden Leistungen insb. hinsichtlich ihrer Qualität, Angaben über Integrationsmöglichkeiten bzw. -notwendigkeiten beim Betreiber, Vorstellungen über gegebene Restriktionen (z.B. bedingt durch Standort, Klima, Umweltauflagen, staatliche Vorschriften), dann Lieferzeitvorstellungen, Garantiewünsche incl. Vertragsstrafen bei Nichteinhaltung, weiterhin Bedingungen des Nachfragers bzgl. der Übernahme und Heranziehung von Eigenleistungen, gleiches gilt für

Leistungen Dritter, Finanzierungsmöglichkeiten bzw. -grenzen und die Allgemeinen Geschäftsbedingungen.

In Bezug auf die Anfragephase ist der **In supplier** an der Aufrechterhaltung bestehender Geschäftsbeziehungen zum Abnehmer interessiert, an der Erhöhung der Lieferantentreue seitens des Nachfragers und an der mengen- und wertmäßigen Ausweitung des Transaktionsvolumens (Share of customer). Persönliche Beziehungen spielen hier eine kaum zu unterschätzende Rolle angesichts objektiv zunehmend vergleichbarer Leistungen. Dabei sieht er sich kontinuierlich vorgetragener Verdrängungsversuche von Out suppliers gegenüber.

Out suppliers zielen auf die Änderung des Interaktionsverhaltens zwischen Nachfrager und Lieferant ab. Sie wollen eine In supplier-Position erreichen und müssen dazu bestehende In suppliers verdrängen. Sie sind an einer Bekanntheitsgradsteigerung ihrer Angebote und an deren positiver Beurteilung intessiert. Sie wirken auf die Neubewertung der Lieferanten hin und auf eine zumindest probeweise Aufnahme von Geschäftsbeziehungen. Out suppliers sind generell an der Anbahnung bzw. Wiederaufnahme der Interaktion mit einem Kunden interessiert.

Häufig wird, vor allem im staatlichen Sektor das formalisierte Verfahren der **Ausschreibung** als Auftragsvergabe gewählt (nach LSP, VPöA), bei der entweder ein begrenzter Kreis von Anbietern (beschränkte Ausschreibung) oder die Gesamtheit am Markt auftretender Anbieter (offene Ausschreibung) öffentlich zur Angebotsabgabe aufgefordert wird. Grundlage ist dabei ein detailliertes Leistungsverzeichnis ohne Nachverhandlungsmöglichkeit. Oft wird neben dem offiziellen Angebot nach vorgegebenen Spezifikationen ein zweites (Parallelangebot) mit veränderter Spezifikation abgegeben, das den abweichenden Empfehlungen des Anbieters entspricht. Im Unterschied dazu ist die freihändige Auftragsvergabe durch einen geringen Formalisierungsgrad gekennzeichnet. Meist werden drei Angebote eingeholt (Triple pitch), und das günstigste davon (nicht unbedingt das billigste) erhält den Zuschlag.

Im Rahmen der **Wertgestaltung** versuchen Abnehmer, die Einsatzkosten für die Erfüllung bestimmter Funktionen im Endprodukt am dafür von Nachfragern wahrgenommenen Nutzen auszurichten. Alle Funktionen, die in ihrem Kostenanteil über deren Wertanteil liegen, sind daher entweder in ihrer Konzeption soweit zu vereinfachen, dass sie zu günstigeren Kosten herstellbar sind oder in ihrer Wertschätzung durch Nachfrager soweit anzuheben, dass sie die gegebenen Kosten in der Kundenwahrnehmung rechtfertigen. Mittel dazu ist die Wertanalyse, die versucht, die gleiche Funktionserfüllung zu niedrigeren Kosten bzw. eine bessere Funktionserfüllung zu gleichen Kosten zu erreichen. Daher ist es hilfreich, wenn eine solche Nutzenwahrnehmung bei nachgelagerten Nachfragern (stufenübergreifend) nachgewiesen werden kann.

3.6.5.2.5 Anbieterauswahl

In der Anbieterauswahlphase geht es um die Festlegung eines präferierten Lieferanten, mit dem der Kaufprozess zunächst fortgesetzt wird. Erst wenn bei einem ausstehenden, noch offenen Punkte unüberwindbar erscheinende Hindernisse auftauchen, wird auf einen anderen Lieferanten gewechselt. Letztlich geht es dem Bezieher um die gleichzeitige Erfüllung von vier Anspruchsgrößen: Preis, Qualität, Zeit und Individualisierung. In Bezug auf den **Preis** ist es naturgemäß das Ziel des Abnehmers, den niedrigstmöglichen Preis für ein Einkaufsobjekt zu realisieren. Zugleich ist es sein Ziel, dafür die höchstmögliche **Qualität** zu erreichen. Die gleichzeitige Umsetzung beider Ziele führt zur Anstrebung des günstigsten Preis-Qualitäts-Verhältnisses. Dabei ist die **Zeit** als immer wichtigerer Leistungsparameter anzusehen, sodass Zeitvorteile ein bedeutsames Argument sind. Weiterhin ist es unerlässlich, mit einem Partner zusammenzuarbeiten, der in der Lage ist, **Individualisierung** durch einzeln maßgeschneiderte Problemlösungen zu erreichen (Customization).

Zur Vermeidung von Friktionen empfehlen sich Vereinbarungen über Konfliktlösungsmechanismen. Zwar kann eine verbindliche Entscheidung von Rechtsstreitigkeiten nur von ordentlichen (staatlichen) Gerichten getroffen werden. Ausnahmsweise kann jedoch auch durch formlose Abrede bzw. Handelsbrauch vorgesehen werden, an die Stelle der Gerichte private **Schiedsrichter** zu setzen. Dabei unterwerfen sich die Streitparteien durch freie Vereinbarung dem Spruch eines oder mehrerer Schiedsrichter. Eine wirksame Schiedsgerichtsabrede begründet, wenn ein Beteiligter dennoch ein ordentliches Gericht anruft, eine Einrede, die zur Abweisung seiner Klage als unzulässig führt. Schiedsgerichte fällen Schiedssprüche, die bei Verletzung bestimmter Grundsätze eines ordnungsgemäßen Verfahrens von einem ordentlichen Gericht aufgehoben, ansonsten aber für vollstreckbar erklärt werden können. Zusätzlich werden in einem Schiedsrichtervertrag die Rechtsbeziehungen zwischen den Parteien und den Schiedsrichtern geregelt. Erst wenn sich die unterlegene Partei dem Schiedsspruch entzieht, kann eine Klärung durch ein ordentliches Gericht eingeleitet werden. Im Vorfeld ist eine Regelung über eine **Sprechklausel** möglich. Diese ermöglicht es dem Lieferanten, den Bezieher an den Verhandlungstisch zu „zwingen", um geschäftliche Probleme zu diskutieren und einer Lösung zuzuführen. Wenn das nicht hilft, kann ein Wirtschaftsmediator eingeschaltet werden. Dieser übernimmt eine neutrale Moderatorfunktion zwischen den Parteien und versucht, eine einvernehmliche Konfliktlösung zu erreichen. Dafür werden meist psychologisch geschulte Juristen eingesetzt.

3.6.5.2.6 Kaufabwicklung

In der Kaufabwicklungsphase ist die Durchführung des Bestellverfahrens von zentraler Bedeutung. Darauf wirken vor allem die Beschaffungszeit, also die Zeitspanne zwischen Auftragserteilung und tatsächlicher Verfügbarkeit bestellter Waren, und die Einhaltung optimaler Bestellmengen, also die Minimierung der Kapitalbindungskosten bei gegebenem Servicegrad, ein. Dazu werden Bestellpunkt- oder Bestellrhythmusdoktrinen eingesetzt.

Ziel dieser Doktrinen ist jeweils, die Fehlmengenkosten, d.h. die Opportunitätskosten aufgrund nicht realisierter, abrechenbarer Leistungen, zu minimieren. Dabei entsteht allerdings ein Zielkonflikt derart, dass diese Minimierung zum Aufbau hoher Kapitalbindung im Umlaufvermögen führt. Gerade dies ist aber zu Zeiten von Lean production nicht tolerierbar. Daher ist eine Optimierung beider Kostenverläufe im Gesamtkostenminimum erforderlich.

Zur administrativen Durchführung als Erledigung des Auftrags gehören die Auftragserstellung, -übermittlung und -erteilung, dann Informationen über Liefermodalitäten, Kundenbonität, Bestandsdisposition und Produktionsplanung, Versandpapiere, Kommissionierung, Transportmittelwahl und Fakturierung. Von einer vorgabegerechten und reibungslosen Abwicklung können beachtliche akquisitorische Wirkungen ausgehen.

Abgewickelte Projekte sind immer wichtige **Referenzen** für Aufträge anderer Nachfrager, daher ist Kulanz bei Abnahme bzw. Gewährleistung angezeigt, damit man sich positive Multiplikatoren erhält. Das ist auch für den Bezieher interessant, weil er gewiss sein kann, dass der Lieferant sein bestes gibt. Allerdings wirken Referenzen oft auch als Markteintrittsbarrieren, d.h., weil für einen Anbieter keine Referenz vorliegt, kann von ihm kein Projekt abgewickelt werden, weshalb es auch in Zukunft an einer Referenz fehlt. Eine Referenz ist wegen des hohen Risikos hilfreich und daher meist als Präqualifikation erforderlich. Sie kann sich auf das gesamte System zur Abwicklung komplexer Großprojekte (Anlagenreferenz), einzelne Auftragsteile (Komponentenreferenz), Kenntnisse und Fertigkeiten (Know-how-Referenz) oder eine gegebene Koalition (Anbietergemeinschaftsreferenz) beziehen. Darauf wird dann bei absatz- und/oder beschaffungspolitischen Entscheidungen weiterer Kauf-/Verkaufsprozesse Bezug genommen.

3.6.6   Sonstige Geschäftsarten

3.6.6.1   Energiegeschäft

Die Energienachfrage ist eine abgeleitete, woraus erhebliche Auslastungsschwankungen der Kapazitäten bei Erzeugern folgen. Die Verwendung von Rohstoffen für die Energieumwandlung ist von Sekundäranforderungen (vor allem Ökologie und Politik) stark beeinflusst. Die Substitutionskonkurrenz verschiedener Energien ist begrenzt, daraus folgt eine eingeschränkte Preiskonkurrenz. Die Kapazität ist starr, eine Anpassung nach oben ist nur mittelfristig, eine solche nach unten nur unter Hinnahme von Leerkosten möglich. Die Energie wird oft durch Großverbraucher selbst erzeugt bzw. Energieerzeuger haben eigene Verbraucher. Die Energieerzeugung folgt aus Kuppelproduktion. Der Energiemarkt ist einer der wenigen, in denen De-Marketing greift (Aufruf zum Energiesparen). Dies ist durch die Erschöpfbarkeit der meisten Energieressourcen (nicht-regenerative Energien) bedingt. Dies erfordert einen gesamtwirtschaftlich verantwortungsvollen Umgang mit Einsparzielen und die nachdrückliche Förderung alternativer Energieträger. Dies gilt zumal, da der Wirkungsgrad der traditionellen Energieträger durch Umwandlungs- und Leitungsverluste vergleichsweise gering ist.

Energie kann sowohl auf den Vorstufen der Primär- und Sekundärenergieträger vermarktet werden (wie Kohle, Erdgas, Rohöl), die zunächst der Vornahme von Umwandlungsprozessen bedürfen, als auch als Endenergieträger in unmittelbar verwendungsfähigem Zustand (allenfalls mit Umspannungen). Sofern es sich um leitungsgebundene Energien handelt, unterliegt der Leitungsaufbau trotz vollzogener Marktliberalisierung vielfältigen rechtlichen Beschränkungen. Als Anbieter treten meist Großkonzerne oder kommunale Betriebe auf, die vertikal integriert und regional flächendeckend arbeiten. Dies ist vor allem durch die hohen Markteintrittsschranken bedingt, die außenstehenden Wettbewerbern eine Teilnahme erschwert. Folglich sind die Wettbewerbsbedingungen äußerst sensibel. In Deutschland haben sich vier Energieversorgung etabliert (RWE, E. ON, Vattenfall, EnBW), die infolge hohen Kapitalbedarfs und begrenzten Leitungszugangs unter sich bleiben.

Als Nachfrager treten neben gewerblichen auch private Abnehmer auf. Wegen der stark schwankenden Auslastung und der Versorgungspflicht ist eine umfassende Kapazitätsbereitstellung erforderlich, die eine hohe Fixkostenbelastung impliziert. Das Erfordernis ubiquitärer Distribution (Kontrahierungszwang) im Verbreitungsgebiet ist teils nur unter Einschaltung indirekter Absatzwege (Energiebörsen) möglich. An diesen Spotmärkten werden überschüssige Kapazitäten gegen ungedeckte Bedarfe vermakelt.

Die Geschäftsbedingungen der Energieversorgungsunternehmen (EVU's) sind mit Tarifabnehmern häufig standardisiert, mit Sonderabnehmern jedoch frei aushandelbar. Dies gilt vor allem für Großabnehmer mit (zumindest theoretischer) Möglichkeit der Eigenversorgung mit Energie.

3.6.6.2 Immobiliengeschäft

Die Besonderheiten der Immobilie als Wirtschaftsgut und des Immobilienmarkts liegen in Folgendem:

- Standortgebundenheit durch räumliche und sachliche Teilmärkte, Heterogenität (nicht normiertes Angebot), Dauerhaftigkeit der Investition, hohe Investitionsvolumina, hohe Transaktionskosten (Formvorschriften und Sicherheiten), beschränkte Teilbarkeit, beschränkte Substituierbarkeit, geringe Markttransparenz (Thin markets), Abhängigkeit von anderen Märkten (Zinsen, Steuern), geringe Anpassungselastizität an Marktveränderungen.

Gewerbeimmobilien betreffen die Nutzung von Raum zu erwerbswirtschaftlichen Zwecken, Wohnimmobilien betreffen die Nutzung von Raum zur Befriedigung von Wohnbedürfnissen (ist hier nicht relevant). Ein Immobilienprojekt ist ein Grundstück im Zustand der Bebauung (Entwicklung), das anschließend einer neuen bzw. veränderten Nutzung zugeführt wird sowie ein bebautes Grundstück, das bereits einer Nutzung zugeführt wurde. Dabei lassen sich drei Phasen unterscheiden:

- **Projektentwicklung** bedeutet, die Faktoren Standort, Projektidee und Kapital so miteinander zu verbinden, dass eine einzelwirtschaftlich rentable und zugleich gesamtwirtschaftlich sozialverträgliche Investition gewährleistet ist. Zentrale Entscheidungskriterien sind dabei Kosten, Qualität und Termin.
- **Projektmanagement** bedeutet die Wahrnehmung aller Führungsaufgaben, die zur zielorientierten Abwicklung eines Immobilienprojekts nach dessen Realisierungsentscheid erforderlich sind.
- **Objektmanagement** umfasst die Wahrnehmung kaufmännischer und technischer Dienste.

Das Angebot rekrutiert sich aus Flächen und Räumen (durch Leerstand, Neubau, Umwidmung), die Nachfrage bezieht sich auf Eigennutzung, Mietnutzung oder Kapitalanlage. Das heißt, man teilt nach Vermietungs-Marketing und Verkaufs-Marketing, in der Makelung auch Einkaufs-Marketing, ein. Voraussetzungen für die effiziente Bearbeitung sind daher permanente Nutzer- und Standort-Analysen. Diese dienen vor allem der Kundennähe, einer intensiven Betreuung und optimalen Beratung.

3.6.6.3 B-t-b-Dienstleistungen

3.6.6.3.1 Besonderheiten

Dienstleistungen weisen gegenüber Sachleistungen spezifische Besonderheiten auf So ist typisch, dass Dienstleistungen immer aus der raum-zeitsynchronen

Interaktion zwischen Anbieter und Abnehmer entstehen. Dazu bedarf es neben den internen Faktoren, die im Verfügungsbereich des Anbieters stehen, wie Personal, Sachmittel, Infrastruktur etc. des Externen Faktors, der nicht in seinem Verfügungsbereich steht wie Person oder Gegenstände des gewerblichen Kunden. Erst durch deren Interaktion wird aus Arbeit Dienstleistung. Insofern werden Dienstleistungen zwar ebenso produziert wie Sachleistungen, nämlich durch Kombination der Produktionsfaktoren, nur dass diese hier in zwei Bereiche unterteilt sind, die interne Vorkombination von Faktoren und die erst absatzwirksame Endkombination unter Einschluss des Externen Faktors.

Eine andere Besonderheit geht davon aus, dass Dienstleistungen Verrichtungen (gegen Entgelt) sind. (Fremde) Dienstleistungen sind danach nicht von Sachleistungen abzugrenzen, sondern von Eigenleistungen. Insofern kommt es nicht auf die Art der Tätigkeit an, sondern darauf, ob sie vom Nachfrager selbst durchgeführt (Make) oder zugekauft wird (Buy). Allerdings kommen Dienstleistungen oft auch ohne, zumindest offensichtliche, Tätigkeiten zustande, etwa als Wach- oder Notdienste. Umgekehrt ist nicht jede Verrichtung honorierungsfähig, etwa dann nicht, wenn sie erfolgsabhängig erfolgt (z.B. Makelung).

Dienstleistungen sind aber nicht nur die Prozesse, sondern erst die vermarktungsfähigen Ergebnisse dieser Prozesse. Allerdings kann ein und dieselbe Dienstleistung sowohl unter Ergebnis- als auch Prozessaspekten betrachtet werden. Ebenso schulden Dienstverträge keine Erfolge, sondern Prozesse. Letztlich kommt es aber auf die zweckmäßige Definition des Begriffs Ergebnis an, denn Ergebnis können auch ordnungsgemäß durchgeführte Prozesse sein, zumal diese bei Nichteinhaltung nach allgemeiner Auffassung auch eingeklagt werden können. Das Ergebnis kann dabei auch negativ formuliert sein, etwa als Verhinderung von Einbruch.

Ebenso kommt es auf das bereitgestellte Leistungspotenzial an, das bei Bedarf abgerufen werden kann. Letztlich kommt es auch hierbei auf die zweckmäßige Definition des Begriffs Potenzial an, denn das Potenzial muss leistungsfähig einsatzbereit und nicht nur einfach vorhanden sein. Allerdings gibt es auch Dienstleistungen, die nur oder weit überwiegend erfolgsabhängig ausgeführt werden. Zudem werden solche Potenziale auch bei der Produktion von Sachleistungen vorgehalten, z.B. in Form bevorrateter Rohstoffe, Arbeitsmittel, ohne dass diese dadurch Dienstleistungen würden.

Per Saldo sind Dienstleistungen entgeltliche oder unentgeltliche Verrichtungen (Interaktionen) eines Anbieters am Externen Faktor (Kunde oder Kundenobjekt), um daran selbstständig oder sachleistungsverbunden von diesem gewünschte Ergebnisse (Bewahrung oder Veränderungen) zu erzielen.

Neben selbstständigen (primären) gibt es auch produktbegleitende (sekundäre) Dienstleistungen als Kundendienste. In vielen Fällen sind allein diese noch in der Lage, ein Angebot zu positionieren und zu profilieren. Die

Kernleistung ist zunehmend austauschbar (Me too), auch die Marke differenziert immer weniger (Brand parity). Muss-Kundendienste, die rechtlich vorgeschrieben sind, differenzieren ebenso wenig wie Soll-Kundendienste, die marktüblich geworden sind. Bleiben also Kann-Kundendienste, die über das Marktübliche hinausgehen, dabei besteht jedoch die Gefahr des „Pampern" von Kunden (Frills).

3.6.6.3.2 Kennzeichen

Dienstleistungen weisen eine **Intangibilität** aus ihrer Nichtfassbarkeit (Immaterialität) auf. Dies erschwert die Realisierung von Erlösen am Markt, denn vergütet wird nur, was wahrnehmbar ist. Daher bedarf es meist der Tangibilisierung von Dienstleistungen zu ihrer Honorierbarkeit. Dafür gibt es mehrere Ansatzpunkte, so die physische Präsenz der Leistungsumgebung, die Arbeitsmittel im Verfügungsbereich des Dienstleisters oder die Kennzeichnung der Leistungsobjekte (intern oder extern) sowie der Dienstleistungssubjekte (intern oder extern). Die Tangibilisierung erfolgt durch unterschiedliche Formen physischer „Placebos". Bei Leistungen, bei denen dies nicht möglich ist, ist zu prüfen, ob sie wirklich notwendig sind, denn sie mindern die Wertschöpfung, wenn man einmal davon ausgeht, dass Kunden nur für das zu zahlen bereit sind, was sie wahrnehmen. Häufig ist es selbst dann schwierig, die Leistung zutreffend einzuschätzen, da es sich weitgehend um Erlebnis- und/oder Vertrauenseigenschaften handelt, also solche, die erst nach dem Kauf beurteilt werden können. Denn bei Dienstleistungen geschieht der Verkauf/Kauf zeitlich vor der Produktion/Endkombination, bei Sachleistungen jedoch regelmäßig erst danach.

Die Intangibilität hat zwei konkrete Konsequenzen, zum einen die Nichtlagerfähigkeit und zum anderen die Nichttransportfähigkeit von Dienstleistungen. Durch den zeitlichen Zusammenfall von endgültiger Angebotsproduktion und Nachfrageinanspruchnahme sind Dienstleistungen in ihrem Arbeitsanfall fremdbestimmt. Deshalb muss bei schwankender Nachfrage stets eine hohe Leistungsbereitschaft vorgehalten werden, um Dienste in vertretbarer Frist auf hohem Niveau anbieten zu können. Daraus ergibt sich eine starke Fixkostenbelastung. Dem kann nur durch hohe sachliche, räumliche, zeitliche und personelle Flexibilität entgegengewirkt werden, die jedoch angesichts relevanter menschlicher Arbeitsleistung vielfältige sozialpolitische Restriktionen aufweist. Insofern ist eine schwierige Gratwanderung erforderlich. Daher wird zunehmend versucht, anstelle der Leistungsbereitstellung, also der Angebotskomponente, die Leistungsinanspruchnahme, also die Nachfragekomponente, zu steuern. Es handelt sich dann um das Yield management als preisgesteuerter Nachfragelenkung und Sonderform der (variablen) zeitlichen Preisdifferenzierung. Voraussetzungen sind dabei, dass ein Abschluss schon vor Inanspruchnahme der Dienstleistung möglich ist, die Vorkombination als Potenzialbereitstellung also bereits erfolgt ist. Dies ist nur bei fungiblen Diensten der Fall, die durch Leistungsversprechen verbrieft sind, oder potenzialdominierten Leistungen. Die Nachfrage muss auf Entgeltveränderungen elastisch reagieren. Und Datenverarbeitungsunterstützung muss die komplexe Informationslage richtig auswerten. Außerdem gibt es die Möglichkeit der Veredelung von Dienstleistungen. Dies erfolgt entweder durch Speicherung der Leistung auf Datenträger. Dadurch wird die Nichtlagerfähigkeit überwunden, damit verliert die Leistung aber zugleich auch ein konstitutives Kennzeichen von Services und wird womöglich zur Sachleistung. Das gleiche gilt für die Übertragung in Datenleitungen. Dadurch wird die Nichttransportfähigkeit überwunden.

Während die Vorkombination der internen Faktoren noch an beliebigem Ort stattfinden kann, ist die Endkombination mit dem Externen Faktor an dessen physische Präsenz gebunden. Nur wo Kundenbedürfnis und Leistungsangebot zeitlich und räumlich zusammentreffen, entsteht Umsatz. Durch das starre Angebot sind Nachfrager aber darin unsicher, ob sie anlässlich ihrer individuell gewünschten Endkombination zum Zuge kommen oder der Kapazitätsrestriktion des Angebots zum Opfer fallen. Umgekehrt ist der Anbieter unsicher darin, wie er seine Kapazität steuern soll. Abhilfe für beide Seiten schaffen hier Anrechtsbelege. Nachfrager können sicher sein, dass ihr Begehren auf Leistungsabnahme innerhalb der Kapazitätsrestriktion des Anbieters liegt, sie also in den Genuss der gewünschten Dienstleistung kommen. Anbieter können sicher kalkulieren, auf welches Ausmaß an Nachfrage sie sich einzustellen haben. Ist absehbar, dass die Leistungskapazität von der Nachfrage nicht ausgeschöpft wird, kann versucht werden, die Nachfrage zu stimulieren, z.B. über Preisnachlass, Werbung, oder die Kapazität zu begrenzen, um Kosten bei der Vorkombination einzusparen. Unterbleibt die Endkombination ganz, gehen auch die Kosten der Vorkombination unter. Wird die für die Endkombination bereitgestellte Leistungskapazität von der Nachfrage überausgeschöpft, kann versucht werden, Nachfrage zu verdrängen, z.B. über Aufpreis (Peakload pricing) oder die Kapazität zumindest kurzfristig zu erhöhen. Glauben Nachfrager, dass die Kapazität unausgeschöpft bleibt, spekulieren sie darauf, preisgünstiger in den Genuss des Angebots zu kommen, glauben sie hingegen, dass die Kapazität überausgeschöpft wird, werden sie ihre Anstrengungen, in den Besitz von Anrechtsbelegen zu kommen, verstärken.

Die **Integration des Externen Faktors** ist erforderlich, weil dieser nur raum-zeitlich begrenzt in den Verfügungsbereich des Dienstleisters gelangt, um einen gewünschten Zustand zu erhalten oder wiederherzustellen, bestimmte Eigenschaften zu schaffen bzw. zu verändern oder Verrichtungen an ihm vorzunehmen. Der Externe Faktor ist vom Dienstleister nicht autonom disponierbar. Externer Faktor ist zumeist der Kunde als Person oder eine Sache in seinem Besitz/Eigentum. Daher ist im Dienstleistungsbereich eine markthonorierte Produktion ohne Kundenbeteiligung nicht möglich, im Unterschied zu Sachleistungen, die gänzlich ohne Kundenbeteiligung produziert werden können. Sachleistungen werden zuerst produziert, dann zwischengelagert und anschließend verkauft und ver-/gebraucht. Dienstleistungen hingegen werden zuerst verkauft und anschließend zeitgleich produziert und in Anspruch genommen. Dienste sind also personen- und kundenpräsenzgebunden, d.h., sie werden für und unter Beteiligung jedes Kunden erbracht. Der Kunde ist also Co-Produzent. Die Qualität der Dienstleistung hängt demnach auch von der Kooperationsfähigkeit und -willigkeit der Nachfrager ab, d.h., je besser diese Interaktion gelingt, desto höher wird die Qualität des Ergebnisses sein.

Wenn es gelingt, den Externen Faktor zu lagern bzw. zu transportieren, ist eine Leistungserstellung nach betriebsgesteuerten Maßgaben möglich. Dies ist jedoch abhängig von der Mobilität und der Zeitpräferenz der Kunden. Sind diese nicht gegeben, was häufig der Fall ist, bleibt nur eine Veredelung der Leistungen als Möglichkeit, wodurch diese ihren Dienstecharakter allerdings verlieren. Dafür wird eine gewisse Unabhängigkeit von der Nachfrage erreicht und damit wieder eine effiziente, gezielte Kapazitätsnutzung darstellbar.

Ein weiteres Kennzeichen von Dienstleistungen ist ihre **Individualität**, denn da sie immer unter Beteiligung von Kunden bzw. deren Objekten stattfinden, sind ist auch immer so individuell wie diese Kunden bzw. deren Objekte. Die jeweiligen Veränderungen bedingen eine entsprechende Vorbereitung (Rüstzeiten) und Durchführung (Maßschneiderung) der Dienstleistung (Customization of services), welche die Einhaltung hoher Effizienz in der Erstellung erschwert, z.B. durch Konzeptplanung, Mittelbereitstellung, Mitteleinstellung, Nachbereitung etc. Insofern ist ein Zielkonflikt zwischen der hohen Rentabilität eines standardisierten Leistungsangebots bei allerdings geringerer Akquisitionswirkung und der geringen Rentabilität eines individualisierten Angebots bei höherer Akquisitionswirkung gegeben. Dies ist durch zwei Strategien auflösbar, einerseits durch Weiterwälzung der entstehenden Kosten auf Kunden, was jedoch angesichts harter Wettbewerbsbedingungen zunehmend erschwert wird, und andererseits durch zumindest teilweise Standardisierung der Leistungserstellung (Industrialization of services).

Erstens kann eine Standardisierung des (Sach- und Human-)Potenzials angestrebt werden. Die Standardisierung der Sachanlagen kommt durch strikte Eingangsprüfung eingesetzter Arbeitsmittel und Null-Fehler-Toleranz für Zulieferteile zustande. Die Standardisierung des Humankapitals erfolgt durch Auswahl und Bewertung bei der Mitarbeiterbeschaffung sowie durch Qualifizierung förderungswürdiger Mitarbeiter. Dennoch bleiben erhebliche Streuungen in der Leistungserstellung bestehen. Im übrigen kommt es auch weniger auf das Potenzial als vielmehr auf die tatsächliche Leistungserstellung an. Daher ist zweitens eine Standardisierung der Prozesse sinnvoll. Dies betrifft die Art und Weise der Leistungserstellung. Dazu ist eine Qualitätssteuerung, wie sie im Rahmen des Qualitätsmanagement angestrebt wird, hilfreich. Allerdings ist dabei die Balance zur Motivation als Leistungsanreiz der Mitarbeiter problematisch, denn oft sind motivierender Gestaltungsspielraum bei der Arbeit und strenge Vorgaben zur Reglementierung konfliktär. Drittens ist eine Standardisierung der Ergebnisse durchzuführen. Dabei wird anhand einer Checklist festgeschrieben, wie genau diejenige Leistung „auszusehen" hat, die den vom Anbieter selbst gesetzten oder von Nachfragern vorgegebenen Standards genügt. Bei einer negativen Abweichung ist es allerdings im Einzelfall oftmals bereits zu spät, sodass Wiedergutmachung erforderlich wird. Ebenso stellt sich ein Problem in der operationalen Messung der Dienstleistungsqualität, denn dabei kommt es ausschließlich auf die Sicht des Nachfragers an. Gleichzeitig soll kostentreibende Überqualität vermieden werden, erst recht, wenn sie von Nachfragern nicht honoriert wird. Viertens kann auch eine Standardisierung des Externen Faktors angestrebt werden. Dies gelingt ansatzweise durch Normierung der Kundenerwartungen. Je feinteiliger Märkte segmentiert werden können, desto eher kommt es zu deren Homogenität. Wegen der Intangibilität von Dienstleistungen spielt dabei die Anbieterkommunikation eine große Rolle. Werden darin bestimmte Qualitätserlebnisse versprochen, so ist hochwahrscheinlich, dass auf diese Botschaft nur solche Personen reflektieren, die in ihren Qualitätserwartungen damit übereinstimmen, deren Qualitätserlebnis also Zufriedenheit evoziert. Allerdings wird damit auch das Marktpotenzial eingeengt, was wiederum Angebotsdifferenzierung bedingt, wobei die Gefahr der Kannibalisierung entsteht, wenn es nicht gelingt, die Segmente gegeneinander abzuschotten (Fencing). Und fünftens ist schließlich eine Standardisierung der situativen Faktoren denkbar, also vom Ort der Leistungserstellung, von der Zeit der Leistungserstellung und von den eingesetzten Arbeitsmitteln.

3.7 Synchronisation von Kauf und Verkauf

3.7.1 Buygrid-Modell

Die Synchronisation von Kauf und Verkauf erfolgt typischerweise im Rahmen der Transaktionsphasen im Kaufprozess (Pre procurement, At procurement, After procurement auf Käuferseite bzw. Pre sales, At sales, After sales auf Verkäuferseite). Zur systematischen Erklärung der dabei zugrunde liegenden komplexen Prozesse wird häufig das Buygrid-Modell herangezogen. Grid bedeutet Raster, daher ist das Buygrid ein Raster mit der hier interessierenden Dimension „Kaufphase" zur Einteilung der Beschaffungsobjekte. Bei den Kaufphasen werden abgewandelt folgende zehn Phasen unterschieden:

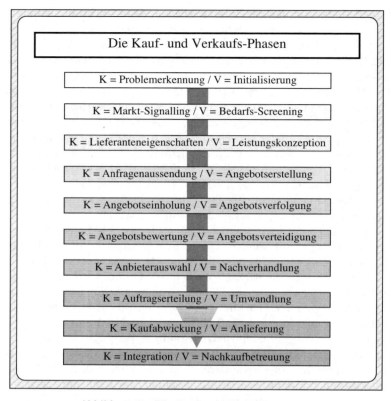

Abbildung 61: Die Kauf- und Verkaufs-Phasen

- Erkennung des Vorliegens eines Beschaffungsproblems (Problemerkennung und Initialisierung, im Folgenden: Initialphase),
- Festlegung der Produkteigenschaften für das Beschaffungsobjekt als Lastenheft (Markt-Signaling und Bedarfs-Screening, im Folgenden: Konzeptionsphase),
- Beschreibung der resultierenden Leistungsmerkmale als Pflichtenkatalog (Lieferanteneigenschaften und Leistungskonzeption, im Folgenden: Sondierungsphase),
- Sichtung der Leistungsfähigkeit potenzieller Lieferanten (Anfragenaussendung und Angebotserstellung, im Folgenden: Anfragephase),
- Einholung von konkreten Angeboten bei diesen Lieferanten (Angebotseinholung und Angebotsverfolgung, im Folgenden: Angebotseinholungsphase),
- Bewertung der von Lieferanten eingeholten Angebote (Angebotsbewertung und Angebotsverteidigung, im Folgenden: Angebotsbewertungsphase),

3. Organisationales Beschaffungsverhalten

Das Buygrid-Modell

	Kaufklassen		
	Erstkauf	modi-fizierter Wiederho-lungskauf	reiner Wieder-holungs-kauf
Problemerkennung			
Festlegung der Produkteigenschaften			
Beschreibung der Produkteigenschaften			
Lieferantensuche			
Beurteilung der Lieferanteneigenschaften			
Einholung von Angeboten			
Bewertung von Angeboten			
Auswahl von Lieferanten			
Bestell- und Abwicklungstechnik			
Ausführungskontrolle/-beurteilung			

Abbildung 62: Das Buygrid-Modell

- Auswahl des präferierten Lieferanten (Anbieterauswahl und Nachverhandlung, im Folgenden: Nachverhandlungsphase),
- Abschluss des Kaufvertrags (Auftragserteilung und Umwandlung, im Folgenden: Auftragserteilungsphase),
- Organisation der Bestell- und Abwicklungstechnik (Kaufabwicklung und Anlieferung, im Folgenden: Kaufabwicklungsphase),
- Organisation der Ausführungskontrolle und -beurteilung (Integration und Nachkaufbetreuung, im Folgenden: Nachkaufphase).

In jeder dieser Kaufphasen werden andere Stellen und/oder Personen aktiv. Wichtig ist es daher, jeder einzelnen Kaufphase Funktionsträger zuzuordnen, die dafür als Transaktionspartner angegangen werden müssen.

Kombiniert man diese Dimension mit den Kaufklassen entsteht eine 10 x 3-Matrix (30 Felder), die zwar eine strenge Klassifikation zulässt, jedoch zu Lasten der Übersichtlichkeit geht. In jedes Feld aus Kaufphase und Kaufklasse wird dann die jeweilige Zuständigkeit eingetragen. Im Ergebnis können somit die Funktionsträger im Unternehmen (also Geschäftsführer, Techniker, Einkäufer etc.) gemäß diesen Phasen und Typen zugeordnet werden. Freilich ändert sich der Durchlauf der Kaufphase je nach dem gerade anstehenden Kaufentscheid.

Wichtig ist es weiterhin zu berücksichtigen, dass die Akteure im Vertrieb immer Menschen sind (People business), d.h., es verkaufen nicht Unternehmen/Organisationen an Unternehmen/Organisationen, sondern es verkaufen Personen in solchen Unternehmen/Organisationen an andere Personen in Unternehmen/Organisationen. Die Transaktion kommt also immer zwischen Menschen zustande (davon sind lediglich automatisierte Wiederholungskäufe ausgenommen).

Eine weiter gehende Typologisierung (Kirsch, Kutschker) besteht aus drei Dimensionen, nämlich
- Neuartigkeit der Problemdefinition (wiederum als Erstkauf, modifizierter Wiederholdungskauf, reiner Wiederholungskauf, s.u.),
- Wert des Kaufobjekts, quantifiziert durch den Kaufbetrag und die bei Nutzung auflaufenden Folgekosten,
- Einfluss auf die betrieblichen Prozesse, vor allem des organisatorischen Wandels infolge des Entscheids zu Gunsten des Kaufobjekts.

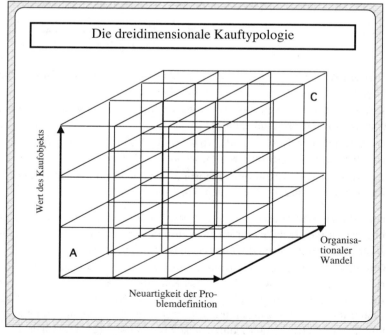

Abbildung 63: Die dreidimensionale Kauftypologie

Dabei werden jeweils die ordinalen Ausprägungen gering, mittel und hoch unterschieden, so dass sich ein 3 x 3 x 3 = 27-Möglichkeiten-Würfel ergibt. Daraus bilden sich vereinfachend wiederum drei Typen von Beschaffungsentscheidungen:

- Entscheidungen vom Typ A für sehr einfache Beschaffungsvorgänge. Es handelt sich hier um einen reinen Wiederholungskauf mit geringem Einfluss auf die betrieblichen Abläufe und geringem Wert des Beschaffungsobjekts.
- Entscheidungen vom Typ C für außerordentlich komplexe, hoch bedeutsame Beschaffungsvorgänge. Es handelt sich hier um Erstkäufe mit großem Einfluss auf die betrieblichen Abläufe und hohem Wert des Beurteilungsobjekts.
- Entscheidungen vom Typ B für alle Zwischenformen von Beschaffungsvorgängen, die jedoch real am häufigsten vorkommen.

3.7.2 Initialphase

In der Initialphase erfolgt die eigentliche Problemwahrnehmung. Diese kann initiativ vom Nachfrager ausgehen oder, wie heute häufigst, durch den Anbieter induziert werden, d.h. der Anbieter macht auf ein Problem aufmerksam, das dem Nachfrager so gar nicht bewusst war (denkbar ist auch eine Initialisierung durch einen Externen). Hinsichtlich des Neuheitsgrads und des Informationsbedarfs werden eindimensional gemeinhin drei Kaufklassen unterschieden (Robinson, Faris, Wind).

Beim **Erstkauf** stehen die Beteiligten vor einer völlig neuen Problemstellung, bei der bisherige Erfahrungen wenig helfen. Wesentliche Merkmale des Erstkaufs sind daher folgende. Der Leistungsinhalt und -umfang des Kaufs muss jeweils neu und individuell festgelegt werden. Es sind ausführliche Entscheidungsprozesse gegeben. Es liegt regelmäßig ein vergleichsweise hoher Auftragswert vor. Und es erfolgt eine einzelfallabhängige Lieferantenbewertung. Der Bedarf ist oft nur unzureichend strukturiert. Der Anstoß zum Kauf kann von außerhalb des Unternehmens ausgehen oder auf interne Anregung hin. Es gibt ein hohes Maß an Informationsbedarf und die Notwendigkeit, alternative Problemlösungen und alternative Anbieter zu suchen. Erstkäufe treten unregelmäßig auf, sind aber von großer Bedeutung für nachgelagerte Entscheide, d.h. macht Wiederholungskäufe wahrscheinlich.

Beim **modifizierten Wiederholungskauf** liegt eine Problemstellung vor, die ihrer Art nach zwar nicht völlig neu ist, jedoch von bisherigen Erkenntnissen abweicht. Daher müssen ergänzende Informationen eingeholt werden. Der Kaufentscheid ist nicht innovativ, wie beim Erstkauf, aber auch nicht routinisiert, wie beim reinen Wiederholungskauf. Man kann daher von einem adapti-

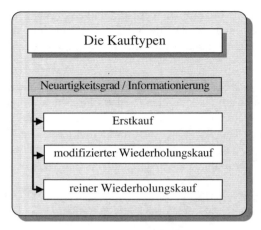

Abbildung 64: Die Kauftypen

ven Verhalten sprechen. Es liegen bekannte Kaufalternativen vor, die sich aufgrund äußerer Ereignisse oder interner Einflüsse geändert haben, so dass ein zusätzlicher Informationsbedarf erforderlich wird. Der Kaufprozess wird dazu nur teilweise wieder aufgerollt. Insofern ist der Informationsbedarf auf die Unterschiede zu den bereits bekannten Produkten reduziert.

Der **reine Wiederholungskauf** tritt bei wiederkehrenden Problemstellungen mit völlig ausreichender Informationslage auf. Solche Routinetransaktionen sind durch Merkmale charakterisiert wie gewohnheitsmäßige Kaufprozesse, Nachfrage nach denselben, normierten Leistungen, vergleichsweise geringe Komplexität des Kaufobjekts, tendenziell geringer Auftragswert, weitgehender Verzicht auf die Neubewertung von Lieferanten, stattdessen Nachbestellungen sowie geringe Informationssuche durch Erfahrung. Der Lieferant stammt für gewöhnlich aus dem Kreis von Anbietern, zu denen bereits Geschäftsbeziehungen unterhalten werden. Neue Anbieter haben daher kaum eine Chance, zum Zuge zu kommen. Das Kaufobjekt und seine Parameter können durchaus variieren, und zwar graduell solange, bis sich die Aufgabe so verändert, dass eine neue Lieferquelle in die Überlegungen aufgenommen wird.

Der **automatisierte Nachkauf** liegt bei virtueller Transaktionseinleitung vor, d. h., dabei wird kein individueller Kaufentscheid mehr getroffen, sondern innerhalb vordefinierter Kriterien löst der Computer Käufe aus. Dies erfolgt etwa bei computerisierten Abrufaufträgen innerhalb eines vereinbarten Rahmenvertrags (Kommissionierung). Dies bedeutet, dass eine aktive Auseinandersetzung kaum mehr stattfindet. Dies gilt etwa für virtuelle Marktplätze bei normierten Produkten geringer Komplexität, bei denen individuelle Präferenzen keine Rolle spielen. Dazu durchsuchen Agentenprogramme auf Anbieter- oder Nachfragerseite automatisch Marktplätze nach Abschlusschancen und nehmen diese passiv durch bloße Freigabe vom Entscheider oder auch völlig selbstständig in Abhängigkeit vorgegebener Limits wahr.

3.7.3 Konzeptionsphase

Für die Konzeptionsphase ist es wichtig, die Kunden gewünschte Problemlösung möglichst exakt beschrieben zu erhalten. Dazu dienen in der Praxis zwei Hilfsmittel: das Lastenheft und der Pflichtenkatalog.

Dasjenige Angebot hat die größte Chance, zum Zuge zu kommen, das in seinen Merkmalen der Beschreibung von Lastenheft und/oder Pflichtenkatalog am ehesten entspricht. Ziel muss es daher sein, bereits auf diese Beschreibung möglichst proaktiv derart Einfluss zu nehmen, dass die dort beschriebenen Angebotsmerkmale möglichst gut mit den tatsächlichen Merkmalen des eigenen Angebots übereinstimmen. Dies geschieht in der Regel, indem ein gewiefter Vertriebsbeauftragter den potenziellen Käufer in der Konzeption seines Kaufobjekts berät oder sogar einen entsprechend ausgearbeiteten Vorschlag unterbreitet. Im Grunde geht es dabei um den zentralen Hebel der Geschäftsbeziehung aus Lieferantensicht, nämlich die Entlastung des Abnehmers von Arbeitslast, Risiko und Zeitaufwand.

Je abstrakter ein Produkt dabei ist, desto schwieriger ist diese Einflussnahme. Dazu bietet es sich an, die Produkte nach Eigenschaftskategorien zu unterteilen. Gemeinhin werden Such-, Erlebnis- und Vertrauenseigenschaften von Produkten unterschieden:

– Produkte mit dominanten **Sucheigenschaften** (Inspection goods) sind solche, die über dem Abnehmer bereits vor dem Kauf zugängliche und beim Kauf und danach ihm bekannte Eigenschaften verfügen. Ihre Beschaffung ist für den Käufer weitgehend unproblematisch, da er sich vor Übervorteilung schützen kann. Hier reicht es im Verkauf oft bereits aus, dem Kaufinteressenten aussagefähige Kenndaten zugänglich zu machen, die er prüfen kann (z.B. technische Produkte wie Unterhaltungselektronik, Haushaltsgeräte, Automobil).

– Produkte mit dominanten **Erfahrungseigenschaften** (Experience goods) sind solche, deren Eigenschaften zwar weder vor dem noch beim Kauf zugänglich sind, aber danach erkennbar werden. Ihre Beschaffung ist für den Käufer risikoreich, da er erst nach dem Kaufabschluss weiß, worauf er sich eingelassen hat. Daher ist es im Verkauf wichtig, dem Kaufinteressenten vor dem Kauf Sicherheit zu geben, vor allem durch Hands on experience des Produkts, also Ausprobieren, evtl. Probeüberlassung (z.B. Verbrauchsgüter wie Nahrungsmittel, Medikamente, Computersoftware).

Käuferverhalten

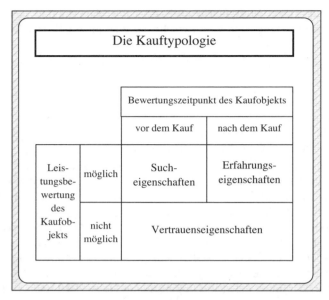

Abbildung 65: Die Kauftypologie

- Produkte mit dominanten **Vertrauenseigenschaften** (Credence goods) sind solche, deren Eigenschaften weder vor dem Kauf, noch beim Kauf erkennbar sind, sondern erst danach. Hier ist das Risiko des Kaufinteressenten am Höchsten, soll er sich doch auf etwas festlegen, das ihm vor und beim Kaufabschluss in seinen Leistungsmerkmalen nicht zugänglich ist. Daher ist es im Verkauf entscheidend, dem potenziellen Kunden ein Höchstmaß an Sicherheit zu geben, etwa durch Garantien, Referenzen, Rücktrittsmöglichkeiten etc. (z.B. Dienstleistungen wie Rechtsberatung, Arztbesuch, Wohnungsmakler).
- Dienstleistungsprodukte verfügen zudem über dominante **Erlebniseigenschaften** (Interaction goods), deren Eigenschaften zwar nicht vor dem Kauf, wohl aber beim Kauf zugänglich sind. Dies rührt aus der Natur von Dienstleistungen her, die erst durch die Interaktion von Anbieter und Nachfrager (dem Externen Faktor) in Prosumership entstehen. Folglich erlebt der Kunde die Entstehung der Leistung und kann subjektiv beurteilen, wie diese ausfällt. Wichtig ist daher die systematische Einbeziehung der Kundenwünsche in die Leistungserstellung.

Jedes Produkt hat immer alle drei Merkmalsausprägungen, jedoch in unterschiedlicher Ausprägung. Generell muss es das Ziel im Vertrieb sein, das wahrgenommene Risiko des Käufers zu senken, da dieses als Barriere zwischen Verkäufer und Abschluss steht. Dieses Risiko lässt sich im Einzelnen in mindestens fünf Teilrisiken aufspalten, das Qualitätsrisiko, das Herstellerrisiko, das Preisrisiko, das Informationsrisiko und das Sozialrisiko.

Parallel dazu ergeben sich Risiken auch auf Verkäuferseite:

- Das Akquisitionsrisiko beinhaltet die Unsicherheit, ob eine Chance zum Auftragserhalt besteht oder die Bemühungen erfolglos verlaufen.
- Das Preisrisiko beinhaltet die Unsicherheit, für das Produkt die gewünschten/erforderlichen Konditionen beim Abnehmer durchsetzen zu können.
- Das Kostenrisiko beinhaltet die Unsicherheit, ob unausweichliche Erlösschmälerungen eintreten, die den Deckungsbeitrag vermindern.
- Das Referenzrisiko beinhaltet die Unsicherheit, ob die Transaktion auch so abgewickelt werden kann, dass sie referenztauglich für andere Abschlüsse ist.
- Das Zahlungsrisiko beinhaltet die Unsicherheit, ob ein Kunde auch, wie versprochen, zahlt. Davor kann man sich weitgehend durch Zahlungssicherheiten schützen.

Eine Risikoreduktion kann sich auf folgende Absichten beziehen:

- durch Reduktion externer Ungewissheiten wie z.B. Besichtigung einer Referenzanlage des Anbieters,
- durch Reduktion interner Ungewissheiten wie z.B. durch Kontaktaufnahme zu anderen Kunden des Anbieters,
- durch Begrenzung externer Konsequenzen wie z.B. durch Order splitting auf zwei oder mehr Lieferanten,
- durch Begrenzung interner Konsequenzen wie z.B. durch organisatorische Verantwortungsdelegation auf Vorgesetzte oder Gremien.

3.7.4 Sondierungsphase

In der Sondierungsphase geht es dem Kaufinteressenten um die konkrete Lieferantensuche. Dazu werden nachfragerseitig verschiedene Beschaffungsstrategien eingesetzt:

- Nach der Anzahl der Lieferanten je Kategorie gibt es Single sourcing, Dual sourcing, Multiple sourcing oder Sole sourcing.
- Nach dem räumlichen Beschaffungsgebiet gibt es Global sourcing, Local sourcing oder Domestic sourcing.
- Nach der Integration in die Wertschöpfungskette wird Process sourcing, Outsourcing oder Insourcing praktiziert.

Ein Automobil besteht im Wesentlichen aus den Modulen Chassis (Vorderachse, Hinterachse, Bremse, Tank, Reifendruckkontrolle, Kraftstofffördereinheit), Powertrain (Motor, Steuergerät, Starter, Wasserkühler, Getriebe, Schaltbox), Exterieur (Schiebedach, Schließanlage, Außenspiegel, Verdeckmechanismus, Tür, Body&White), Interieur (Sitze, HVAC, Airbags, Rückspiegel, Instrumententafel, Konsole, Innentür) und Elektronik (Radio, Navigation, Sitzeinstellung, Klima, Frontbeleuchtung, Heckbeleuchtung).

Im Mercedes-Benz Smart sind dafür im Wesentlichen Komponenten von folgenden Herstellern verbaut:

- *Magna International (Rohkarrosserie/Bodypanel), VDO (Cockpit), Bosch (Frontmodul), Thyssen-Krupp (Antriebsmodul), Dynamik Nobel (Beplankung/Seitentüren), Continental (Felgen/Reifen), Simoldes (Gurtabdeckung/ Mittelkonsole), Faurecia (Sitze), Behr (Leitungskabel/Kühlwasserleitung), Solvay (Tank), TKA-ASF (Heckmodul), Mercedes-Benz (Vorderachse), Meritor/Splintex (Windschutzscheibe/Dachmodul), Stankiewicz (Bodenbelag), Webasto (Dachsystem Cabrio). Hinzu kommen Logistikdienstleistser (Schenker, Panopa, Mosolf etc.).*

Im Volkswagen Phaeton sind dafür im Wesentlichen Kompontenten von folgenden Herstellern verbaut:

- *Leistritz (Abgasanlage), Alibert (Tür- und Seitenverkleidung), VDO (Instrumententafel), Hella (Frontend), GKN (Gelenkwelle), Radsystem (Scheibenrad/Reifen), Benteler (Hilfsrahmen), Jaue (Sitze), Sachsentrans (Bodenbelag/ Fertighimmel/Abdeckung hinten/Türfensterscheibe/Mittelkonsole/Säulenverkleidung/Dämpferfilter). Es handelt sich vorwiegend um Hersteller, die in Sachsen beheimatet sind, um die Industrie der Neuen Bundesländer zu unterstützen.*

Es ist unmittelbar einsichtig, dass es Ziel im strategischen Vertrieb sein muss, sein Unternehmen innerhalb der Lieferantenhierarchie als Systemlieferant zu positionieren. Denn erstens hat nur dieser noch unmittelbaren Kontakt zum Anbieter am Endkundenmarkt und zweitens bieten nur komplexe Systeme die Chance der Einbringung von Wissensvorteilen. Schon bei Komponentenlieferanten sind die Know-how-Anforderungen begrenzt, statt dessen spielen Preismomente eine große Rolle. Dies gilt erst recht für Teilelieferanten, die am Ende der Lieferantenhierarchie weitgehend austauschbar und einem stetigen Preiskampf ausgesetzt sind.

Die Beschaffung kann individuell oder kooperativ erfolgen. Für eine kooperative Auslegung (**Cooperative sourcing**) spricht vor allem die Möglichkeit zur Nutzung von Kostendegressionen. Wenn mehrere Abnehmer ihr jeweiliges Abnahmevolumen poolen, können sie potenziellen Lieferanten gegenüber ihre

Einkaufsmacht erhöhen. Dies ist für alle Einkaufsobjekte möglich, die keinen strategischen Charakter haben, also komparative Konkurrenzvorteile (KKV's) begründen. Dies gilt in aller Regel für Objekte, die nicht kunden-wahrnehmbar sind (beim Pkw etwa das Meiste, was unter dem Blech und außerhalb des Innenraums stattfindet) oder nicht kunden-wichtig (beim Pkw etwa viele Funktionsausstattungen). Dies gilt weiterhin für Einkaufsobjekte, die nicht in das Endprodukt eingehen. Die kooperative Beschaffung erfolgt dann meist über Internet-Marktplätze.

3.7.5 Anfragephase

Hinsichtlich der Auswahl kann man virtuelle Marktplätze mit statischer oder dynamischer Preisbildung unterscheiden. Bei **statischer Preisbildung** handelt es sich im Wesentlichen um Web-Kataloge, in denen autorisierte Interessenten ortsunabhängig und permanent Informationen durch virtuelle Präsentation von Produkten und kundenspezifischen Problemlösungen erhalten. Diese Kataloge können Funktionalitäten zur direkten Bestellung oder nur zur Einsicht bieten, sie können nur die Angebote eines Anbieters oder die mehrerer Anbieter vereinen und Produktinhalte oder auch nur Adressinhalte (analog zu Gelben Seiten) enthalten. Die Preise sind feststehend, es erfolgt keine Individualisierung, außer durch übliche Rahmenverträge, Rabattstaffeln o. ä.

Bei **dynamischer Preisbildung** handelt es sich um virtuelle Marktveranstaltungen, vor allem in Nachfragerkonkurrenz (Auktion, Einschreibung) und Anbieterkonkurrenz (Lizitation, Ausschreibung):

– Die Versteigerung (Auction) ist eine öffentliche Veranstaltung, bei welcher ein Anbieter potenzielle Nachfrager zur Gebotsabgabe auffordert. Dies eignet sich für Produkte mit unbekanntem Marktwert, für die Vermarktung von Überschussmengen und bei hohen Preisschwankungen. Die Auktionierung beginnt mit einem Mindestgebot, den Zuschlag erhält der Meistbietende (auf Aufstrich/englische Auktion), alternativ kann auch mit einem Höchstpreis gestartet werden (auf Abstrich/holländische Auktion).
– Eine Einschreibung ist eine nicht-öffentliche Veranstaltung, bei welcher ein Anbieter ausgewählte Nachfrager zur Gebotsabgabe auffordert (geheime Auktion). Bei der Vickrey-Auktion erhält der Höchstbietende den Zuschlag zum Preis des zweithöchsten Gebots.
– Eine Lizitation ist eine öffentliche Veranstaltung, bei welcher ein Nachfrager potenzielle Anbieter zur Angebotsabgabe auffordert (Reverse auction).
– Eine Ausschreibung (Submission) ist eine nicht-öffentliche Veranstaltung, bei welcher ein Nachfrager ausgewählte Anbieter zur Angebotsabgabe auffordert. Dies ist eher für höherwertige Produkte angezeigt.

Allerdings haben virtuelle Marktplätze auch ihre Tücken. So kann beim Bid shilling der Anbieter als verdeckter Bieter auftreten, um den Preis sukzessiv hochzutreiben (dagegen schützt eine Identitätsüberprüfung der Bieter), beim Bid shielding verabreden sich bei Bieter derart, dass der eine Bieter ein sehr hohes Preisgebot zur Abschreckung der anderen abgibt und der andere Bieter ein sehr niedriges Preisgebot, wobei Ersterer sein Gebot dann später zurückzieht (daher Ausschluss der Leistungsverweigerung oder Garantien), beim Sniping tritt ein Bieter erst unmittelbar vor Ende der Auktion auf und gibt ein marginal höheres Gebot als das bisherige Höchstgebot ab, um den Zuschlag zu erhalten (daher Ausdehnung der Auktionszeit oder Vorgabe fester Preisschritte).

Eine ernsthafte Bedrohung der persönlichen Verkaufstätigkeit ergibt sich, vor allem im Btb-Bereich, durch Internet-Plattformen, über die vorwiegend Wartungs- und Reparaturleistungen (Kundendienste) gehandelt werden (MRO-Produkte). Weiterhin Hilfsstoffe (gehen als unwesentlicher Bestandteil in ein Endprodukt ein), C-Produkte (machen nur einen geringen Ergebnis-/Volumenanteil im Einkaufsbudget aus), digitale Produkte (sind konstitutiv auf das Internet als Angebotsform angewiesen), Commodities (sind durch Normen standardisiert und damit weitgehend generisch), indirekte Produkte (gehen nicht in ein Endprodukt ein, sondern dienen der Infrastruktur) und Betriebsstoffe (dienen dem Lauf der Betriebsmittel).

3.7.6 Angebotseinholungsphase

Die Angebotseinholung ist der nächste Schritt zur Anbahnung des Geschäftsabschlusses. Zwischenzeitlich geht es selbst bei Routinebeschaffungen nicht mehr ohne mindestens dreifache Ausschreibung (Triple pitch). Dies gilt erst recht bei öffentlichen Auftraggebern, zumal dabei formalisierte Vergabeverfahren hinzukommen (nach LSP, VPöA).

Bei der Angebotsabgabe kommt es auf vielfältige Angebotsbestandteile an, die im Vertrieb geschickt berücksichtigt werden müssen. Der gesetzliche **Erfüllungsort** ist dort, wo der Schuldner seinen Wohnsitz oder gewerblichen Sitz hat, d.h. für die Warenlieferung der Ort des Verkäufers, für die Kaufpreiszahlung der Ort des Käufers. Vertraglich kann jedoch davon beliebig abgewichen werden. Meist einigt man sich auf einen gemeinsamen Erfüllungsort, normalerweise der Ort des Verkäufers für Lieferung und Zahlung. Der Gefahrenübergang ist durch Hol-, Schick- oder Bringschuld bestimmt. Gesetzlich sind Warenschulden Holschulden, es gilt also der Ort des Verkäufers als Übergabepunkt für Kosten und Risiken, es sei denn, die Übergabe der Waren kann ihrer Natur nach erst am Ort des Käufers erfolgen (z.B. Heizöleinfüllung in Tank) oder den Verkäufer trifft ein Verschulden an Warenuntergang oder -beschädigung. Geldschulden sind Schickschulden, es gilt also der Ort des Käufers als Übergabepunkt für Kosten und Risiken.

Der **Gerichtsstand** ist der Ort, an dem sich bei Leistungsstörungen ergebende Streitigkeiten ausgetragen werden. Gesetzlicher Gerichtsstand ist der Wohn- bzw. Geschäftssitz des Schuldners, d.h. für die Warenschuld der des Verkäufers, für die Geldschuld der des Käufers. Vertraglich kann Abweichendes vereinbart werden, sofern es sich nicht um ein Geschäft mit Privaten handelt, ist dies meist der Ort des Verkäufers für Ware und Geld (analog zum Erfüllungsort).

Art, Güte und Beschaffenheit der Leistungen dienen zur eindeutigen Spezifikation, meist anhand von Abbildungen und Beschreibungen (Konstruktionszeichnung), Muster (Entwurf) und Proben dieser Waren. Vielfach ist auch eine Standardisierung durch Güteklassen (Handelsklassen, Typen), Waren- und Gütezeichen möglich. Ersatzweise können auch Angaben zu Warenherkunft (Provenienz) oder Warenalter als Orientierung gelten. Häufig ist hingegen eine detaillierte Warenzusammensetzung angegeben (etwa bei Spezialitäten).

Der **Preis pro Leistungseinheit** basiert auf gesetzlichen Maßeinheiten, Stückzahlen oder auch handelsüblichen Mengenbezeichnungen. Außerdem muss außerhalb der EU die Abrechnungswährung bestimmt werden (also die lieferanteneigene, die kundeneigene oder eine dritte, neutrale Währung).

Die **Lieferungsbedingungen** haben erheblichen Einfluss auf die Profitabilität eines Auftrags. Zu denken ist hier an Beförderungskosten, Verpackungskosten und Lieferzeitgestaltung. Die gesetzliche Regelung sieht vor, dass der Käufer die Ware beim Verkäufer abzuholen hat. Beim Platzkauf trägt der Käufer alle Beförderungskosten, beim Versendungskauf trägt der Verkäufer die Kosten bis zur Versandstation, alle weiteren Kosten trägt der Käufer. Abweichend davon können andere Regelungen vereinbart werden (z.B. international auf Grundlage der Incoterms). Die Verpackungskosten werden nach Gesetz vom Käufer getragen. Sie können aber auch im Preis eingerechnet sein. Bei der Lieferzeit gilt nach Gesetz, dass Waren sofort zu liefern sind. Abweichende Vereinbarungen betreffen verbreitet den Terminkauf, der die Lieferung zu einem exakt festgelegten Zeitpunkt vorsieht, den Fristkauf, der die Lieferung innerhalb einer vereinbarten Frist vorsieht, und den Kauf auf Abruf, wobei der Käufer Waren innerhalb einer bestimmten Frist anfordern kann (häufige Form als Rahmenvertrag).

Die **Zahlungsbedingungen** haben erheblichen Einfluss auf die Profitabilität eines Auftrags. Zu denken ist vor allem an Zahlungszeitpunkt und Preisnachlässe. Die Zahlung kann vor der Lieferung (Anzahlung/Vorauszahlung), bei der Lieferung (Zug um Zug) oder nach der Lieferung (Zielkauf/Ratenkauf) vereinbart werden. Gesetzlich ist eine sofortige Bezahlung der Waren vorgesehen. Bei Lieferung mit Zahlungsziel kann vom Abnehmer bei vorzeitiger Zahlung ein

Skontoabzug einbehalten werden. Dann erfolgt die Lieferung meist unter Eigentumsvorbehalt, d.h. die Ware bleibt bis zur vollständigen Kaufpreisbegleichung im Eigentum des Lieferanten.

Bei der **Schiedsgerichtsabrede** unterwerfen sich beide Seiten durch freie Vereinbarung dem Spruch eines oder mehrerer institutionalisierter Schiedsrichter. Ein Beteiligter kann dann erst ein ordentliches Gericht anrufen, nachdem er den Schiedsspruch abgewartet hat (solange hat der andere Beteiligte das Recht der Einrede). Führt der Schiedsgerichtsspruch zu keiner Einigung, kann ein ordentliches Gericht angerufen werden. Ordentliche Gerichte können Beschlüsse von Schiedsgerichten jederzeit aufheben und durch eigene Urteile ersetzen.

3.7.7 Angebotsbewertungsphase

Für eine aussagefähige Bewertung wird es es meist für erforderlich gehalten, drei Angebote einzuholen (Triple pitch). Im Fall kooperativer Entwicklung ist auch die Fähigkeit eines Lieferanten zur Vorentwicklung von Bedeutung. Darunter versteht man den Funktionsnachweis einer technischen Problemlösung und die Umsetzung in Form eines Prototyps (**Prototyping**). Darüber hinaus ist auch die Prüfung der Produktionsverfahren wichtig. Nur so ist gewährleistet, dass die alles entscheidende unzweifelhaft hohe Qualität bereits auch im Serienanlauf eines Neuprodukts bzw. unmittelbar nach Lieferantenwechsel gewährleistet ist. Dies bedeutet zwar erhebliche Vorinvestitionen seitens des Lieferanten, dafür winkt jedoch bei erfolgreichem Abschluss ein Dauerliefervertrag (**Lifetime contract**) mit pauschaliert zugesicherten Abnahmemengen.

Im Rahmen der Wertgestaltung versuchen Abnehmer, die Einsatzkosten für die Erfüllung bestimmter Funktionen im Endprodukt am dafür von Nachfragern wahrgenommenen Nutzen auszurichten (**Wertgestaltung**). Alle Funktionen, die in ihrem Kostenanteil über deren Wertanteil liegen, sind daher entweder in ihrer Konzeption soweit zu vereinfachen, dass sie zu günstigeren Kosten herstellbar sind oder in ihrer Wertschätzung durch Nachfrager soweit anzuheben, dass sie die gegebenen Kosten in der Kundenwahrnehmung rechtfertigen. Mittel dazu ist die Wertanalyse, die versucht, die gleiche Funktionserfüllung zu niedrigeren Kosten bzw. eine bessere Funktionserfüllung zu gleichen Kosten zu erreichen. Daher ist es im Vertrieb hilfreich, wenn eine solche Nutzenwahrnehmung bei Nachfragern nachgewiesen werden kann.

Intel hat es geschafft, für seine Prozessoren am Endnachfragermarkt eine sehr hohe Nutzenschätzung zu erreichen. Diese hohe Nutzenschätzung erlaubt im Rahmen der Wertgestaltung wiederum die Durchsetzung hoher Einsatzpreise bei Computerherstellern, wohingegen Anbieter ohne hohe Nutzenschätzung bei Nachfragern in ihrem Preis durch diese geringe Ausprägung limitiert werden.

Aus der Wertgestaltung ergibt sich im Rahmen der **Zielkostenrechnung** eine exakte Vorstellung für Kostenobergrenzen bei Lieferanten. Deren Selbstkosten (Allowable costs) dürfen dann, nach Zuschlag des ihnen gewünschten Gewinns (Target profit), maximal so hoch sein, wie es der Preisbereitschaft des Abnehmers für die damit realisierten Funktionen entspricht. Produkte, deren Einstandskosten darüber liegen, sind für Abnehmer nur akzeptabel, sofern es ausnahmsweise andere Produkte gibt, deren Einstandskosten unter ihrer Preisbereitschaft für die Funktionserfüllung liegen. Ansonsten ist für Lieferanten eine Reduktion der Kosten unverzichtbar (Drifting costs), soll die Marktakzeptanz oder der Zielgewinn nicht gefährdet werden.

Eine weitere wichtige Größe für Gebrauchsgüter (Anlagevermögen) sind die **Lebenszykluskosten**, d.h., für die Auftragserteilung sind nicht mehr nur die (einmaligen) Anschaffungskosten zentral, sondern auch die (laufenden) Betriebskosten. Im Einzelnen entstehen Kosten außer in der Nutzungsphase auch in der Vorlaufphase, z.B. für FuE, Marktforschung, Prozessumstellung, und in der Nachlaufphase, z.B. Reparatur, Kulanz, Verwertung. Dem stehen zugleich Erlöse in diesen Phasen gegenüber, in der Vorlaufphase z.B. Subventionen, Steuervergünstigungen, und in der Nachlaufphase z.B. Kundendienst, Restverkauf, Ersatzteile.

Von dieser Anbieterperspektive ist die Nachfrageperspektive der **Total costs of ownership** zu unterscheiden. Dieses umfassen alle Kosten bis zur Betriebsfähigkeit, die Kosten der Betriebsfähigkeit und die Kosten bzw. Resterlöse aus der Desinvestition. Die Kosten bis zur Betriebsfähigkeit bestehen aus den Einkaufskosten, den Transport-, Umschlag- und Lagerkosten (Landed costs) und den Inbetriebnahmekosten (Aufbau, Installation, Probelauf etc.). Die Kosten der Betriebsfähigkeit bestehen aus Wartung, Reparatur, Verbrauchsmaterial, Energie, Abschreibung, Bedienung etc. Und die Kosten der Desinvestition bestehen aus Abbau, Sortierung, Entsorgung etc., abzgl. eines Resterlöses aus dem Gebrauchsgut bzw. Subventionen/Steuervergünstigungen.

Wie wichtig eine TCoO-Betrachtung ist, kann jeder nachvollziehen, der ein Faxgerät sein Eigen nennt. Der Anschaffungspreis ist mittlerweile sehr gering. Die laufenden Kosten fallen aber erheblich ins Gewicht, und zwar sowohl in Form von Tonercassetten, die beide einen hohen Preis haben, als auch nur durch Telefonieeinheiten.

3.7.8 Nachverhandlungsphase

Von zentraler Bedeutung ist heute die Logistik, weil logistische Prozesse die tatsächliche Kontaktaufnahme mit dem Markt limitieren. Die Logistik umfasst im Einzelnen Lagerung, Umschlag und Transport. Nachfragerseitige Anforderungen, die in diesem Zusammenhang an die Lieferfähigkeit gestellt werden, beziehen sich auf folgende Aspekte:

- kurze **Lieferzeit** als vergangene Zeitspanne zwischen Auftragserteilung und Verfügbarkeit. Denn Zeitvorteile sind angesichts des Zeitwettbewerbs Wettbewerbsvorteile und daher von immenser Bedeutung.
- hohe **Lieferzuverlässigkeit** als Lieferung exakt der gewünschten Waren. Nur der Nachweis einer 100Ü%igen Bestellgenauigkeit (0 % Aliud) wird von Abnehmern noch akzeptiert.
- hohe **Lieferflexibilität** als Berücksichtigung von Änderungen bis zur Lieferausführung. Dies stellt erhebliche Anforderungen an die betriebliche Organisation des Lieferanten.
- hohe **Lieferbereitschaft** als unmittelbare Verfügbarkeit gewünschter Waren. Dies steht im Konflikt zur Kapitalbindung beim Erhalt der Lieferfähigkeit.
- einwandfreie **Lieferbeschaffenheit** als Einhaltung vereinbarter Qualitätsanforderungen. Hier sind Reklamationen inakzeptabel und führen meist zu Retouren und Geschäftsabbruch bzw. Erlösschmälerungen.

Von Bedeutung ist vor allem eine unvermeidliche **Informationsasymmetrie** zwischen Abnehmer und Lieferant, denn der Lieferant weiß zunächst sehr wohl, wie er zu leisten gedenkt, der Abnehmer aber kann nur hoffen, dass der Lieferant sich an seine Bekundungen hält (etwa durch Garantiezahlung besichert). Umgekehrt weiß der Abnehmer später sehr wohl, wie sein Zahlungsverhalten ausfällt, der Lieferant hingegen kann nur hoffen, dass seine Forderung nach Leistung auch beglichen wird (etwa durch Zahlungsbedingungen besichert). Beide Seiten haben daher ein Interesse daran, Sicherheit zu gewinnen. Dies geschieht vor allem durch Anreize, die jedem Partner in Aussicht gestellt werden, wenn er sich an seine Zusagen hält (z.B. Skonto bei vorzeitiger Zahlung) und Beiträge, die jeder Partner leisten muss, wenn er sich nicht an seine Zusagen hält (z.B. Fälligkeit von Vertragsstrafen). Nur wenn Anreize bzw. Beiträge größer sind als die Ausnutzung eines spezifischen Informationsvorsprungs (opportunistisches Verhalten), wird die Transaktion funktional ablaufen.

Letztlich geht es dem Nachfrager um die gleichzeitige Erfüllung von vier Anspruchsgrößen: Preis, Qualität, Zeit und Individualisierung. In Bezug auf den Preis ist es naturgemäß das Ziel des Abnehmers, den niedrigstmöglichen Preis für ein Einkaufsobjekt zu realisieren. Zugleich ist es sein Ziel, dafür die höchstmögliche Qualität zu erreichen. Die gleichzeitige Umsetzung beider Ziele führt zum günstigsten Preis-Qualitäts-Verhältnis. Dabei ist die Zeit als immer wichtigerer Leistungsparameter anzusehen, so dass Zeitvorteile ein bedeutsames Argument sind. Weiterhin ist es unerlässlich, mit einem Partner zusammenzuarbeiten, der in der Lage ist, individuell passende Problemlösungen maßzuschneidern (Customization).

Ein Abnehmer kann sich aufgrund opportunistischen Verhaltens nicht sicher sein, dass er in seinen Lieferanten die jeweils günstigste Kombination dieses magischen Vierecks realisiert. Dazu bedarf es vielmehr der Leistungsmessung. Ein probates Mittel dazu ist das **Benchmarking**. Darunter versteht man den Vergleich eines Anbieters unter Konkretisierung in Ergebnissen, Verfahren und Potenzialen mit anderen, in Bezug auf diese Größen vergleichbaren Anbietern, die beispielgebende Leistungen erbringen (Best in class) sowie die Übertragung der dabei gewonnenen Erkenntnisse auf das eigene Unternehmen. Dies funktioniert freilich nur auf reziproker Basis, so dass sich zum gegenseitigen Nutzen Benchmarking-Networks („Börsen") herausgebildet haben.

Das Benchmarking kann sich auf verschiedene Inhalte beziehen. Strategisches Benchmarking hat den Vergleich von Geschäftsmodellen zum Inhalt, operatives Benchmarking hat den Vergleich von Geschäftsprozessen zum Inhalt. Internes Benchmarking bezieht sich auf den Vergleich ähnlicher Geschäftseinheiten innerhalb eines Unternehmens, kompetitives Benchmarking bezieht sich auf den Vergleich ähnlicher Unternehmen untereinander. Bei funktionalem Benchmarking geht es um den Abgleich gleicher Funktionen in verschiedenen Bereichen, bei generischem Benchmarking geht es um den Abgleich vergleichbarer Prozesse in unterschiedlichen Bereichen.

3.7.9 Auftragserteilungsphase

Nach der Anbieterauswahl geht es in der Nachverhandlungsphase darum, die Details eines Abschlusses festzuschreiben. Dabei ist von antinomischen Zielsetzungen auf Verkäufer- und Käuferseite auszugehen. Wer sich dabei durchsetzt, ist zumeist eine Frage von Macht und Taktik. Hinsichtlich Ersterem liegt häufig eine **Nachfragemacht** vor, die den Spielraum im Verkauf erheblich einengt. Hinsichtlich Letzterem kann eine klügere **Verhandlungstaktik** eingesetzt werden.

Außerdem sind die Nachverhandlungen davon abhängig, ob schon Geschäftsbeziehungen zwischen den prospektiven Vertragspartnern bestehen oder bestanden haben, oder ob die Geschäftsbeziehung erstmals eingegangen wird. Bei Erstauftragserteilung sind naturgemäß umfangreichere Klärungen erforderlich als wenn es sich um „Running business" handelt.

Weiterhin sind die Nachverhandlungen vom Risikograd der Anschaffung für beide Seiten abhängig. Dieses Risiko wird gebildet aus Faktoren wie absoluter Kostenhöhe, voraussichtlicher Bindungsdauer, komparativer Bedeutung der Anschaffung, relativem Neuheitsgrad des Produkts etc.

Bei der Gestaltung der Interaktion zwischen Anbieter und Nachfrager helfen Typisierungen der Verhandlungspartner (etwa nach Charaktertypen oder Temperamentstypen). Wichtige Signale für einen Kaufabschluss ergeben sich aus den Modalitäten Stimmklang, Modulation, Lautstärke, Sprechgeschwindigkeit, Tempovariation, Sprachcode etc. Wichtiger noch als diese verbalen Signale sind die non-verbalen Signale aus Gestik, Körperhaltung, Mimik, Erscheinungsbild (Gepflegtheit) und Ausstattungen.

3.7.10 Kaufabwicklungsphase

Für Verbrauchsgüter ist die Durchführung des Bestellverfahrens in der Kaufabwicklungsphase von zentraler Bedeutung. Darauf wirken vor allem die Beschaffungszeit, also die Zeitspanne zwischen Auftragserteilung und tatsächlicher Verfügbarkeit bestellter Waren, und die Einhaltung optimaler Bestellmengen, also die Minimierung der Kapitalbindungskosten bei gegebenem Servicegrad, ein.

Das **Bestellpunktverfahren** ist eine Bestelldoktrin, bei der zu einem jeweils veränderlichen Liefertermin disponiert wird. Der Bestellpunkt ist diejenige Menge, bei der eine Beschaffung ausgelöst wird. Wird dabei jeweils bis zum Grundbestand aufgefüllt, ergeben sich folgende Techniken:

- Bei der s,q-Technik wird eine konstante Bestellmenge disponiert, die jeweils bei Mindestbestandsunterschreitung ausgelöst wird (Bestellpunkt-Bestellmengen-Verfahren).
- Bei der s,S-Technik wird eine veränderliche Bestellmenge disponiert, die jeweils bei Mindestbestandsunterschreitung ausgelöst wird (Bestellpunkt-Grundbestands-Verfahren).
- Bei der t,s,q-Technik wird eine konstante Bestellmenge disponiert, die bei intervallbezogener Prüfung des Mindestbestands ausgelöst wird (Bestellpunkt-Bestellmengen-Zeitintervall-Verfahren).
- Und bei der t,s,S-Technik wird eine veränderliche Bestellmenge disponiert, die bei intervallbezogener Prüfung des Mindestbestands ausgelöst wird (Bestellpunkt-Grundbestands-Zeitintervall-Verfahren).

Das **Bestellrhythmusverfahren** ist eine Bestelldoktrin, bei der zu einem festen Liefertermin disponiert wird. Der Bestellrhythmus ist derjenige Intervall, der zwischen den Bestellprüfungen bzw. -auslösungen liegt. Wird wiederum jeweils bis zum Grundbestand aufgefüllt, ergeben sich folgende Techniken:

- Bei der t,q-Technik wird zu einem festen Zeitpunkt eine konstante Bestellmenge bei Unterschreitung des Mindestbestands disponiert (Bestellrhythmus-Bestellmengen-Verfahren).
- Bei der t,S-Technik wird zu einem festen Zeitpunkt eine veränderliche Bestellmenge bei Unterschreitung des Mindestbestands disponiert (Bestellrhythmus-Grundbestands-Verfahren).

Ziel dieser Verfahren ist es jeweils, die Fehlmengenkosten, d.h. die Opportunitätskosten aufgrund nicht realisierter, abrechenbarer Leistungen, zu minimieren. Dabei entsteht allerdings ein Zielkonflikt derart, dass diese Minimierung zum Aufbau hoher Kapitalbindung im Umlaufvermögen führt. Gerade dieser ist aber zu Zeiten von Lean productions nicht tolerierbar. Daher ist eine Optimierung beider Kostenverläufe im Gesamtkostenminimum nötig.

Besonders offensichtlich sind die Konsequenzen von Fehlmengen bzw. Kapitalbindung im Einzelhandel. Dort führt die Nichtlieferfähigkeit von Waren womöglich zum Wechsel der Geschäftsstätte mit Umsatzverlust nicht nur für die nicht-vorrätige Ware, sondern für die gesamte Einkaufsmenge, evtl. sogar auf Dauer. Zugleich ist die Verkaufsfläche der limitierende Faktor für den Geschäftserfolg, muss also angesichts verbreitet schmaler Margen bestmöglichst genutzt werden.

Efficient consumer response (ECR) stellt auf die effiziente Reaktion vorgelagerter Stufen im Absatzkanal auf Kundennachfrage ab und betrachtet die Absatzkanal als ganzheitliche Prozesskette. Dazu ist ein intensiver Datenaustausch über computerintegrierte Netzwerke erforderlich. Die elektronische Verkaufsmitteilung aus dem Handel wird dazu online über die verschiedenen Stufen an den Hersteller übermittelt, der diese wiederum als Meldung an seine Zulieferer verarbeitet. Am Kassen-Check out des Handels wird der Absatz erfasst, die Absätze werden je Laden gesammelt und lösen eine Bedarfsmeldung aus. Diese Meldung geht an die Handelszentrale, von dort an das Zentrallager der Handelsorganisation und von dort wiederum an den Hersteller. Dies löst bei ihm einen Liefervorgang in das Zentrallager aus, und zwar genau in der Menge, wie Ware seit der letzten Lieferung abgeflossen ist. Dazu ist eine partnerschaftliche, auf Vertrauen basierende Kooperation zwischen Hersteller und Handel erforderlich, um Ineffizienzen entlang der Wertschöpfungskette zu beseitigen und allen Beteiligten einen Nutzen zu stiften, der für jeden von ihnen ohne ECR nicht darstellbar wäre. Dazu ist ein konsistentes Durchsatzmessungs- und Anerkennungssystem erforderlich, wie es durch Techniken wie EAN, Sedas, Sinfos etc. gegeben ist.

ECR besteht im Einzelnen aus zwei Ansatzpunkten, dem Supply chain management und dem Category management. Letzteres unterteilt sich wiederum in drei nachfrageseitige Bausteine:

– Efficient product introduction (EPI) hat die gemeinsame Neuproduktentwicklung zwischen Hersteller und Handel zum Ziel, um die mit der Einführung verbundenen Kosten und Risiken zu senken und Neuprodukte in kürzerer Zeit verfügbar zu machen. Dadurch soll vor allem die erhebliche Floprate bei Produkteinführungen gesenkt werden.
– Efficient promotions (EP) hat zum Ziel, Ineffizienzen bei der Verkaufsförderung zu beseitigen und das System der Bevorratung mit großen Warenmen-

gen zu Aktionspreisen (Forward buying) zu ersetzen, um die Schlagkraft im Absatz zu erhöhen. Vor allem soll die Kapitalbindung durch überhöhte Bestandsmengen an Aktionswaren gesenkt werden.
- Efficient store assortment (ESA) hat die effiziente Sortimentsgestaltung im Handel zum Ziel. Dazu wird vor allem die Verkaufsflächenoptimierung (Space management) für eine verbesserte Sortimentsproduktivität eingesetzt, um den Engpass Regalplatz bestmöglich zu nutzen.

Der angebotsseitige Ansatzpunkt wird im Efficient replenishment (ERP) manifestiert. Dieses zielt darauf ab, Ineffizienzen der Waren- und Informationslogistik entlang der Versorgungskette zu bereinigen, indem das herkömmliche Belieferungssystem mit vom Handel aufgegebenen Bestellungen durch einen sich am tatsächlichen Warenabfluss orientierenden Feedback-Prozess ersetzt wird. Dadurch kann ein besserer Service für Konsumenten, vor allem aber eine Optimierung bei Zeit und Kosten im Rahmen der Logistik erreicht werden. Basis ist ein automatisiertes, meist Hersteller initiiertes Bestellwesen und ein Austausch von Abverkaufsdaten via EDI.

Eine Weiterentwicklung ergibt sich durch CPFR, das durch gemeinsame Planung, Prognose und Versorgung eine Vorsteuerung stufenübergreifender Aktivitäten anstrebt, statt eine Korrektur für Feedback-Schleife wie bei ECR.

3.7.11 Nachkaufphase

In der Nachkaufphase tauchen wohl unvermeidlich Beschwerden auf, sei es, um nachträglich Preisbestandteile zurückzugewinnen, oder sei es aus tatsächlicher Berechtigung. Diese Beschwerden haben neben ihrer juristischen Komponente (als Reklamationen) vor allem eine verkaufsbezogene, ist doch die Nachkaufphase entscheidend für den empfundenen Zufriedenheitsgrad der Kunden. Dann erfolgt nämlich der kundenseitige Vergleich seiner Erwartungen vor der Transaktion mit seinem Erlebnis nach der Transaktion. Übertrifft die Erwartungskomponente die Erlebniskomponente, entsteht Unzufriedenheit mit der Gefahr des Anbieterwechsels. Dann aber besteht für den Verkäufer keine Chance mehr, den Kundenlebenszeitwert zu realisieren. Ebenso ist die Beschwerdebehandlung zur Erhaltung der Referenzfähigkeit einer Transaktion gegenüber potenziellen Kunden zentral bedeutsam.

In dieser Beschwerdebehandlung geht es vor allem um die Beschwerdeannahme bzw. -erfassung sowie die Beschwerdebearbeitung bzw. -reaktion. Dabei gilt die Maßgabe, dass alle Beschwerden, unabhängig von ihrer Berechtigung, von Kunden offen gelegt werden sollen, denn Beschwerden sind kostenlose Verbesserungshinweise der Kunden auf Angebots-/Anbieterschwächen, die man unbedingt abstellen muss. Daher ist die Anbringung einer Beschwerde so unkompliziert wie möglich zu halten (Beschwerdestimulierung).

Dazu gehören mehrere Vorkehrungen:

Bekanntmachung des Beschwerdewegs, damit Beschwerder wissen, wie sie ihre Beschwerde geeignet anbringen können,
 Ausweis des Beschwerdeadressaten entweder in Form zentraler Beschwerdebehandlung oder mit dezentraler Zuständigkeit bei Beschwerdeeignern,
 Erfassung des Beschwerdeproblems, d.h. des genauen Zusammenhangs, der für beschwerdeverursachend gehalten wird,
 Identifikation des Beschwerdeführers, seiner Stellung im Betrieb und seines Bezugs zum Beschwerdeinhalt,
 Erfassung des Beschwerde verursachenden Objekts (Produkt) oder Subjekts (Mitarbeiter),
 Ausweis des Beschwerdezeitpunkts und der Frist seit der Beschwerdeverursachung,
 Weiterleitung der Beschwerde an diejenige Organisationseinheit, die sachkundig dazu Stellung nehmen kann,
 Kommunikation über den Zwischenstand bei längerlaufenden Recherchen zur Lösung.

Bei dieser Lösung kann es sich um eine Einzelfallwiedergutmachung (monetär und/oder materiell) handeln oder um eine Kulanzlösung mit finanzieller Wiedergutmachung ohne Einzelfallrecherche. Angesichts der Notwendigkeit zur Erreichung von Kundenzufriedenheit ist es allerdings fraglich, ob der zusätzliche Aufwand von Einzelfalllösungen sich rechnet, oder ob nicht eine pauschale Anerkennung der Beschwerde zweckmäßiger ist. Denn kommt die Einzelfallrecherche zu dem Ergebnis, dass berechtigterweise Wiedergutmachung zu leisten ist, entsteht gleich ein doppelter Aufwand, kommt sie hingegen zu dem Ergebnis, dass keine Wiedergutmachung berechtigt ist, steht dem Aufwand immer noch die Verärgerung des Kunden gegenüber.

4. Kontrollfragen

1: Vervollständigen Sie bitte den nachfolgenden Satz:
Bei habitualisierten Käufen handelt es sich um solche, die
a) eine geringe subjektive Bedeutung für Käufer haben und für sie auch eine geringe Neuartigkeit verkörpern.
b) für Käufer nur eine hohe subjektive Bedeutung haben.
c) für Käufer nur eine hohe Neuartigkeit verkörpern.
d) historisch einmal einen komplexen Entscheidungsprozess durchlaufen haben und nunmehr unverändert beibehalten werden.

2: Wodurch unterscheiden sich Diffusion und Adoption? Wie können diese eingeteilt werden?

3: Vervollständigen Sie bitte den nachfolgenden Satz:
Impulsive Käufe
a) sind durch ein hohes Maß an Gewohnheit gekennzeichnet.
b) finden ohne oder mit nur sehr wenig kognitiver Steuerung statt.
c) betreffen meist absolut niedrigpreisige Produkte.
d) finden häufig beim Pkw-Kauf statt.

4: Welche beiden Modelle der Meinungsbeeinflussung existieren?

5: Vervollständigen Sie bitte den nachfolgenden Satz:
Extensive Käufe sind typisch für
a) Käufe, die von einem Nachfrager erstmals getätigt werden.
b) Bedürfnisse, die als neuartig erlebt werden.
c) Käufe, die nur eine geringe persönliche Bedeutung haben.
d) limitierte Entscheidungssituationen.

6: Wann treten Interrollen-Konflikte auf und wann Intrapersonen-Konflikte?

7: Vervollständigen Sie bitte den nachfolgenden Satz:
Bei kompensatorischen Heuristiken
a) handelt es sich z.B. um das Disjunktionsmodell.
b) können die Nachteile einer Alternative durch deren anderweitige Vorteile ausgeglichen werden.
c) handelt es sich z.B. um das Auswahlmodell.
d) können die Nachteile einer Alternative nicht durch deren anderweitige Vorteile ausgeglichen werden.

8: Welche Bedeutung hat die (komparative) Bezugsgruppe (Peer group)?

9: Vervollständigen Sie bitte den nachfolgenden Satz:
Der Relevant set of brands enthält nur alle Kaufalternativen (Marken), die
a) einem Käufer vertraut und für ihn auch wichtig sind.
b) einem Käufer bekannt sind.
c) am Markt vorhanden sind.
d) von einem Käufer für einen Kauf präferiert werden.

10: Nach welchen Kriterien können Gruppen unterschieden werden?

11: Bei welchem der nachfolgenden Modelle handelt es sich um einen Mechanikansatz des Konsumentenverhaltens?
a) Kognitive Lernmodelle
b) Behavioristische Lernmodelle
c) Zufallsmodelle auf Basis von Funktionsgleichungen
d) Zufallsmodelle auf Basis von Zufallsmechanismen.

12: Wie kann man die Gesellschaft horizontal und vertikal nach Kulturen gliedern?

13: Die Begriffe „S-R" stehen bei S-R-Modellen für
a) Signal, Reaktion
b) Stimulus, Reiz
c) Signal, Rückkopplung
d) Stimulus, Response.

14: Welche Bedeutung haben Normen im Rahmen des Kulturkonstrukts im Konsumentenverhalten?

15: Der Begriff „O" in S-O-R-Modellen steht für
a) Organisation
b) Opportunität
c) overall
d) Organism.

16: Nennen Sie bitte ein Beispiel für die Responsegeneralisierung im Lernkonstrukt?

17: Welche der folgenden Aussagen ist/sind zutreffend:
a) Strukturansätze des Konsumentenverhaltens sind neo-behavioristisch fundiert.
b) Bei Strukturansätzen des Konsumentenverhaltens handelt es sich um S-O-R-Modelle.
c) Strukturansätze lassen sich in Systemmodelle, Haushaltsmodelle und Prozessmodelle einteilen.
d) Strukturansätze des Konsumentenverhaltens versuchen, die Black box des Organismus zu erhellen.

18: Welche psychologischen Elemente sind im Konsumentenverhalten von Relevanz?

19: Welches Experiment bezieht sich auf die Klassische Konditionierung?
   a) Pawlow'scher Hund
   b) Skinner Box
   c) Trial & Error
   d) Markttest.

20: Was versteht man unter Kognitiven Dissonanzen, wann können sie entstehen und wovon ist ihr Ausmaß abhängig?

21: Welche der nachfolgenden Aussagen ist richtig:
   a) Die instrumentelle Konditionierung betont die Response-Seite des S-R-Modell-Zusammenhangs.
   b) Die instrumentelle Konditionierung kann am Experiment der Skinner-Box exemplarisch veranschaulicht werden.
   c) Die instrumentelle Konditionierung gehört zu den kognitiven Lerntheorien.
   d) Die instrumentelle Konditionierung betont die Stimulus-Seite des S-R-Modell-Zusammenhangs.

22: Welche Arten von Involvement lassen sich unterscheiden?

23: Wenn Käufer lernen, auf unterschiedliche Reize ähnlich zu reagieren, dann spricht man im Rahmen der Konditionierung von
   a) Stimulusgeneralisierung
   b) Stimulusdiskriminierung
   c) Responsegeneralisierung
   d) Responsediskriminierung

24: Welche beiden wesentlichen Theorien über das Vergessen gespeicherter Informationen gibt es? Wie lauten die Konsequenzen aus beiden Theorien für ein Werbung treibendes Unternehmen?

25: Welche der nachfolgenden Aufzählungen ist richtig: Bei aktivierenden Determinanten handelt es sich um
   a) Emotion, Risikoempfinden, Gedächtnis
   b) Motivation, Lebensstil, Wahrnehmung
   c) Emotion, Motivation, Lernen
   d) Emotion, Motivation, Einstellung.

26: Wie hat man sich das Mehrspeichermodell des Gedächtnisse vorzustellen? Was passiert in den einzelnen Speichern?

27: Das sog. Kindchen-Schema mit emotionaler Erregung (z.B. durch Lebewesen mit großem Kopf, kleiner Nase, großen Augen) ist ein
   a) affektiver
   b) kognitiver

c) physischer
d) verbaler
Schlüsselreiz.

28: Welche Lernprinzipien gibt es insgesamt?

29: Bei Reaktanz handelt es sich um
a) einen emotionalen Widerstand infolge eines empfundenen Übermaßes an Aktivierung.
b) einen Effekt, der bei überhöhter werblicher Penetration bei Zielpersonen einsetzen kann.
c) eine Reaktion auf eine Aktivität.
d) einen zu niedrigen Aktivierungsgrad.

30: Was versteht man unter Information chunks und welche Bedeutung kommt ihnen angesichts der Informationsüberlast zu? Nennen Sie bitte typische Information chunks.

31: Welche der nachfolgenden Untergliederungen der Motivation ist zutreffend?
a) primär und intrinsisch
b) sekundär und bewusst
c) bewusst und unbewusst
d) extrinsisch und unbewusst.

32: Wie entsteht der gefürchtete Information overload in der Marketing-Kommunikation? Wie interpretieren Sie in diesem Zusammenhang den Satz von der „Informationsarmut im Informationsüberfluss"?

33: Bei der Wahl des Zeiteinsatzes zwischen dem Lieblingshobby und der Familie handelt es sich für gewöhnlich um einen
a) Appetenz-Appetenz-Konflikt
b) Appetenz-Aversions-Konflikt
c) Aversions-Aversions-Konflikt
d) Aversions-Appetenz-Konflikt.

34: Aus welchen drei Komponenten wird jede Einstellung gemeinhin als zusammengesetzt angesehen?

35: Ordnen Sie bitte die fünf Stufen der Maslow'schen Bedürfnishierarchie so, wie sie dem Modell entsprechen:
a) Selbstverwirklichung, Geltung, Existenz, Sicherheit, Zugehörigkeit
b) Zugehörigkeit, Geltung, Selbstverwirklichung, Existenz, Sicherheit
c) Geltung, Zugehörigkeit, Sicherheit, Existenz, Selbstverwirklichung
d) Existenz, Sicherheit, Zugehörigkeit, Geltung, Selbstverwirklichung.

4. Kontrollfragen

36: Welche Kernaussage trifft die Dissonanzhypothese (V-E-Hypothese) und welche Konsequenzen ergeben sich daraus für die Werbung?

37: Die Erworbenheit von Einstellungen bedeutet, dass
  a) Einstellungen immer auf ein bestimmtes Bezugsobjekt gerichtet sind.
  b) Einstellungen dem Menschen im Sozialisierungsprozess anerzogen werden.
  c) Einstellungen einander beeinflussen.
  d) Einstellungen kognitiv, affektiv und konativ geprägt sind.

38: Welche Kernaussage trifft die E-V-Hypothese? Wie ist diese Aussage einzuschätzen?

39: Die E-V-Hypothese steht in Zusammenhang mit welcher Theorie:
  a) Dissonanztheorie
  b) Involvementtheorie
  c) Reaktanz-Theorie
  d) Informations-Theorie.

40: Welche Motivkonflikte gibt es und wie können sie entstehen?

41: Die affektive Komponente der Einstellung bezieht sich auf
  a) die verstandesmäßige Einschätzung eines Objekts.
  b) die emotionale Einschätzung eines Objekts.
  c) die Bereitschaft zum Kauf eines Objekts.
  d) die positive Einstellung zu einem Objekt.

42: Welche Klasseneinteilung wird in der Maslow'schen Bedürfnishierarchie unterstellt?

43: Welche Dimensionen in Bezug auf das damit verbundene Risiko hat das Involvement?
  a) Persönliches Risiko
  b) Finanzielles Risiko
  c) Globales Risiko
  d) Psychologisches Risiko.

44: Warum soll im Marketing versucht werden, bei psychischer Erregung ein mittleres Aktivierungsniveau einzuhalten?

45: High involvement-Käufe zeichnen sich durch
  a) ein hohes Aktivierungsniveau der Person
  b) eine intensive Informationsverarbeitung durch den Käufer
  c) sorgfältige Abwägung und Vergleich vieler Alternativen vor der Entscheidung
  d) wenig Risikoempfinden
  aus.

46: Was versteht man im Rahmen der verhaltenswissenschaftlichen Grundlagen im Marketing unter Meinungsführerschaft? Welche Annahme liegt diesem Vorstellungsmuster zugrunde? Was zeichnet Meinungsbildner aus?

47: Die Ideologie der häufigen Schaltung von Werbespots für Low involvement-Produkte folgt den Erkenntnissen der
   a) Lernhierarchie
   b) Penetrationsfolge
   c) Involvementtheorie
   d) Dissonanztheorie.

48: Wodurch ist ein Impulskauf gekennzeichnet?

49: „E-V" in der E-V-Hypothese steht für
   a) Emotion, Verhalten
   b) Erfahrung, Vergangenheit
   c) Erfolg, Versuch
   d) Einstellung, Verhalten.

50: Wie ist der Evoked set of brands im Einzelnen pyramidenförmig aufgebaut?

51: Der Satz in Bedienungsanleitungen: „Herzlichen Glückwunsch zum Kauf dieses hochqualitativen und erfolgreichen Produkts." beruht auf der Umsetzung der Erkenntnisse um
   a) Vorkaufdissonanzen
   b) Nachkaufdissonanzen
   c) Kognitive Dissonanzen
   d) Dissonanzreduktion.

52: Wodurch unterscheiden sich kompensatorische und nicht-kompensatorische Kaufheuristiken?

53: Kognitive Dissonanzen sind um so höher, je
   a) größer die Anzahl der gewählten Alternativen ist.
   b) geringer die Attraktivität der nicht-gewählten Alternativen ist.
   c) größer die Anzahl der nicht-gewählten Alternativen ist.
   d) höher die Abweichung zwischen den Alternativen ist.

54: Welche Arten von Kaufentscheidungen können in Bezug auf Neuartigkeit und Bedeutung des Kaufs unterschieden werden?

55: „A10" steht im Rahmen des Konsumentenverhaltens für
   a) Action, Involvement, Operation
   b) Activities, Interests, Opinions
   c) Angebot, Interaktion, Omnipotenz

d) Alleinstellung, Implikation, Organisation.

56: Nennen Sie die üblichen Phasen im organisationalen Beschaffungsverhalten.

57: Wahrnehmung ist im Rahmen des Konsumentenverhaltens
   a) selektiv
   b) subjektiv
   c) aktiv
   d) antizipatorisch.

58: Welche Kaufphasen weist der Buygrid-Ansatz aus?

59: Ist die Aussage: „Wir erleben eine Informationsarmut im Informationsüberfluss"
   a) richtig?
   b) unsinnig?
   c) teils richtig, teils unrichtig?
   d) völlig unverständlich?

60: Kennzeichnen Sie bitte die Elemente des Potenzialkonzepts und des Reagiererkonzepts.

61: Das Ergebnis eines Warentests in der Werbung eines Herstellers ist in Zusammenhang mit dem Wahrnehmungskonstrukt ein
   a) Information chunk.
   b) Information overload.
   c) Indikativ.
   d) Imperativ.

62: Welche Besonderheiten zeichnen gewerbliche Märkte allgemein aus?

63: Die weit verbreiteten optischen Täuschungen durch sog. Kippbilder deuten auf die Richtigkeit der
   a) Elementenpsychologie
   b) Gestaltpsychologie
   c) Ganzheitspsychologie
   d) Lernpsychologie
   der Wahrnehmung hin.

64: Warum ist es wichtig, einem Buying center auf der Beschaffungsseite mit einem Selling center auf der Absatzseite zu begegnen?

65: Was behauptet die Imagery-These in Bezug auf die werbliche Umsetzung von Botschaften?
   a) Texte werden langsamer wahrgenommen als Bilder.
   b) Bilder lösen mehr Aktivierung aus als Texte.

c) Bilder werden schneller wahrgenommen als Texte.
d) Bilder werden besser im Gedächtnis gespeichert als Texte.

66: Auf welche Machtbasen können sich Machtpromotoren bzw. Machtopponenten stützen?

67: Wenn Werbespots bei überhöht häufiger Schaltung an Wirkung einbüßen, beruht dies auf dem Wahrnehmungseffekt des
a) Carry over
b) Wear out
c) Rub off
d) Spill in.

68: Welche Beteiligten kennt das Buying center-Konzept? Und welche stehen diesen im Selling center gegenüber?

69: Welche der nachfolgenden Aussagen zur Theorie des autonomen Verfalls ist falsch?
a) Nach der Theorie des autonomen Verfalls werden immer die zeitlich am weitesten zurückliegenden Informationen ausgelöscht.
b) Nach der Theorie des autonomen Verfalls ist die Erinnerung zeitabhängig vom Abstand zwischen Wahrnehmung und Abruf der Information.
c) Nach der Theorie des autonomen Verfalls ist es für Werbungtreibende wichtig, eine hohe Penetration ihrer Botschaft bei Zielpersonen zu gewährleisten.
d) Nach der Theorie des autonomen Verfalls spielen Leitbilder eine zentrale Rolle für die Gedächtnisleistung.

70: Welche drei Kaufklassen unterscheidet der Kaufklassenansatz? Charakterisieren Sie diese bitte kurz.

71: Welche der nachfolgenden Aussagen zur Interferenztheorie ist falsch?
a) Nach der Interferenztheorie ist Vergessen ein rein passiver Vorgang.
b) Nach der Interferenztheorie verliert der Mensch den Zugriff auf den Speicherplatz einer Information im Gedächtnis, obwohl die Information selbst dort erhalten bleibt.
c) Nach der Interferenztheorie ist die Erinnerung abhängig von der Impactstärke wahrgenommener Stimuli.
d) Nach der Interferenztheorie ist es für Werbungtreibende wichtig, eine hohe Beeindruckungswirkung ihrer Botschaft zu erreichen.

72: Welche Entscheidungen sind für den gewerblichen Kauf sukzessiv zu fällen?

73: Das Mehrspeichermodell des Gedächtnisses geht von drei der nachfolgenden Teilspeicher aus, nämlich vom
a) Ultrakurzzeitgedächtnis
b) Kurzzeitgedächtnis

c) Langzeitgedächtnis
d) Automatischen Speicher.

74: Welche besonderen Kennzeichnen zeichnen gewerbliche Transaktionen aus?

75: Bei soziologischen Erklärungsmodellen des Konsumentenverhaltens handelt es sich u. a. um:
   a) Kultur
   b) Meinungsführerschaft
   c) Einstellung
   d) Verhalten.

76: Subkulturen gliedern eine Gesellschaft
   a) vertikal
   b) horizontal
   c) diagonal
   d) lateral.

77: Das Modell der sozialen Schichten in der Gesellschaft ist ein sehr
   a) modernes
   b) kompliziertes
   c) veraltetes
   d) irreführendes
   Modell des Konsumentenverhaltens.

78: Welche(s) der folgenden Begriffspaare trifft/treffen auf die Einteilung der Gruppenstruktur im Konsumentenverhalten zu?
   a) formelle Gruppe, informelle Gruppe
   b) temporäre Gruppe, dauerhafte Gruppe
   c) dynamische Gruppe, statische Gruppe
   d) moderne Gruppe, veraltete Gruppe.

79: Das „Groupthink-Phänomen" ist wie folgt zu verstehen:
   a) Gruppen kommen immer zu besseren Entscheidungen als Individuen.
   b) Gruppen kommen notwendigerweise zu schlechteren Entscheidungen als Individuen.
   c) Gruppen neigen zu Entscheidungsdefekten, d. h. solchen Entscheidungen, die jedes Gruppenmitglied individuell für unsinnig hält, aber im Glauben mitträgt, dass die anderen Gruppenmitglieder sie für sinnvoll halten, was diese ebenfalls annehmen.
   d) Gruppen brauchen weniger Zeit zur Entscheidungsfindung als Individuen.

80: Wodurch unterscheiden sich Mitgliedschaftsgruppen und Bezugsgruppen?
   a) Mitgliedschaftsgruppen nehmen ein Mitglied immer formal auf, Bezugsgruppen hingegen nicht.

b) Mitgliedschaftsgruppe ist eine Gruppe, der eine Person angehört, Bezugsgruppe ist eine Gruppe, an der eine Person ihr Verhalten orientiert.
c) Mitgliedschaftsgruppen sind kleiner als Bezugsgruppen.
d) Mitgliedschaftsgruppen dienen als positiver Verhaltensmaßstab i.S.v. Nachahmung, Bezugsgruppen als negativer Verhaltensmaßstab i.S.v. Absetzung.

81: Die Peer group ist im Verhältnis zur Mitgliedschaftsgruppe für gewöhnlich
a) eine halbe Klasse niedriger in der Sozialpyramide angesiedelt als diese.
b) eine halbe Klasse höher in der Sozialpyramide angesiedelt als diese.
c) in der gleichen Klasse der Sozialpyramide angesiedelt wie diese.
d) nicht verhaltenswirksam.

82: Der Kauf hauswirtschaftlicher Güter wird in Familien traditionell
a) überwiegend von der Frau
b) überwiegend vom Mann
c) von beiden Partnern gemeinsam
d) unter Mitwirkung der Kinder
entschieden.

83: Welches der nachfolgenden Familienlebenszyklus-Stadien ist in der Theorie nicht vorgesehen:
a) Ledige III
b) Volles Nest II
c) Leeres Nest I
d) gleichgeschlechtliche Partnerschaft.

84: Wenn Rolle und Status so auseinander fallen, dass der Status in der Rolle überrepräsentiert ist, so nennt man dies
a) Understatement
b) Angeberei
c) Kongruenz
d) soziale Erwünschtheit.

85: Welche Ansätze zur Identifizierung von Meinungsbildnern werden gemeinhin angewandt?
a) Bestimmung von Meinungsbildnern durch grafische Sichtbarmachung des sozialen Kommunikationsgefüges.
b) Bestimmung von Meinungsbildnern durch Angabe seitens Personen mit besonders gutem Gruppenüberblick.
c) Bestimmung von Meinungsbildnern durch Auskunft der Personen über sich selbst.
d) Bestimmung von Meinungsbildnern durch Datenbank des Herstellerabsenders.

86: Welche der nachfolgenden Aussagen trifft/treffen auf das Informationsfluss-Konzept (Two cycles of communication) zu?

a) Es gibt einen Informationsfluss vom Absender zu Meinungsbildnern.
b) Es gibt keinen Informationsfluss vom Absender zu Meinungsfolgern.
c) Es gibt einen Informationsfluss vom Absender zu Meinungsfolgern.
d) Es gibt einen Informationsfluss von Meinungsbildern zu Meinungsfolgern.

87: Welche der nachfolgenden Charakteristika trifft/treffen gemeinhin auf Meinungsbildner zu?
a) Meinungsbildner sind risikofreudiger als Durchschnittsverbraucher.
b) Meinungsbildner sind nur in den oberen sozialen Schichten anzutreffen.
c) Meinungsbildner sind für viele Themen zugleich kompetent.
d) Meinungsbildner nutzen häufig Fachmedien (Special interest-Titel).

88: Totalmodelle des Konsumentenverhaltens sind insofern problematisch, als sie
a) sehr komplex sind.
b) grundsätzlich zu falschen Aussagen kommen.
c) nur einen Teil der relevanten Variablen des Konsumentenverhaltens beinhalten.
d) kaum klare, marketing-verwertbare Handlungsindikationen liefern.

89: Das Prozessmodell der Adoption unterscheidet sich vom Prozessmodell der Diffusion wodurch?
a) Die Adoption zeigt den zeitlichen Übernahmeprozess auf, die Diffusion den personenbezogenen.
b) Die Adoption zeigt den individuellen Übernahmeprozess von Neuerungen auf, die Diffusion den aggregierten Übernahmeprozess.
c) Die Adoption ist kurzfristig angelegt, die Diffusion langfristig.
d) Die Adoption hat mehr Prozessstufen als die Diffusion.

90: Die individuelle Übernahme von Neuerungen wird begünstigt, wenn die Neuerung
a) ein gering eingeschätztes finanzielles Risiko impliziert.
b) für die Zielpersonen leicht verstehbar und wenig komplex in der Anwendung ist.
c) teuer im Verhältnis zu bestehenden Produkten ist.
d) revolutionär in ihrer Problemlösung ist.

91: Die Gewinnung von Innovatoren im Diffusionsprozess ist für Anbieter extrem wichtig, weil Innovatoren
a) häufig Meinungsbildner sind.
b) häufig Heavy user darstellen.
c) zur raschen Kostendegression infolge steigender Produktionsauflagen beitragen.
d) infolge ihrer geringen Risikoscheu auch höhere Einführungspreise akzeptieren.

92: Welches der nachfolgenden Kennzeichen trifft nicht auf das organisationale Beschaffungsverhalten zu?
a) Multitemporalität
b) Multiorganisationalität
c) Multmedialität
d) Multipersonalität.

Käuferverhalten

93: Innerhalb des Kaufklassenansatzes ist es wichtig, ob es sich um einen Erstkauf
   a) aus Sicht des Anbieters handelt.
   b) aus Sicht des Nachfragers handelt.
   c) mit hohem Kaufwert handelt.
   d) langer Bindungsdauer handelt.

94: Der reine Wiederholungskauf ist im Unterschied zum modifizierten Wiederholungskauf im Kaufklassenansatz möglich, wenn
   a) ein Kauf erstmals durchgeführt wird.
   b) sich seit dem letzten Kauf keine Veränderungen in den Entscheidungsgrundlagen hinsichtlich eines Kaufobjekts ergeben haben.
   c) sich seit dem letzten Kauf positive Veränderungen in den Entscheidungsgrundlagen ergeben haben.
   d) sich seit dem letzten Kauf negative Veränderungen in den Entscheidungsgrundlagen ergeben haben.

95: Der Buygrid-Ansatz unterscheidet wie viele Kaufphasen:
   a) 8
   b) 10
   c) 12
   d) 14.

96: Im Buying center-Modell sind
   a) fünf Personen
   b) fünf Funktionen
   c) fünf Gruppen
   d) fünf Abteilungen
   als Beteiligte vertreten.

97: Welche Kompetenzen kann der Einkäufer (Buyer) im Buying center haben?
   a) Er verantwortet die kaufmännische Einkaufsabwicklung.
   b) Er entscheidet allein oder mit anderen über das Beschaffungsobjekt.
   c) Er handelt die Konditionen aus, zu denen ein Objekt beschafft werden soll.
   d) Er zeichnet formal den Einkaufsvertrag ab.

98: Der Prozessopponent ist im Rahmen des Potenzialkonzepts eine Person, welche
   a) die Umsetzung einer getroffenen Einkaufsentscheidung hintertreibt.
   b) die internen Organisationsabläufe besonders gut kennt.
   c) innovative Einkaufsentscheidungen unterstützt.
   d) innovative Einkaufsentscheidungen zu behindern sucht.

99: Der „Clarifier" im Reagiererkonzept ist durch folgende Charakteristika gekennzeichnet:
   a) Der Clarifier ist primär an verdichteten, ganzheitlichen Informationen interessiert.

b) Der Clarifier ist an Schlüsselinformationen interessiert.
c) Der Clarifier ist an Daten und Fakten interessiert.
d) Der Clarifier ist primär an möglichst vollständiger, abgerundeter Information interessiert.

100: Welche Kompetenzen sollten bei den Teilnehmern eines Selling center verfügbar sein:
a) Kernkompetenz
b) Fachkompetenz
c) Sozialkompetenz
d) Methodenkompetenz.

101: Matching-Studien im Rahmen der Relationskonzepte des gewerblichen Beschaffungsverhaltens heben auf
a) Ähnlichkeiten zwischen Abteilungen,
b) Ähnlichkeiten zwischen Käufer und Verkäufer,
c) Unähnlichkeiten von Unternehmen,
d) Ähnlichkeiten von Beschaffungsobjekten
ab.

102: Eine Transaktionsperiode im gewerblichen Beschaffungsverhalten umfasst
a) mehrere Episoden
b) mehrere Zyklen
c) zwei Prozesse
d) viele Potenziale.

5. Lösungshinweise

Zu 1:
Bei habitualisierten Käufen handelt es sich um solche, die
a) eine geringe subjektive Bedeutung für Käufer haben und für sie auch eine geringe Neuartigkeit verkörpern.
d) historisch einmal einen komplexen Entscheidungsprozess durchlaufen haben und nunmehr unverändert beibehalten werden.

Zu 2:
Bei der Diffusion erfolgt eine Differenzierung der aggregierten Population nach der Übernahmegeschwindigkeit von Neuerungen. Bei der Adoption geht es hingegen um die individuelle Übernahme von Neuerungen durch jede einzelne Person. Die Diffusion wird in mehrere Klassen unterteilt:
– Innovatoren (2,5 % aller Personen), Frühe Übernehmer (13,5 %), Frühe Mehrheit (34 %), Späte Mehrheit (34 %), Späte Übernehmer (13,5 %) und Nachzügler (2,5 %).

Die Adoption kann in mehrere Stufen unterteilt werden:
– Neuheitserkennung, Neuheitsinteresse, Neuheitsbewertung, Neuheitsversuch, Neuheitsumsetzung.

Zu 3:
Impulsive Käufe
b) finden ohne oder mit nur sehr wenig kognitiver Steuerung statt.
c) betreffen meist absolut niedrigpreisige Produkte.

Zu 4:
Es gibt das Modell des zweistufigen Informationsflusses. Danach besteht ein Informationsaustausch zwischen Botschaftsabsender und Meinungsbildnern einerseits, sowie zwischen Meinungsbildnern und Meinungsfolgern andererseits (Two steps flow). Daneben gibt es das Modell des zweikreisigen Informationsflusses. Danach besteht ein Informationsaustausch zwischen Botschaftsabsender und Meinungsbildnern und daneben ein weiterer Informationsaustausch zwischen Meinungsbildnern und Meinungsfolgern, jedoch zusätzlich auch zwischen Botschaftsabsender und Meinungsfolgern (Two Cycles). Allerdings unterscheidet sich dabei der Informationsinhalt des Austauschs mit Meinungsbildnern von dem des Austauschs mit Meinungsfolgern.

Zu 5:
Extensive Käufe sind typisch für
a) Käufe, die von einem Nachfrager erstmals getätigt werden.
b) Bedürfnisse, die als neuartig erlebt werden.

Zu 6:
Interrollen-Konflikte treten auf, wenn eine Person sich durch gleichzeitige Zugehörigkeit zu verschiedenen sozialen Gruppen abweichenden Erwartungen in Bezug auf sein Verhalten ausgesetzt sieht. So wird vom Mann in seiner Rolle als Manager erwartet, dass er Freizeit für die Firma opfert, vom Mann in seiner Rolle als Vater hingegen, dass er seine Freizeit der Familie widmet. Intrapersonen-Konflikte treten auf, wenn eine Person sich mit abweichenden Erwartungen an ihre Rolle konfrontiert sieht. So wird vom Vater als Erzieher erwartet, dass er sein Kind unabhängig von der Fernsehübertragung eines Fußballspiels rechtzeitig zum Schlafen schickt, vom Vater als Gönner hingegen, dass er seinem Kind den Spaß an einem Fußballspiel ermöglicht.

Zu 7:
Bei kompensatorischen Heuristiken
b) können die Nachteile einer Alternative durch deren anderweitige Vorteile ausgeglichen werden.
c) handelt es sich z.B. um das Auswahlmodell.

Zu 8:
Die (komparative) Bezugsgruppe ist eine Gruppe, in der man nicht Mitglied ist, die aber zur Beurteilung der eigenen Lebenssituation und als Maßstab für Wertvorstellungen herangezogen wird. Sie kann zur Identifizierung (positive Bezugsgruppe) oder zur Absetzung (negative Bezugsgruppe) dienen. Für gewöhnlich sind positive Bezugsgruppen eine soziale Schicht höher angesiedelt als man selbst, negative Bezugsgruppen hingegen soziale Schichten tiefer. Hinsichtlich der eigenen Lebenssituation akzeptiert eine Person nur einen gewisse ökonomische Distanz zur Bezugsgruppe, wird hier ein Schwellenwert überschritten, fühlt sie sich ungerechtfertigterweise zurückgesetzt (relative Deprivation). Hinsichtlich des Maßstabs für Wertvorstellungen dient die Bezugsgruppe zur Orientierung in Situationen, die einer Person selbst neu und unbekannt sind.

Zu 9:
Der Relevant set of brands enthält nur alle Kaufalternativen (Marken), die
d) von einem Käufer für einen Kauf präferiert werden.

Zu 10:
Gruppen können nach folgenden Kriterien unterschieden werden:
− nach dem Organisationsgrad, dann ergeben sich formelle und informelle Gruppen,
− nach der Größe, dann ergeben sich Großgruppen und Kleingruppen,
− nach der Dauerhaftigkeit der Beziehung, dann ergeben sich temporäre und dauerhafte Gruppen,
− nach der Intensität der Beziehungen, dann ergeben sich die Primärgruppe und Sekundärgruppen.

Zu 11:
b) Behavioristische Lernmodelle
c) Zufallsmodelle auf Basis von Funktionsgleichungen
d) Zufallsmodelle auf Basis von Zufallsmechanismen.

5. Lösungshinweise

Zu 12:

Eine horizontale Gliederung der Gesellschaft ergibt sich nach Subkulturen, die wiederum nach ethnischen Gesichtspunkten (Rasse, Religion, Nationalität etc.), altersbezogenen Gesichtspunkten (Kinder, Jugendliche, Senioren etc.) oder räumlichen Gesichtspunkten (Stadt, Land, Region etc.) gebildet werden. Diese Subkulturen einen von der Allgemeinheit abweichende Normen.

Eine vertikale Gliederung der Gesellschaft ergibt sich nach sozialen Schichten (z.B. Oberschicht, Mittelschicht, Unterschicht). Die Personen einer sozialen Schicht einen stark ähnliche Lebensumstände, so dass sie ein gleichartiges Verhalten, etwa in Bezug auf den Konsum, aufweisen.

Zu 13:

Die Begriffe „S-R" stehen bei S-R-Modellen für d) Stimulus, Response.

Zu 14:

Normen definieren im Rahmen des Kulturkonstrukts im Konsumentenverhalten das gesellschaftlich tolerierte Verhalten im Kauf und Gebrauch von Produkten/Dienstleistungen.

Zu 15:

Der Begriff „O" in S-O-R-Modellen steht für
d) Organism.

Zu 16

Übertragung des Markenimage von einem Lizenzgeber auf einen Lizenznehmer

Zu 17:

a) Strukturansätze des Konsumentenverhaltens sind neo-behavioristisch fundiert.
b) Bei Strukturansätzen des Konsumentenverhaltens handelt es sich um S-O-R-Modelle.
c) Strukturansätze lassen sich in Systemmodelle, Haushaltsmodelle und Prozessmodelle einteilen.
d) Strukturansätze des Konsumentenverhaltens versuchen, die Black box des Organismus zu erhellen.

Zu 18:

Folgende psychologischen Elemente sind im Konsumentenverhalten von Relevanz:
– Emotion, Motivation, Einstellung, Involvement, Risikoempfinden, Lebensstil, Wahrnehmung, Lernen, Gedächtnis.

Zu 19:

a) Pawlow'scher Hund.

Zu 20:
Kognitive Dissonanzen entstehen durch die Verarbeitung widersprüchlicher Informationen über ein Objekt. Sie können vor dem Kauf (Vorkaufdissonanzen) oder, häufiger, nach dem Kauf (Nachkaufdissonanzen) entstehen. Das Ausmaß kognitiver Dissonanzen ist von einer Reihe von Einflüssen abhängig, und ist um so größer, je
- größer die Anzahl der abgelehnten Abschlussalternativen ist,
- höher die Attraktivität der zurückgewiesenen Alternativen ist,
- geringer die Überlegenheit der gewählten Alternative ist,
- länger die Bindung nach ihrer Dauer währt,
- höher der monetäre Bindungswert ist,
- höher die soziale Bedeutung des Abschlusses ist.

Zu 21:
a) Die instrumentelle Konditionierung betont die Response-Seite des S-R-Modell-Zusammenhangs.
b) Die instrumentelle Konditionierung kann am Experiment der Skinner-Box exemplarisch veranschaulicht werden.

Zu 22:
Es lassen sich folgende Involvement-Arten unterscheiden:
- persönliches Involvement in Abhängigkeit von der individuellen Betroffenheit
- finanzielles Involvement in Abhängigkeit von Preis und Einkommen
- sozial bedingtes Involvement in Abhängigkeit von der Außenwirkung
- psychologisches Involvement in Abhängigkeit von intrapersonalen Faktoren.

Zu 23:
Wenn Käufer lernen, auf unterschiedliche Reize ähnlich zu reagieren, dann spricht man im Rahmen der Konditionierung von
c) Responsegeneralisierung.

Zu 24:
Die Theorie des autonomen Verfalls besagt, dass Informationen in Abhängigkeit vom wachsenden Zeitabstand seit der letzten Informationsaufnahme vergessen werden. Die Interferenz-Theorie besagt, dass Vergessen durch Überlagerung schwächerer Informationen durch stärkere zustande kommt. In beiden Fällen wird die Information nicht wirklich vergessen, vergessen wird vielmehr der Zugriff auf die Informationsablagestelle. Um dies zu verhindern, käme es nach der Theorie des autonomen Verfalls darauf an, Informationen möglichst häufig zu wiederholen, damit der Zeitabstand zur letzten Informationsaufnahme immer gering genug ist, um ein Vergessen zu verhindern. Die Wahrnehmungsstärke der Information wäre demgegenüber nachrangig. Nach der Interferenz-Theorie käme es hingegen darauf an, möglichst wahrnehmungsstarke Informationen abzusetzen, um den jeweils stärksten Informationsimpuls zu behalten. Die Penetranz der Informationsabgabe wäre demgegenüber nachrangig.

5. Lösungshinweise

Zu 25:
Bei aktivierenden Determinanten handelt es sich um
d) Emotion, Motivation, Einstellung.

Zu 26:
Im Mehrspeichermodell wird das Gedächtnis modellhaft in Ultrakurzzeit-, Kurzzeit- und Langzeitspeicher unterteilt. Diese sind hierarchisch aufeinander aufgebaut und wirken auf jeder Stufe als Filter, d.h. langzeitgespeichert wird nur ein Bruchteil dessen, was wahrgenommen wird, und dies macht wiederum nur einen Bruchteil des real Wahrnehmbaren aus. Im Ultrakurzzeitgedächtnis werden Reizkonstellationen erfasst und zur kognitiven Weiterverarbeitung aufbereitet. Im Kurzzeitgedächtnis werden die Reize zu Informationen verdichtet, die abspeicherbar sind. Und im Langzeitgedächtnis werden Informationen langfristig abgelegt und sind abrufbar, sofern sie nicht abgesunken oder überlagert sind.

Zu 27:
Das sog. Kindchen-Schema mit emotionaler Erregung (z.B. durch Lebewesen mit großem Kopf, kleiner Nase, großen Augen) ist ein
a) affektiver Schlüsselreiz.

Zu 28:
Als Möglichkeiten des Lernens werden folgende unterschieden:
– Lernen durch enge raum-zeitliche Verknüpfung von Reizen (Lernen nach dem Kontiguitätsprinzip/klassische Konditionierung),
– Lernen durch Erleben von Belohnung bzw. Vermeiden von Bestrafung (Lernen nach dem Erfolgsprinzip/instrumentelle Konditionierung),
– Lernen durch Nachahmungshandeln respektierter Rollenmodelle (Lernen nach dem Vorbildprinzip),
– Lernen durch Aufklärung über Inhalte und Zusammenhänge (Lernen nach dem Einsichtsprinzip).

Zu 29:
Bei Reaktanz handelt es sich um
a) einen emotionalen Widerstand infolge eines empfundenen Übermaßes an Aktivierung.
b) einen Effekt, der bei überhöhter werblicher Penetration bei Zielpersonen einsetzen kann

Zu 30:
Information chunks sind Schlüsselreize, die mehrere Informationen über ein Objekt bündeln und damit die Menge zu verarbeitender Informationen zur Beurteilung dieses Objekts reduzieren und als Wahrnehmungsanker dienen. Insofern wirken sie der Informationsüberlast entgegen. Typische Information chunks sind Testergebnisse, Produktpreise, Packungsdesigns, Herkunftsbezeichnungen etc.

Zu 31:
Welche der nachfolgenden Untergliederungen der Motivation ist zutreffend?
c)   bewusst und unbewusst.

Zu 32:
Information overload bedeutet, dass mehr Informationen auf Menschen einströmen als diese mittels ihrer Sinnesorgane aufzunehmen in der Lage sind. Dies entsteht dadurch, dass die Informationsmenge im Markt seit Generationen ständig gestiegen, die Aufnahmefähigkeit der Sinnesorgane aber im Wesentlichen gleich geblieben ist. Insofern wird die Lücke zwischen angebotenen und verarbeiteten Informationen immer größer. Daher entsteht eine Informationsarmut im Informationsüberfluss, weil der Ausschnitt der Informationen, die individuell noch wahrgenommen werden können, an allen Informationen, die gegeben sind, immer kleiner wird.

Zu 33:
Die Wahl des Zeiteinsatzes zwischen dem Lieblingshobby und der Familie handelt es sich für gewöhnlich um einen
a)   Appetenz-Appetenz-Konflikt.

Zu 34:
Einstellungen werden als zusammengesetzt aus
–   Kognition (verstandesmäßige Beurteilung),
–   Affektion (gefühlsmäßige Einschätzung),
–   Konation (handlungsmäßige Konsequenz),
angesehen.

Zu 35:
d)   Existenz, Sicherheit, Zugehörigkeit, Geltung, Selbstverwirklichung.

Zu 36:
Die Dissonanzhypothese sagt im Kern aus, dass erst das Verhalten selbst, vor allem der Kauf eines Produkts, zur Einstellungsbildung führt. Unterstellt man diese Hypothese als richtig, ist die Konsequenz für die Werbung daraus, dass es in erster Linie nicht auf den Botschaftsinhalt ankommt, sondern auf die Botschaftspenetranz. Botschaftsinhalte, die innere Bereitschaften erzeugen, wären dann, weil nicht verhaltensrelevant, vernachlässigbar, vielmehr käme es auf die Auslösung eines Handlungsimpulses an.

Zu 37:
Die Erworbenheit von Einstellungen bedeutet, dass
b)   Einstellungen dem Menschen im Sozialisierungsprozess anerzogen werden.

Zu 38:
Die E-V-Hypothese besagt im Kern, dass Einstellungen bestimmend für das Verhalten sind, d.h. innere Bereitschaften also z.B. den Kauf oder Nichtkauf bestimmen. Diese Aussage ist gewagt, weil es sowohl Situationen gibt, in denen Produkte gekauft werden,

obwohl es keine innere Bereitschaft für sie gibt (z.B. Spontankauf) als auch Situationen, in denen Produkte nicht gekauft werden, obwohl es eine innere Bereitschaft für sie gibt (z.B. Luxusgüter). Außerdem gibt es Situationen, in denen selbst negative Vorurteile zum Kauf führen (z.B. lokale Monopole).

Zu 39:
Die E-V-Hypothese steht in Zusammenhang mit welcher Theorie:
b) Involvementtheorie.

Zu 40:
Mögliche Motivkonflikte sind
– der Appetenz-Appetenz-Konflikt, der entsteht, wenn zwei oder mehr Motive gleichermaßen positiv wahrgenommen werden, man sich aber für nur eines von ihnen entscheiden kann („Qual der Wahl"),
– der Appetenz-Aversions-Konflikt, der entsteht, wenn ein Motiv zugleich positiv wie auch negativ wahrgenommene Aspekte hat, man aber nur auf beide gemeinsam zugreifen kann („hin- und hergerissen"),
– der Aversions-Aversions-Konflikt, der entsteht, wenn zwei oder mehr Motive gleichermaßen negativ wahrgenommen werden, man sich aber für eines von ihnen zu entscheiden hat („das geringere Übel").

Zu 41:
Die affektive Komponente der Einstellung bezieht sich auf b) die emotionale Einschätzung eines Objekts.

Zu 42:
Die Maslow'sche Bedürfnishierarchie unterstellt fünf Klassen von Motiven:
– Existenzmotive
– Sicherheitsmotive
– Zugehörigkeitsmotive
– Geltungsmotive
– Selbstverwirklichungsmotive.

Zu 43:
a) Persönliches Risiko
b) Finanzielles Risiko
d) Psychologisches Risiko.

Zu 44:
Der Zusammenhang zwischen psychischer Erregung und Aktivierungsniveau unterliegt einem glockenförmigen Zusammenhang (Lambda-Kurve). Danach ist die Aktivierung schwach bei sehr geringer Erregung (Unteraktivierung/Lethargie), aber auch bei sehr hoher Erregung (Überaktivierung/Hektik). Hingegen ist die Aktivierung bei mittlerer Erregung am höchsten, so dass Marketingaktivitäten einen solchen mittleren Erregungsgrad anstreben sollten. Problematisch ist dabei, dass die emotionale Erregung interindividuell

sehr unterschiedlich ausfallen kann, so dass eine mittlere Aussteuerung schwierig zu realisieren ist.

Zu 45:

High involvement-Käufe zeichnen sich durch

a) ein hohes Aktivierungsniveau der Person
b) eine intensive Informationsverarbeitung durch den Käufer
c) sorgfältige Abwägung und Vergleich vieler Alternativen vor der Entscheidung

Zu 46:

Bei Meinungsführern wird davon ausgegangen, dass sich die Kommunikation zwischen Botschaftsabsender und -empfängern nicht nur direkt und diffus, sondern vor allem auch zweistufig vollzieht. Nämlich vom Botschaftsabsender an bestimmte Meinungsbildner (Opinion leaders) in der Gesellschaft und von diesen an weitere Personengruppen. Der Botschaftsfluss geht zunächst einstufig vom Absender zu Meinungsführern. Diese nehmen die Botschaft auf und versuchen, etwaige Informationsdefizite durch Kontaktsuche zu Promotoren als professionelle Experten zu füllen. Gleichzeitig suchen weitere Personengruppen infolge psychischer Inkonsistenzen Kontakt zu Meinungsbildnern, die auf sie dann in der zweiten Stufe Einfluss ausüben. Professionelle Experten als Beeinflusser werden meist im Rahmen der Fachwerbung ohnehin getrennt intensiv bearbeitet.

Diese Meinungsbildner nehmen eine exponierte Stellung ein, weil sie besser informiert, stärker interessiert und kommunikationsfreudiger sind als andere. Dies macht sie aufnahmefähig für Herstellernachrichten mit Niveau und Gehalt, die sie bei Gelegenheit ihrerseits an ihr soziales Umfeld weitergeben. Diese Eigenschaft beruht auf informeller Kompetenz, selten auch auf Macht, und wechselt interpersonell je nach Themenstellung. Meinungsführer haben daher eine Multiplikatorwirkung in ihrem sozialen Umfeld. Marketing nutzt dies, indem selektierte Informationen zuerst an meinungsbildende Personen gegeben werden, die diese dann weitertragen.

Zu 47:

Die Ideologie der häufigen Schaltung von Werbespots für Low involvement-Produkte folgt den Erkenntnissen der

b) Penetrationsfolge
d) Dissonanztheorie.

Zu 48:

Der Impulskauf ist durch ein geringes Ausmaß kognitiver Steuerung bei gleichzeitig großem Einfluss von Emotionen aus spontanen Eindrücken heraus gekennzeichnet.

Zu 49:

„E-V" in der E-V-Hypothese steht für

d) Einstellung, Verhalten.

5. Lösungshinweise

Zu 50:
Ausgangspunkt ist das Universum aller Marken (Available set). Davon ist ein mehr oder minder großer Teil unbekannt (Unawareness set). Von den verbleibenden bekannten Marken (Awareness set) ist ein mehr oder minder großer Teil unklar (Foggy set) und scheidet aus. Die verbleibenden Marken (Processed set) werden zum Teil abgelehnt (Reject set) und scheiden im Weiteren aus. Die verbleibenden Marken (Potential set) bestehen wiederum aus vorläufig zurückgestellten Marken (Hold set) und aktiv präferierten Marken (Relevant set). Nur unter diesen wenigen präferierten Marken fällt letztlich der Kaufentscheid.

Zu 51:
Der Satz in Bedienungsanleitungen: „Herzlichen Glückwunsch zum Kauf dieses hochqualitativen und erfolgreichen Produkts." beruht auf der Umsetzung der Erkenntnisse um
b) Nachkaufdissonanzen
c) Kognitive Dissonanzen
d) Dissonanzreduktion.

Zu 52:
Bei kompensatorischen Kaufheuristiken wird unterstellt, dass Nachteile einer zur Kaufauswahl stehenden Alternative hinsichtlich einzelner Eigenschaften gegenüber anderen Alternativen durch Vorteile dieser Alternative hinsichtlich einzelner Eigenschaften gegenüber anderen Alternativen ausgeglichen werden können. Bei nicht-kompensatorischen Kaufheuristiken wird hingegen unterstellt, dass diese Nachteile nicht durch Vorteile bei anderen Eigenschaften ausgeglichen werden können, sondern zum Ausscheiden aus dem weiteren Auswahlprozess führen.

Zu 53:
Kognitive Dissonanzen sind um so höher, je
c) größer die Anzahl der nicht-gewählten Alternativen ist.

Zu 54:
Hinsichtlich der Neuartigkeit und der Bedeutung des Kaufs können vier Kaufentscheidungsarten unterschieden werden:
– Habitualisierte Kaufentscheide zeichnen sich durch eine geringe Bedeutung des Kaufs bei geringer Neuartigkeit aus.
– Impulsive Kaufentscheide zeichnen sich durch eine geringe Bedeutung des Kaufs bei hoher Neuartigkeit aus.
– Limitierte Kaufentscheide zeichnen sich durch eine hohe Bedeutung des Kaufs bei geringer Neuartigkeit aus.
– Extensive Kaufentscheide zeichnen sich durch eine hohe Bedeutung des Kaufs bei hoher Neuartigkeit aus.

Zu 55:
„AIO" steht im Rahmen des Konsumentenverhaltens für
b) Activities, Interests, Opinions.

Zu 56:
Es gibt unterschiedliche Phasenmodelle, die dem organisationalen Beschaffungsverhalten zugrundegelegt werden können. Üblich ist eine Unterteilung in die Phasen:
- Problemerkennung, Festlegung der Produkteigenschaften, Beschreibung der Produkteigenschaften, Lieferantensuche, Beurteilung der Lieferanteneigenschaften, Einholen von Angeboten, Bewertung von Angeboten, Auswahl von Lieferanten, Bestell- und Abwicklungstechnik sowie Ausführungskontrolle und Beurteilung.

Die Bedeutung der einzelnen Phasen hängt freilich von den Umständen der Beschaffung im Einzelfall ab. Auch sind die Phasen nicht immer klar gegeneinander abgrenzbar. Und bereits durchlaufene Phasen werden wiederholt oder einzelne Phasen komplett übersprungen. Dennoch gibt der Phasenansatz einen pragmatischen Überblick über die wichtigsten Einflussfaktoren.

Zu 57:
Wahrnehmung ist im Rahmen des Konsumentenverhaltens
a) selektiv
b) subjektiv
c) aktiv

Zu 58:
Der Buygrid-Ansatz weist folgende Kaufphasen aus:
- Problemerkennung, Festlegung der Produkteigenschaften, Beschreibung der Funktionen, Lieferantensuche, Beurteilung der Lieferanteneigenschaften, Einholung von Angeboten, Bewertung von Angeboten, Auswahl von Lieferanten, Bestell- und Abwicklungstechnik, Ausführungskontrolle/-beurteilung.

Zu 59:
Die Aussage: „Wir erleben eine Informationsarmut im Informationsüberfluss"
a) ist richtig.

Zu 60:
Das Potenzialkonzept unterscheidet in Bezug auf Innovationen in Promotoren, d.h. Personen, die neue Beschaffungsvorgänge fördern, und Opponenten, d.h. Personen, die neue Beschaffungsvorgänge behindern. Dies basiert jeweils auf einer Machtstellung innerhalb der Organisation oder auf Fachwissen (bzw. auf Sozialkompetenz). Folglich gibt es Machtpromotoren, Fachpromotoren, Machtopponenten und Fachopponenten (bzw. Prozesspromotoren und Prozessopponenten).
Das Reagiererkonzept unterscheidet in Faktenreagierer (Clarifier) und Imagereagierer (Simplifier). Erstere sind in der Beschaffung eher an detaillierten, umfassenden Informationen interessiert, Letztere sind eher an ganzheitlichen, verdichteten Informationen interessiert. Dazwischen gibt es als ausgewogenen Mischtyp noch Reaktionsneutrale.

Zu 61:
Das Ergebnis eines Warentests in der Werbung eines Herstellers ist in Zusammenhang mit dem Wahrnehmungskonstrukt ein
a) Information chunk.

5. Lösungshinweise

Zu 62:
Als wesentliche Besonderheiten gewerblicher Märkte sind folgende zu nennen:
- Überschaubare Anzahl von Anbietern und begrenzte Zahl von Nachfragern, vergleichsweise stabile Marktpartnerbeziehungen, lange, meist harte Entscheidungsprozesse vor dem Kauf,
- jeder Verkaufsakt repräsentiert einen hohen Umsatzwert für Anbieter,
- jedes Kaufobjekt involviert einen hohen Projektwert für Nachfrager,
- zumeist kurze Absatzwege,
- Abhängigkeit der Nachfrage vom Geschäftsverlauf auf Primärmärkten,
- kundenindividuelle Leistungserstellung (Tailormade productions), komplexe Hardware-Software-Kombinationen,
- endgültige Ausgestaltung des Kaufobjekts erst unter Abnehmereinfluss,
- weitgehender Preiskonservatismus, dafür ausgeprägte Konditionentaktik.

Zu 63:
Die weit verbreiteten optischen Täuschungen durch sog. Kippbilder deuten auf die Richtigkeit der
b) Gestaltpsychologie der Wahrnehmung hin.

Zu 64:
Gewerbliche Transaktionen sind opportunistisch ausgelegt, also nur auf den eigenen Vorteil ausgerichtet. Ist das Aktionsfeld dichotom charakterisiert, kann der Vorteil einer Seite nur zu Lasten der jeweils anderen Seite erreicht werden (Null-Summen-Spiel). Insofern geht es für jede Seite darum, den eigenen Vorteil zu sichern. Ein Mittel dazu ist das Ausspielen von Verhandlungsmacht. Rein nummerisch liegt diese Macht auf der Seite der Delegation mit mehr Teilnehmern. Daher ist es wichtig, einem Buying center auf Beschaffungsseite mit einem Selling center auf Absatzseite zu begegnen. Damit ist zumindest ein quantitativer Gleichstand erreicht. Dies sagt zwar noch nichts über das Verhandlungsergebnis aus, da dafür qualitative Aspekte entscheidend sind, vermeidet aber zumindest einen Startnachteil.

Zu 65:
a) Texte werden langsamer wahrgenommen als Bilder.
c) Bilder werden schneller wahrgenommen als Texte.
d) Bilder werden besser im Gedächtnis gespeichert als Texte.

Zu 66:
Machtpromotoren sowohl als auch Machtopponenten können sich auf folgende Machtbasen stützen:
- Positionsmacht (Hierarchie), Expertenmacht (Wissen), Identifikationsmacht (Vorbild), Sanktionsmacht (Belohnung/Bestrafung).

Zu 67:
Wenn Werbespots bei überhöht häufiger Schaltung an Wirkung einbüßen, beruht dies auf dem Wahrnehmungseffekt des
b) Wear out.

Zu 68:
Zum Buying center gehören die folgenden Funktionen, die nicht unbedingt identisch mit Personen sind:
- Vorselektierer (Gatekeeper), Entscheider (Decider),
- Einkäufer (Buyer), Verwender (User),
- Beeinflusser (Influencer).

Diesen Funktionen stehen im Selling center äquivalente Funktionen wie folgt gegenüber:
- Außendienstler (äquivalent zum Gatekeeper), Geschäftsführer (äquivalent zum Decider),
- Schlüsselkundenberater (äquivalent zum Buyer), Techniker (äquivalent zum User),
- Anwendungsberater (äquivalent zum Influencer).

Zu 69:
d) Nach der Theorie des autonomen Verfalls spielen Leitbilder keine zentrale Rolle für die Gedächtnisleistung.

Zu 70:
Der Kaufklassenansatz unterscheidet folgende Kaufklassen.
Beim Erstkauf stehen die Beteiligten vor einer völlig neuen Problemstellung, bei der bisherige Erfahrungen wenig helfen. Er ist durch einen hohen Informationsbedarf gekennzeichnet. Häufig handelt es sich um neue Kaufalternativen oder Angebote, die innovativ sind.
Beim modifizierten Wiederholungskauf sind bekannte Kaufalternativen und erprobte Kaufkriterien gegeben. Bei der Beschaffung wird nur geprüft, ob seit dem letzten Entscheid neue Kaufalternativen hinzugekommen sind oder die Kaufkriterien sich verändert darstellen. Ist dies nicht der Fall, wird routinisiert beschafft, ist dies wohl der Fall, werden ergänzende Informationen eingeholt.
Beim reinen Wiederholungskauf handelt es sich um wiederkehrende Problemstellungen bei völlig ausreichender Informationslage. Daher kann routinisiert beschafft werden. Meist werden bei den üblichen Lieferanten (In suppliers) drei standardisierte Angebote eingeholt, und das vorteilhafteste davon erhält den Zuschlag.

Zu 71:
a) Nach der Interferenztheorie ist Vergessen ein rein passiver Vorgang.

Zu 72:
Beim Kauf sind sukzessiv folgende Entscheidungen zu fällen:
- Budgetentscheid, Produktgruppenentscheid, Marken-/Lieferantenentscheid, Mengenentscheid, Zeitentscheid, Bezugsquellen-/Einkaufsstättenentscheid.

Zu 73:
Das Mehrspeichermodell des Gedächtnisses geht von drei der nachfolgenden Teilspeicher aus, nämlich vom
a) Ultrakurzzeitgedächtnis
b) Kurzzeitgedächtnis
c) Langzeitgedächtnis.

5. Lösungshinweise

Zu 74:
Als wesentliche Kennzeichen gewerblicher Transaktionen gelten ihre
- Multitemporalität, d.h., der Kaufentscheid läuft in mehreren Phasen ab, die allerdings ineinander übergehen oder auch übersprungen werden,
- Multioperativität, d.h., es gibt eine längere Transaktionsperiode, die aus einzelnen, in sich abgeschlossenen, jedoch aufeinander aufbauenden Episoden besteht.
- Multiorganisationalität, d.h., es sind mehrere Stellen im Unternehmen an der Beschaffung beteiligt, die oft konfliktäre Ziele haben und deren Einfluss von außen schwer erkennbar ist,
- Multipersonalität, d.h., es sind auch mehrere Personen im Unternehmen beteiligt, die ebenfalls konfliktäre Ziele haben und deren Einfluss auf den Beschaffungsentscheid schwierig zu prognostizieren ist.

Zu 75:
Bei soziologischen Erklärungsmodellen des Konsumentenverhaltens handelt es sich u. a. um:
a) Kultur
b) Meinungsführerschaft.

Zu 76:
Subkulturen gliedern eine Gesellschaft
b) horizontal

Zu 77:
Das Modell der sozialen Schichten in der Gesellschaft ist ein sehr
c) veraltetes
d) irreführendes
Modell des Konsumentenverhaltens.

Zu 78:
a) formelle Gruppe, informelle Gruppe
b) temporäre Gruppe, dauerhafte Gruppe

Zu 79:
c) Gruppen neigen zu Entscheidungsdefekten, d.h. solchen Entscheidungen, die jedes Gruppenmitglied individuell für unsinnig hält, aber im Glauben mitträgt, dass die anderen Gruppenmitglieder sie für sinnvoll halten, was diese ebenfalls annehmen.

Zu 80:
b) Mitgliedschaftsgruppe ist eine Gruppe, der eine Person angehört, Bezugsgruppe ist eine Gruppe, an der eine Person ihr Verhalten orientiert.

Zu 81:
Die Peer group ist im Verhältnis zur Mitgliedschaftsgruppe für gewöhnlich
b) eine halbe Klasse höher in der Sozialpyramide angesiedelt als diese.

Zu 82:
Der Kauf hauswirtschaftlicher Güter wird in Familien traditionell
a) überwiegend von der Frau entschieden.

Zu 83:
d) gleichgeschlechtliche Partnerschaft.

Zu 84:
Wenn Rolle und Status so auseinander fallen, dass der Status in der Rolle überrepräsentiert ist, so nennt man dies
b) Angeberei

Zu 85:
a) Bestimmung von Meinungsbildnern durch grafische Sichtbarmachung des sozialen Kommunikationsgefüges.
b) Bestimmung von Meinungsbildnern durch Angabe seitens Personen mit besonders gutem Gruppenüberblick.
c) Bestimmung von Meinungsbildnern durch Auskunft der Personen über sich selbst.

Zu 86:
a) Es gibt einen Informationsfluss vom Absender zu Meinungsbildnern.
c) Es gibt einen Informationsfluss vom Absender zu Meinungsfolgern.

Zu 87:
a) Meinungsbildner sind risikofreudiger als Durchschnittsverbraucher.
d) Meinungsbildner nutzen häufig Fachmedien (Special interest-Titel).

Zu 88:
Totalmodelle des Konsumentenverhaltens sind insofern problematisch, als sie
a) sehr komplex sind.
d) kaum klare, marketing-verwertbare Handlungsindikationen liefern.

Zu 89:
b) Die Adoption zeigt den individuellen Übernahmeprozess von Neuerungen auf, die Diffusion den aggregierten Übernahmeprozess.

Zu 90:
Die individuelle Übernahme von Neuerungen wird begünstigt, wenn die Neuerung
a) ein gering eingeschätztes finanzielles Risiko impliziert.
b) für die Zielpersonen leicht verstehbar und wenig komplex in der Anwendung ist.

Zu 91:
Die Gewinnung von Innovatoren im Diffusionsprozess ist für Anbieter extrem wichtig, weil Innovatoren
a) häufig Meinungsbildner sind.

5. Lösungshinweise

b) häufig Heavy user darstellen.
c) zur raschen Kostendegression infolge steigender Produktionsauflagen beitragen.
d) infolge ihrer geringen Risikoscheu auch höhere Einführungspreise akzeptieren.

Zu 92:
c) Multmedialität

Zu 93:
Innerhalb des Kaufklassenansatzes ist es wichtig, ob es sich um einen Erstkauf
b) aus Sicht des Nachfragers handelt.

Zu 94:
Der reine Wiederholungskauf ist im Unterschied zum modifizierten Wiederholungskauf im Kaufklassenansatz möglich, wenn
b) sich seit dem letzten Kauf keine Veränderungen in den Entscheidungsgrundlagen hinsichtlich eines Kaufobjekts ergeben haben.

Zu 95:
b) 10

Zu 96:
Im Buying center-Modell sind
b) fünf Funktionen als Beteiligte vertreten.

Zu 97:
a) Er verantwortet die kaufmännische Einkaufsabwicklung.
b) Er entscheidet allein oder mit anderen über das Beschaffungsobjekt.
c) Er handelt die Konditionen aus, zu denen ein Objekt beschafft werden soll.
d) Er zeichnet formal den Einkaufsvertrag ab.

Zu 98:
Der Prozessopponent ist im Rahmen des Potenzialkonzepts eine Person, welche
a) die Umsetzung einer getroffenen Einkaufsentscheidung hintertreibt.
b) die internen Organisationsabläufe besonders gut kennt.
d) innovative Einkaufsentscheidungen zu behindern sucht.

Zu 99:
c) Der Clarifier ist an Daten und Fakten interessiert.
d) Der Clarifier ist primär an möglichst vollständiger, abgerundeter Information interessiert.

Zu 100:
b) Fachkompetenz
c) Sozialkompetenz
d) Methodenkompetenz.

Zu 101:
Matching-Studien im Rahmen der Relationskonzepte des gewerblichen Beschaffungsverhaltens heben auf
b) Ähnlichkeiten zwischen Käufer und Verkäufer ab.

Zu 102:
Eine Transaktionsperiode im gewerblichen Beschaffungsverhalten umfasst
a) mehrere Episoden.

Literaturhinweise

Arnold, Ulli: Beschaffungsmanagement, 2. Auflage, Stuttgart 1998
Assael, H.: Consumer Behaviour, 6th ed., Boston 2005
Backhaus, Klaus/Voeth, Markus: Industriegütermarketing, 9. Auflage, München 2009
Backhaus, Klaus/Voeth, Markus (Hrsg.): Handbuch Industriegütermarketing, Wiesbaden 2004
Bänsch, Axel: Käuferverhalten, 9. Auflage, München u.a. 2002
Balderjahn, I./Scholderer, J.: Konsumentenverhalten und Marketing, Stuttgart 2007
Behrens, Gerold: Konsumentenverhalten, 2. Auflage, Heidelberg 1991
Berndt, Ralph: Marketing, Band 1, 2. Auflage, Berlin u.a. 1992
Blackwell, J. F./Miniard, P. W./Engel, R. D.: Consumer Behavior, 9th Ed., New York 2001
Böhler, Heymo: Käufertypologien, in: Tietz, Bruno/Köhler, Richard/Zentes, Joachim (Hrsg.): Handwörterbuch des Marketing, 2. Auflage, Stuttgart 1995, Sp. 1091–1104
Bruhn, M.: Relationship Marketing, 2. Auflage, München 2008
Dahlhoff, H. D.: Kaufentscheidungsprozesse von Familien, Frankfurt a.M. 1980
Dichter, E.: Strategie im Reich der Wünsche, Düsseldorf 1961
Drieseberg, T. J.: Lebensstil-Forschung: Theoretische Grundlagen und praktische Anwendungen, Heidelberg 1995
Eckhardt, Gordon H.: Business-to-Business-Marketing, Stuttgart 2010
Engel, J. F./Blackwell, R. D./Miniard, P. W.: Consumer Behavior, 10th ed., Chicago/Ill. et al. 2010
Esch, F.-R.: Strategie und Technik der Markenführung, 7. Auflage, München 2011
ders. (Hrsg.): Moderne Markenführung, 5. Auflage, Wiesbaden 2012
Felser, Georg: Werbe- und Konsumentenpsychologie, 3. Auflage, Stuttgart u.a. 2007
Festinger, Leon: Theorie der kognitiven Dissonanz, 2. Auflage, Bern 2012
Fließ, Sabine: Industrielles Kaufverhalten, in: Kleinaltenkamp, Michael/ Plinke, Wulff (Hrsg.): Technischer Vertrieb, 2. Auflage, Berlin u.a. 2000, S. 251–369
Foscht, Thomas/Swoboda, Bernhard: Käuferverhalten, 4. Auflage, Wiesbaden 2011
Gemünden, H. G./Walter, W.: Der Beziehungspromotor, in: ZfB, 65. Jg., Nr. Ü9/1995, S. 971–986
Godefroid, Peter, Pförtsch, Waldemar: Business to Business-Marketing, 4. Auflage, Ludwigshafen 2009
Hanna, N./Wozniak, R./Hanna, Margaret: Consumer Behavior, 3rd ed., Upper Saddle River 2009
Haseborg, F. ter,/Mäßen, A.: Das Phänomen Variety-Seeking-Behavior: Modellierung, empirische Befunde und marketingpolitische Implikationen, in: Jahrbuch der Absatz- und Verbrauchsforschung, Nr. Ü2/1997, S. 164–168
Hauschildt, J./Gemünden, H. G. (Hrsg.): Promotoren – Champions der Innovation, 2. Auflage, Wiesbaden 1999
Häusel, Hans-Georg: Neuromarketing, 2. Auflage, Freiburg 2012

Helm, Roland: Marketing, 8. Auflage, Stuttgart 2009
Howard, J. A./Sheth, J. N.: Theory of Buyer Behaviour, New York et. al. 1969
Hoyer, W. D./MacInnis, D. J.: Consumer Behavior, 3rd Ed., Boston 2004
Kaas, Klaus Peter: Ansätze einer informationsökonomischen Theorie des Konsumentenverhaltens, in: Forschungsgruppe Konsum und Verbrauch (Hrsg.): Konsumentenforschung, München 1994, S. 245–260
Kaufmann, L.: Internationales Beschaffungsmanagement, Wiesbaden 2001
Kinnear, T. C./Taylor, J. R.: Marketing Research. An applied Approach, 5. Ed., New York 1996
Kirchgeorg, M.: Zielgruppenmarketing, in: Thexis, 12. Jg., Nr. Ü3/1995, S. 20–26
Kleinaltenkamp, Michael/Plinke, Wulff (Hrsg.): Technischer Vertrieb, 2. Auflage, Heidelberg 2000
Koppelmann, Udo: Beschaffungsmarketing, 4. Auflage, Berlin-Heidelberg 2003
Kotler, Philip u.a.: Grundlagen des Marketing, 5. Auflage, München 2010
Kroeber-Riel, W./Weinberg, P./Gröppel-Klein, A.: Konsumentenverhalten, 9. Auflage, München 2008
Kuhn, Marc/Zajontz, Yvonne: Industrielles Marketing, München-Wien 2011
Kuß, Alfred/Tomczak, T.: Käuferverhalten, 4. Auflage, Stuttgart 2007
Loudon, D./Della Bitta, A. J.: Consumer Behavior: Concepts and Applications, 4. Ed., New York et al 1993
Maslow, A. H.: Motivation and Personality, 2. Ed., New York 1970
Mayer, Hans/Illmann, T.: Markt- und Werbepsychologie, 3. Auflage, Stuttgart 1999
Meffert, Heribert: Marketingforschung und Käuferverhalten, 2. Auflage, Wiesbaden 1992
Müller-Hagedorn, Lothar: Das Konsumentenverhalten, 2. Auflage, Wiesbaden 1994
Nicosia, F. M.: Consumer Decision Processes, Englewood Cliffs/N. J. 1966
Paivio, A.: Images, Propositions and Knowledge, in: Nicholas, J. M. (Ed.): Images, Perception and Knowledge, Boston 1977, S. 47–71
Pepels, Werner (Hrsg.): B2B-Handbuch General Management, 2. Auflage, Düsseldorf 2008
Pepels, Werner (Hrsg.): Vertriebsleiterhandbuch, Bd. 1, 2. Auflage, Düsseldorf 2008
Raab, Gerhard/Unger, Alexander/Unger, Fritz: Marktpsychologie, 3. Auflage, Wiesbaden 2010
Radetzki, T.: Multipersonelles Verhalten bei strategischen Entscheidungen, Wiesbaden 1999
Reeb, M.: Lebensstilanalysen in der strategischen Marktforschung, Wiesbaden 1998
Richter, Hans Peter: Investitionsgütermarketing, München-Wien 2001
Robinson, P. J./Faris, C. W./Wind, Y.: Industrial Buying and creative Marketing, Boston/Mass. 1967
Rogers, E. M.: Diffusion of Innovation, 3. Ed., New York 1983
Rosenkranz, D.: Konsummuster privater Lebensformen, Wiesbaden 1998
Rosenstiel, Lutz v./Neumann, P.: Einführung in die Markt- und Werbepsychologie, 2. Auflage, Darmstadt 1998
Rosenstil, Lutz v./Neumann, P.: Marktpsychologie, Heidelberg 2002
ders. /Kirsch, A.: Psychologie der Werbung, 4. Auflage, Rosenheim 1996

Sachs-Hombach, K./Rehkämper, K. (Hrsg.): Bild – Bildwahrnehmung – Bildverarbeitung, Wiesbaden 1998
Salcher, Egon F.: Psychologische Marktforschung, 2. Auflage, Gerlin 1995
Sauermann, Peter: Marktpsychologie, Stuttgart 2002
Schaffner, Dorothea/Metzger, Bernhard/Michel, Stefan: Konsumentenverhalten, Berlin 2011
Scheier, Christian/Held, Dirk: Wie Werbung wirkt, 2. Auflage, Freiburg 2012
Schneider, Willy: Marketing und Käuferverhalten, 3. Auflage, München-Wien 2009
Schüpphauer, A.: Multioptionales Konsumentenverhalten und Marketing, Wiesbaden 1998
Schwaiger, M.: Multivariate Werbewirkungskontrolle, Wiesbaden 1997
Schweiger, G./Schrattenecker, G.: Werbung, 7. Auflage, Stuttgart 2009
Sheth, J. N. (Ed.): Models of Buyer Behavior, 2nd ed. New York et al. 2011
ders./Mittal, B.: Customer Behavior, 2nd Ed., Mason 2003
Skinner, B. F.: The Behavior of Organism, New York 1938
Solomon, M.: Konsumentenverhalten, 9. Auflage, München 2012
Steinecke, A. (Hrsg.): Erlebnis und Konsumwelten, München u.a. 2000
Stihler, A.: Die Entstehung des modernen Konsums, Berlin 1998
Trommsdorff, Volker/Teichert, Thorsten: Konsumentenverhalten, 8. Auflage, Stuttgart u.a. 2011
Vershofen, W.: Handbuch der Verbrauchsforschung, 1. Band: Grundlagen, Berlin u.a. 1940
Vornkahl, H.: Marktforschung als Informationsverhalten von Unternehmen, Wiesbaden 1997
Walter, A.: Der Beziehungspromoter, Wiesbaden 1998
Webster, F. E./Wind, Y.: Organizational Buying Behavior, Englewood Cliffs/N. J. 1972
Werani, Thomas/Gaubinger, Kurt/Kindermann, Harald: Praxisorientiertes Business-to-Business-Marketing, Wiesbaden 2006
Wind, Y.: Organizational Buying Center, in: Zaltman, G./Bonoma, T. V. (Eds.): Organizational Buying Behavior, Chicago 1978, S. 131 ff.
Wiswede, Günther: Soziologie, 2. Auflage, Landsberg 1991
ders.: Einführung in die Wirtschaftspsychologie, 3. Auflage, München-Basel 1998
Zimbardo, Philip. G/Gerrig, R. J.: Psychologie, München 2004

Stichwortverzeichnis

A
Adoption 159
Adoption, personenbedingte 161
Adoption, produktbedingte 162
Adoption, umfeldbedingte 162
affektive Schlüsselreize S., affektive ((kognitive, physische))
AIO-Ansatz 71
Allgemeines Kaufentscheidungsmodell 135
Anfragephase 263
Angebotsbewertungsphase 266
Angebotseinholungsphase 264
Anlagengeschäft 214
Appetenz-Appetenz-Konflikt 53
Appetenz-Aversions-Konflikt 54
Assoziationspsychologie 92
Attributionstheorie 70
Auftragserteilungsphase 269
Auswahlmodell 21
Automatisierter Wiederholungskauf 258
Aversions-Aversions-Konflikt 54
Awareness set 25

B
Beeinflusser 186
Behaviorismus 37
Best agers 133
Beurteilungsmodell 20
Bezugsgruppen 114
Bildwahrnehmung 88
Biostruktur 139
Black box 37
Bonoma, Zaltman, Johnston-Modell 194
Buyer 186
Buygrid-Modell 253
Buying center 185

C
Choffray, Lilien-Modell 200
Clarifier 190

Convenience goods 27

D
D., kognitive 68
Decider 186
Deprivation, relative 114
Detailanalytische Verfahren 168
dienen zwei Modelle 127
Dienstleistungen 248
Diffusion 163
Disjunktionsregel 23
Dissonanz 67
Dissonanztheorie 59
Durchdringungsmodelle 172

E
Einsatzstoffe 213
Einstellung 57
Einstellungsmessung, eindimensional 60
Einstellungsmessung, mehrdimensional 61
Elaboration likelihood model 93
Elementenpsychologie 90
Eliminationsregel 23
Energiegeschäft 246
Engel, Kollat, Blackwell-Modell 152
Entscheidungsnetz 156
Entscheidungsregeln beim Kauf 20
Entscheidungssituation 19
Erfahrungseigenschaften 259
Erklärungsbedürftiges Produkt 28
Erlebniseigenschaften 260
Erstkauf 257
Evoked set of brands 24
extensive Käufe 18

F
Face to face-Gruppen 113
Familie 116
Familie, Kaufentscheidungsanteil 116
Familienlebenszyklus 117

G

Ganzheitspsychologie 92
Gatekeeper 185
Gedächtnis 49, 96
Geschäftstypen 208
Gestaltpsychologie 91
Globalanalytische Verfahren 171
Großhirn 143
Gruppe, formelle 113
Gruppenstruktur 111
Gütereinteilung 26

H

habitualisierte Käufe 16
Haushaltstheorie 38, 45
Hemisphärentheorie 99
Heuristiken, kompensatorische 20
Heuristiken, nicht-kompensatorische 22
High interest goods 28
High involvement 63
High tech goods 28
High touch goods 28
Hilfsstoffen 213
Horizontale Partialmodelle 192
Howard, Sheth-Modell 154

I

Idealpunktmodell 34
Idealvektormodell 34
Imageremanenz 63
Imagery-These 88
Immobiliengeschäft 248
impulsive Käufe 16
Individuelle Determinanten 49
inferiores Gut 28
Information chunks 87
Information overload 87
Informationsansatz 157
Informationskonzept 191
Informationsstufen-Konzept 127
Initialphase 257
Interaktionsansätze 203
Interferenztheorie 97
Interrollen-Konflikte 122
Intrarollen-Konflikte 122
Involvement 49, 63, 65

Involvementtheorie 59

J

Johnston, Lewin-Modell 202

K

K., instrumentelle 42
K., klassische 41
Kann-Normen 104
Kaufabwicklungsphase 270
Kaufeintrittsmodellen 172
Kaufentscheidung, Arten 16
Käuferverhalten, Grundlagen 15
Kaufkraft 24, 33
Kognitive Determinanten 94
kognitive Schlüsselreize 50
Kommunikationsbeziehungen 123
Konjunktionsregel 22
Konsumentenverhalten 33
Konzeptionsphase 259
Kultur 99
kurzlebiges Gut 29
Kurzzeitspeicher 97

L

Lancaster-Modell 47
langlebiges Gut 29
Langzeitspeicher 98
Lebensstil 49
Lernen 49, 94
Lernen am Modell 95
Lernen durch Einsicht 95
Lernhierarchie 64
Lernmodelle 37
Lernmodellen 40
Lexikographieregel 23
Lifestyle-Typologie 75
limitierte Käufe 17
Low interest goods 28
Low involvement 63

M

Macht 124
Machtbeziehungen 123
Markenauswahl 24
Markenwahlmodellen 171
Maslow'schen Bedürfnishierarchie 54

Matbuy-Modell 203
Mechanikmodelle 37, 40
Mehrspeichermodell 97
Meinungsführerschaft 126
Methodologie 29
Mikroökonomik 46
Mitgliedschaftsgruppen 114
Modell des Beurteilungsraums 134
modifizierten Wiederholungskauf 257
Motivation 52
Motivationspsychologie 92
Motive 53
Multioperativität 181
Multiorganisationalität 182
Multipersonalität 182
Multitemporalität 181
Muss-Normen 104

N
Nachkaufphase 272
Nachverhandlungsphase 267
Netzwerkkonzept 205
Neuroökonomie 136
Nicosia-Modell 150
Normen 104

O
Opponenten 187
Organ. Beschaff, Besonderheiten 179
Organisationales
  Beschaffungsverhalten 175

P
Partialmodelle 38, 48
Penetrationsfolge 65
Person-Rolle-Konflikt 122
physische Schlüsselreize 50
Positionsbeziehungen 122
Potential set 25
Potenzialkonzept 187
Präferenzmodelle 34
Primärgruppe 113
Problemlose Produkte 29
Processed set 25
Produktgeschäft 232
Produktmarkierung 234

Promotoren 187
Prozessmodelle 38, 156

R
Reagiererkonzept 190
Reaktanzen 51
reiner Wiederholungskauf 258
Reizschwelle 87
Relationenkonzept 203
Relevant set 25
Reputation 61
Responsediskrimierung 45
Responsegeneralisierung 44
RISC-Typologie 75
Risikoempfinden 49
Risikoreduzierung 69
Rohstoffgeschäft 208
Rolle 120

S
Schalenkonzept 191
Schlüsselinformanten-Ansatz 128
Segmentierung, mikrogeographische 84
Selbsteinschätzungs-Ansatz 129
Semiometrie 74
Sheth-Modell 198
Shopping goods 27
Sigma-Milieus 80
Simplifier 190
Simulationsansätze 168
Simulationsansätzen 39
Soll-Normen 104
Sondierungsphase 261
Soziale Schichten 106
Soziometrie-Ansatz 128
Speciality goods 27
Stammhirn 141
Stimulusdiskrimierung 44
Stimulusgeneralisierung 43
Strukturansätze 37
Subkulturen 105
Sucheigenschaften 259
Superiores Gut 28
Systemgeschäft 224
Systemmodelle 38

311

T

Teilpräferenzmodell 35
Theorie der Verarbeitungsebenen 98
Theorie des autonomen Verfalls 97
Total modelle 38
Total set 24
Totalmodelle 149, 195
Two cycles of communication 127
Two steps flow 127
Typologie Sozialer Milieus 76
Typologien 75

U

Ultrakurzzeitspeicher 97
Urprodukte 208
User 186

V

VALS-Ansatz 71

Vertikale Partialmodelle 183
Vertrauen 62
Vertrauenseigenschaften 260

W

Wahrnehmung 49, 85
Wahrnehmungseffekte 93
Wahrnehmungstheorien 90
Webster, Wind-Modell 195
Werte 70

Z

Zufallsmodelle 37
Zufallsmodellen 40
Zufriedenheit 165
Zuliefer-Geschäft 236
Zwischenhirn 139, 142

Über den Autor

Werner Pepels studierte nach kaufmännischer Berufsausbildung Wirtschaft und Wirtschaftswissenschaften mit den Abschlüssen Diplom-Betriebswirt und Diplom-Kaufmann. Anschließend war er zwölf Jahre als Key Account-Berater tätig, davon drei Jahre als Geschäftsführender Gesellschafter (Partner) in einem der größten deutschen Marketingberatungsunternehmen. 1989 wurde er zum Professor für Betriebswirtschaftlehre ernannt und ist seither im Studienschwerpunkt Marketing tätig. Er hat zahlreiche Beiträge zu Themen aus Marketing und Management in Monografie-, Sammelwerk-, Lexikon- und Aufsatzform veröffentlicht und zählt zu den meistverkauften Fachautoren dieses Bereichs im deutschsprachigen Raum.